项目资助

大连外国语大学学术专著出版资助项目

崔学森 / 著

# 清廷制宪与明治日本

中国社会科学出版社

## 图书在版编目（CIP）数据

清廷制宪与明治日本/崔学森著．—北京：中国社会科学出版社，2020.12
ISBN 978-7-5203-6641-0

Ⅰ.①清… Ⅱ.①崔… Ⅲ.①预备立宪—研究—中国—清后期 ②宪法—研究—日本—明治时代 Ⅳ.①K257.507②D931.31

中国版本图书馆 CIP 数据核字（2020）第 100153 号

| | |
|---|---|
| 出 版 人 | 赵剑英 |
| 责任编辑 | 赵　丽 |
| 责任校对 | 杨　林 |
| 责任印制 | 王　超 |

| | |
|---|---|
| 出　　版 | 中国社会科学出版社 |
| 社　　址 | 北京鼓楼西大街甲 158 号 |
| 邮　　编 | 100720 |
| 网　　址 | http://www.csspw.cn |
| 发 行 部 | 010-84083685 |
| 门 市 部 | 010-84029450 |
| 经　　销 | 新华书店及其他书店 |
| 印　　刷 | 北京明恒达印务有限公司 |
| 装　　订 | 廊坊市广阳区广增装订厂 |
| 版　　次 | 2020 年 12 月第 1 版 |
| 印　　次 | 2020 年 12 月第 1 次印刷 |
| 开　　本 | 710×1000　1/16 |
| 印　　张 | 21.5 |
| 插　　页 | 2 |
| 字　　数 | 320 千字 |
| 定　　价 | 118.00 元 |

凡购买中国社会科学出版社图书，如有质量问题请与本社营销中心联系调换
电话：010-84083683
版权所有　侵权必究

# 序　言

作为北京大学教授、博士生导师，最高兴的事，莫过于自己的学生取得了学术上的成就，尤其是在自己研究过的领域做出了超越老师的成果，即古人所言"青出于蓝而胜于蓝"。我现在为崔学森博士的专著《清廷制宪与明治日本》作序时，就是这种心情。

制定国家根本大法宪法是近代国家政治和法律生活中的重大事件，中国近代最早的制宪活动是在清朝末年，清廷制宪是如何发生又是如何进行的？这一直是中国近代政治史、法制史、宪法史学者们十分关心的一个课题。但过去谈到清廷制宪一般只是列举 1908 年的《钦定宪法大纲》和 1911 年资政院制定的《宪法重大信条》，那么，清廷是否还起草过其他宪法文件呢？在看崔学森书稿时我不禁回忆起 30 年前即 20 世纪 80 年代，我在北京大学图书馆珍藏的《汪荣宝日记》稿本中，意外发现汪荣宝作为清廷任命的协同纂拟宪法大臣，实际上是中国第一部官方宪法草案《钦定宪法草案》的主要起草人和执笔者。他在日记中详细记载了这部宪法草案的起草经过，执笔流程、内容思考和章节条目以及虽然起草完毕却因武昌起义和滦州兵谏未能颁布等史实。我在 1989 年第 1 期《历史研究》上发表了《清末政坛变化的写照》一文，披露了《汪荣宝日记》及《钦定宪法草案》的有关史料和史实，引起了国内外史学界和法学界的关注和兴趣。有的青年学者受到启发，到第一历史档案馆找寻《钦定宪法》原稿，虽未找到，但也发现了一些重要史料，发表了高水平论文，还引起了学术争鸣。还有的外国学者来信要求购买《汪荣宝日记》的影印本。

虽然我曾经想要对清廷制宪以及中日制宪历史比较问题做进一步

深入系统的研究，但由于其他工作忙，一直没来得及进行。恰好2011年崔学森考上我的博士生，了解到他有较好的政治学、法律学、史料学和日语、日本史基础，又对清末历史感兴趣，正是做这个课题的理想人选，因此一拍即合，很快确定了他的博士学位论文选题《清廷制宪与明治日本》。崔学森经过四年艰苦努力，反复构思推敲论文提纲结构，整理标点核心史料《汪荣宝日记》（与博士生韩策合作，后由中华书局出版），到第一历史档案馆查阅清廷档案，赴日本东京大学进修与收集日文史料，以及潜心研究，埋头写作，多次修改，终于完成了30多万字的博士学位论文，并通过论文答辩，获得好评，取得博士学位。博士毕业后，他除了在辽宁师范大学、大连外国语大学教学外，还在中国政法大学做了两年博士后，在王人博教授指导下进行法制史研究，同时修订打磨这部著作，力求精益求精更上一层楼。

综观崔学森的这部专著《清廷制宪和明治日本》，大致有以下一些特色和创新。

第一，视野开阔。该书不是孤立地谈清末中国制宪，而是把清廷制宪放在世界制宪大潮中加以考察研究。首先追溯考察了晚清中国人对宪法和世界立宪潮流的早期认识，包括中文宪法名词的探源和宪法术语的中日流传。然后分析了当时世界制宪潮流中的三种模式：英国模式、美法模式和德日模式。着重论述清廷如何确定师日取向。把清廷制宪放在与日本明治制宪的影响、互动及比较中进一步深入研究。

第二，视角独特。以往研究清末历史往往以革命派活动和立宪派的立宪运动为主体，清廷即清政府只是批判对象。而该书的视角则以清廷为清末制宪的主体，着重考察研究清廷制宪的各种活动、理念、文件和曲折历程。如两次派大臣考察日本宪法、宪政的过程，三次制定具有宪法性质的文件即《钦定宪法大纲》《钦定宪法草案》和《重大宪法信条》的经过，留日学生在清廷制宪中扮演的角色和作用。而且聚焦于清廷制宪过程中与日本的关系，受到日本什么影响？包括三个文件与《明治宪法》文本的对照比较。

第三，动态研究。以往宪法史研究一般注重静态的文本研究，如对《钦定宪法大纲》的文本分析，或者把它与《明治宪法》的文本对照分析。而该书则着重于清廷制宪历史过程的动态研究，即把其放在历史发展演变的过程中，对各种事件经过和人物活动言行细节进行具体考察、分析、考证。如宪政编查馆的建立、成员和运作，五大臣出洋的经历，中日官员的互动与对话，日本宪法专家的历次讲座，清廷秘密起草《钦定宪法草案》的发端、执笔人和起草流程，以及滦州兵变后造成清廷制宪权的转移等，使清廷制宪历史显得更加具体、鲜活、生动。

第四，考证细致。该书对清廷制宪的许多史实和史料，进行了细致的考证，从而对前人和国内外学界的一些论述提出了质疑和辩驳，并亮出了自己的新观点。如通过对第一历史档案馆收藏的《大清帝国宪法法典》的研究考证，对学界猜测其为官方起草或是《钦定宪法草案》修改稿的观点提出商榷，判断其是民间学者于光绪三十四年冬呈递给宪政编查馆供其参考的私拟宪法方案，是中国近代民间私拟的第一部比较完整的宪法草案。还通过对《宪法重大信条十九条》产生经过的考证，质疑某些论著提出的武昌起义之前资政院已有实际制宪权的观点，认为资政院于武昌起义后才获得制宪权，这并非源于清廷的授权，而是通过资政院议员的争取和社会舆论压力才得到的。

第五，史料丰富。该书运用了大量中日文史料，如中国第一历史档案馆各种档案，清末官员、学者的文集、日记、回忆录和各类报纸杂志、会议记录等，以及日本外交史料馆、国会图书馆收藏的文书档案，日本政治家、宪法学家的著述、日文报纸杂志等。此外还发现了一些新史料，如第一历史档案馆收藏的关于酌拟大清帝国宪法法典的呈文，对考证此宪法法典的作者和写作时间等很有价值。还有一档收藏的是李景铭译日本学者北鬼三郎的《大清宪法案》全文和部分条文的法理说明。作者还在日本发掘到日本学者土肥羊次郎编辑的《清国立宪问题》一书，该书是了解明治日本人观察清廷立宪的难得史料。还有日本法学博士清水澄的《中国立宪制度》一文，是1908年1月发表的对中国制宪的建议。

第六，史论结合。该书不仅仅详细叙述清廷制宪的历史过程及其与明治日本的种种联系，而且深入辩证地进行分析评价，以史为鉴，总结历史的经验教训，指出虽然清廷制宪受明治日本的影响十分广泛深刻，但清末制宪和明治制宪有同有异，清廷对明治宪政的效仿流于表面化，而清廷制宪的受挫实际上加速了清王朝的灭亡。清廷开了中国制宪之先河，进行了中国近代最早的制宪活动，但不仅没能正式颁布一部完整的宪法，也没有建立起与宪法实施相匹配的制度，更重要的是清廷制宪的目的是以维护清王朝最高统治者的权力为核心，君主仍掌握所有大权，立法、行政、司法只是皇权的职能部门而已，更没有制定有关保护人民权利的措施，违背了宪政最核心的精神，这是清廷制宪失败的最根本历史教训。

当然，清廷制宪和明治日本这个课题，还有不少可以进一步深入研究和发掘资料的空间和潜力，如《钦定宪法草案》至今尚未找到其文本看到其全文，仍无法深入具体地逐条分析其内容和理念，并与明治宪法作对应比较。另外清廷贵族官僚与民间立宪派和革命派以及日本政客学者这三者的具体矛盾斗争与互动，还需要做更深入具体的研究和探讨。希望作者再接再厉继续努力，取得更多学术成果。

王晓秋
2019 年 9 月 25 日
于北京大学蓝旗营公寓史海遨游斋

# 目　　录

绪　论 …………………………………………………………（1）
　一　清廷：制宪的主体 ……………………………………（1）
　二　缺失"制宪主体"的研究史 ……………………………（4）
　三　聚焦清廷、聚焦明治日本 ……………………………（15）

## 第一章　世界制宪大潮中的清廷制宪 …………………（18）
　第一节　晚清中国人对宪法的早期认识 …………………（18）
　第二节　制宪的师日取向 …………………………………（41）
　第三节　留日学生与宪法知识的传播 ……………………（57）

## 第二章　清廷对日本宪法的两次考察 …………………（74）
　第一节　清廷对日本宪法的初步考察 ……………………（75）
　第二节　清廷对日本宪法的专项考察 ……………………（118）

## 第三章　日本影响下的三次制宪活动 …………………（150）
　第一节　宪政编查馆与《钦定宪法大纲》的出台 ………（151）
　第二节　秘密制宪的半成品：《钦定宪法草案》 …………（177）
　第三节　清廷制宪权的转移与《宪法重大信条》 ………（215）

## 第四章　清廷制宪相关宪法案 …………………………（247）
　第一节　北鬼三郎的《大清宪法案》 ……………………（248）
　第二节　《大清帝国宪法法典》 ……………………………（283）

## 结 论 ·················································· （306）
　一　明治日本对清廷制宪的影响广泛而深刻 ·············· （306）
　二　清廷制宪与明治制宪有同有异 ······················ （308）
　三　清廷对明治制宪的效仿流于表面化 ·················· （312）
　四　清廷制宪受挫加速了清王朝覆灭 ···················· （314）
　五　清廷制宪的经验和教训 ···························· （316）

## 参考文献 ·············································· （317）

## 后　记 ················································ （335）

# 绪 论

## 一 清廷：制宪的主体

宪法堪称"政制之源，万法之本"①，目的是"防主治者之非行，谋被治者之安堵"②。即宪法是将国家重大制度安排和国民的基本权利法律化的根本大法，在法治国家的作用不可替代。自1787年第一部成文宪法——美国宪法问世以来，各国政府纷纷制定和颁布宪法，以至于19世纪被称为"制宪世纪"。制宪大潮由西及东，波及全球。继后发型近代化国家德国、日本和俄国制定强调君权的宪法之后，近代化远落后于三国的中国，在内外危机中也搭上制宪大潮的末班车。20世纪最初10年，清廷着手调查各国宪法，最终起草、公布了《钦定宪法大纲》《钦定宪法草案》和《宪法重大信条十九条》等宪法性文件，开创了中国制宪的先河。

清廷是近代中国最初制宪活动的主体。自始至终，清廷一直把持制宪权，甚至在武昌起义之后，仍然死死不放，直到张绍曾以兵谏的形式提出"政纲十二条"，才勉强将制宪权让渡给作为准议会机构的资政院。

不过，清廷尝试制宪，困难重重。首先，制宪理念源自西方，对于中国而言，宪法是地道的"舶来品"。甲午战争之前，大部分中国人仍不知宪法为何物，或对其一知半解，更谈不上接受制宪理念。甲

---

① 邹琳：《中华民国新法起草之三大前提》，《庸言》1913年第18期。
② 《总论宪法之意义》，《政艺通报》1902年6月。

午战争之后，在知识分子的大力宣传之下，三种制宪理念——美法共和主义立宪、英国虚位君主立宪、德日二元制君主立宪——同时传入中国。日俄战争之后，清廷渐渐接受了制宪理念，但对习惯于皇权专制又缺乏现代政治制度基础的清廷而言，制宪是一个艰难痛苦的过程，接受制宪理念基本上意味着君权至上观念与专制制度基础将发生动摇。其次，制宪是复杂的立法活动，需要丰富的立法经验、严密可行的整体规划和众多法政人才的参与。清廷既乏立法经验，也难得法政人才，尤其缺乏视野开阔、掌控全局、拥有现代国家意识的领袖。再次，制宪不仅仅是立法行为，更是一场政治角逐，它是各种政治势力博弈的结果。清廷面对革命派和民间立宪派的挑战，在立宪运动大潮中试图掌握制宪主动权，却一直处于被动之中。最后，清廷着手制宪时，面临内忧外患，制宪环境恶劣，内则中央权威失坠，外则列强环逼，几乎不具备变革重大政治、法律制度的条件。

尽管如此，清廷还是在世界制宪大潮的洪流中，艰难迈出了中国制宪的第一步。此时，三种制宪理念几乎同时传入中国，不同身份、立场、见识的中国人选择了各自的制宪理念，互相辩驳，蔚为大观。最终，清廷未理会革命派理想中的美法共和制宪理念，也未采纳民间立宪派积极鼓吹的以议会为中心的英式制宪理念，而是接受了重君权的德日两国的制宪理念，展开了最初的制宪活动，只是在武昌起义后的危机中，仓促间公布了近似英式制宪理念的《宪法重大信条十九条》。那么，清廷因何在三种制宪理念之中选择重君权的德日式制宪理念？除了中国长期帝制传统的内在路径依赖外，清廷选择制宪理念时，是否存在外在的路径依赖？清廷制定、公布的宪法性文本是如何出台的？它们是否受到了外国的影响？

想要回答这些问题，对清廷制宪的研究就不应该局限在本国史的范围内，而要将清廷制宪置于世界制宪大潮之中，作为其中的一环来观察；还要从中外关系史着手，研究与外国的互动。其实，清廷制宪的诸多方面都与外国发生了密切的关系，而关系最密切者，莫过于日本，清廷制宪全程可谓"言必称日本"。从甲午战争直到清王朝覆灭，鲜有哪个国家对中国变革的影响超过日本，其影响涉及教育、军事、法律、经济、政治等方方面面的内容。1906年清廷宣布仿行预备立宪以后，中日政府层面的联系更加紧密。整个制宪过程，清廷极力效仿日本，日本政府也积极响应。清廷制宪之前派遣出洋考察的五大臣将日本作为重要考察对象，日本政府高规格接待，伊藤博文等政治家和穗积八束等一流宪法学家将日本的制宪经验兜售给考察人员。1907年清廷向英国、德国和日本派遣大臣定向考察宪政，日本成为三个考察国中最为重要的对象，达寿和李家驹在日本考察合计近两年时间，对日本宪法和宪政的考察全面、细致。而且，清廷的制宪人才多留学日本，学习法政学科，日本大专院校成为培养清末制宪人才的摇篮。日本宪法学家的著作也被大量翻译成汉语，使得清廷有所资鉴。另外，早于中国立宪的日本，也在法律术语方面为中国提供了方便。可见，清廷制宪从制宪理念的确定到具体过程，都与明治日本有直接、间接的关联。因此，有必要深入探讨日本在清廷制宪中扮演的角色和发挥的作用。

深入探讨清廷制宪与明治日本的关系，实际上也是对整个清廷制宪的重新检讨。20世纪80年代以来，清末立宪成为中国学界研究的新热点，已取得丰硕的学术成果。但是，对其中的重要环节清廷制宪的关注不多，探讨得不够深入。几十年来，清廷制宪问题未引起学界的足够重视，其原因大致如下：首先，研究视角的局限。以往的研究，多将重点放在立宪运动上，主要探讨立宪派和革命派的立宪主张和活动，缺乏从清政府角度对立宪的研究。其次，学界多将立宪和制宪这两个概念不加区别地使用，妨碍了对制宪具体问题的深入探讨。立宪是相对广泛的概念，制宪的概念则相对狭窄，主要探讨宪法制定的主体、机构、人员、过程、程序、文本等方面的内容。最后，清廷制宪是一个不完整的过程，研究资料也较为匮乏。直至清朝灭亡，清廷没有出台一部正式宪法，只制定和发布了一些宪法性文件。清廷虽然制定了《钦定宪法草案》，但是秘密起草的，至今尚未找到完整的文本，也缺乏与之相关的研究资料，难以深入分析其内容与制定过程。因而，学界一般只将分析重点放在《钦定宪法大纲》和《宪法重大信条十九条》等文本上。这些因素均影响了对清廷制宪问题深入细致的探讨。

本书聚焦于清廷制宪与明治日本的关系，期望有助于弥补清廷视角研究相对薄弱的状况，有助于深入细致地理解清末中国宪法制定的历史。

## 二 缺失"制宪主体"的研究史

制宪是国家政治和法律生活的重大事件，中国的制宪活动自其发生便有学者加以关注。一百多年来，积累了丰硕的研究成果。就学科而言，主要涉及政治史、法律史（宪法史）、中外（日）关系史、比较法等领域；就研究对象而言，有综合研究，也有专题研究。本书无法将其一一列举、总结，仅将涉及清廷制宪活动较多的研究成果分为著作和论文两类加以简要概括。除一些早期重要成果外，以近二十年学术成果为主。

20世纪20年代中期至40年代，政治学者和法学者产出一批有影响力的著作，多涉及清廷制宪。王世杰的《比较宪法》是比较宪法学的扛鼎之作，第6编中探讨了清廷的制宪措施，涉及"考察宪政大臣的派遣及宪政编查馆的成立""定期实行立宪及宪法大纲的拟订""咨议局及资政院的召集"和"十九信条的颁布"，得出"宪法大纲只列君上大权，纯为日本宪法的副本，无一不与之相同"的论断。[①] 李剑农的《最近三十年中国政治史》广为学界所知，对清末立宪运动的原因、民间立宪运动和预备立宪期间朝廷的权力斗争有所论述。[②] 汪辉煌的《中国宪法史》[③] 论及1905年考察政治大臣派遣、预备立宪宣布、宪法大纲和十九信条。陈茹玄的《中国宪法史》[④] 偏重宪法

---

① 王世杰：《比较宪法》，商务印书馆1927年版。1928年再版，1936年增订，著者增加钱端升。本书参考商务印书馆1999年版。
② 李剑农：《最近三十年中国政治史》，太平洋书店1930年版。后增订并更名为《中国近百年政治史》，商务印书馆1947年版。
③ 汪辉煌：《中国宪法史》，上海世界书局1931年版。
④ 陈茹玄：《中国宪法史》，上海世界书局1933年版。

大纲和十九信条的探讨。杨幼炯在《近代中国立法史》[①]里提到立宪运动的崛起、宪法大纲的公布过程等。吴经熊和黄公觉的《中国制宪史》[②]较早使用"制宪"一词作为论著的标题,对立宪运动的萌芽、预备立宪、革命和君宪的论战、立宪派的活动等有所涉及。

其他宪法和比较宪法方面的著作也多涉及清廷制宪,如程树德的《比较宪法》(1931)、吕复的《比较宪法》(1933)、周云逸的《比较宪法》(1933)、章友江的《比较宪法》(1933)、张知本的《宪法论》(1933)、萨孟武的《政治学与比较宪法》(1936),等等。较早从宪政的角度关注清末制宪的研究是周异斌、罗志渊的《中国宪政发展史》,该书论述了清季立宪运动。[③]

卡梅伦的《中国的维新运动1898—1912》是国外研究清末新政的早期英文专著,认为在清末新政的各项改革中,最为新奇和引人注目的是预备立宪。[④] 她认为清廷宣布预备立宪并不意味着慈禧太后转向认同民主政治或有限的君主制,故不赞成将清末的"预备立宪"说成清政府的欺骗行为,宪政最终未能实行的主要原因是清政府的无能和地方官员不予合作。该书也是第一次从清廷的角度研究清廷立宪的国外著作。

上述研究是清末制宪研究早期主要成果,为后世研究奠定了基础。但是,由于距离清末时间较近,加之社会动荡,缺乏良好的研究环境,资料搜集和整理情况难以令人满意,因而这些研究多具有概述性质,论述难以充分展开。同时,这些研究(除国外论著)受政治环境影响较大,多从反清的革命立场对待清末制宪。

经历了20世纪50—60年代的沉寂,70年代中期至20世纪末出现了一批新的研究成果。

中国台湾学者张朋园的《立宪派与辛亥革命》重点探讨了各立宪

---

① 杨幼炯:《近代中国立法史》,上海书店1935年版。
② 吴经熊、黄公觉:《中国制宪史》,商务印书馆1937年版。
③ 周异斌、罗志渊:《中国宪政发展史》,大东书局1947年版。
④ Meribeth E. Cameron, *The Reform Movement in China, 1898 – 1912*, Stanford, California: Stanford University Press, 1931.

团体与辛亥革命的关系。① 张玉法的《清季的立宪团体》探讨了各种立宪团体的兴起、人员构成、活动情况和影响。②

美国学者梅恩伯格则专门探讨了中国立宪政府的出现。他通过对1909年咨议局成立之前清政府预备立宪的考察和分析,力图解释清廷为何决定采用立宪政体及其要达到的目标。③ 作者得出与卡梅伦相近的结论,认为清政府宪政改革的态度是真诚的,指出清政府从未承诺要引进将会削弱皇帝权力的政体,只赞成采纳立宪主义的某些适合的成分,以利于国家强盛和维护王朝统治。他还强调,清廷的宪政改革只是传统体制内的一场改革运动,九年预备立宪的时间并不算长。

张晋藩和曾宪义在《中国宪法史略》第3章"清末政府的立宪骗局和颁布的'宪法'"里集中探讨了清廷的制宪活动。④ 古伟瀛的《清廷的立宪运动(1905—1911):处理变局的最后抉择》对立宪的预备、官制厘定、宪法大纲颁布、宣统初年的立宪运动进行了比较详细的考察。⑤ 侯宜杰的《二十世纪中国政治改革风潮——清末立宪运动史》对立宪运动和预备立宪运动的性质、联系、异同及其历史作用进行了具体论述。⑥

赵军的《折断了的杠杆——清末新政与明治维新比较研究》通过与明治维新的比较,探讨了清末新政受挫的原因。⑦ 任达在《清末新政与日本——中国,1898—1912》中将清末新政定位为"革命",将

---

① 张朋园:《立宪派与辛亥革命》,《"中研院"近代史研究所专刊》第32辑,1975年。2007年,由吉林出版集团股份有限公司在大陆出版发行。另外,一篇由潘崇雄撰写的台湾师范大学硕士学位论文《清廷预备立宪的运作(1908—1911)》由张朋园指导。

② 张玉法:《清季的立宪团体》,《"中研院"近代史研究所专刊》第28辑,1975年。该书于2011年由北京大学出版社再版发行。

③ Norbert Meienberger, *The Emergence of Constitution Government in China (1905 – 1909): The Concepet sanctioned by the Empress Dowager Tz'u-His*, Peter Lang Bern, Frankfurt am Main. Las Vega, 1980.

④ 张晋藩、曾宪义:《中国宪法史略》,北京出版社1979年版。

⑤ 古伟瀛:《清廷的立宪运动(1905—1911):处理变局的最后抉择》,知音出版社1989年版。

⑥ 侯宜杰:《二十世纪中国政治改革风潮——清末立宪运动史》,人民出版社1993年版。

⑦ 赵军:《折断了的杠杆——清末新政与明治维新比较研究》,湖南人民出版社1992年版。

这一时期的中日关系视为"黄金十年",旨在阐明清末新政与日本的密切关系。① 他在第10章"中国的法律、司法和宪政改革:日本的蓝图和顾问"中论述了清政府向立宪政府的迈进过程受到日本的影响。

韦庆远、高放和刘文源的《清末宪政史》成书于1993年,但从酝酿到执笔花费近20年时间,是一部有影响的著述。全书共13章,对清末立宪的背景、预备立宪的过程、《宪法大纲》和《十九信条》等均有探讨,得出"清政府蓄意推迟预备立宪"和"清廷立宪是骗局"的结论。② 近年来,该书被收入《中国文库》再次出版,书名变更为《清末立宪史》,观点也有较大的调整,将清廷立宪的"骗局论"改为"拖局论";对立宪派的看法也从前书完全否定的态度变为给予一定的同情和理解。③

殷啸虎在《近代中国宪政史》中介绍了日本明治维新与中国宪政运动的关系、君主立宪和民主共和之间的争论,以及预备立宪如何提出等,对宪法性文本《宪法大纲》和《十九信条》也有所涉及。④

熊达云运用大量日文史料,在日本出版专著《近代中国官民的日本视察》,第5章以两次派大臣对日本政治和宪法的考察为例,探讨了考察情况;第6章谈及日方对考察团的对应,涉及有贺长雄对清廷制宪的角色和建议。⑤ 萧功秦在《危机中的变革——清末政治中的激进与保守》中谈到各派别在立宪中的作用,并认为清廷的君主立宪有英国模式和日本模式两种范本。⑥

---

① [美]任达:《清末新政与日本——中国,1898—1912》,李仲贤译,江苏人民出版社1998年版。
② 韦庆远、高放、刘文源:《清末宪政史》,中国人民大学出版社1993年版。
③ 高放等:《清末立宪史》,华文出版社2012年版。作者认为书名的"一字之改有天壤之别……清末是有立宪而无宪政,只有咨议局和资政院的初步试验,所以改为《清末立宪史》是准确的、恰当的。"第595页。
④ 殷啸虎:《近代中国宪政史》,上海人民出版社1997年版。
⑤ 熊达云:《近代中国官民的日本视察》,成文堂1998年版。
⑥ 萧功秦:《危机中的变革——清末政治中的激进与保守》,上海三联书店1999年版。该书于2011年由广东省出版集团再版发行。

尚小明探讨了留日学生与清末新政的关系，指出留日学生在新政中发挥的作用不可忽视。其著作的第1章考察了留日学生与清末筹备立宪，认为留日学生是筹备立宪的重要推动力量，是宪政编查馆的中坚，是立宪法规的草拟者，是咨议局的活跃分子，在资政院扮演主要角色，又是发起国会请愿运动的组织者和参与者。①

王人博的《中国近代的宪政思潮》第4章对晚清预备立宪问题做了研究，认为清廷不是出于对宪政的热爱而主张立宪，它始终把立宪看作一种求生的工具。这种为求生而进行的立宪，从决策到选择注定以失败告终，其中既有满清无法克服的矛盾，也有无法摆脱的传统拖累。本章还对立宪过程出现的问题、政治走向、价值选择等作了分析、论证。②

高旺的《晚清中国的政治转型——以清末宪政改革为中心》从政治发展的视角论述了晚清宪政改革，还涉及近代中日两国宪政改革的可比性、共同特点和不同之处。其中提到《钦定宪法大纲》基本上是明治宪法的翻版，认为二者制宪原则完全相同，都体现了欧美资产阶级的立宪精神。从宪法条文上看，除个别条款或文字有所不同，二者如出一辙。两国宪法均包括君主权力、臣民权利义务、国会、政府与君主关系三部分。③

卞修全在《立宪思潮与清末法制改革》中论及立宪思潮推动下的清末制宪活动，对制宪活动的机关做了初步考察，对《钦定宪法大纲》和《钦定宪法草案》的制定以及《宪法重大信条十九条》的出台有所涉及。④ 在《近代中国宪法文本的历史解读》中再次对清末中国宪法文本的出台进行了探讨。⑤

王德志的专著《宪法概念在中国的起源》从概念史的角度探讨了

---

① 尚小明：《留日学生与清末新政》，江西教育出版社2003年版。
② 王人博：《中国近代的宪政思潮》（修订本），法律出版社2003年版。
③ 高旺：《晚清中国的政治转型——以清末宪政改革为中心》，中国社会科学出版社2003年版。
④ 卞修全：《立宪思潮与清末法制改革》，中国社会科学出版社2003年版。
⑤ 卞修全：《近代中国宪法文本的历史解读》，知识产权出版社2006年版。

宪法在中国的萌芽、产生以及立宪派、革命派和清政府所持三种宪法概念类型和相互间的冲突，并对宪法概念在中国的初步实践加以研究。① 李晓东探讨了杨度、梁启超和严复等人的立宪思想，并且论述了中日两国立宪过程的相似性。② 夏新华等著《近代中国宪法与宪政研究》第 2 编论述了"清末出洋考察宪政"，认为出洋考察对清末宪政起到了推动作用，从模式选择上推崇"日、德权威君主立宪制"，最后又对两次出洋考察的得失作出评价。③

曾田三郎在《通向立宪国家的起点——明治宪政与近代中国》一书中专论明治宪政与近代中国的关系。④ 其中第 1 章探讨了日俄讲和与五大臣派遣的关系，第 2 章探讨五大臣派遣与日本的关系，第 4 章第 2 节论述了李家驹与宪政编查馆的关系，第 8 章对有贺长雄与中国的关系加以探讨。

裴艳的《留学生与中国法学》是横跨法学和中外关系史两个学科的研究成果。该书论及法学传入中国的背景和途径，分析了法学留学生的阵容以及对近代中国法学建设的贡献。⑤

张晋藩在《中国法律的传统与近代转型》中论及"转型过程中的法治改革思想与实践"，其中对晚清法律近代化有所论述。书中又涉及五大臣出洋考察、《钦定宪法大纲》《政纲十二条》和《宪法重大信条十九条》等。⑥ 张晋藩又在《中国宪法史》第 3 章中探讨了"晚清的预备立宪与宪法性文件"，对清廷两次派大臣出洋考察、宪政编查馆和资政院、《钦定宪法大纲》和《宪法重大信条十九条》均有论及。⑦ 贺嘉的《清末制宪》从标题和目录上来看，似乎与本书选

---

① 王德志：《宪法概念在中国的起源》，山东人民出版社 2005 年版。
② 李晓东：《近代中国の立宪构想——严复・杨度・梁启超と明治启蒙思想》，法政大学出版局 2005 年版。
③ 夏新华等：《近代中国宪法与宪政研究》，中国法制出版社 2007 年版。
④ ［日］曾田三郎：《通向立宪国家的起点——明治宪政与近代中国》，思文阁 2009 年版。
⑤ 裴艳：《留学生与中国法学》，南开大学出版社 2009 年版。
⑥ 张晋藩：《中国法律的传统与近代转型》（第三版），法律出版社 2009 年版。
⑦ 张晋藩：《中国宪法史》，吉林人民出版社 2011 年版。

题最为接近，但内容实为宪政史问题的探讨。①

柴松霞的专著《出洋考察与清末立宪》，谈到日俄战争对清廷制宪的影响，考察团拜访穗积八束、伊藤博文等日本法学家和政要等内容。②陈丹在博士学位论文基础上成书的《清末考察政治大臣出洋研究》涉及五大臣赴日考察情形，并将五大臣出洋考察与岩仓具视欧美考察团进行比较。③

彭剑以专著研究了草拟《钦定宪法大纲》的机构宪政编查馆，对其机构设置、成员、起草的法律文本、在清末立宪中的作用等问题，做了认真的探讨。④

赵林凤的《汪荣宝评传》第4章论述了汪荣宝与清末宪政改革的关系，认为汪是宪政改革的重要角色，参与拟定了宪政法规文件；第6章以专节论述了汪荣宝主持编纂清末宪法。⑤该著作不但涉及汪荣宝供职过的宪政编查馆和资政院，而且根据《汪荣宝日记》提供的线索，梳理了《钦定宪法草案》的起草过程，并对其进行初步评价。

2013年，迟云飞在十余年前撰写的博士学位论文的基础上出版了《清末预备立宪研究》，该书是笔者所见关于清末预备立宪研究最新综合性研究成果，对近代中国立宪的早期议论、官方对立宪的体认、预备立宪的筹备规划、官制改革和机构改革，以及三部宪法性文件有较为系统全面的研究，最后又对预备立宪与清王朝覆亡的关系进行了探讨。尤其是该书第6章第1节专门探讨了"清末的宪法"，提出诸如第一历史档案馆藏宪法草案为汪荣宝等人起草的《钦定宪法草案》的修改稿的见解。⑥

除著作外，近年来还有一批学术论文值得关注。统治集团内的立宪派和开明官员是本书关注的对象，郑大华专文论述了统治集团内部

---

① 贺嘉：《清末制宪》，陕西人民出版社2011年版。
② 柴松霞：《出洋考察与清末立宪》，法律出版社2011年版。
③ 陈丹：《清末考察政治大臣出洋研究》，社会科学文献出版社2011年版。
④ 彭剑：《清季宪政编查馆研究》，北京大学出版社2011年版。
⑤ 赵林凤：《汪荣宝评传》，南京大学出版社2012年版。
⑥ 迟云飞：《清末预备立宪研究》，中国社会科学出版社2013年版。

的立宪派。① 王晓秋认为清末除了海外立宪派和各省的立宪派之外，京城中还存在一批中层立宪派。② 迟云飞也探讨了清廷主张立宪的官员对宪政的认识。③ 王开玺对清朝统治集团君主立宪论进行了分析和评论，④ 又对资政院中的立宪派议员进行了论述。⑤ 沙培德探讨了晚清官员对立宪的议论。⑥ 祖金玉对清末驻外使节的宪政主张进行了分析。⑦

黄毅依照晚清立宪思想形成和发展过程中的历史线索，通过对中国推行西方立宪政治的各种思想及其实践运动进行具体分析，将晚清中国立宪思想中具有代表性的问题进行集中讨论，揭示有关立宪思想各种问题之间的逻辑关系。⑧ 陈俊华探讨了清廷通过新政改革挽救政权的努力与成效，提出了清廷立宪有诚意的观点。⑨ 另有台湾中华文化复兴运动推行委员会编的《清季立宪与改制》⑩ 和亓冰峰的《清末革命与君宪的论争》⑪，等等。⑫

中国台湾学者陈丰祥的《日本对清廷钦定宪法之影响》，从时代思潮和背景谈起，涉及"日本宪政思想之输入"和"钦定宪法主

---

① 郑大华：《论清末统治集团内部的立宪派》，《江汉论坛》1987 年第 9 期。
② 王晓秋：《试论清末京城立宪派》，《北京社会科学》2009 年第 3 期。
③ 迟云飞：《清季主张立宪的官员对宪政的体认》，《清史研究》2000 年第 1 期。
④ 王开玺：《清统治集团君主立宪论析评》，《清史研究》1995 年第 4 期。
⑤ 王开玺：《论资政院中的立宪派议员》，《史学集刊》2003 年第 3 期。
⑥ 沙培德：《"利于君、利于民"：晚清官员对立宪之议论》，《"中研院"近代史研究所专刊》第 42 辑，2003 年。
⑦ 祖金玉：《清末驻外使节的宪政主张》，《南京社会科学》2005 年第 4 期。
⑧ 黄毅：《晚清立宪思想研究》，博士学位论文，北京大学，1997 年。
⑨ 陈俊华：《从新政改革看清廷挽救其政权之努力与成效》，博士学位论文，台湾师范大学，2000 年。
⑩ 中华文化复兴运动推行委员会编：《清季立宪与改制》，（台北）商务印书馆1986 年版。
⑪ 亓冰峰：《清末革命与君宪的论争》，《"中研院"近代史研究所专刊》第 42 辑，1990 年。
⑫ 杨国扬：《清末政治权威危机与立宪运动之研究》，硕士学位论文，台湾中国文化大学，1984 年。其中第 3 章讨论清廷的预备立宪政策，第 4 章讨论请愿国会运动与清廷政策的转变。詹士模：《宣统时期的政治领导阶层（1909—1912）》，硕士学位论文，台湾大学，1986 年。朱中和：《清末民初宪政思想之演进》，硕士学位论文，台湾政治大学，1988 年。许惠文：《报刊舆论与清末预备立宪（1905—1911）》，硕士学位论文，台湾政治大学，1999 年。

义之实施"等内容，重点强调日本宪法钦定主义对清廷制宪钦定主义的影响。① 熊达云专论了有贺长雄在清末中国宪政的引入方面的影响和角色。② 孙宏云也专文探讨有贺长雄在清末民初制宪过程中的角色，包括其为出洋考察政治大臣起草考察报告，为考察宪政大臣达寿、李家驹讲授宪政、官制以及对清廷立宪的建议，最后还总结了其对清末预备立宪的影响。③

罗华庆在《清末"预备立宪"模仿日本明治宪政论》中对清廷为何模仿日本、模仿了什么、模仿中有哪些保留，为何有这些保留等问题做了梳理。④ 罗华庆又对1907年达寿等人出洋考察宪政做了分析，认为第二次出洋进一步帮助清廷确定了"预备立宪"的模式对日本的模仿，对"预备立宪"的进程和结果影响重大。⑤ 熊达云在日本发表的文章，论述了清廷两次对日派遣考察团。⑥

李细珠的论文《清末两次日本宪政考察与预备立宪的师日取向》对于本书来说是一篇重要的参考论文。论文认为清廷经历多方比较之后选择了对日本宪政的仿效，从立宪的宗旨、期限、内容和程序上都做了探讨，最终得出清廷立宪是一次异化的立宪的结论。⑦ 潘崇对载泽出洋考察团译书情况作了整理，并且探讨了其与清末宪政的关系，又涉及了清末宪政思想的日本来源。⑧

---

① 陈丰祥：《日本对清廷钦定宪法之影响》，载中华文化复兴运动推行委员会主编《中国近代现代史论集》第16编，《清季立宪与改制》，台湾商务印书馆1986年版。
② 熊达云：《清末における中国宪政导入への试みに対する有贺长雄の影响と役割について》，《早稻田政治公法研究》1994年第46号。
③ 孙宏云：《清末预备立宪中的外方因素：有贺长雄一脉》，《历史研究》2013年第5期。
④ 罗华庆：《清末"预备立宪"模仿日本明治宪政论》，载《走向近代世界的中国——中国社会科学院近代史研究所建所40周年学术讨论会论文集》，1990年。
⑤ 罗华庆：《清末第二次出洋考政与"预备立宪"对日本的模仿》，《江汉论坛》1992年第1期。
⑥ 熊达云：《清末中国统治者内部对日本宪政的模仿》（上、下），《早稻田政治公法研究》1993年第43、44号。
⑦ 李细珠：《清末两次日本宪政考察与预备立宪的师日取向》，《中国社会科学院近代史研究所青年学术论坛》（2007年卷）。
⑧ 潘崇：《载泽出洋考察团编译书籍与清末宪政——兼论清末宪政思想的日本来源》，载朱英主编《近代史学刊》第12辑，社会科学文献出版社2014年版。

翟海涛的博士学位论文《法政人与清末法制变革研究——以日本法政速成科为中心》第3章介绍了日本法政大学速成科留学生的法政教育，又在第6章中谈及法政科对清末法政教育的影响，在第7章中论述了法政速成科与清末宪政改革的关系，如宪政编查馆中的速成科毕业生以及速成科与清末立宪运动的关系等。① 台湾师范大学杜映臻的硕士学位论文《他山之石：清末政治考察与宪政考察》第4章介绍了达寿和李家驹出使赴日定向考察的情况。②

2008年《钦定宪法大纲》公布100周年之际，出现一轮研究热潮，最有分量的当属韩大元的《论日本明治宪法对〈钦定宪法大纲〉的影响》一文。该文通过对明治宪法与《钦定宪法大纲》的比较，认为《钦定宪法大纲》在理念、过程与具体规范的结构等方面深受明治宪法的影响。明治宪法不仅广泛影响了《钦定宪法大纲》的制定，而且对早期中国宪法学的形成产生了重要学术影响。③

董丛林认为"滦州兵谏"与《宪法重大信条十九条》的出台直接相关，又对《政纲十二条》和《宪法重大信条十九条》进行了比较研究。④ 韩策对宣统二年汪荣宝与亲贵大臣的立宪筹谋及运作做了专文探讨。⑤

关于《钦定宪法草案》（又称《李汪宪草》）研究，20世纪80年代末，王晓秋在北京大学图书馆发掘出宣统年间《汪荣宝日记》，据此分析《钦定宪法草案》的具体起草过程、执笔者和章目等内容；并指出，虽然现在尚未找到该宪草，但这部宪草是《钦定宪法大纲》

---

① 翟海涛：《法政人与清末法制变革研究——以日本法政速成科为中心》，博士学位论文，华东师范大学，2012年。
② 杜映臻：《他山之石：清末政治考察与宪政考察》，硕士学位论文，台湾师范大学，2009年。
③ 韩大元：《论日本明治宪法对〈钦定宪法大纲〉的影响》，《政法论坛》2009年第3期。
④ 董丛林：《"滦州兵谏"与"十九信条"出台》，《河北师范大学学报》2013年第1期。
⑤ 韩策：《宣统二年汪荣宝与亲贵大臣的立宪筹谋及运作》，《广东社会科学》2016年第5期。

的具体化,是清廷主持起草的中国第一部完整的宪法草案。①

俞江发表的《两种清末宪法草案稿本的发现及初步研究》引出研究清末宪法草案的争论。② 俞江称在第一历史档案馆发现两部清末宪法草案,但尚小明对俞江"发现"的"两种清末宪法草案稿本"提出质疑,认为俞江所说的"甲残本"并非宪法草案,而是度支部员外郎李景铭翻译日本学者北鬼三郎《大清宪法案》一书的部分内容,系为主持纂拟宪法的载泽等人提供的参考资料;"乙全本"宪草有可能是民间立宪派团体或人士所拟,似不能说是清廷秘密立宪的产物。③ 对于本书而言,上述两位学者的学术争鸣也证明了清末宪法起草过程中日本宪法学者的重要作用。彭剑对上述两位学者的论述作出修正,认为北鬼三郎的《大清宪法案》和《大清宪法案理由书》内容并不完全一致,又得出北鬼三郎的宪法思想对中国晚清的修宪产生过一些实在影响的结论。④ 此后,彭剑又对北鬼三郎的身份等问题做了专文探讨。⑤ 笔者也对清末宪法草案的文本问题做了探讨。⑥ 笔者还以明治法学家清水澄为例,探讨了清末立宪的日本视角问题。⑦

综上所述,学术界从不同侧面探讨了清末立宪,取得了丰硕的研究成果。20 世纪 90 年代之前的成果整体上表现出如下倾向:第一,对清廷制宪的批判色彩较为浓厚。这也造成了第二点不足,即缺乏对清廷制宪的细致研究。第三,注重文本的静态分析而忽略制宪过程的动态性。以往研究多以文本研究为基础,或将其进行比较,或进行评

---

① 王晓秋:《清末政坛变化的写照——宣统年间汪荣宝日记剖析》,《历史研究》1989年第1期。
② 俞江:《两种清末宪法草案稿本的发现及初步研究》,《历史研究》1999年第6期。
③ 尚小明:《"两种清末宪法草案稿本"质疑》,《历史研究》2007年第2期。
④ 彭剑:《也谈"两种清末宪法草案稿本"中的"甲残本"》,《历史档案》2011年第3期。
⑤ 彭剑:《为清国制宪:北鬼三郎的"四权分立"方案》,"知识迁移与近代东亚的政治转型"国际学术研讨会论文,广州,2018年11月。
⑥ 拙论:《再论清末〈大清宪法案〉稿本问题》,《历史档案》2017年第2期;拙论:《中国第一历史档案馆藏"大清帝国宪法法典"考论》,《历史档案》2019年第2期。
⑦ 拙论:《清末立宪的日本视角:以法学家清水澄为中心》,《政法论坛》2018年第4期。

价，对它们的出台过程关注不够。90年代之后，随着研究视角的拓展，一些学者的研究成果更具客观性和科学性。而且，对清末立宪的主体清廷的关注也有所增多。但是，到目前为止，尚未出现研究清廷制宪全程并且与明治制宪相比较的综合性研究成果，这种制宪主体"不在"的研究状况仍然没有得到很好的改善。

## 三 聚焦清廷、聚焦明治日本

在学术研究高度发达的今天，任何一门研究都需要对研究对象、研究范围、研究视角、研究主要内容、研究方法做较为严格的限定。从对象上来看，首先，本书以清廷的制宪活动为主要研究对象。民间立宪团体发起的立宪运动（尤其是国会请愿运动）、革命派的活动与清廷制宪虽不无关系，但本书将这些活动作为与中央政权相对抗的社会压力因素或清廷制宪的背景性因素加以讨论。其次，清廷制宪深受日本影响，《明治宪法》的制定过程和明治宪政的实施对清廷的影响，也是本书的研究对象。

从时间上来看，清廷制宪活动主要发生于1906年至1911年，本书也以这一时期作为主要研究时段。然而，19世纪后半叶以来，尤其是甲午战争之后，清廷对宪法概念和文本渐有了解。在叙述清廷对宪法的认识过程时，本书将时段上溯到19世纪中叶，下限到1912年中华民国建立前。

就研究视角而言，本书从清廷内部出发，分析其制宪的全过程，客观地对其利弊得失做出评价，这与以往从革命派和立宪派的视角，即从外部批评、审视清廷的研究视角有所不同。清廷制宪是世界制宪大潮的一部分，尤其与日本有密不可分的关系，停留在本国史的范围内研究，不无局限性。因此，本书也尝试将清廷制宪置于中日关系史和世界制宪大潮之中，以全球制宪的视角加以研究。

本书总体上以时间为经，纵向梳理清廷制宪过程，而以清廷制宪的重大事件为纬，探讨这些重大事件与日本的关系，大致围绕三个线索展开：一是详细梳理清廷制宪的过程；二是清廷制宪过程与日本的关系，即受到日本的影响，或日本在清廷制宪过程中的角色和作用；三是清廷制宪与明治制宪的比较；第一个和第二个线索侧重于叙述，第三个线索侧重于分析和评论。另外，在具体撰写过程中，笔者也尽力关照与本书主题相关的学术研究成果，对于一些需要解明的问题和存在学术争论的问题，尽量进行细致探讨。

就本书研究的主要问题而言：第一，探讨宪法概念在近代中国的传播以及中国人对宪法的早期认识。第二，探讨清廷制定、颁布的三个宪法性文件以及之前两次出洋对宪法的考察，将其作为一个整体，探讨它们之间的关联性或矛盾。第三，注重文本研究（比较）的同时，关注各个文本产生的过程。第四，探讨明治制宪过程对清廷制宪过程的影响，并进行中日制宪综合比较。第五，探讨清廷制宪过程受到明治政府及其相关人员（宪法学家）的影响。第六，探讨与清廷制宪相关的宪法方案。

最终，本书期待对清廷制宪全过程进行综合性研究，对清廷制宪与明治日本的关系进行深入全面的考察，以此推进制宪史争论问题的研究，并提出新观点。关于推进清末制宪史的争论问题，第一，通过对第一历史档案馆藏宪法方案《大清帝国宪法法典》研究，对学界猜测其为官方起草的观点提出商榷，基本确定其由学者于光绪帝去世后至宣统元年期间呈递给宪政编查馆，是近代中国人草拟的完整的早期宪法方案。第二，否定某些学者提出1911年武昌起义之前资政院具有实际制宪权的观点，认定资政院于武昌起义之后获得制宪权，其获得并非源于清廷的"授权"，而来自资政院议员的争取和社会舆论压力。第三，《宪法重大信条十九条》与《政纲十二条》虽有一定关系，但更主要地体现了资政院的独立制宪意志。

本书提出的新观点为：第一，清廷制宪缺乏整体规划，失误频频，如《钦定宪法大纲》的出台是清廷制宪过程中缺乏全盘规划的体现，是被逼无奈的产物。第二，清廷制宪的理念和某些环节与明治制宪非常类似，但对整个制宪过程进行中日比较，二者也存在较大差异。第三，清廷制宪过程虽具有明显的仿日倾向，但对日本的模仿流于表面化。第四，清廷制宪受挫是导致清王朝覆灭的原因之一。

当然，笔者提出的观点，离不开对传统史料的再解读和新史料的挖掘。就后者而言，本研究发掘出几份中日学界鲜有使用的史料：第一，发现第一历史档案馆宪政编查馆全宗中编目为"呈为酌拟大清帝国宪法法典呈递摄政王以期采纳事"的呈文。呈文与该馆资政院卷宗中编目为"清政府拟订宪法草稿"的宪法方案应该有直接关联性。第二，发现第一历史档案馆宪政编查馆全宗中度支部员外郎李景铭译日本学者北鬼三郎的《大清宪法案》全文和部分条文的法理说明。第三，在日本发掘土肥羊次郎编辑的《清国立宪问题》。该书辑录了1908年之前日本政治家和法学大家观察清廷立宪的言论，如有贺长雄、寺尾亨、中村进午、大隈重信、青柳笃恒、板垣退助、浮田和民、犬养毅以及林田龟太郎等人；还包括1907年考察日本宪政大臣达寿关于清廷立宪的言论。该书是了解明治晚期日本人观察清廷立宪的一份难得史料。第四，在日本发掘出日本宪法学、行政法学博士清水澄的《中国立宪制度》一文。该文发表于1908年1月，内容为清水澄对中国制定宪法的建议。第五，本研究使用了大量第一历史档案馆藏朱批奏折和录副奏折，如1905年和1908年进呈的宪法清单等。

# 第一章　世界制宪大潮中的清廷制宪

近代意义上的宪法概念和宪政知识随着西学东渐传入中国。作为舶来品，近代中国人从对其一无所知到孜孜以求，经历了一个漫长而复杂的过程。其中，日本是晚清中国人认识宪法的一个重要媒介。

清末中国对西方宪法的认识大致分为三个阶段：一是初始阶段，即对西方宪政的主要机构——议会的认识，时间跨度较大，跨越了从鸦片战争前后到甲午战争结束的半个世纪；二是介绍宪法和呼吁立宪阶段，表现出师日取向，时间跨度为从甲午战争之后到日俄战争前后的近十年时间；三是各种立宪潮流竞相博弈与制宪活动并行阶段。这一阶段，宪法在知识阶层广泛传播，清廷主导制宪活动，时期从日俄战争之后到清王朝覆亡。

本章主要探讨清廷制宪的基础，围绕晚清中国人对"宪法"的早期认识、制宪的师日取向和留日学生与宪法知识的传播展开。

## 第一节　晚清中国人对宪法的早期认识

历史文化语义学成为近年来学术研究的热点，有必要运用该理论梳理近代意义上的宪法词汇和概念的生成和流变。这一过程也是近代中国认识宪法的过程，其中中日之间有着广泛的交流和互动，中国也表现出师日取向。清廷制宪之初便与日本发生了密切的关系。

### 一　宪法名词探源及宪法词汇的中日流转

宪法概念在中国有一个生成、传播和为中国人理解、接受的过程。宪法词汇如何从古汉语演变为近现代意义的词汇？其传播媒介和渠道如何？在传播过程中，宪法概念是否发生了语义变迁？

（一）"宪法"古义

"宪法"（constitution）概念是舶来品，但"宪法"一词在中国古已有之，只是其所指与"基本法"的今义不同。要理解"宪法"的古义，有必要先对"宪"字和"法"字分别加以考察，后者的历史语义相对容易理解，兹从略。汪太贤对"宪"字以及由其组成的复合词做了较为详尽的历史考证。①

《管子·七法》："有一体之治，故能出号令，明宪法矣。"《集韵·去愿》："《周礼》：县法示人曰宪法。"《国语·晋语九》中有"赏善罚奸，国之宪法也"的表述。二十四史中也有十余处用例。如《后汉书》卷六下《蔡邕列传》第五十下："朕以不德，秉统未明，以招祅伪，将何以昭显宪法哉？"《宋史》卷三四《列传第九九·刘挚传》："自初辅政至为相，修严宪法，辨白邪正。"

从词义上而言，先秦的"宪法""主要有两种构词：第一，宪与法同义连缀，形成了汉语中的一个联合词语；第二，起修饰作用的'宪'与'法'相连，形成了汉语词汇中的一个偏正词，此'宪'的词义有两种解释：一为借义，即'宪'作'显'或'宣'；二是可以引申为'常'。"② 汉代以后，"就语词构成而言，已变得极为单一，'宪法'基本上都属于同义、近义的联合词语，即宪与法同义。所以，'宪法'词义相对固定，就是指法律或制度，通常与以'宪'为词素的其他复合词如国宪、典宪、宪典、法宪、宪范、刑宪等的词义没有什么明显的不同。"③

最终，汪太贤总结宪法的如下五种指称，即"国法""王法""泛指一国之法制""有时特指刑法""有时也是某种治道与治法的尊称"。他特意强调"秦汉之后，'宪法'一词的使用中，'宪'被固定

---

① 汪太贤：《汉语"宪法"意义考正》，《现代法学》2012年第6期。
② 汪太贤：《汉语"宪法"意义考正》，《现代法学》2012年第6期。
③ 汪太贤：《汉语"宪法"意义考正》，《现代法学》2012年第6期。

为法义，'宪'对'法'似乎仅仅起到陪衬的作用，但这个'陪衬'一词除了有特殊语气的表达外，也蕴涵一种敬意。简而言之，'宪法'词语仍然蕴涵后世人们对法律的一种敬意或尊敬的表达。"①

通过对宪法古义的认真梳理，汪太贤否定了古代"宪法"具有"根本大法"的含义："现代国人将古语'宪法'解释为'根本大法'或'最高法律'，毫无实据，实际上这是典型的以今义去解释古语的做法。"

总体来说，在古代以单字为词的语言环境下，"宪法"这一双音节词使用频率不高。② 之所以出现如此状况，如汪文所述，与"宪"字和"法"字的语义重叠有一定关系。"宪"字在古典文献中最常用字义与"法令"之义的"法"字相近，即二者同为"法律"之义，因而似乎没有必要用两个字连用表达同一含义。③ 如孔颖达在《尚书正义》中将宪字解释为法律："宪，法也，言圣王法天以立教于天下。""宪"字单字用例远多于"宪法"用例。《尚书》《墨子》和《管子》等文献中不乏"宪"字用例，兹不列举。

不过，传入日本的"宪法"使用频度则与中国不同。4—5世纪后，随着中华文化向周边国家和地区传播，经由朝鲜半岛，汉字和古典文献传入日本，为上层社会所吸收，宪法一词也随之传入。公元604年（推古天皇十二年），圣德太子以儒家的"三纲五常"和佛教的基本思想为核心制定"十七条宪法"，它是一种道德训诫式的行为规范，要求贵族上下和睦，克制私欲，息争守礼；同时告诫"国司、国造勿敛百姓"；"农桑之节，不可使民"。圣德太子主导的改革是日本历史上的重大事件，所以制定的"十七条宪法"也广为后世所知。

---

① 汪太贤：《汉语"宪法"意义考证》，《现代法学》2012年第6期。
② 光绪三十二年七月（1906年8月），江南道监察御史高树考证宪法二字源流，认为"宪法二字，中国经典罕见，不知者以为外洋新名词"。他认为最早使用"宪法"一词的是唐朝宰相陆贽。高树：《奏为谨释宪法二字源委以正俗说而杜流弊事》，中国第一历史档案馆，录副奏折，档号：03-9281-036，缩微号：667-0170。
③ 严复认为，"宪法二字连用，古所无有。……可知宪即是法，二字连用，于词为赘。今日新名词，由日本稗贩而来者，每多此病"。严复：《宪法大义》，载王栻主编《严复集》第2册，中华书局1986年版，第238页。

直到明治维新前后,古义的"宪法"经常见于日本各种法律文书中,还多次作为书籍名称而出现。如德川时代有一部较为知名的《宪法部类》,是享保元年(1716)至安永五年(1777)各种法令分类汇编。① 另有天明七年(1787)至文政十二年(1829)的法令汇编《宪法类集》。② 即使在明治维新之后,也曾见到《宪法类编》之类的法令汇编书籍,甚至在明治十年(1887)司法省还出版过木村正辞博士编纂的《宪法志料》。这些书籍中所言的"宪法"均指一般法律、法令,不具备近代"根本大法"的含义。

由此而言,较之"宪法"一词在中国的使用频度,近代以前日本人对该词更为熟悉。明治著名法学家穗积陈重称:"宪法一语,古来广为使用,往往见之诸书,尤以圣德太子之《十七宪法》,最为著名。"③ 可以说,宪法一词为日本所熟知,为后人对译 constitution 奠定了基础。

(二)"宪法"今义的最早使用

"宪法"今义的最早使用,是从对译西语"constitution"开始的。因此,有必要留意"constitution"的早期汉译情况,在此基础上探讨中日两国最早使用"宪法"对译"constitution"的问题。

1. "constitution"的早期汉译

像为数众多的外来概念一样,"constitution"传入中国的早期,很长时间内没有固定译词,中国人对了解这一概念本身也经历了漫长的过程。制定第一部成文宪法的是美国,紧随其后的是法国。因此,近代中国对外国宪法的认识,往往是从介绍这两个国家的宪法开始的,其中传教士的著述起到了关键作用。

从 19 世纪早期开始,传教士所办的中文报刊中在介绍欧美的史地时偶尔涉及政治、法律制度,但至少在鸦片战争之前,像《东西洋考每月统记传》等报刊中几乎未曾提及欧美各国的宪法。

---

① [日] 石野广通编:《宪法部类》,早稻田大学图书馆藏,索书号:ヤ03 06205。
② [日] 宫崎成身编:《宪法类集》(内阁文库所藏史籍丛刊 28),汲古书院 1983 年版。
③ [日] 穗积陈重:《法窗夜话》,有斐阁大正五年(1920)版,第 169 页。

笔者所查中文出版物最早涉及"constitution"的，是道光十八年（1838）美国传教士裨治文（Eligah Coleman Bridgman）用汉语刊刻的《美理哥合省国志略》。该书于道光二十六年（1846）再版，易名为《亚美理驾合众国志略》，1862年再次易名为《联邦志略》再版。初版中介绍美国宪法和各州宪法时，使用了"国例"和"省例"："合省国制例有五：一曰国例，为二十六省所通行；二曰省例，各省不同，惟各守其省例而已……此五例中，又小不能犯大……国例乃京城议事阁同选议处会议，分发各省。"① 此处所言"国例""省例"大概指联邦宪法和各州宪法。1862年版的《联邦志略》中，使用"世守成规"和"政体"来对译"constitution"：各州派代表"特此会集，公同议定，开创政体，以为新国世守成规，所有七条。"②

魏源撰《海国图志》的美国部分，对裨治文的《美理哥合省国志略》多有参照。在《弥利坚即美里哥国总记》中介绍美国制度时，基本袭用《美理哥合省国志略》内容。关于宪法部分提到："新国制例有五：一曰国例，为二十六部所通行；二曰部例，各部不同……此五例中，又小不能犯大……国例乃都城议事阁会议，分发各部。"③ 毫无疑问，关于美国宪法的提法，魏源借用了裨治文的用语，也称为"国例"。

梁廷枏对美国民主共和制评论时使用了"国法"一词。黄遵宪也将宪法称为"国法"。他在介绍明治维新后日本废除左右院设置元老院、大审院敕建立宪政体时解释道："立宪政体盖谓仿泰西制，设立国法，使官民上下分权立限，同受治于法律中也。"④

---

① ［美］《美理哥合省国志略》卷之十四《国政二·制例之设定》，新嘉坡坚夏书院藏版，道光十八年镌。
② ［美］马邦裨治文撰述，大日本箕作阮甫训点：《联邦志略》卷上《建国立政》，江左老皂馆藏梓。从题跋落款时间"辛酉之岁孟夏"可知，该刻本刊于1862年。
③ 魏源：《海国图志》卷五十九，陈华等点校注释，岳麓书社1998年版，第1163页。岳麓点校注释本以道光壬子年（1852）古微堂重刊定本为底本，参校道光甲辰五十卷本、道光丁未六十卷本、道光己酉六十卷本、道光乙未本及光绪年间甘肃平庆泾固道署重刊百卷本。
④ 黄遵宪：《日本国志》（上），吴振清等整理，天津人民出版社2005年版，第83页。

《万国公报》（原名《教会新报》）的创刊人兼主笔林乐知曾经在该报上连载《环游地球略述》。在第 642 卷（1881 年 6 月）中，介绍了美国宪法全文（共七条）。例如第五条："我国政体既立之后，国会及各邦会之中若有三分之二欲修改政体者，许即会同商政。"第七条："我同联之邦内见此政体，若有九邦意属可行，其余数邦纵有意见不合者，我民概行从众，不问其余。"① 参照现今美国宪法的译文，从林乐知的文脉来分析，这里所说的"政体"，便是"constitution"之意。

光绪十二年己酉（1886 年 12 月 15 日）特派出使美国、秘鲁、西班牙三国大臣张荫桓在日记中记载："美为民主之国，应译其创国例备览。蔡毅约有译本，甚清晰。其词曰：美国合邦盟约（一译作律纲），我合众国人民意欲联合众邦，以益巩固、昭公义、保安居、敦守卫、兴利除弊，爰及后裔，永享自由之福。特立盟约曰美国合邦盟约。"② 日记中所提蔡毅约于光绪四年（1878）随中国首任驻美公使陈兰彬赴美，任公使馆翻译兼办参赞事务。③ 李文杰认为："《美国合邦盟约》最有可能出现于光绪七年三月至八月之间（1881 年 4 月至 9 月），且至少在六月，即已翻译出部分内容，并形成'合邦盟约'这一对译'constitution'的汉译名。"④ 由此可知，"合邦盟约"和"律纲"所指的便是美国宪法。

以"constitution"检索台湾"中央研究院近代史研究所""英华字典"，直至 1899 年，未见以"宪法"对译"constitution"的词条（见表 1-1）。⑤

---

① ［美］林乐知：《万国公报》第 642 卷，上海书店出版社 2014 年版。
② 张荫桓：《三洲日记》，光绪十二年己酉（1886 年 12 月 15 日）。参见任青、马忠文整理《张荫桓日记》，上海书店出版社 2004 年版，第 81—82 页。
③ 关于"蔡毅约"有可能是蔡锡勇的字"毅若"之误植，参见胡其柱《蔡锡勇〈美国合邦盟约〉译本考论》，《学术研究》2011 年第 3 期。
④ 李文杰：《首部汉译美国宪法问世考》，载《北大史学》（15），北京大学出版社 2010 年版，第 221—228 页。另见胡晓进《清末民初美国宪法在中国的翻译与传播》，《华东政法大学学报》2015 年第 3 期。
⑤ http：//mhdb.mh.sinica.edu.tw/dictionary/search。

表 1-1　　　　　　　英华辞典"constitution"对译词

| 辞典名称 | 编者 | 编纂/出版时间 | 页码 | 义项排序、释义 |
| --- | --- | --- | --- | --- |
| 英华字典 | 麦都思 | 1847—1848 | 300 | 8. 国法、律例、定规 |
| 英华字典 | 罗存德 | 1866—1869 | 481 | 7. 国政，国法 |
| 英华萃林韵府 | 卢公明 | 1872 | 95 | 4. 国法、律例、定规 |
| 订增英华字典 | 井上哲次郎 | 1884 | 305 | 7. 国政、国法 |
| 英华字典集成 | 邝其照 | 1899 | 77 | 律例 |
| 英华大辞典 | 颜惠庆 | 1908 | 462 | 2. 国之政体；3. 典章、宪法 |
| 英华新字典 | 商务印书馆 | 1913 | 110 | 立宪、宪法 |
| 官话 | 赫美玲 | 1916 | 285 | 1. 宪法；2. 宪典 |

另以"宪法"检索《申报》电子版，1873年9月至1877年7月，共出现4次，但均非constitution之义，而是古典的"法律""法规"之义。①

可以说，直到19世纪90年代前后，"constitution"在中国仍然没有固定的汉语译词，也几乎未见到用"宪法"对译的用例。不过，在日本使用更广的"宪法"一词却在1870年前后便被用于对译"constitution"，实现了语义的古今转换。当然，与中国类似的是，宪法固定为"constitution"的对译词之前，也出现了各种对译词。

在近代日本，出现了如下译词："定律""律例"或"国律"（福泽谕吉《西洋事情》庆应二年）、"国宪"（加藤弘之《立宪政体略》庆应四年）、"根本律法""国纲""国制""制度""朝宪"（津田真道《泰西国法论》庆应四年）、"政规""典则"（木户孝允意见书，明治四年）、"根源律法"（大久保利通意见书，明治四年）、"建国法"（井上毅《王国建国法》明治八年）、"政体书"（岩田德义《米利坚合众国政体并国会规律》明治十二年）等表达"宪法"的词汇。②

---

① http://www.sbsjk.com/.
② 参见[日]清水伸《明治宪法制定史》（上），原书房昭和四十六年（1971）版，第110页。另外，与英语constitution相当的荷兰语grondwet，在江户时代曾被翻译为"第一ノ法"（"第一法"）。见日本国立国会图书馆藏《译键》，文化七年（1810）版，第G23页。

查庆应三年（1867）再版、明治二年（1869）官许的《英和对译袖珍辞书》，constitution 的对译语有如下 6 个，即"组立""处置""气质""性体""政事""国法"。① 其中没有"宪法"这个对译词。据此判断，直到明治维新前后，constitution 在日本没有固定译词，也尚未出现用"宪法"对译的情况。

这里不应该忽略的是，"constitution"在日本的译词并非完全由日本人发明创造，有些译词借用了近代流入日本的汉文著作的译词。如《美理哥国合省志略》《海国图志》《瀛环志略》《地理全书》《地球说略》《智环启蒙》《英吉利纪略》和《英国志》等汉文著作在南洋或中国出版后传至日本，这些著述涉及欧美各国政治方面的介绍，日本人在对译"constitution"时，应该借鉴了其中的译词。②

2. "宪法"今义的初用

目前，学界公认以今义最早使用"宪法"一词的，是日本学者箕作麟祥的《佛兰西法律书·宪法》，出版于明治三年（1870）。该书是《法国六法》之一，由于箕作的影响力以及出版的官方色彩，包括穗积八束在内，均将最早使用"宪法"表示"constitution"的功劳归功于箕作麟祥。③《法国六法》在日本的广泛流传，近代意义上"宪法"渐渐代替其他译词，在日本固定下来。④

日本学者林正明（1847—1885）也较早使用了今义的"宪法"。⑤ 明治六年（1873）孟春林正明译述的《米利坚合众国宪法》和《英国宪法》出版，他在书名和文中均使用了宪法一词。⑥ 作者为前者作

---

① 明治二年官许增补：《英和对译袖珍辞书》，庆应三年江户再版，书肆藏田屋清右门，第 80 页。
② 参见［日］清水伸《明治宪法制定史》（上），第 114—115 页。
③ 穗积陈重：《法窗夜话》，东京印刷株式会社大正五年（1920）版，第 172 页。
④ 林正明和箕作麟祥为何使用"宪法"来对译 constitution，从史料上已经无从考证。不过，学者运用语言学和符号学的理论，从所指和能指的关系方面，做了探讨。见王人博《宪法概念的起源及其流变》，《江苏社会科学》2006 年第 5 期。
⑤ 参见韩大元《亚洲立宪主义研究》，中国人民公安大学出版社 2008 年版，第 99 页。
⑥ ［日］林正明译述：《合众国宪法》，求知堂藏版，明治六年孟春；林正明译述：《英国宪法》，求知堂藏版，明治六年孟春。

序落款时间为"明治壬申秋九月重阳日","明治壬申"为1872年,可证1872年秋季便已完成了《米利坚合众国宪法》的翻译。留学于欧美的林正明1872年归国,短期内译述多部欧美政治、经济、法律、历史等书籍,① 而最先翻译的便是《米利坚合众国宪法》。由此,可以肯定早在1870年至1872年前后,"宪法"便被赋予了今义。

日本官方文书中对今义宪法一词的使用,加快了"constitution"译词统一化的步伐。明治十五年(1882)三月三日在天皇命伊藤博文赴欧调查宪法的诏敕《训条》中,使用了"宪法"一词。从此,宪法一词逐渐取代其他译词,统一表达"constitution"的含义。之前的明治十四年(1881)井上哲次郎等人编辑的《哲学字汇 附清国音符》以及明治十七年(1884)改订增补的《哲学字汇》中已经将"constitution"的译语固定为"宪法",而且没有列举任何其他对译选项。② 可见,从1870年箕作麟祥第一次以今义使用宪法一词,经十多年时间,已经完全取代"constitution"的其他译词,实现了宪法语义的古今转换。

至于谁在中国最早在现代意义上使用"宪法"一词,学界公认是启蒙思想家王韬,但多未加考证,语焉不详。笔者就所及资料,略加考论。王韬于同治九年(1870)受丁日昌之托增辑《地球图说》,最终成书六卷,"首为《法兰西总志》"。《法兰西总志》于光绪十五年(1889)重订,更名为《增订法国志略》。③ 笔者未能见到初版《法兰西总志》,故无法确定王韬是否在其中使用了宪法一词,但在所见《增订法国志略》中却多次看到宪法一词,如"一千七百八十九年律法,自民会开院,三年于此,齐民议员排斥众论,主张民权,百折千

---

① 除文中所示《米利坚合众国宪法》和《英国宪法》外,林译著作还有《租税全书》(求知堂,1873)、《经济入门》(博文本社,1873)、《政学提纲》(求知堂,1873)、《北亚米利加合众国史记》(求知堂,1873)、《泰西新论》(求知堂,1873)、《万国政谈》(求知堂,1873)等。

② 《哲学字汇 附清国音符》,东京大学三学部印行,明治十四年(1881)版,第18页;井上哲次郎、有贺长雄增补:《改订增补哲学字汇》,东京大学三学部御原版,东洋馆发兑,明治十七年(1884)版,第24页。

③ 王韬:《增订法国志略》原序,北京大学藏,光绪乙丑年石印本。

挫，不少屈挠，遂立一定宪法，布行国中，至是将举立国法议会，论定宪章条目。"① 另有"是岁（1832年。——引者注）……歧造、智而二人相继为相，二人劝王遵守宪法，限制君权以顺舆论情，潜消逆志。"② 王韬在此书中使用"宪法"的同时也使用了"国法"一词，如"论难八日，始决国法，改定大纲。"③ 可见，对于王韬而言，宪法译词的使用仍未统一。

《增订法国志略》是在日本史学家修撰的法国史地书的基础上增删、改作而成的。王韬在该书凡例中写道："余撰《法国志略》取资于日本冈千仞之《法兰西志》，冈本监辅之《万国史记》，而益以西国近事汇编不足，则复取近时之日报并才辑泰西述撰有关于法事者以成此书。"④ 又说："幸冈君千仞、高君二桥为先路之导，余得以踵事增华，藉成是书，是则余之深幸也。"⑤《法兰西志》出版于1878年，法国学者犹里氏原著，高桥二郎译述为文言文，由冈千仞删定。《法兰西志》汉译出版晚于箕作麟祥翻译《法国六法》，内有宪法一词的使用，实属正常。王韬于1879年访问日本，受到冈千仞等日本学者的热情接待，冈千仞又是《法兰西志》的删定者和发行人，很有可能将该书赠予王韬，王韬参考《法兰西志》增订了《法国志略》，借鉴了其中很多内容。前引王韬的这几段文字几乎抄自《法兰西志》，例如，与前引文句之一相对应的《法兰西志》的文句是："一千七百八十九年律法，自民会开院，三年于此，齐民代议排斥众论，主张民权，百折千挫，不少屈挠，遂立一定宪法，布行国中，至是将举立国法议会，论定宪法条目。"⑥ 二者的相似度极高，王韬只对个别文字做了修改。笔者所见《增订法国志略》中使用的"宪法"一词，几乎都是受《法兰西志》影响的结果。如果以此回推，王韬或许未在

---

① 王韬：《增订法国志略》卷六，北京大学藏，光绪乙丑年石印本，第26—27页。
② 王韬：《增订法国志略》卷七，北京大学藏，光绪乙丑年石印本，第4页。
③ 王韬：《增订法国志略》卷五，北京大学藏，光绪乙丑年石印本，第24页。
④ 王韬：《增订法国志略》凡例，北京大学藏，光绪乙丑年石印本。
⑤ 王韬：《增订法国志略》凡例，北京大学藏，光绪乙丑年石印本。
⑥ [法]犹里：《法兰西志》卷五，[日]高桥二郎译述，冈千仞删定、出版，明治十年（1877）版，第21页。

1870年撰写的《法兰西总志》中使用现代意义的"宪法"一词。这样一来,王韬是否是中国最早使用今义"宪法"的,便成了疑问。即使使用了,也是在1879年访日之后,而从《增订法国志略》的出版算起,则要等到1889年了。这一年,明治宪法已经公布,近邻日本的这一开东方国家立宪先河的举动,势必引起中国人的注意。因而我们不得不考虑宪法一词使用的明治宪法这一渠道了。

王韬于1879年访问日本之前,驻日参赞官黄遵宪已经于1877年抵达日本。驻日期间,黄遵宪笔耕不辍,咏成《日本杂事诗》,于1882年离任之际完成荦荦大著《日本国志》初稿的撰写,并于光绪二十一年(1895)刊刻出版。黄遵宪在著作中大量借用了日语词汇。① 那么,黄遵宪是否较早地在这些著作中使用了现代意义的"宪法"呢?黄遵宪作诗吟咏日本律法:"拜手中臣罪被除,探汤剪爪仗神巫。竟将老子箧中物,看作司空城旦书。"在此诗的注解中他使用了"宪法"一词:"至推古乃作宪法,后来用大明律,近又用法兰西律;然囹圄充塞,赭衣载道矣。"② 这是《日本杂事诗》中唯一出现的"宪法"一词。"至推古乃作宪法"显然是指以圣德太子为中心推行政治改革所制定的《十七条宪法》。所以,这里所说的"宪法"并不具备今义。

在《日本国志》卷十四《职官志二》中,黄遵宪介绍日本府县时说道:"凡地方官每年一度召集至京会议宪法,名曰地方官会议。"③ 日本的地方官会议于明治七年(1874)由木户孝允在大阪会议上提议

---

① 崔军民对《日本国志》中使用的法律新词做了研究。崔军民:《萌芽期的宪法法律新词研究》,博士学位论文,四川大学,2007年,第118—128页。沈国威对《日本杂事诗》和《日本国志》中的日语词汇进行了统计。参见沈国威《近代中日词汇交流研究》,中华书局2010年版,第225—226页。

② 吴振清等编校整理:《黄遵宪集》上卷,天津人民出版社2003年版,第22页。文集内的《日本杂事诗》据光绪十四年(1890)富文堂定本整理。

③ 黄遵宪:《日本国志》卷十四,光绪二十四年(1898)浙江书局重刊,第33页。笔者核查依藏书家卢弼手校的羊城富文斋改刻版整理出版的《日本国志》的相关内容,与浙江书局重刊版无异。而羊城富文斋最早刊版为光绪十六年(1890)。见吴振清等编校整理《日本国志》上卷,天津人民出版社2005年版,第7、394页。

设立，主要为了解地方民情而召集县令或府知事开会，审议地方自治、地方行政等各种问题。在1890年议会开设之前，也有将其作为与元老院相区别而设为下议院的打算。不过，笔者认为，黄遵宪在此所说的"会议宪法"恐怕也并非是"constitution"的对译词，很有可能仍然是指一般法律的古义"宪法"。因为明治宪法的制定是秘密完成的，由伊藤博文等少数几人把持，地方官应该没有机会"会议宪法"。即使明治宪法颁布之后，由于是钦定宪法，也不容地方官置喙。

总体来说，在19世纪70—80年代的大部分时间里，即便王韬和黄遵宪有可能使用了近代意义的宪法一词，但由于其著作没有刊行或广泛传播，其影响力十分有限，仅限于个人及其"朋友圈"。所以，仅探讨谁最早使用今义的宪法一词似乎对于"constitution"的译词在中国的词化和普及意义不大。

毫无疑问，鉴于王韬和黄遵宪在士大夫中的影响力，他们的著作一经出版，他们所使用的"宪法"一词便有可能起到示范效应，对于"宪法"语义的古今转换起到不可低估的作用。不过，由于他们的著作不是专论宪法的，也没有像箕作麟祥和林正明一样在译书的书名上使用了宪法一词，所以这种示范作用便打了很大折扣。宪法一词古今语义的最终转换，要等到中日甲午战争结束之后。

（三）"宪法"今义在中国的普及

今义"宪法"在中国的普及与甲午战争中国战败后的环境有密切关系。甲午战败，对中国思想和社会造成的冲击旷日持久。以器物变革为核心的洋务运动终于向着制度变革的方向迈出了艰难的一步，而中国人关注的对象已不仅仅是"西洋"了，东邻日本通过明治维新，尤其是通过立宪实现富国强兵的举措为中国人所乐道，成为借鉴的对象。1889年作为第一个非西方国家所颁布的宪法——《明治宪法》以及日本的立宪过程以各种形式介绍到中国，"宪法"一词也在这一过程中由日本回流，基本上完成了语义的古今转换。

戊戌维新的弄潮儿康有为和梁启超通过介绍各国宪法、立宪过程及其相关著作，推动了宪法语义的古今转换。康有为将19世纪下半期日本的新书书目编辑整理，定名为《日本书目志》，共15卷，由上海大同译书局刊行于1898年春季。① 康有为作为戊戌维新的领军人物，所编辑的《日本书目志》在"以明治为师"的时代环境下应该受到了广泛关注。在政治门第五和法律门第六中，康有为介绍了多种日本政治法律书籍，其中书名包含"宪法"的书目有《英国宪法及政治问答》《外国宪法》等，共三十余部。② 这些日文政治宪法学著述篇名多使用汉字，故康有为可以毫不费力地将这些日语汉字直接转换成汉语汉字，宪法一词也原封不动地随着这些书名的翻译回流到了汉语中。

康有为的弟子梁启超在1898年前后已经使用宪法一词，这位"言论界之骄子"的著述脍炙人口，他对宪法一词的使用，无疑会引起巨大的影响。《日本书目志》刊行之前的1897年，梁启超便阅读过该书，并撰写了读后感，在其中鼓励道："愿我公卿，读政治、宪法、行政学之书，习三条氏之政议，探究以返观，发愤以改政，以保我四万万神明之胄。"③ 同年，梁启超在《大同译书局叙例》中也说："欲变总纲，而宪法之书，靡得而读焉。"④ "译宪法书，以明立国之本。"⑤

戊戌维新之前，梁启超与黄遵宪和汪康年主办的《时务报》大力宣传新知，对明治维新的介绍尤为着力，《时务报》曾聘请汉文功底深厚的日本人古城贞吉负责日文报译栏目文章的翻译。⑥ 在1897年第26、27期上，连载了原刊于《东京日日报》上"明治宪法之父"伊藤博文在国家学会上的一篇演讲译文，题为《日相论制定宪法来历》。⑦ 伊藤在文中较为详细地介绍了幕末和维新期间日本由不知宪

---

① 关于《日本书目志》中书目来源，参见王宝平《康有为〈日本书目志〉资料来源考》，《文献》2013年第5期。另见沈国威《康有为及其〈日本书目志〉》，《或问》2003年第5号。
② 康有为：《日本书目志》，载《康有为全集》第3卷，姜义华、张荣华编校，中国人民大学出版社2007年版，第328—344页。
③ 梁启超：《饮冰室合集·文集之二》，中华书局1936年版，第54—55页。
④ 梁启超：《饮冰室合集·文集之二》，中华书局1936年版，第57页。
⑤ 梁启超：《饮冰室合集·文集之二》，中华书局1936年版，第58页。
⑥ 关于古城贞吉与《时务报》的关系，参见沈国威《近代中日词汇交流研究》，中华书局2010年版，第363—402页。
⑦ ［日］伊藤博文：《日相论制定宪法来历》，古城贞吉译，《时务报》1897年第26、27期。

法为何物到1889年2月明治宪法发布的全过程。《时务报》是维新人士的重要刊物，发行量曾达万余份，这对于中国人了解明治宪法的制定，其影响是不言而喻的。由于是专论明治宪法制定的演讲，"宪法"一词在文中频繁使用。随着中国人对明治宪法的了解，"宪法"的今义也不知不觉地为中国人接受了。

1899年，戊戌政变后流亡日本的梁启超在其创办的《清议报》上发表译作《各国宪法异同论》，概要介绍各国宪法的异同，发出戊戌政变之后介绍和宣扬西方各国宪法的先声。《各国宪法异同论》译自加藤弘之的同名著作，① 开篇便提到对宪法的认识："宪法者，欧语称为孔士九嵩，其义盖谓可为国家一切法律根本之大典也。故苟凡属国家之大典，无论其为专制政体、为立宪政体、为共和政体，似皆可称为宪法。"②

1901年6月，梁启超又在《清议报》上发表《立宪法议》，对何谓宪法、宪政和中国应该如何立宪、制宪提出建议。其中，对宪法做了如下解释："宪法者何物也？立万世不易之宪典，而一国之人，无论为君主、为官吏、为人民，皆共守之者也，为国家一切法度之根源。此后无论出何令，更何法，百变而不许离其宗者也。西语原字为 the constitution，译意犹言元气也。盖谓宪法者，一国之元气也。"③

前文已经述及1873年9月至1877年7月，虽然《申报》出现4次"宪法"，但均非现代意义。不过，1887年5月2日"东瀛佳话"栏目首次介绍明治宪法制定过程："日本报云：日本国宪法，向来执一从严，近今参照各国，稍稍变通，由各员先立草案，再由内阁大臣批阅，重加修正。目下调查至急，付各委员整订外，又聘德国法律顾问官辅助之。所定法律中，第一以皇室关系万世继承，故其意尤精

---

① 参见郑匡民《西学的中介：清末民初的中日文化交流》，四川人民出版社2008年版，第195页。
② 新会梁任译：《各国宪法异同论》，《清议报》1899年第12期。
③ 耿云志在2013年梁启超诞辰140周年之际，重读梁启超的《立宪法议》，对该文内容进行了梳理和评析。耿云志：《重读梁启超的〈立宪法议〉》，《广东社会科学》2014年第1期。

密,其词极威严,即使时势变迁,有乱臣贼子作奸犯上,而宪法至尊至严,有足以防制之者,诚为不易之规也。前月条约改正会议,待全权大臣井上伯特持宪法草案,以示各国全权委员,各国委员披览之余,靡不赞美,以为天下万千世界,得国宪如此设立皇室,定能安堵也。"① 这是《申报》首次使用"宪法"今义。此后,《申报》"欧洲近事""扶桑晓色""东瀛夏景""东报汇译""神山仙迹""崎阳余话""扶桑盛会""日皇布政"等题下,介绍了明治宪法制定、发布和执行的情况。由此可知,自1887年5月开始,在介绍明治宪法制定过程时,"宪法"也渐渐在中国由古义向今义转变。

可以说,通过报刊对明治宪法等的介绍,"宪法"渐渐实现了语义的古今转换,而加速其转换的,是明治宪法及其相关研究著述的汉译。在《日本国志》最早刊行的1890年,明治宪法全文便被翻译成汉语出版,可以说宪法一词今义的使用确凿无疑。1887年,清廷经过一次别开生面的选拔考试,向海外派遣游历使,历时两年之久。② 傅云龙是这次考试的魁首,考察过程中,他笔耕不辍,用功至深。作为日本考察的成果,他撰写了一部详尽介绍日本情况的《游历日本图经》,内有刚刚颁布的《明治宪法》的天皇敕语和宪法全文译本。③ 傅云龙一行从上海出发,先到日本考察,停留6个月后赴美洲,归国途中为《游历日本途经》出版事宜,又在日本停留了5个月,于光绪十五年十月十七日回京销差。也就是说,傅云龙等人先后两次在日本停留,总计近一年。恰巧在两次滞留的间隔期间,日本公布了《明治宪法》。当时,宪法刚刚颁布,作为一件大事,引起日本全国强烈反响。傅云龙等人自然也会关注,将《明治宪法》的天皇敕语和宪法全文译文悉数载入即将在日本付梓的《游历日本图经》之中。这是笔者所见明治宪法的最早汉译本,不必说,宪法一词和宪法术语随其文本的翻译传入中国。1890年至1905年,

---

① 《申报》1887年5月2日。
② 关于此次考察研究,参见王晓秋、杨纪国《晚清中国人走向世界的一次盛举:一八八七年海外游历使研究》,辽宁师范大学出版社2004年版。
③ 王宝平主编:《游历日本图经》,上海古籍出版社2003年版,第343—344页。

明治宪法有多种汉译本。其中南洋公学曾在1899年组织翻译《日本法规大全》,后来翻译工作被商务印书馆接管,其中明治宪法的译文非常精当。以伊藤博文之名撰写的《帝国宪法义解》于1901年由沈纮译成汉语在上海出版。其他介绍宪法、宪政的译注也纷纷出版,蔚为大观。①

1897年,清政府向日本派遣十余名留学生,法政知识是他们学习的重点,宪法当然在学习之列。这些留学生在日本主办《游学译编》等杂志,其中对日本和各国宪法做了译介。这些杂志虽然在日本出版,但经各种渠道很快传至中国大陆,尤其是在港口城市拥有不少阅读者。留日学生学成归国之后,又直接成为新义"宪法"的使用者和传播者。这一时期,也出现了留日学生编纂的宪法类书籍,如王鸿年于1902年出版《宪法法理要义》,② 衔石生(汤寿潜)于1903年出版《宪法古义》。③

总体而言,到1905年前后,随着大量日文书籍的汉译,尤其是明治宪法及其相关著作的汉译,"宪法"基本上实现了语义的古今转换。汪荣宝和叶澜于1903年编纂的《新尔雅》出现了宪法词条,并将其加点标注:"立万世不易之宪典,以为国家一切法度之根源,巩固有权限之政体者,谓之宪法。"④ 在20世纪的最初十年,尽管严复批评宪法"二字连用,于词为赘",但已经很少有人不知"宪法"作为"基本法""根本大法"的内涵了。

总之,近代意义上的宪法词汇在中国和日本的生成反映了近代

---

① 如下资料统计了大量译自日语的宪政宪法著作:1. 邹振环:《张謇与清末宪政史知识的译介与传播》,《史林》2012年第3期。2. 徐维则、顾燮光编:《增版东西学书录》;顾燮光编:《译书经眼录》;王韬等:《近代译书目》,北京图书馆出版社2003年版。3. 谭汝谦主编:《中国译日本书综合目录》,香港中文大学出版社1980年版。4. 中国社会科学院历史研究所编:《1900—1980 八十年来史学书目》,中国社会科学出版社1984年版。

② 王鸿年:《宪法法理要义》,三协合资会社印刷,明治三十五年(1902)版。

③ 衔石生(汤寿潜):《宪法古义》,日本东洋文库藏,点石斋合记印书局光绪三十一年八月初版。

④ 汪荣宝、叶澜编纂:《新尔雅》,上海明权社光绪二十九年(1903)版,第29页。

中日两国在词汇和概念方面的相互影响和广泛联系，其背后也隐含着中日文人墨客的文化交流。其实，除了宪法一词本身，诸多宪法用语均来自近代日语，可以说，近代日本为清末中国制定宪法提供了语言上的便利。笔者以《钦定宪法大纲》《宪法重大信条十九条》和现行《中华人民共和国宪法》的词汇为基准，统计出受日本影响的词汇：代表、法律、封建、革命、共和、国民、机关、解放、解散、阶级、经济、军事、科学、理论、历史、民主、农民、侵略、全国、世界、司法、思想、宪法、行政、选举、义务、议院、议员、总理、真理、政府、主席、主义、制裁、资本和自由，共 36 词。表 1-2 仅列出《钦定宪法大纲》和《宪法重大信条十九条》中的 9 个用词。

表 1-2　　　　　　宪法用词在近代中国和日本的生成与流转

| 汉语（拼音） | 日语（读音） | 英语 | 出处与流传方式 | 备注 |
| --- | --- | --- | --- | --- |
| 法律<br>（falü） | 法律<br>（houritsu） | law | 出自《庄子》："法律之士广治。"经由日语的双程流传。 | 刘禾，第 370 页 |
| 宪法<br>（xianfa） | 憲法<br>（kenpou） | constitution | 出自《国语》："赏善罚奸，国之宪法也。"是近代经由日语的双程流传。 | 马西尼，第 277 页 |
| 行政<br>（xingzheng） | 行政<br>（gyousei） | administration | 经由日语的单程流传。 | 马西尼，第 275 页 |
| 选举<br>（xuanju） | 選挙<br>（senkyo） | elect | 出自《文子》："选举足以得贤士心。"是经由日语的双程流传。 | 刘禾，第 367 页 |
| 义务<br>（yiwu） | 義務<br>（gimu） | duty | 出自《中论》："言朋友之义务，在切直译升于善道者。"经由日语的双程流传。 | 刘禾，第 367 页 |
| 议院<br>（yiyuan） | 議院<br>（giin） | congress | 经由日语的单程流传。 | 马西尼，第 280 页 |

续表

| 汉语（拼音） | 日语（读音） | 英语 | 出处与流传方式 | 备注 |
|---|---|---|---|---|
| 议员（yiyuan） | 議員（giin） | senator | 经由日语的单程流传。 | 马西尼，第280页 |
| 自由（ziyou） | 自由（jiyu） | freedom | 经由日语的单程流传。 | 马西尼，第279页 |
| 总理（zongli） | 総理（souri） | premier | 出自《德威堂铭》："总理庶务。"经由日语的双程流传。 | 刘禾，第375页 |

资料来源：1.［意］马西尼：《现代汉语词汇的形成——十九世纪汉语外来词研究》，黄河清译，汉语大辞典出版社1997年版，"附录"。2. 刘禾：《跨语际实践：文学、民族文化与被译介的现代性》，宋伟杰等译，生活·读书·新知三联书店2008年版，"附录"。

由表1-2可窥见近代日本在词汇方面对中国的影响。语言学家如此总结道："现代汉语中的意译词语，大多数不是中国人自己创译的，而是采用日本人的原译。"[①]

词汇和概念反映的是文化和思维方式。近代日本宪法用语反映出了《明治宪法》的思维模式，进而这种思维模式直接影响了中国制定宪法。例如，1888年日本枢密院院长伊藤博文主持审定宪法，在审定天皇与议会、政府、法院的关系时，选定了"协赞"一词，以代替"同意"。之所以未使用"同意"一词，伊藤认为"同意"是上级对下级的许可或者同级之间的承诺，无形中提高了议会的地位，有损天皇权威。使用"协赞"一词，可表达出议会对天皇的"辅佐"之意，突出了天皇权力的至上性。清廷制定《宪法大纲》，采用了"协赞"一词，表达了皇帝与议院的上下关系："君上有统治国家之大权，凡立法、行政、司法，皆归总揽，而以议院协赞立法，以政府辅弼行政，以法院遵律司法。"[②] 清王朝灭亡之前，协赞一词在官方文

---

① 王力：《汉语词汇史》，载《王力文集》第11卷，山东教育出版社1990年版，第695页。受到日语影响的现代汉语词汇统计除前述马西尼和刘禾的著作外，另见实藤惠秀《中国人留学日本史》；王立达《宪法汉语从日本借来的词汇》（《中国语文》1958年2月）；刘正埮等编《汉语外来词词典》以及熊月之《西学东渐与晚清社会》等。

② 故宫博物院明清档案部编：《清末筹备立宪档案史料》上册，中华书局1979年版，第57页。

书中使用频度很高。随着清王朝的覆灭,该词失去了表达的特定场域,最终成为"死词"。

(四) 宪法概念的语义变迁

宪法词汇在近代的语义转换过程,也是中国人认识和接受西方宪法概念的过程。这一过程并非一帆风顺,出现了"以古附今""西学中源"的宪法附会论,宪法被涂抹上浓重的中国色彩,使其含义模糊起来;又因中国人在民族危急、内外交迫之际接受了宪法概念,为宪法赋予了"救亡图存""求富求强""宪法万能"的"新功能",从而淡化或改变了其原有功能。

前文已谈及宪法词汇为中国固有,近代以来发生语义转换,经历了一段语义转换期。谙熟传统经典的知识分子竭力从中寻找与西方宪法内容相应的资源,以中国古代宪法意义附会西方近代意义上的宪法。宪法附会论者,大致分为两类:一是从古代经典中寻找与西方宪法内容对应的因素,为西方宪法概念发掘在中国生根的土壤,目的是更加便于中国人理解、接受西方宪法概念。这种附会论成为宣扬西方宪政的一种手段,以康有为为代表。二是视宪法为中国固有之物,不假外求,以古已有之的堂皇名义,消极对待西方宪法概念和立宪,于式枚的附会论带有这种色彩。

戊戌维新期间,康有为将《春秋》视为中国最早的宪法,将孔子打扮成制定宪法的开山祖师。即使到了民国时期,康有为不改初衷,依然认为中国的宪法之治古已有之:

> 故《春秋》以定名分者,小之则今文谓之权限,大之即希腊文所谓宪法 constitution,译为刊士条顺是也。希腊之义与中国之礼略同焉。但孔子礼之为义,天地鬼神,无不赅统,而宪法则仅为政治名分之大法,少不同也。①

---

① 姜义华、张荣华编校:《康有为全集》第 10 集,中国人民大学出版社 2007 年版,第 38 页。

第二类人则抱有不同的想法，他们虽与第一类人一样，认定"宪法"一词为中国固有，但实际上却抱有排斥、否定立宪的心理。1908年赴德出洋考察宪政大臣于式枚认为：

> 中国旧章，本来立宪，皇朝制度，尤极修明。周官言宪法，言宪令，言宪禁，言宪邦。传称监于先王成宪，仲尼损益四代之制，以垂万事之宪。宪法为中国之名古矣。殷人作誓，汉代约法，尤与欧美所云立宪者相似，唐宋迄明，规模具在，其能贻数百年之基业，成数十年太平者，无不以顺民情申清议为郅治之本原。①

于式枚不但认为中国早有宪法，而且从古至今，中国一直不乏类似于欧美的宪制。

近代西方意义上的宪法，其基本功能是通过规范各国家机关间的关系以保证人民权利免受国家侵害，保护个人权利是宪法的宗旨。然而，宪法概念传入中国的过程中，由于中国固有制度文化等因素的影响以及民族危机的加深，中国人赋予宪法以新功能，使其带有强烈的工具主义特性。主要表现为如下几个方面：首先，表现为宪法万能主义。1905年，驻外公使梁诚等人联名上奏，建议清廷立宪，奏折中谈道："宪法者，所以安宇内，御外侮，固邦基，而保人民也。"② 由此可知，驻外公使们赋予了宪法除"保人民"以外的三项功能：安宇内，御外侮，固邦基。这是欧美宪法所不具备的。其次，宪法成为挽救统治危机的工具。考察政治大臣载泽归国后，秘密向清廷奏请宣布立宪，力陈立宪三点重要的益处："皇位永固""外患渐轻""内乱可弭"。③ 最后，表现为重君权、国权而轻民权。这一点在1908年公

---

① 故宫博物院明清档案部编：《清末筹备立宪档案史料》上册，中华书局1979年版，第305页。

② 故宫博物院明清档案部编：《清末筹备立宪档案史料》上册，中华书局1979年版，第110页。《清末筹备立宪档案史料》此奏折标题有误，该折并非载泽所上，而是梁诚、汪大燮等驻外公使联合某部官员共同上奏。

③ 《镇国公载泽奏请宣布立宪密折》，《东方杂志》临时增刊《宪政初纲》奏议，上海商务印书馆1906年版。

布的《钦定宪法大纲》中表现最为明显。《钦定宪法大纲》以最高法律文件形式规定了君上大权，却只将臣民权利以附录形式置于附属地位。

**二　甲午战前中国人对宪法知识的初步了解**

人们对事物的认识，往往由简至繁，从具体到抽象，近代中国对宪法的认识过程也符合这一规律。中国人对宪法的认识并非始于宪法概念，而是发端于对西方宪政的主要体现形式——议会的认知。随着对议会制度的了解，宪法概念渐渐为中国人所知。甲午战争之前，清廷对明治日本的制宪活动也有了初步认识。

（一）近代中国对西方议会制度和宪法的早期认识

近代以来，当中国人开始"睁眼看世界"之际，对相对抽象的宪法概念茫然无知。中国人对近代意义上宪法的了解，是从认识西方的宪政机构——议会开始的。最早向中国介绍西方议会制度的是西方传教士。1819年英国传教士麦都思在马六甲出版了《地理便童略传》，对英国君主立宪制度进行了介绍。1834年德国传教士郭实腊编纂《大英统志》，在新加坡出版，介绍了英国上下议院的构成及君主与两院关系。1838年，美国传教士裨治文在新加坡出版了《美理哥合省国志略》，较为全面地介绍了美国总统制度和三权分立原则。西方传教士对议会制度的早期介绍，成为近代中国认识宪法概念的先声。

1840年前后，主张经世致用的学者和开明官僚开始注意到西方政治制度与中国的差异，尤其关注其议会制度。林则徐组织翻译编写的《四洲志》、徐继畬的《瀛寰志略》、姚莹的《康輶纪行》、梁廷枏的《海国四说》、魏源的《海国图志》和冯桂芬的《校邠庐抗议》等，对各国地理、历史、政治、经济等方面加以介绍，书中往往涉及欧美各国的议会制度。

19世纪60年代之后，上海成为继香港之后宣传西方新知识的又一中心，出版印刷业盛极一时，墨海书馆、翰墨林印书馆等图书出版机构翻译了一批欧美政治学、法学著作。王韬、徐寿、华衡芳等中国人协助外国人（主要是传教士）翻译，提高了翻译的精确性和可读性。但这一时期鲜有政法类译著，更没有专论宪法的作品，只是在介绍各国地理、历史知识的综合性作品中，涉及议会的介绍。

19世纪60年代之后，清政府设立总理各国事务衙门，附设同文馆，组织翻译西方书籍。这一时期，中国人开始走出国门，通过对西方社会的考察而对议会有了更多的了解。有像张德彝等清政府派出考察西洋的先驱，也有像严复等留学欧洲者，还有像王韬一样周游列国的知识分子，更有如郭嵩焘等清政府派驻各国的出使大臣。他们亲眼见到西方宪政的运行状况，多加肯定评价，又将耳闻目睹记录下来，以公开出版的游记、日记等形式在国内传播。

1884年中法战争前后，少数见多识广的知识分子开始谈论议院的优点，认为西方施行议院政治，内可安邦治国，外可称雄于世界。西方议会制度从介绍阶段发展到赞美和主张引入的阶段。王韬、郑观应、薛福成、何启、胡礼垣、陈虬、宋育仁、宋恕和马建忠等人大力推介西方议会制度。这一时期，知识分子希望将西方议院导入中国，其目的是使中国臻于富强，但仍未认识到议院与宪法（法治）的直接关系。与关注看得见摸得着的议院相比，这一时期对相对抽象的宪法的关心仍然较少。

(二) 清廷对日本宪法的初步了解

随着中国人对议会制度的了解，与其密切相关的宪法概念和制宪知识逐渐进入中国人的视野，为中国人所了解。19世纪70年代以后，清廷向各国派驻的公使及其参随人员，成为了解外国宪法的先驱。亚洲最早的制宪国家日本制定宪法也渐渐进入中国人的视野。

1871年中日签订《清日修好条规》，逐渐开始了近现代意义上的中日外交关系。1877年清廷正式向日本派遣使节，使节及随员对日本的实地考察，一改往昔对日本知之甚少的局面。然而，19世纪70年代由于处于建交初期，中国人对日本的理解多停留在地理、历史和社会层面。中国人游记和日记中，偶尔提到日本官制。①

撰写荦荦大著《日本国志》的驻日公使参赞黄遵宪，在《国统志三》中首次记述了日本明治早期立宪的过程，他认为日本立宪政治的起点为明治八年（1875）的大阪会议。"井上馨……约木户、板垣、大久保、伊藤会商于大坂，密定将来施政方法。于是木户、板垣复任参议，世谓之大坂会议。盖立宪政体之诏实胚胎于此云。"之后，黄又谈到日本变革官制，废除左右院，置元老院、大审院，并敕建立宪政体。他引用天皇的诏书后，对立宪政体做了如下评论："立宪政体盖谓仿泰西制，设立国法，使官民上下分权立限，同受制于法律中也。"② 黄遵宪还认真介绍了自由民权运动要求召开民选议院。黄遵宪的记述止于明治十一年、十二年（1878—1879）。黄遵宪写作《日本国志》的动机很明确，他感叹于日本"进步之速，为古今万国所未有"，中国如果通过富国强兵抵御外辱，与其远法欧美，不如近学日本。③

黄遵宪是较早使用"立宪"和"立宪政体"一词的中国人，也是较早关注日本立宪的清廷官员。19世纪70年代，日本的元老院曾经委任左院起草宪法，日本经历了自由民权运动时期，但由于内政不整，动乱不休，制宪一直未纳入日程表，黄遵宪对日本早期的立宪有如此的关注，实属难得。可惜《日本国志》于1887年成稿后未能及时出版，直到光绪二十年（1894）春才姗姗问世，在甲午战争前影响不大。虽说如此，《日本国志》开启了近代中国全面了解日本立宪的序幕，对后来的戊戌变法有深刻的影响。康有为的奏折和《日本变政考》等著作均有参照《日本国志》的痕迹，光绪帝也曾索要该书。

如前文所述，1887年，清廷经过一次别开生面的选拔考试，向

---

① 何如璋：《使东述略》，载钟叔河主编《走向世界丛书》第三册，岳麓书社2008年版，第104页。即使1893年黄庆澄访问日本时，游记中也只列举当时日本的官制，对宪法只字未提。其时，明治宪法已经颁布4年之久。

② 黄遵宪：《日本国志》，天津人民出版社2005年版，第83页。

③ 黄遵宪：《日本国志》，天津人民出版社2005年版，第3页。

海外派遣游历使，历时两年之久，对多国状况进行考察。考察团成员傅云龙撰写了一部详尽介绍日本情况的《游历日本图经》，内有刚刚颁布的《明治宪法》的天皇敕语和宪法全文译本，让中国人第一时间了解了《明治宪法》的全貌。

宪法文本翻译较为精确，成为后世汉译《明治宪法》的模范。其翻译究竟出自何人之手？笔者猜测，明治政府有可能为向中国宣传《明治宪法》，在其制定颁布之后准备了汉语译本，直接为傅云龙所用。从翻译的准确程度来看，应该是精通法学和汉文之人所为。当然，也不排除汉译本出自傅云龙等人的随行翻译之手。其实，《明治宪法》制定之后，伊藤等人将其译为英语，派人赴欧美国家请教专家学者对其评价，如英国著名学者斯宾塞等人，达到了宣传的目的。

总的来说，甲午战争前后清廷对日本宪法和宪政的了解基本上停留在资料收集和介绍阶段，记述多，评论少。虽然在记述过程中一定程度上表达了对日本宪政的羡慕之情，但其动机主要不是为了效仿日本，而是鉴于日本的崛起和对中国的野心，为清廷提供防范日本的信息。

## 第二节　制宪的师日取向

甲午战争是近代中日关系史的重大事件。中国战败，痛定思痛，部分知识分子开始从政治制度层面反思战败和积弱的原因，力图通过改变政治制度而实现富强的梦想。洋务运动中"中体西用"的指导思想遭到批判，主张从制度层面效仿西方改革的呼声渐起，中国人对西方宪法的理解开始加速。此时，三种制宪模式同时传入中国，中国人一面介绍西方宪法知识，一面表现出师日取向。

### 一　世界制宪潮流中的三种制宪模式

1787年美国制定了近代第一部成文宪法之后，法国、荷兰、比利时等国家纷纷效仿，制定成文宪法，迎来了人类历史上的一个制宪高潮。至19世纪中期，欧美主要国家鲜有不制宪者。1889年日本颁布宪法，开启非西方国家立宪的先河，也增加了中国人立宪的紧迫感。《明治宪法》制定10年之后，菲律宾于1899年也制定了一部宪法，但最终未能施行。①

梁启超在《立宪法议》中介绍了世界制宪大潮："地球各国，必一切同归于立宪而后已，此理势所必至也。……昔距今百年以前，欧洲各国，除英国外，皆专制也。……距今五十年顷，而全欧皆立宪矣。尚余一土耳其……尚余一俄罗斯。"② 梁启超试图通过介绍立宪为大势所趋，建议中国尽早立宪。

张謇的观点或许更能表达立宪的紧迫感。1906年，张謇为其翻刻的《日本议会史》作序时谈道，仅有包括中国在内的三国未立宪："今之世列国数十，其未立宪法者仅三国，而俄有地方自治之制，则犹不失为半宪法国也。土于十余年前曾一布宪法，设议院，后卒中止。"③ 然而，1906年5月8日，俄罗斯颁布了宪法，也成为立宪国家。俄国宪法颁布之后，中国人立即将其译为汉语。④《东方杂志》也在当年发行的临时增刊《宪政初纲》中以摘要形式介绍了俄国宪法。同在1906年，土耳其也宣布立宪。⑤ 至1906年，传统大帝国中，确实只有中国尚未宣布立宪。

清廷正是在这样的潮流中，迈出了立宪的步伐。1905年清廷派遣五大臣出洋考察政治，次年宣布预备立宪，1907年再次派遣大臣考察各国宪政，又于1908—1911年三次制宪（或制定或公布宪法性文件）。这是世界制宪大潮中的一环，也受到了世界制宪大潮的影响。笔者在第一历史档案馆宪政编查馆全宗中找到一份呈文，直截了当地将清廷制宪置于世界大潮之中：

---

① 《法政浅说报》1911年第4期。该报登载了"菲律宾宪法"全文，标有"千八百九十九年正月二十一日公布，其后独立不成，此宪法亦未实行"。

② 梁启超：《饮冰室合集·文集之五》，中华书局1989年版，第1—2页。

③ 《张謇全集》编委会编：《张謇全集》第6卷，上海辞书出版社2012年版，第319页。

④ 《法政杂志》（东京），1906年第1卷第6期，译者为朱景圻。

⑤ 《法政杂志》（东京），1906年第1卷第4期，译者为朱景圻。

> 窃观今日全球大势，自文明进化之潮流起于欧洲大陆，先入大西洋至美洲，由美洲渡太平洋入日本。今由日本渐弥漫于亚洲大陆。我中国适当其冲，势不得不力图改革，锐意更新，与世界万国竞争其势力。不然自居劣败，必归淘汰。于是先朝明诏，决意改革专制政体，变更君主立宪政体，并编制宪法大纲及逐年预备事项。①

然而，清廷有意立宪之际，不得不面临立宪模式的抉择。宪法在近代中国的传播，其特点之一是各种类型同时流传。近代中国立宪晚于美国和法国一个多世纪，欧美国家和日本为中国提供了几种类型的立宪模式，它们以学说的形式先流行起来，形成一定的思潮。这种传播方式称作学理型传播，即一个国家或社会以知识分子为核心，先行传播宪法知识，形成社会共识后或由政府主导，或由社会主导，或者政府和社会合作，制定宪法。

美国是最初制定成文宪法的国家，制宪之际，宪法学说比较单一。然而，随着制宪国家的增多，宪法学说的类型也不断增加。至19世纪50年代，至少出现了英式、美法式两种制宪类型。普鲁士、德意志联邦和明治日本制定宪法之后，又出现了德日模式。19世纪90年代中期之后，英式、美法式和德日式三种典型的宪法模式开始在中国流传开来。

这三种制宪模式，制宪主体和立法、司法、行政三权关系有较大的不同。总体而言，英式立宪主体为君民共主，议会不但是立法机关，也是最高国家权力机关，内阁由其产生，对其负责。因而，英式立宪模式又可称为议会主义。行政权力集中于内阁手中，君主为形式上的国家元首，只在名义上掌握国家权力，并不掌握实际行政权力。美法式立宪主体为国民，实行较为严格的三权分立制度，美国的国会虽有立法权，但内阁不对国会负责，而是对国民直接选出的总统负

---

① 《呈为酌拟大清帝国宪法法典呈递摄政王等以期采纳事》，第一历史档案馆宪政编查馆全宗，档号：09-01-01-0003-010。

责。因而，立法和行政之间具有严格的分立和制衡关系，相对于英国而言，议会对行政机构的制约能力有限。德日式立宪主体为君主，君主掌握实际行政权力，是行政权力的中心。《明治宪法》规定的天皇大权超过了德国皇帝的权限。

清廷制定宪法之际，上述三种立宪模式均已传入中国，时人多称为"钦定主义""民定主义"和"君民共定主义"。德日式宪法取"钦定主义"，英式宪法取"君民共定主义"，美法式宪法取"民定主义"。因立场、见识等因素的影响，三种制宪模式产生了三种宪法潮流。大抵而言，德日模式为清政府和拥护既有制度的人士所推崇，英国模式为海内外大部分主张立宪的知识分子所提倡，而美法模式则为体制外激进的革命势力所鼓吹。清廷制定宪法之前，派员出洋考察政治和宪法，是对三种模式取舍的过程。最终，清廷选择了德日模式，而排除了其他两种模式。同时，清廷通过考察，也强化了对德日模式的深入认识。

三种模式传入中国之后，互相激荡，出现了此消彼长的态势。从清廷的角度而言，其奉行的德日模式不断受到挑战，滦州兵变之后被英国模式所短暂取代，最后又因取消帝制、走向共和而退出历史舞台。

## 二 民间对宪法的进一步认识和仿日变法的呼声

甲午战争前后，中国人对议会制度与宪法的关系已有一定的认识。郑观应较早地提出"开国会，定宪法"的建议，将国会和宪法相提并论，因此他"成为近代中国君主立宪政治制度的首倡者"[①]。继郑观应之后，康有为、梁启超等人也对西方宪法做了比较详细的介绍，呼吁立宪，甚至提出具体的立宪方式，开始表现出师日取向。

甲午战争之后，日本的崛起为中国人所关注，1889年日本颁布宪法、1890年开设国会尤受中国人瞩目。康有为较早建议效仿日本

---

① 侯宜杰：《逝去的风流》，北京师范大学出版社2013年版，第2页。

变法。康有为在《上清帝第四书》(1895年6月30日)中指出,中国变革"一在立科以励智学也","一在设议院以通下情也"。① 之后他以土耳其和日本为例,力陈变法的利弊:"日本蕞尔三岛,土地人民不能当中国之十一。近者其酋睦仁与其相三条实美改纪其政,国日富强,乃能灭我琉球,割我辽、台。"②

1897年《时务报》刊载了《日相论制定宪法来历》一文。③ 该文原载于《东京日日报》(1897年4月20日),是日本宪法之父伊藤博文在国家学会上做的关于日本制定宪法来历的演讲稿,由古城贞吉译为汉语。伊藤博文结合自己的经历,从幕末日本政治剧变开始,介绍了明治宪法制定的艰难过程。

1899年,戊戌政变后流亡日本的梁启超在其创办的《清议报》上发表译作《各国宪法异同论》,概要介绍各国宪法的异同,发出戊戌政变之后介绍和宣扬西方各国宪法的先声。④《各国宪法异同论》译自加藤弘之的同名著作⑤,篇幅不大,分7章,介绍了政体、行政立法司法之三权、国会之权力及选举之权利、君主及大统领之制与其权力、法律命令及预算、臣民之权利及义务、政府大臣之责任。《各国宪法异同论》开篇便提到对宪法的认识:"宪法者,欧语称为孔士九嵩,其义盖谓可为国家一切法律根本之大典也。故苟凡属国家之大典,无论其为专制政体,为立宪政体,为共和政体,似皆可称为宪法。"⑥《各国宪法异同论》将宪法理解为国家所有法律的根本大典,无论政体如何,均可以有宪法。《各国宪法异同论》通过比较对宪法的基本内容做了简要介绍。它是笔者见到中国人最早的比

---

① 姜义华等编校:《康有为全集》第1集,中国人民大学出版社2007年版,第81—82页。
② 姜义华等编校:《康有为全集》第1集,中国人民大学出版社2007年版,第83页。
③ 伊藤博文:《日相论制定宪法来历》,古城贞吉译,《时务报》1897年第26期,第25—26页。
④ 新会梁任译:《各国宪法异同论》,《清议报》1899年第12期。
⑤ 参见郑匡民《西学的中介:清末民初的中日文化交流》,四川人民出版社2008年版,第195页。
⑥ 新会梁任译:《各国宪法异同论》,《清议报》1899年第12期。

较宪法学方面的译作。

1901年6月，梁启超又在《清议报》上发表《立宪法议》，对何谓宪法、宪政和中国应该如何立宪、制宪提出建议。① 文章从对国体和政体的区分着手，区分了君主国与民主国两种国体，君主专制、君主立宪和民主立宪三种政体。三种政体中，"君主立宪者，政体之最良也。地球各国既行之有效，而按之中国历古之风俗，与今日之时势，又采之而无弊端者也"。② 梁启超主张中国实行君主立宪制。关于立宪政体，梁启超理解为"有限权之政体"，即通过宪法明确限制"君权""官权"和"民权"，而最重要的是保障民权。宪法是限权的最主要形式："宪法者何物也？立万世不易之宪典，而一国之人，无论为君主，为官吏，为人民，皆共守之者也，为国家一切法度之根源。"至于如何推行宪政，梁启超认为须经一个从专制到立宪政体的过渡时代，即开明专制时代。立宪政体不可一蹴而就，中国最快也需要10年或15年立宪。

虽说如此，梁启超认为事先必须明确立宪方向，其做法是"定国是"。梁启超将制定宪法视为筹备宪政的要事："宪法者，万世不易者也，一切法度之根源也。故当其初立之也，不可不精详审慎，而务止于至善。"

梁启超对如何制定宪法提出建议，共6个步骤：

（1）"首请皇上涣降明诏，普告臣民，定中国为君主立宪之帝国，万世不替。"

（2）"宜派重臣三人，游历欧洲各国及美国、日本，考其宪法之同异得失，何者宜于中国，何者当增，何者当弃。带领通晓英、法、德、日语言文字之随员十余人同往，其人必须有学识，不徒解方言者，并许随时向各国聘请通人以为参赞，以一年差满回国。"（"又此次所派考察宪法之重臣随员，宜并各种法律如行政法、民法、商法、

---

① 参见耿云志《重读梁启超的〈立宪法议〉》，《广东社会科学》2014年第1期。
② 梁启超：《立宪法议》，《清议报全编》卷二，第一集，第37—45页。另见《饮冰室合集·文集之五》，中华书局1989年版，第1—7页。

刑法之类皆悉心考究。"）

（3）"所派之员既归，即当开一立法局于宫中，草定宪法，随时进呈御览。"

（4）"各国宪法原文及解释宪法之名著，当由立法局译出，颁布天下，使国民咸知其来由，亦得增长学识，以为献替之助。"

（5）"草稿既成，未即以为定本，先颁之于官报局，令全国士民皆得辩难讨论，或著书，或登新闻纸，或演说，或上书于立法局，逐条析辩，如是者五年或十年，然后损益制定之。定本既颁，则以后非经全国人投票，不得擅行更改宪法。"

（6）"自下诏定政体之日始，以二十年为实行宪法之期。"

梁启超提出了制定宪法的大致次序，具有可操作性。比照清廷制宪全程，似乎梁启超的第（2）（3）点建议与清廷的做法大致相同，而其他几点则与清廷的做法大相径庭。

汤寿潜在20世纪初出版了《宪法古义》。《宪法古义》署名衔石生，共3卷，17000余字，光绪二十七年（1901）初版，光绪三十一年（1905）重印。《宪法古义》是目前学界所见中国人编纂的最早宪法学著作。汤寿潜在序中说明了写作意图：

> 庚子乱后，救亡无术，立宪之说腾于朝野。然只知宪法为东西所已行，不知宪法为中国所固有。故胪举东西国宪法所许之权利，一一证以中国古书，凡为三卷，使中国人民知宪法为沈渊之珠，汲而取之。固所自有，未始非考求宪法之一助中国，急起直追，已虑其晚。嗟乎！西人绞无量数生灵之血，始得此数十条之宪法。日本行之而效矣，犹有病立宪为异制而挠之者。愿以是间执其口也。①

如序所言，汤寿潜尽力搜罗传统资源来对应欧美宪法内容。他

---

① 衔石生：《宪法古义》，日本东洋文库藏，点石斋合记印书局光绪三十一年八月初版，"序"。

引用的古典资源上自三代，下及唐宋，有《尚书》《商书》《周礼》《书经》《墨子》等几十种经典文献，也有各种古代官制实例。不过，他认为作为国家根本大法的宪法古已有之的提法不无"附会"之嫌。

《政艺通报》也是较早介绍宪法的期刊，该报于1902年刊登《总论宪法之意》一文，对宪法概念做了解释：

> 一国之大本大法，皆在此矣。其国体如何于是焉，定主权何在于是焉，定人民之权利义务于是焉，定三权之关系与权限于是焉，定凡关于国家之大体者皆以宪法明之。宪法者，诸法之渊源也，一国之大本大法也。欧人曰诸法律皆可无，而宪法不可无，欧西人之爱自由如其生命，其爱宪法如其自由，宪法者，自由之藩屏也。①

《政艺通报》的这篇文章表述了宪法的内涵，已与今人对宪法的理解相似。

至日俄战争前后，制宪的师日倾向已经十分明显。张謇作为弃官从商的晚清"最后一位状元"，与张之洞等督抚和铁良等清廷主要官员均有交往，其立宪言论有一定影响力。张謇与汤寿潜和赵凤昌等拟订立宪奏稿，大谈"行宪法"的好处，建议清廷改变政体，强调中国应模仿日本实行立宪制度。张謇等人还建议"仿照日本明治变法，五誓先行，宣布天下，定为大清宪法帝国。一面派亲信有声望之王大臣游历各国，考察宪法，按照日本初行宪法章程办理"。② 张謇等人又以日本立宪为例，认为中国立宪能够事半功倍："日本壤地褊小，改行宪法仅十余年，遂跻强大。中国地广民众，苟及时为之，必能事半功倍。且民志大定，所有用人行政，措手较易，不俟实行宪法之

---

① 《总论宪法之意》，《政艺通报》1902年6月。
② 《张謇全集》编委会编：《张謇全集》第 1 册，上海辞书出版社 2012 年版，第 119—120 页。

期,当已稍睹其效。"①

日俄战争前后,报刊和图书表现出强烈的师日取向。1906年清廷发布预备立宪的诏书之后,《东方杂志》于当年年末出版了临时增刊《宪政初纲》,以摘要的形式介绍了5个君主立宪国日本、英国、俄国、普鲁士和意大利的宪法,将日本宪法排在首位,显然倾向于中国制宪效仿日本:"东邦日本,同种同文,作我师资,舍此莫属。"②《新译日本法规大全》是1907年由商务印书馆推出的图书,共10卷。第1卷载有12篇序言,作者有1905年清廷派遣出洋考察政治大臣载泽、戴鸿慈和端方;有清廷倚重的大臣沈家本、吕海寰、袁世凯、岑春煊、盛宣怀;有日本明治维新元老大隈重信和著名法学家织田万和高田早苗;另有初译《新译日本法规大全》的南洋公学院董张元济。序言的作者肯定该书翻译出版的价值的同时,多主张效仿日本改革,并指出效仿日本的便利之处。

### 三 清廷制宪的师日取向

如果说黄遵宪、傅云龙等官僚只是对日本宪法做了介绍,那么,戊戌维新前后康有为、张之洞等人则一边向清廷介绍日本宪法,一边鼓吹模仿日本立宪。戊戌维新时期,维新派人士向光绪帝介绍宪法并建议仿效日本实行改革,应为清廷对日本宪法直接的了解。

工部主事康有为通过奏折和进呈《日本变政考》较为详细地向清廷介绍了日本宪法和日本立宪过程,建议清廷仿日改革。1898年初,在《上清帝第五书》中,康有为提出很多变法建议,其中明确提到:"明定国是,与天下更始……采择万国律例,定宪法公私之分。"③《日本变政考》是康有为进呈光绪帝仿日变法的重要参考书籍,康有为在该书序言中简要介绍日本明治维新的过程时说:"大隈重信、伊

---

① 《张謇全集》编委会编:《张謇全集》第1册,上海辞书出版社2012年版,第120页。
② 《君主立宪国宪法摘要》,《东方杂志》临时增刊《宪政初纲》,上海商务印书馆1906年版。
③ 康有为:《康有为全集》第4集,姜义华、张荣华编校,中国人民大学出版社2007年版,第5页。

藤博文,实为会党之魁首,草定议院之宪法。宪法既定,然后治具毕张,与万国通流合化矣。"①康有为在《日本变政考》卷十一中详细介绍了明治二十二年(1889)二月十一日《明治宪法》的发布式:"辇毂之下,男女老少,诚欣诚喜,蹈舞手足焉。是日先祭先皇,告宪法制成,天皇、皇后礼服升殿,各王公勋爵、职事大臣礼服就位,各国公使就次。行进呈宪法礼毕,奏乐而散。"②

而且,康有为不厌其烦地占用很大篇幅介绍了宪法发布后首相黑田清隆和枢密院院长伊藤博文演说宪法之事。《明治宪法》发布第二天,首相在鹿鸣馆召集各地方长官,演讲宪法,强调宪法发布的意义,号召百官遵守宪法:

今幸宪法功成,可见天皇深尽宸虑、亲御裁定之至意,此国家致治之本原也。余诸臣辈,岂敢忽诸?此宪法遵祖宗之遗训,定永远之基业,以垂后世而固国本;以合众议而为一心,共众庶同其福祉,利莫大焉。即将来凡百行政,皆据此条例以取舍。望诸君有行政之责者,当日夜黾勉从事,以副天皇惓惓图治之盛意也。③

《明治宪法》发布第三天,枢密院院长伊藤博文在官邸召集京府县会议长,演说宪法,介绍了《明治宪法》的主要内容。考虑到演讲对象为各地方议会议长,伊藤重点谈了议会的功能:"夫议会开设,所以议政治之的是也……此宪法第一主义也。国家岁计之出入……入得之于民,放出亦主之于民,朝廷总其大成。……此宪法之二大主旨也。"④关于主权、天皇与立法、行政、司法的关系,伊藤概括道:

---

① 康有为:《康有为全集》第4集,姜义华、张荣华编校,中国人民大学出版社2007年版,第103页。

② 康有为:《康有为全集》第4集,姜义华、张荣华编校,中国人民大学出版社2007年版,第246页。

③ 康有为:《康有为全集》第4集,姜义华、张荣华编校,中国人民大学出版社2007年版,第250页。

④ 康有为:《康有为全集》第4集,姜义华、张荣华编校,中国人民大学出版社2007年版,第251页。

> 统而言之，主权在天皇，立法属议院，行政属内阁政府。议院不得权过于政府，但政府不得夺议院之权。政府宜极力保护民人，不得侵刻人民，宜极力尽心国事，群合一心，以助国政，此宪法之主义也。①

明治二十二年（1889）二月二十五日，伊藤又应京都议员之请，演说宪法，介绍了宪法各章的主旨："第一章明尊王之义，二章明保民之义，三章明立法之意，四章明行政之义，五章明司法之意。"② 康有为如此详细地介绍《明治宪法》，无非是希望推动光绪帝早日制定宪法。光绪帝对《日本变政考》非常重视，"日置左右，次第择而行之"。

戊戌维新前后，地方督抚也表达了效仿日本改革的意愿。1898年，张之洞在《劝学篇》中提出应该效仿日本改革的理由："日本，小国耳，何兴之暴也？伊藤、山县、榎本、陆奥诸人，皆二十年前出洋之学生也，愤其国为西洋所胁，帅其徒百余人，分诣德、法、英诸国，或学政治工商，或学水陆兵法，学成而归，用为将相，政事一变，雄视东方。"③ 张之洞大力鼓吹留学日本和翻译日文书籍。

庚子事变之后，清廷痛定思痛，"新政"拉开大幕。张之洞等督抚应诏联合上奏，同时提出三份奏折——《变通政治人才为先遵旨筹议折》《组织筹议变法谨拟整顿中法十二条折》和《遵旨筹议变法谨拟采用西法十一条折》，延续了《劝学篇》的思路，提出改革建议。其中第三折中提出 11 条借鉴西法的建议，在其第 1 条"广派游历"中提到：

> 惟游历时效，以遍游欧美、日本为全功，而以先游日本为急

---

① 康有为：《康有为全集》第 4 集，姜义华、张荣华编校，中国人民大学出版社 2007 年版，第 252 页。
② 康有为：《康有为全集》第 4 集，姜义华、张荣华编校，中国人民大学出版社 2007 年版，第 253 页。
③ 赵德馨主编：《张之洞全集》第 12 册，武汉出版社 2008 年版，第 174 页。

务。……东瀛风土文字皆与中国相近，华人侨寓者亦多，翻译易得，便于游览询问，受益较速，回华较早。且日本诸事，虽仿西法，然多有参酌本国情形，斟酌改易者。亦有熟查近日利弊，删减变通者。与中国采用，尤为相宜。①

这里需注意两点：第一，戊戌维新前后，明治维新仅为立宪者建议清廷仿效的对象之一，其他君主立宪国家英国、德国、意大利也是主张效仿的对象。第二，这一时期主张效仿日本的中国人，未具体探讨明治宪法，他们或者只是记录日本实行宪政过程和宪法文本，或者笼统地探讨效仿日本的必要性，对日本宪法的特点未做深入探讨。

清廷对日本宪法的进一步了解，应该在日俄战争前后。驻外公使们提出了师日的建议。杨枢于1903年至1907年出任驻日公使，其间日俄战争爆发，切身感受到日本在日俄战争中的优势。日俄战争行将结束的光绪三十年十二月初四日（1905年1月9日），他在《请仿效日本设法政速成科折》中，建议清廷仿效日本实行宪政：

> 日本于明治维新之初岁……又宣发誓命，先定为立宪之国，然后开议会决公论。一切变法之事，皆依立宪政体而行……变法未久，而骤臻富强也。中国与日本，地属同洲，政体民情，最为相近。若议变法之大纲，似宜仿效日本。盖法、美等国，皆以共和民主为政体，中国断不能仿效。而日本立国之基，实遵守夫中国先圣之道，因见列强逼处，非变法无以自存，于是一意立宪以尊君权而固民志。考其立宪政体，虽取法于英德等国，然于中国先圣之道，仍遵守而弗坠。是以国本不摇，有利无弊。盖日本所变者，治法而非常经，与圣训正相符合，即中国舆论亦以日本之变法参酌得宜，最可仿效。②

---

① 赵德鑫主编：《张之洞全集》第4册，武汉出版社2008年版，第7页。
② 北平故宫博物院编：《清光绪朝中日交涉史料》卷六十八，民国二十一年版，第34页。

杨枢的建议很具有代表性。同一时期，俄国由于日俄战争失败，国内局势混乱，要求立宪的声音高涨。驻俄公使胡惟德及时向清廷汇报了俄国的国内情势，并建议清廷以俄为鉴，实行立宪改革。

　　这一时期，清廷的最高决策层也接触到了《明治宪法》文本，对明治立宪有了进一步了解，并表达了仿日的意向。光绪三十年（1904）六月，张謇与赵凤昌翻刻《明治宪法》，呈送慈禧。慈禧召见枢臣时说："日本有宪法，于国家甚好。"① 同年八月，张謇又"印《日本宪法义解》《议会史》送铁侍郎良，与谈宪法。"② 铁良时任兵部左侍郎，张謇向其赠送伊藤博文的《日本帝国宪法义解》和《日本议会史》，③ 又与其讨论宪法问题，使其倾向于立宪。光绪三十年十月二十二日（1904年11月28日）张謇致赵凤昌的电文称："铁侍郎居然能争赔款用金，且愿研求宪法，亦难得也。"④

　　1905年有人向光绪和慈禧进呈简明扼要的《宪法大意缮具清单》，分为7部分，首先，对立宪国家进行分类，即君主立宪国和共和立宪国，前者又分为两种，即"重君权之立宪国与重民权之立宪国。"其中特意提到日本："如日本即君主立宪而尊重君权之立宪国，"并且主张"今宜仿行"。其次，对宪法性质和目的加以概括："质而言之，不过合君臣上下，立一政典，既定而后共守之。一切法律皆根本乎是，以保主治者之尊严，明受治者之职分，而得以全国协力弭内忧，靖外患者也。"最后，该奏折认为宪法最重要的是立法、行政和司法三权分立，此外还有"统一之大权"，操之于君主，并且

---

① 张謇：《啬翁自订年谱》，载《张謇全集》第8册，上海辞书出版社2012年版，第1020页。
② 张謇：《啬翁自订年谱》，载《张謇全集》第8册，上海辞书出版社2012年版，第1020页。
③ 张謇为此书作的序中简要介绍了日本制定宪法的过程。《张謇全集》第6卷，第319—320页。
④ 张謇：《张謇全集》第2册，第135页。另外，宣统三年九月十八日（1911年11月8日），张謇致函铁良，重提赠书之事："彼时将军以事驻节江宁，尝以译印《宪法义解》赠之将军，将军必能忆之。方是之时，我之立宪但求如日本耳，不敢骤望德，尤不敢望英。"（《张謇全集》第2册，第281页。）

强调"四者皆由宪法制定，不得相侵"。紧接着对君主的"统一大权"以及"司法官之司法权""行政官之行政权""议会之立法权"分别做了规定。

1906年夏季，出洋考察政治大臣归国后进呈大批欧美和日本宪政方面的书籍，令清廷对宪法有了更加全面深入的认识。这一时期，编书处进呈了详尽的《宪法》，共9卷。恽毓鼎的《澄斋日记》八月二十日记载："午刻至编书处，整理进呈正本。此次所进《宪法》九卷，乃隽臣一手所编，殊有条理，持择亦不苟。"① 编书处自光绪三十二年冬季开始着手编纂各种法律书籍：

> 自去冬至今，已将农学进竣，接进法律门，先宪法，次民法，次刑事诉讼法，次民事诉讼法（附裁制所构成法），次国际公法，次国际私法。季龙、俊臣将宪法编成二十卷。余须破除各事，尽三五天之力，仔细斟酌。在家苦烦扰，拟逐日到局，专意看书，亦借以研究法学也。②

笔者还见到一份光绪三十四年（1908）进呈的《日本宪法述略》清单，内有《明治宪法》全文，并且某些条文前后加有按语，篇后有总结语。③ 如第1章天皇开篇有按语："天皇践阼，有统治国家之权，更得宪法之规条为之范围，不独臣民所遵守，国家赖以治安，而大权仍操之天皇，固有之国体可益臻于巩固云。"按语中关于皇室的规定也有所罗列。清单末尾解释了日本宪法规定的政体是"君主立宪政体"，重点强调君权不会因为制定宪法而有所下移和削弱，原因是：

> 其行政权既为君主所独有，其立法权虽必经议会之协赞，而须君主之核定，乃能颁行。是宪法之立，君权益重，臣民但能参

---

① 恽毓鼎：《澄斋日记》，浙江古籍出版社2004年版，第326页。
② 恽毓鼎：《澄斋日记》，浙江古籍出版社2004年版，第321页。
③ 《呈日本宪法述略清单》，第一历史档案馆，录副奏折，档号：03-5622-043，缩微号：423-3527。

议政事而已。且亦有无庸议会干预者，如皇男子孙继承皇位、皇室经费开支定额、军事之编制及常备兵额、外交之宣战及媾和立约是也。

之后，《日本宪法述略》又将日本宪法与欧洲宪法统治权理论相比较，认为：

> 日本则立法、行政其权皆握之于君，即司法之权亦为主权之一。……盖其宪法之颁定，不过为自加限制及限制人之具。君主立宪政体，殆莫完全于日本者，是不独与欧美民主国之立宪大相径庭，即与欧洲诸君主国之立宪亦甚有区别也。

最后，《日本宪法述略》对日本立宪做出评价："君主立宪，其效如此。日本于世界各国中颁行宪法最后论者，谓比之欧洲诸国，诚无逊色。盖宪法所定之规条，能得要领，且甚简明，其详则在于诸法律中，与之并行而不悖，又为世界各国所罕有也。"这份进呈清单主旨非常明显，大力颂扬《明治宪法》，鼓吹制定宪法不会妨碍君主的权力。

清廷于1905年和1907年派出的高规格考察团，考察日本和欧美国家政治和宪政。从考察团人员构成、考察内容和归国后参与清廷制宪情况来看，日本是考察的重点国家，仿效日本制宪的倾向不言而喻。本书第二章专论两次考察团对日本宪法的考察，兹不重复。此处仅引用目前学界使用不多的一份资料略为论证。笔者在日本国立国会图书馆找到土肥羊次郎编《清国立宪问题》，辑录了1908年之前日本政治家和法学大家观察清廷立宪的言论，如有贺长雄、寺尾亨、中村进午、大隈重信、青柳笃恒、板垣退助、浮田和民、犬养毅以及林田龟太郎等人。该书第一篇文章署名"清国考察宪政大臣达寿"，为达寿的文章无疑。文章为日文，似为达寿到达日本（1907年12月7日）不久在一次招待会上的演讲稿的日译，共10页。达寿谈到中国立宪的两个先决问题："法制划一"和"财政统一"。为保证二者顺利进行，达寿认为还需要普及教育。① 探讨这些先决问题之前，达寿直言不讳地表达出师日取向：

> 敝国与贵邦，本来国情稍相类似，民俗稍相一致，更有同文同种之因缘，唇齿相依之关系。非但如此，仔细铨索所谓宪政之大本，两国之制度、文物根底相同，并非其间有何等差异，唯贵邦新政早于敝国几日而已。以此观泰西列国，人种、风俗、制度、文物，一切旨趣，亲疏之势，相距千里。今敝国志向于广求宇内规范，而最应留意者，则为东方日出之国。②

此外，一些地方官员也主张以日本宪法为标准制定宪法。补用知府岳福请人代奏，条陈立宪事宜，谈道：

> 我国创立宪法，民主、共主皆不可行，惟仿日本君主立宪最为合式。请敕下京外代销各官，审观日本宪法译书，何条可因，何条不便，如有心得，具呈上陈，即无条奏，亦得知宪法之意义，将来实行立宪，于宪政亦不至于茫然。③

最后，有必要探讨清廷实际最高统治者慈禧太后和名义上的最高统治者光绪帝对立宪的态度和宪法的认识。光绪三十一年（1905），曹汝霖受到慈禧召见。曹较为详细地记录了召见的问答内容。慈禧问了与日本立宪相关的六个问题："日本立宪是那一年立的""日本的宪法是什么宗旨""日本国会的议员怎样选举的""听说他们国会里有党派时常有吵闹的事""他们的党派哪一党为大"。曹汝霖一一回答。从慈禧太后的询问中可知，她对立宪问题比较关心。曹汝霖的回答，使其对日本立宪有了进一步了解。曹汝霖记载了问答时慈禧和光

---

① 土肥羊次郎编：《清国立宪问题》，有斐阁明治四十一年（1908）版，第5—8页。
② 土肥羊次郎编：《清国立宪问题》，有斐阁明治四十一年（1908）版，第3—4页。
③ 故宫博物院明清档案部编：《清末筹备立宪档案史料》上册，中华书局1979年版，第293—294页。

绪的反应:"太后听了,若有所思,半顷不语。"光绪帝则"自始至终,只说了两句话,但窃窥他端坐静听,没有倦容"。曹汝霖对慈禧的立宪态度评价道:"仰窥太后,目光炯炯,声音不高不低,对于奏对,不厌求详,一再下询,想见她对于立宪,似感兴趣,更可见她思想并不顽固,可惜平时没有人以各国新政灌输上陈。"①

光绪皇帝受制于慈禧,无实际权力可言,但作为名义上的最高统治者,其一举一动依然会引起世人的关心。前文已述康有为在第五次上书和进呈《日本变政考》中,对宪法和日本立宪做了介绍。光绪帝对宪法应该有所了解。叶晓青在第一历史档案馆中找到一份光绪帝去世半年前阅读的书单,共50余部东西方政治、法律、历史、地理方面的书籍,其中包括《日本宪法说明书》《日本宪政略论》《国法学》《日本预备立宪》《宪法研究书》《各国宪法大纲》《日本政治要览》《日本议会诘法》《日本官制通览》等日本宪政书籍。从书单中可以看出其对宪法的了解和关心。叶晓青认为:"光绪帝的读书单中有大量书籍是关于立宪方面的,足见他仍在积极自我准备,从一个侧面展现出一个心存希望的皇帝的形象。"② 光绪帝阅读的这些书目,有相当大一部分是日本宪政方面的著作。我们可以看出清廷对各国宪法了解的渠道,也可以判断出光绪帝有一定立宪的倾向。

## 第三节 留日学生与宪法知识的传播

19世纪90年代之后,日本明治维新取得的成就渐渐受到中国人关注,尤其是日本1889年制定的《明治宪法》,更受到中国人的瞩目。如前文所述,中国人第一时间介绍了《明治宪法》全文。甲午战争之后,明治维新的示范、中日地理和语言方面的便利,让宪法概念短时期内迅速在中国广泛传播开来,日本成为中国人了解宪法的主

---

① 曹汝霖:《曹汝霖一生之回忆》,中国大百科全书出版社2009年版,第67—68页。
② 叶晓青:《光绪帝最后的阅读书目》,《历史研究》2007年第2期。

要渠道和对象，中国人对宪法和宪政的关注重点，渐渐由欧美转向日本。留日学生成为宪法知识传播的桥梁。他们办报译书，将日本宪法、宪政书籍译介至中国，顺便也传来了日本人发明的宪法新名词。归国后的留日学生通过创办报纸杂志继续译介事业，又在各地法政学堂担任教员或管理职务，成为宣扬宪法知识的主力军。同时，在清政府中供职的留日学生也成为清廷制宪的主要执行者。

## 一　留日学生与日本法政教育

19世纪70年代，中国开始向欧美国家派遣留学生。这些留学生以学习军事、制造等技术为主。甲午战争结束的第二年，清政府开始向日本派遣留学生，近代中国的留学生派遣从以欧美国家为主转向以日本为主。自1896年清廷向日本派遣第一批13名留学生之后，留日学生人数不断增多，留学形式也从完全公费变成公费、自费兼而有之。1898年至1911年，中国留日学生人数总数达5万多人。[①] 这种大规模的留学，在世界留学生史上极其罕见。

与赴欧美留学生相比，留日学生总体上具有如下特点：一是留学时间较短，短者只有几个月，超过3年者不多；二是由于留学时间较短，学习的多为"速成科"，因而获得学位者所占比例很小；三是重视法政科学习。前两个特点与20世纪初中国政治和社会的巨大变动不无关系，比如1903年为组织和参加拒俄运动，大批留日学生放弃学业回国；1905年因反对《清国留学生取缔规则》，也有大批留学生中辍学业，愤然回国；另与中日地理相近、往返较为容易也不无关系；当然，还与留日学生素质良莠不齐，部分学生无法坚持学业等因素有关。从日本接收学校的角度来讲，很多日本学校不具备办学能力和条件，匆忙招收留学生，导致留学生有上当受骗的感觉而最终选择放弃留学。

第三个特点耐人寻味，留日学生的专业选择有一个从其他学科向法政科倾斜的过程。章宗祥在1900年出版的《日本留学指南》中记

---

① 李华兴：《民国教育史》，上海教育出版社1997年版，第736页。

载，当年在法科大学学习的中国留学生有3人，预期入学1人。1902年在日本各所学校肄业的中国留学生共计216人，其中法科生只有12人，仅占5.6%。① 但是，1902年正在学习法政科的人数应该不在少数。1902年印发的《清国留学生会馆第一次报告》显示，学习法政、军事和警察等科的学生占当时统计人数608人的一半以上。② 到了1907年，在6325名留日学生中，仅在法政大学就读的就有1125人，几乎清一色地学习法政速成科。东京帝国大学的35名留学生中也有18人学习法政科，占一半以上。③

很多留学生越来越倾向于选择法政科，其理由如下：一是清末新政对政治法律人才有大量需求，选择法政科，回国后就业相对容易。④ 二是启蒙思想家和舆论积极鼓动的结果。梁启超等启蒙思想家积极鼓动学习法政学问："今日之学，当以政学为主义，以艺学为附庸。""今中国不思自强则已，苟犹思之，其必自兴政学始。"⑤ 梁氏疾呼："愿我公卿，读政治、宪法、行政学之书。"⑥ 三是面对中国内忧外患的窘境，很多中国人认为只有立宪才能拯救国家于水火之中，身处日本，他们感受到了明治维新成功的原因，更加增强了学习法政科的决心。湖南留学日本法政大学速成科学生周大烈和杨度等人致端方的信函称：日本"所以能维新变法者，则由于全国人民皆有法律政治之思想"。⑦ 张人镜的信函更有代表性："学生来东，始志欲究心政法，研求东邦君主政体，尊王立宪，所以强国之内容及外交治外法权之方

---

① 陈学恂、田正平：《中国近代教育史资料汇编（留学教育）》，上海教育出版社1991年版，第373—374页。
② 刘真：《中国留学教育史料》第1集，台北"国立"编译馆1980年版，第240页。
③ 王晓秋：《近代中日文化交流史》，中华书局1992年版，第358—359页。
④ 关于赴日学习法政科人数增多的原因，刘静列举了四点。参见刘静《清末留日学生的法政学习及法政宣传》，《日本问题研究》2013年第2期。
⑤ 梁启超：《变法通议》和《变法通议（续前）》，载吴松等点校《饮冰室合集》（点校本）第一集，云南教育出版社2001年版。
⑥ 梁启超：《读〈日本书目志〉书后》，载吴松等点校《饮冰室合集》（点校本）第一集，云南教育出版社2001年版。
⑦ 《出国游学生等致端方函札》，（一）留日学生函，26，"杨度等函"。载中国第一历史档案馆编《清代档案史料丛编》第14辑，中华书局1990年版，第279—281页。

略，以为他日效力国家政府法律改良之一助。"①

当时，中国缺乏培养近代法律和政治人才的学校，日本便成为培养中国法政人才的摇篮。留日学生所在的学校大多开设法政科目，如早稻田大学（前身为东京专门学校）专设清国留学生部，其中的教育及历史地理科开设法政课程，由畑田保次担任讲师。法政大学专门为中国留学生开设法政速成科，课堂上配有精通日语的留学生，现场翻译，免去听讲者日语学习之劳。为便于不通日语的留学生学习，还将讲义翻译成汉语出版发行。现以该校为例，介绍留日学生受到的宪法教育。②

法政大学附属法政速成科开设于明治三十七年（1904）五月，明治三十九年（1906）停止招生，共招收5班，1908年6月第5班学员毕业，法政速成科停办。5班总计招收中国学生1870人，考试合格毕业者1215人。③ 这些学生中，有公费留学生、有私费留学生。光绪三十三年二月二十八日（1907年4月10日）清政府和各地督抚曾派留学生赴该校速成科学习。袁世凯在《游日法政速成科毕业各官尽先请补片》中讲道："臣于光绪三十年九月，选派直隶官绅五十人，赴日本法政大学，肄业速成科，三十二年经毕业先后回国。"④

宪法是速成科教育的科目之一，据《法政速成科讲义录》（以下简称《讲义录》）可知速成教育中宪法教育的大致情形。《讲义录》顾名思义是法政大学日籍教师讲义的抄录，原文为日语，为便

---

① 《出国游学生等致端方函札》，（一）留日学生函，34，"张人镜函"。载中国第一历史档案馆编《清代档案史料丛编》第14辑，中华书局1990年版，第292页。
② 翟海涛的博士学位论文专门研究了法政速成科，探讨了速成科的教育内容。参见翟海涛《法政人与清末法制变革研究——以日本法政速成科为中心》，博士学位论文，华东师范大学，2012年。
③ 书佛：《送法政同学返国序》，《庸报》1907年第4期。据今人统计，5班共招收1885名中国学生。见法政大学史料委员会编《法政大学清国留学生法政速成科关系资料》，《法政大学史料集》第11集，法政大学发行（内部资料）1988年版，第263页。
④ 骆宝善、刘路生主编：《袁世凯全集》第16集，河南人民出版社2013年版，第61页。

于中国留学生学习,翻译后装订成册,公开出版发行。《讲义录》发行自明治三十八年(1905)二月五日至明治四十一年(1908)二月十三日,长达3年之久,共发行52号,按照发行顺序编号。1905年2月8日发行的讲义为第1号,由驻日公使兼游学生监督杨枢题词,并载有杨枢的奏稿,奏稿对法政速成教育的必要性和成立原委做了介绍。

通观《讲义录》目录,主要科目有法学通论、宪法、民法、刑法学、刑法总论、刑事诉讼法、国际公法、裁判构成法、经济学、政治地理、西洋史、日本明治小史、殖民政策、财政学等课程。教师多由专业出身的博士和学士担任,师资队伍可谓专业、优秀,如法政大学校长、法学博士梅谦次郎亲授法学通论(内有部分宪法内容),后来受聘于清政府的冈田朝太郎主讲刑法和刑事诉讼法学,宪法学和行政法学家清水澄担任行政法、国法学和宪法的主讲。

从1905年2月5日的第1号《讲义录》和6月3日的第6号《讲义录》目录可知,法学博士笕克彦主讲国法学。国法学与宪法学研究领域虽然有所不同,却是最接近宪法学的学科,主要研究"关于国家之统治组织及统治作用之法学也"①,故可以将国法学视为宪法教育的一部分。1907年3月19日以及以后印刷的《讲义录》显示,由清水澄主讲宪法(见表1-3)。

表1-3 《法政速成科讲义录》和《法政大学速成科讲义》中的宪法课程

| 时间 | 卷数 | 科目 | 主讲人 | 内容(章节) | 备注 |
|---|---|---|---|---|---|
| 1905年2月5日 | 第1号 | 国法学 | 法学博士笕克彦 | 国法学的意义、范围 | 早稻田大学毕业生湖南周宏业笔译 |
| 1905年6月3日 | 第6号 | | | 国法学之种类;国家 | 早稻田大学桐城方时翻笔译 |

① 笕克彦:《国法学》,《法政速成科讲义录》1905年2月5日,第1页。

续表

| 时间 | 卷数 | 科目 | 主讲人 | 内容（章节） | 备注 |
|---|---|---|---|---|---|
| 1907年3月19日 | 第41号 | 宪法 | 法学博士清水澄 | 篇首至第1编第2章第1节 | 法政大学留学生福建俞亮公笔译 |
| 1907年4月9日 | 第42号 | | | —第10节 | |
| 1907年4月26日 | 第43号 | | | —第2编、第3编第3章第3节第2款第13项 | |
| 1907年5月22日 | 第44号 | | | —第4编第4章第3节第2款第1项 | |
| 1907年6月24日 | 第45号 | | | —第5编第2章第3节 | |
| 1907年7月30日 | 第46号 | | | —篇末 | |
| 1910年5月25日 | 第1号 | | | | 日文 |
| 1910年6月5日 | 第2号 | | | | |
| 1910年7月5日 | 第3号 | | | | |
| 1910年8月5日 | 第4号 | | | | |

资料来源：《法政速成科讲义录》第1、6、41—46号，（东京）法政大学发行，明治三十八年（1905）至明治四十年（1907）。《法政大学速成科讲义》第1—4号，（东京）法政大学明治四十三年（1910）版。①

专就清水澄的宪法讲义而言，从《讲义录》发行时间来分析，清水澄大致自1907年3月至7月末为速成科讲授宪法。表中为《讲义录》出版发行时间，讲义时间应在此之前。宪法内容分6期印刷，由法政大学留学生福建俞亮公翻译。第46号中载有《宪法》的目录。查看目录，可知讲义共5编（见表1-4），大致以统治权为核心，讲授了统治权的主体、客体、作用以及行使统治权的机关。从时间分配上来看，帝国议会和宪法上的大权是讲授的重点。

另外，笔者还见到1910年后以日文原文出版的《法政大学速成科讲义》（以下简称《讲义》），《讲义》单独编号，第1—4号中有清水

---

① 另见李贵连、孙家红整理《法政速成科讲义录》，广西师范大学出版社2015年版。

澄讲述的宪法内容。笔者原本以为这一讲义是 1907 年出版的《讲义录》的日文讲稿，但仔细比较，二者存在较大差异：结构和内容均有所调整，结构上从 5 编缩减为 4 编，内容上最引人注目的是在第 2 编国家元首中，对摄政（7 节）和监国（2 节）做了比较细致的探讨。就此判断，出现如下可能：一是清水澄在讲义出版时做了修改。二是清水澄曾为速成科学生做过另一次讲义，讲义出版于速成科停办两年之后。

表 1-4　　　　　　　　清水澄宪法讲义章目比较

| 1907 年《讲义录》 | | 1910 年《讲义》 | |
| --- | --- | --- | --- |
| 第 1 编总论 | 1 章国家（4 节） | 第 1 编总论 | 1 章国家（3 节） |
| | 2 章宪法（12 节） | | 2 章统治权（2 节） |
| | | | 3 章宪法（3 节） |
| | | | 4 章国法之渊源 |
| 第 2 编统治权之主体 | 1 章统治权之性质 | 第 2 编国家元首 | 1 章大总统（被选的元首）（2 节） |
| | 2 章统治权主体之意义 | | 2 章世袭的元首（2 节） |
| | 3 章统治权主体之天皇之性质 | | 3 章天皇（3 节） |
| | 4 章自然人之天皇（4 节） | | 4 章摄政（7 节） |
| | 5 章皇位继承（5 节） | | 5 章监国（2 节） |
| 第 3 编统治权之客体 | 1 章总论 | | |
| | 2 章领土（4 节） | | |
| | 3 章臣民（4 节） | | |
| 第 4 编宪法上之机关 | 1 章总论 | 第 3 编统治机关 | 1 章国务大臣（4 节） |
| | 2 章摄政（7 节） | | 2 章议会（18 节） |
| | 3 章国务大臣（5 节） | | |
| | 4 章帝国议会（15 节） | | |
| 第 5 编统治权之作用 | 1 章立法（6 节） | 第 4 编统治权之作用 | 1 章大权作用（11 节） |
| | 2 章预算（5 节） | | 2 章立法（5 节） |
| | 3 章狭义宪法上之大权（9 节） | | |
| | 4 章司法（5 节） | | |
| | 5 章财务行政（4 节） | | |

资料来源：同表 1-2。

如果再深入分析清水澄宪法讲义的内容，可看出其讲义录虽然命名为"宪法"，其实是关于《明治宪法》的讲义，极力张扬《明治宪法》的特色，强调天皇（君主）的各项大权，强调天皇对议会和行政机关以及军队的绝对控制权。可以毫不夸张地说，清水澄为中国留学生讲授的"宪法"类似于对《明治宪法》的解说，而不是对宪法学的全面讲授。

除法政大学以外，东京帝国大学和早稻田大学等高等院校也开设宪法科目，大批留日学生在此留学。民国初年，袁世凯的日本顾问有贺长雄曾言："现时（1913年。——笔者注）居中华民国之要津，而号称稍有为之士者，昔尝负笈于日本，学宪法及国法，于早稻田学园者，居大半数。"① 留日学生学习宪法和国法学，大半在早稻田大学的看法显然不切实际，但"有为之士"多在日本学习宪法和国法应该是实情。另如明治大学为中国留学生开办的经纬学堂中，其警务科也开设宪法科目。② 可以说，明治晚期的日本几乎成为培养中国宪法人才的摇篮。

## 二 留日学生翻译宪政书籍

19世纪末在上海等地对欧美书籍的翻译以在华欧美传教士为主，由中国人辅助。这些书籍中"声光化电"等科技方面的书籍占较大比例，社会科学著作较少，宪法和宪政方面的著作寥寥无几。然而，日本明治维新时期翻译的大批欧美学术书籍中，不乏宪政类书籍。而且明治时期日本人著有大量关于西方和日本宪政方面的著作，一些工于文笔的留日学生在日本近代教育机构中发奋学习的同时，有选择地翻译了日文宪政书籍，比较快捷地将欧美和日本重要的宪政书籍介绍到中国，也顺便将新名词传了过来，成为宣传近代化的生力军。

留日学生对宪政书籍的翻译，分为以下三类：第一，转译欧美原

---

① 莫御：《中国新法制与有贺长雄》，《言治》1913年第1期。
② 参见［日］岛田正郎《近代法典编纂》，创文社1980年版，第257页。

著宪政著作。第二,翻译日本人撰写、编辑的关于欧美宪政的著作。第三,翻译日本人著日本宪政方面著作。

表 1-5　　　　　　　　　　清末欧美原著宪政书籍转译

| 书名 | 原著者 | 译述者 | 出版者 | 出版年 |
| --- | --- | --- | --- | --- |
| 《英国制度沿革史》 | [英] 非立啡斯弥士 | [日] 工藤精一译(汉文),广智书局重译 | 广智书局 | 1902 |
| 《普鲁士地方自治行政说》 | [德] 莫塞 | [日] 野村靖编译,商务印书馆重译,张宗弼校 | | |
| 《代议政体原论》 | [法] 义佐 | [日] 山口松五郎译,王钝重译 | | |
| 《英国地方政治论》 | [英] 希西利洛度利科 | [日] 久米金弥译,赵必振重译 | | |
| 《万法精理》 | [法] 孟德斯鸠 | 何礼之、张相文重译 | | 1903 |
| 《政治泛论》 | [英] 威尔逊 | [日] 高田早苗译,章起意重译 | | 1903 |
| 《英国国会史》 | [英] 比几斯渴脱 | [日] 镰田节堂通州翰墨林书局 | 通州翰墨林书局 | 1905 |

资料来源:1. 邹振环:《张謇与清末宪政史知识的译介与传播》,《史林》2012 年第 3 期。2. 徐维则、顾燮光编:《增版东西学书录》,顾燮光编:《译书经眼录》,王韬等:《近代译书目》,北京图书馆出版社 2003 年版。3. 谭汝谦主编:《中国译日本书综合目录》,香港中文大学出版社 1980 年版。4. 中国社会科学院历史研究所编:《1900—1980 八十年来史学书目》,中国社会科学出版社 1984 年版。

表 1-5 共列举出 7 部欧美人的宪政著作,内容以欧洲议会制度为主,原作者为英、法、德三国学者。由此可窥知留日学生的转译倾向,他们将重心放在欧洲议会制度上,几乎未关注美国政治制度。需注意的是,转译虽然是比较便利的方式,但经由日本人翻译之后再行翻译,难免出现曲解原著意思的情况。

表1-6为日本学者编纂的欧美宪政著述,由留日学生将其译为汉语出版。此类著述多为明治中后期日本学者研究欧美宪政的成果,多将日本宪政作为研究基准点,为留日学生提供了将欧美宪政和日本比较的资料。这类著作译为汉语,使得中国人了解了日本人眼中的欧美宪政。值得注意的是,表1-5、表1-6中翻译的著作集中在1905年之前,这或许可以说明中国人对宪法和宪政的关注有一个从欧美向日本的转向过程。

表1-6　　　　　　清末日本人撰写欧美宪政著作汉译

| 书名 | 原著者 | 译述者 | 出版者 | 出版年 |
| --- | --- | --- | --- | --- |
| 《万国宪法比较》 | 辰巳小二郎 | 戢翼翚 | | |
| 《各国主权宪法对照》 | 川泽清太郎 | | | |
| 《英国宪法论》 | 天野为之、石原健三 | | | |
| 《各国国民公私权考》 | 井上毅 | | 上海出洋学生编辑所 | |
| 《十九世纪欧洲政治史论》 | 酒井雄三郎 | 华文祺 | 作新社 | 1902 |
| 《欧美日本政体通览》 | 上野贞吉 | 出洋学生编辑所 | 商务印书馆 | 1902 |
| 《欧罗巴政治史》 | 幸田成友 | | 泰东时务译印局 | 1902 |
| 《英国宪政史》 | 松平康国 | 麦孟华 | 广智书局 | 1903 |
| 《议会政党论》 | 川泽清太郎 | | 商务印书馆 | |
| 《欧美政体通览》 | 上野贞吉 | 颠涯生 | | 1903 |
| 《俄国政略》 | 加藤房造 | 林行规 | 京都译学馆 | 1904 |

资料来源:同表1-5。

留日学生的主要翻译工作集中在日本宪政著述上。表1-7统计了1901—1911年由民间出版机构出版的日本宪政著作,未包括官方组织翻译的书籍。

表 1-7　　　　　　　　清末日本宪法宪政类著作汉译

| 书名 | 原著者 | 译述者 | 出版者 | 出版年 |
|---|---|---|---|---|
| 《国法学》 | 岸崎昌、中村孝合 | 章宗祥 | | 1901 |
| 《国家学原理》 | 高田苗 | 译书汇编社 | 稽镜 | 1901 |
| 《日本明治法制史》 | 清浦奎吾 | 商务印书馆 | | |
| 《明治政党小史》 | 东京日日新闻社 | 出洋学生编辑所 | 商务印书馆 | 1902 |
| 《明治政党小史》 | 东京日日新闻社 | 陈超 | 广智书局 | 1902 |
| 《明治政党小史》 | 井上毅 | 商务印书馆 | 商务印书馆 | 1902 |
| 《日本政治沿革史》 | 秦政次郎 | 张品全 | 上海富强斋译书局 | 1902 |
| 《日本变法次第考》 | 程思培编辑 | 程尧章 | 政学译社 | 1902 |
| 《宪法论》 | 菊池学而 | 林荣 | | 1903 |
| 《宪法要义》 | 高田早苗 | 张肇桐 | | |
| 《国宪泛论》 | 小野梓 | 周逵 | | |
| 《宪法研究书》 | 富冈康郎 | 吴兴让 | 文明书局 | |
| 《政体论》 | 高田早苗 | 秦存仁 | | 1903 |
| 《议会及政党论》 | 菊池学而 | 范迪吉 | | 1903 |
| 《政治一斑》 | 桧前保人 | 出洋学生编辑所 | | 1903 |
| 《政治史》 | 森山守次 | 范迪吉等 | 上海会文学社"普通百科全书"本 | 1903 |
| 《日本国会纪原》 | 细川广原 | 译书汇编社 | 译书汇编社 | 1903 |
| 《明治政史》 | 原安三 | 王锤 | 译书汇编社 | 1903 |
| 《明治政史》 | 白海渔长 | 漠堂居士、王锤 | 宏文阁 | 1903 |
| 《日本明治法制史》 | 清浦奎吾 | 商务印书馆编译所 | 商务印书馆 | 1903 |
| 《日本法制史》 | 三浦菊太郎编 | 李铭文 | 开明书店 | 1903 |
| 《日本议会史》 | 工藤武重 | 汪有龄 | 通州翰墨林书局 | 1904—5 |
| 《明治维新四十年政党史》 | 太阳杂志社 | 胡源汇、张恩绶 | 东京宪政研究社/天津保定官书局 | 1907 |
| 《日本国会史》 | 鸟谷部铣太郎 | 至诚社 | 上海至诚社 | 1907 |
| 《日本议会史》 | 工藤武重 | 彭均 | 群益书社 | 1908 |
| 《明治政党小史》 | 井上馨 | | 商务印书馆 | 1911 前 |
| 《日本政体史》 | 秦政治郎 | 李志仁 | 苏州励学译社 | 1911 前 |
| 《日本政治沿革史》 | 秦政治郎 | 中西书会 | 中西书会 | 1911 前 |

资料来源：同表 1-5。

从表1-7可知，这些著作起到了如下作用：一是使中国人对日本宪法宪政有较为全面细致的了解，为中国立宪提供了详细的参考。二是中国人通过阅读这类著作，使其宪政观打上日本的烙印。这类著作传入中国，强化了师日取向。三是通过与日本宪政比较，使中国人更清楚地认识到各国宪法和宪政的类型差异。

除上述关于宪政的译著外，留日学生还将《明治宪法》文本与其注释性著作陆续译成汉语。笔者共见到3种《明治宪法》译本。前文已经述及，最早的译本存于傅云龙编辑的《游历日本图经》之中，包括天皇发布宪法的敕语和宪法文本全文。这一文本的翻译具有专业水准。该译本大量使用了近代日本人创造或改造的汉字词，为中国宪法学提供了最早的一批术语。但如前文所述，它可能并非出自留日学生之手，有可能是明治政府组织翻译的文本。1906年，《东方杂志》刊载的《明治宪法》全文，基本承袭《游历日本图经》中的文本，但对某些表述做了修正。该译文是笔者所见最为简洁、精准的文本。① 因无署名，故不知译者及翻译的具体时间。而成书于1907年的《新译日本法规大全》（以下简称《大全》）第1册内有《明治宪法》，其文本与《东方杂志》刊载的译本完全相同。笔者判断，《东方杂志》所载译本可能源自《大全》。《大全》由南洋公学译书院初译。1899年前后，院董张元济与南洋公学总理沈子培合意提出翻译该书，获盛宣怀批准后即着手翻译。1904年商务印书馆参与其中，由该馆编译所补译、校订。最终该书于1907年面世。② 《大全》共10册，如果按照顺序翻译，第1册应最早译出。因而，《大全》中《明治宪法》的翻译应该完成较早，《东方杂志》所载译本出自《大全》的可能性较大（见表1-8）。

---

① 《日本宪法全文》，《东方杂志》1906年第11期，第225—230页。另外，同年出版的《东方杂志》临时增刊《宪政初纲》以摘要形式列举了主要君主立宪国的宪法条文，《明治宪法》在内。此外，笔者见一进呈折，翻译了《明治宪法》全文，其译文与文中所提译本均不一致。《呈日本宪法述略清单》，第一历史档案馆，录副奏折，档号：03-5622-043，缩微号：423-3527。

② 南洋公学译书院初译，商务印书馆编译所补译校订：《新译日本法规大全》（点校本），商务印书馆2007年版，"总序"第1页。

表1-8　　　　　　　　　　《明治宪法》汉译本

| 书目 | 原著者 | 译述者 | 出版者 | 出版年 |
|---|---|---|---|---|
| 《明治宪法》 | | 傅云龙主持 | | 1889 |
| | | 张謇主持 | 翰墨林书局 | 1904 |
| | | 载于《东方杂志》 | | 1906 |
| | | 南洋公学译书院初译，商务印书馆编译所补译校订 | 商务印书馆 | 1907 |
| 《日本帝国宪法义解》 | 伊藤博文 | 丁德威 | 日本秀光社 | |
| | | 沈泓 | 金栗斋铅印社 | 1901 |
| 《日本帝国宪法论》 | 田中次郎 | 范迪吉等 | 会文学社 | |

资料来源：参见表1-5注释；另见傅云龙《游历日本图经》，上海古籍出版社2003年版。

相对于其他国家宪法，《明治宪法》的汉译本最多。非但如此，解释《明治宪法》的《日本帝国宪法义解》也至少有两种译本。其中，沈泓的译本出版于1901年，是较早的译本。① 另有解释《明治宪法》的译著，如范迪吉等译《日本帝国宪法论》等。

### 三　留日学生与中国宪法知识教育

留日学生学成而归，在宪法介绍和宣传方面继续发挥着作用。一方面，他们发挥出在日本创办报刊、翻译著作的经验，在近代中国创办了大量宣传宪政知识的报刊，继续其译书事业。另一方面，在清末法律教育机构创办和运营过程中，发挥了重要作用。

（一）留日学生对宪法的介绍和宣传

除翻译宪政书籍外，留日学生还在日本编辑报纸杂志，其中不乏对宪法知识的宣扬和介绍。这些书刊虽多出版于日本，但往往可快速流传到上海等中国港口城市。《浙江潮》《江苏》等杂志是留日各省

---

① 《日本帝国宪法义解》另有今人译本。牛仲君译，中国法制出版社2011年版。

同乡主办的综合性杂志。1903年创刊的《江苏》在第1期和第4期连载了关于政体的文章。其中,第6期的社论专论中国的立宪问题。①梁启超虽然不是留日学生,但率先在主编的《清议报》和《新民丛报》上发表了专论立宪文章,并转引其他报刊关于立宪的文章。

1906年前后,留日学生人数达到高峰,留日学生也迎来归国高潮,成为传播宪法知识的主力军。除一些人有机会在学堂中执教外,还有归国学生积极创办报纸杂志,宣扬宪法知识。清末的一些主要法政报刊,多由留日经历者创办和经营。如《法政学报》(1903)、《法政杂志》(1906)、《预备立宪公报》(1908)和《宪政新志》(1906)均由留日归国者创办(见表1-9)。

表1-9　　　　　　　　1904—1911年主要立宪派报刊及编辑人

| 报刊名称 | 创办年份 | 所在地点 | 主办人及编辑 |
| --- | --- | --- | --- |
| 《东方杂志》 | 1904年3月 | 上海 | 创办人:夏瑞芳<br>主编:孟森(日本法政大学) |
| 《时报》 | 1904年6月 | 上海 | 创办人:狄葆贤(留日学生)<br>主编:罗普(日本早稻田大学)<br>编辑:雷奋(早稻田大学)<br>陈景韩(留日学生) |
| 《法政杂志》 | 1906年3月 | 日本东京 | 编辑:张一鹏(留日法政学生) |
| 《新译界》 | 1906年11月 | 东京 | 总理:范熙壬(留日学生)<br>编辑:汤化龙(日本法政大学)<br>席聘臣(日本京都帝国大学)<br>谷钟秀(早稻田大学) |
| 《中国新报》 | 1907年1月 | 东京 | 主编:杨度(日本法政大学),一说(早稻田大学)<br>主要撰稿人:熊范舆、薛大可、李傥、方表、谷种秀等,均是留日学生 |
| 《大同报》 | 1907年6月 | 东京 | 编辑:叔达(留日学生)<br>主要撰稿人:恒均、乌泽生、隆福、荣升,均是留日学生 |

---

① 亚卢:《中国立宪问题》,《江苏》1903年第6期。

续表

| 报刊名称 | 创办年份 | 所在地点 | 主办人及编辑 |
| --- | --- | --- | --- |
| 《政论》 | 1907年10月 | 上海 | 主编：蒋智由（留日学生） |
| 《预备立宪公会报》 | 1908年2月 | 上海 | 编辑：孟昭常、秦瑞玠、汤一鄂、邵羲、孟森、张家镇、何窣大都是日本法政大学毕业 |
| 《宪政新志》 | 1909年9月 | 东京 | 编辑：吴冠英（早稻田大学）<br>主要撰稿人：张嘉森、彭渊恂、向瑞彝等均是留日学生 |
| 《西顾报》 | — | 成都 | 编辑：池汝谦、邱聘三等 |
| 《蜀风杂志》 | — | 成都 | 主编：邓孝可 |
| 《湖南自治报》 | 1909年11月 | 长沙 | 主办人：罗杰、栗戡时均为留日学生 |
| 《国风报》 | 1910年2月 | 上海 | 主编：梁启超 |
| 《宪志日刊》 | 1910年5月 | 北京 | 主编：孟昭常（留日学生） |
| 《国民公报》 | 1910年7月 | 北京 | 主编：徐佛苏（东京高等师范学校） |
| 《蜀报》 | 1910年8月 | 成都 | 社长：蒲殿俊（日本法政大学）<br>主笔：吴虞、邓孝可（日本法政大学） |
| 《法政杂志》 | 1911年3月 | 上海 | 发起人：林长民、孟森、沈钧儒等<br>主编：陶惺存 |

资料来源：张学继：《论留日学生在立宪中的作用》，《近代史研究》1993年第2期。

除翻译和出版刊物外，留日学生积累了相当丰富的宪法、宪政知识后，参考各国学者（以日本学者为主）的著作，着手著书立说，积极宣扬宪法和宪政知识。王鸿年曾受教于日本宪法学大家穗积八束，摘录其说，撰成《宪法法理要义》一书。① 周逵参考日本宪法书籍，撰写《宪法精理》。② 邵羲著《日本宪法详解》。③ 还有用功至深的留日学生保廷梁，从学理上研究宪法，撰写《大清宪法论》，在总结日本学者宪法学说基础上，创立了新说。④

---

① 熊月之主编：《晚清新学书目提要》，上海书店出版社2007年版，第406页。
② 熊月之主编：《晚清新学书目提要》，上海书店出版社2007年版，第409页。
③ 参见张学继《论留日学生在立宪运动中的作用》，《近代史研究》1993年第2期。
④ 保廷梁：《大清宪法论》，（东京）秀光社宣统二年版。

此外，留日学生还请人代呈奏折，建议清廷立宪。如日本帝国大学法科大学政治科学生刘志扬请时任驻日公使李家驹代奏，建议清廷立宪。① 留日学生陈发檀请都察院代奏速立宪法，以图自强，受到清廷重视。②

（二）新式学堂中的宪法教育

甲午战争以后，北京、上海、湖南等地兴起新式学堂。近代中国的宪法教育是法律教育的一个环节，近代中国最早在功课章程中提及宪法教育的应该是梁启超在湖南主持的时务学堂。梁启超拟订的《时务学堂功课章程》中有对公法学的说明，将公法学分为内公法和外公法："宪法、民律、刑律之类为内公法，交涉、公法、约章之类为外公法。"③ 法律学堂中，几乎无一例外地列有宪法科目。④ 在其他学堂中，也有关于宪法的学习。清末警务学堂的招生章程中，列有宪法一科。

新式学堂的建立和运行与日本有着密切的关系。首先，法政学堂的建立吸收了日本的经验。伍廷芳和沈家本建议借鉴日本的经验：

> 日本变法之初，设速成司法学校，令官绅每日入校数时，专习欧美司法行政之学。昔年在校学员，现居显秩者，颇不乏人。宜略仿其意，在京师设一法律学堂，考取各部属员，在堂肄习毕业后，派往各省为佐理新政分治地方之用。⑤

---

① 《帝国大学生上实行立宪折》，《北洋法政学报》1907年第48期。
② 《奏为尊旨议复留学日本学生陈发檀请速立宪法事》，光绪三十三年十一月十一日，第一历史档案馆，录副奏片，档号：03-5620-035，缩微号：423-3091。
③ 参见蔡礼强《晚清大变局中的杨度》，经济管理出版社2007年版，第42页。
④ 光绪三十二年六月初九日（1906年7月29日），袁世凯上奏《拟订法政学堂章程条规折》，附有《直隶法政学堂章程缮具清单》。清单共44条，其中第13条规定正科开设的科目包括政治学、宪法、行政法、刑法、民法等科目；第14条规定正科每周授课钟点为三十点钟，第一学期学科钟点："本国律例，四。会典，二。政治学，三。宪法，三。民法要论，三……合计三十。"由此可知，直隶法政学堂正科第一学期开始学习宪法。骆宝善、刘路生主编：《袁世凯全集》第15卷，河南人民出版社2013年版，第213页。
⑤ 丁贤俊、喻作凤编：《伍廷芳集》上册，中华书局1993年版，第271—273页。

盛宣怀在其创办的北洋大学堂和上海南洋公学内设置法律科、法政科。其次,法政学堂的教师多有留日背景或者直接聘请日本人任教。日本著名法学家,如松冈正义、志田钾太郎等在京师大学堂等地执教,他们的专业是刑法、民法等其他法学,但也兼教授宪法。一个值得关注的现象是,清末新式学堂兴起之后,聘请的外国教师多以日本人为主。留日归国人员也得以在法政学堂中一展身手,他们或者成为日籍教师的助手,或者直接登上讲坛,为学员授课,将日本和西方的法学理论带到中国。如汪荣宝在京师法政学堂中担任教师。学堂使用的教科书大概有两种,一是被翻译成汉语的日本学者的著作,二是中国人以日本学者的著作为蓝本编写的教材,有的是留日学生在日本的听课记录基础上编写的。

近代中国对宪法有一个认识过程。甲午战争之前的认识,零散而缓慢。甲午战争至日俄战争结束,对宪法的认识加速,日本的影响超过其他国家,在宪法概念传入中国及其在中国传播过程中扮演了重要角色。日本既是中国人认识西方宪法的中介,又是师法的对象;既提供了宪法学用语,又为中国培养了宪法人才,并且对中国宪法教育形成一定影响。留日学生在清廷师日制宪的过程中发挥了重要作用。

# 第二章　清廷对日本宪法的两次考察

日俄战争之前，清廷对日本宪法已有零散认识，前文已述及清廷于1887—1889年派遣傅云龙等人出国考察，将刚刚诞生的《明治宪法》译介过来。庚子之后，又有张謇等人翻刻《明治宪法》和伊藤博文的《帝国宪法义解》，进呈给铁良、慈禧等清廷决策层。日俄战争之后，清廷认识到立宪为大势所趋，于1905年和1907年两次派遣位高权重的大臣出洋考察。这可视为宪法制定过程的第一步。其中，日本宪法和宪政是两次考察的重点，日本政府也积极应对，高规格接待考察团。

日本宪法新志社曾通过公开投票形式评选日本宪法学士十杰，合川正道、伊藤博文、穂积八束、金子坚太郎、井上毅、光妙寺三郎、有贺长雄、肥塚龙、关直彦和伊东巳代治当选。① 其中不乏领导或参与制定明治宪法者，对明治宪法十分了解。他们或为大政治家，或为著名宪法学家。1905年和1907年考察团至少接触了其中的伊藤、穂积、金子、有贺、伊东5人，占"宪法学士十杰"的半数，并且还接触了多名宪法学和行政法学博士，如清水澄等人。通过考察，清廷不仅确定了与《明治宪法》相同的宪法钦定和强化君权的制宪理念，还对制宪技术有了较为详细的了解，为制定《钦定宪法大纲》和《钦定宪法草案》奠定了基础。留日学生在考察日本宪法时的作用不容忽略。明治时期的政治家和法学家在两次考察过程中，其言行对清

---

① 参见［日］家永三郎《日本憲法の創始者合川正道》，载《家永三郎集》第5卷，岩波书店1998年版，第335页。

廷明确制宪理念给予了一定的影响。

近年来，学界对清廷派遣的两次考察团研究越发深入、细致，产出一批优秀成果。本章主要探讨如下三个问题：一、考察大臣对日本宪法的两次考察；二、日本政治家和法学家对中国制宪的观察和建议；三、两次考察受日本的影响。

## 第一节 清廷对日本宪法的初步考察

五大臣出洋考察政治，是清末预备立宪的开端。① 制宪作为清政府预备立宪的一个环节，也始于五大臣出洋考察。五大臣出洋考察的名分是"政治考察"，广义上的政治包括宪法和宪政，考察各国宪法和宪政本在情理之中。只就日本而言，笔者认为日本宪法是五大臣考察的重点之一。② 五大臣听取了著名宪法学家穗积八束博士的专题演讲，与明治宪法之父、政治家伊藤博文进行了"宪法问答"，还专门派员听取穗积的宪法讲座。五大臣回国前后编译、撰写的考察成果也多与宪法相关。

### 一 五大臣出洋

清廷派大臣出洋考察，与主张立宪人士的建议有关。光绪二十一年闰五月二十七日（1895年7月19日），张謇曾代鄂督张之洞条陈立国自强疏，建议"多派游历人员"，"分派游历各国，丰其经资，宽其岁月，随带翻译，纵令深加考究"。③ "至于亲贵大臣及满汉世家

---

① 潘崇对清末预备立宪的起点做了专文探讨，认为清政府派遣五大臣出洋考察为预备立宪的起点。潘崇：《"预备立宪"起点再探讨》，《贵州文史丛刊》2011年第3期。

② 王太元探讨了学界关于五大臣出洋考察"政治"还是"宪政"的提法问题，指出"宪政"的提法不当。王太元：《1905年五大臣出洋考察"政治"还是"宪政"》，《历史档案》2009年第3期。实际上，清廷在用词上曾经有过争论，曾有人提议使用"宪政"一词，但为避免对保守派的刺激，而采用了"政治"一词。笔者认为，宪政应该是五大臣出洋考察的重点之一。另外，从考察内容上来看，远远超出了"政治"的范围，涉及教育、交通、法律等多个领域。

③ 《张謇全集》编委会编：《张謇全集》第1册，上海辞书出版社2012年版，第23页。

子弟，尤宜选其贤者，遣出游历，优予褒奖。"① 日俄战争之后，张謇与汤寿潜、赵凤昌等人合拟立宪奏稿，"拟请皇太后皇上……仿照日本明治变法，五誓先行，宣布天下，定为大清宪法帝国。一面派亲信有声望之王大臣游历各国，考察宪法，按照日本初行宪法章程办理"②。日俄战争结束不久的光绪三十一年五月二十日（1905 年 6 月 28 日），直隶总督袁世凯奏请派王公大臣出洋考察，以备不时之需。袁世凯的建议成为清廷派遣五大臣出洋考察政治的直接契机。

光绪三十一年六月十四日（1905 年 7 月 16 日），清廷发布上谕，命"载泽、戴鸿慈、徐世昌、端方等随带人员分赴东西洋各国考求一切政治，以期择善而从。"③ 五大臣动身启程之际，发生了革命党人吴樾炸弹袭击五大臣事件，但清廷并未因此改变派遣五大臣出洋考察的计划，更换两名人选后，两组成员分别于十一月十一日（12 月 7 日）和十五日（11 日）启程。湖南巡抚端方、礼部侍郎戴鸿慈为一组，率先出发，考察重点是美、德、俄、意、奥等国。贝子衔镇国公载泽、顺天府丞李盛铎和山东布政使尚其亨为另一组，稍后出发，考察重点为日、英、法、比等国。五大臣所到的第一个国家是日本。端、戴组在日本仅停留一周时间，顺便路过考察。

日本是五大臣出洋考察政治的第一站，日本政府对五大臣出洋考察的动机和目的也十分在意。当时，日俄战争刚刚结束，日本担心五大臣以出洋考察政治之名，绕过日本与西方进行秘密外交，协调处理日俄战争后中国东北问题。显然，这种做法对日本会非常不利。日本媒体曾经对这种担心有所报道。④ 当得知五大臣出洋的目的只是考察政治，日本政府放下心来，为欢迎五大臣考察而用心准备，高规格接

---

① 《张謇全集》编委会编：《张謇全集》第 1 册，上海辞书出版社 2012 年版，第 24 页。
② 《张謇全集》编委会编：《张謇全集》第 1 册，上海辞书出版社 2012 年版，第 119—120 页。
③ 中国第一历史档案馆编：《光绪朝上谕档》第 31 册，广西师范大学出版社 1996 年版，第 90 页。
④ 曾田三郎对清廷派五大臣考察的动机做了细致研究，认为日本媒体的报道和情报人员的信息不实，导致了日本政府的警惕。曾田三郎：《立憲国家への始動——明治憲政と近代中国》，思文閣 2009 年版，第 31—58 页。

待五大臣，精心安排了政治家和宪法学家，为考察大臣讲授日本宪政方面的知识和经验。

对于端方和戴鸿慈考察小组而言，日本只是途经之地，他们在日本停留一周时间，考察内容也多与政治无关。① 虽说如此，日本考察之后他们也与日本法学家发生了一定的关系。端方归国后进呈的部分考察报告据说为日本宪法学博士有贺长雄所起草。本书将重点放在载泽组对日本宪法和宪政的考察上。与端、戴组比较，这一组考察大臣不但多出一人，更为重要的是载泽的满洲宗室身份。（参见第三章第二节）如果说端方代表满族和督抚的利益的话，载泽代表的是皇室的利益。据说端方与袁世凯关系密切，考察回国后在天津会见了袁世凯，之后才向清廷销差，端方与袁世凯在立宪上的思路应该比较接近。而载泽与袁世凯明争暗斗，其立宪认识对清廷也更有影响力。五大臣考察过程中，载泽通过奏折随时向清廷汇报考察情况，跟清廷保持更加密切的联系。前文已提到日俄战争之后效仿日本立宪的呼声越来越高，清廷安排宗室成员重点考察日本，显然也是经过深思熟虑的。

载泽组于光绪三十一年十二月二十二日（1906年1月16日）抵达日本，停留28天。其行程安排和整体考察内容已有学者探讨，本节详细探讨对日本宪法的考察情况。一个需要注意的细节是，载泽等人到达上海后没有立即前往日本。据学者研究，其理由有三点：一是日本为载泽使团的正式访问国，访问需要呈递国书，其行动需与日本政府先行沟通，因而需要假以时日。而载泽等人接到外务部电稿，日本以国内事务繁忙为由，建议暂缓赴日行程。二是留日学生反对日本颁布取缔清国留学生规则，发起抵制运动，引起治安问题。三是传闻

---

① 熊达云认为，端、戴组的政治考察更像是在各国游山玩水，据其对戴鸿慈日记所做的统计，日记中除了对各国议会、议员和内阁的介绍之外，涉及各国宪政的内容只有5处，其他记述均是总统、国王、首相的礼节性访问，宴会应酬、学校、博物馆、工厂、银行、军队、码头和名胜古迹的参观以及看戏等。参见熊达云《清末における中国憲政導入の試みに対する有賀長雄の影響と役割について》，《早稻田政治公法研究》1994年第46号。

考察团成员尚其亨身体不适。① 前两个理由与日本国内情况有关。日本告知暂缓行程，不排除日本政府当时尚未确定如何接待考察大臣。但通过这两个理由也可以看出，日本政府对考察政治大臣的访问极为重视，载泽在奏折中汇报了在日本受到高规格接待的情况。②

## 二 穗积八束的宪法演讲和讲座

载泽组对日本宪政的考察主要有三种形式：听取宪法学家演讲（讲座）、与明治元老问答和实地考察。实地考察的宪政相关机构有法院、贵族院和众议院等：

> 连日率同参随各员赴其上下议院……详为观览，以考行政之机关，与其管理监督之法。又与彼政府各大臣，伊藤博文、大隈重信诸元老，及专门政治学问之博士，从容讨论，以求立法之原理，与其沿革损益之宜。③

到达日本10天后，即光绪三十二年一月初三日（1906年1月27日），载泽组先听取了日本内阁派来的穗积八束关于日本宪法的演讲。演讲在考察团入住的芝离宫举行，仅为一次。④ 穗积八束是明治时期官方代表性法学家，著作颇丰，他是明治宪法体制的拥护者，其宪法观大致可视为明治政府的宪法观。考察政治大臣在编译的《日本宪法说明书提要》中，对穗积八束做了如下介绍和评价："博士日本法学大家也。明治维新初，随使欧美，于各国宪法，既得其渊源，考其沿革，于本国国势民情，尤多经验。"⑤

载泽在日记中较为详细地记录了穗积的演讲内容。穗积有备而

---

① 陈丹：《清末考察政治大臣出洋研究》，社会科学文献出版社2011年版，第192页。
② 故宫博物院明清档案部编：《清末筹备立宪档案史料》上册，中华书局1979年版，第5页。
③ 故宫博物院明清档案部编：《清末筹备立宪档案史料》上册，中华书局1979年版，第6页。
④ 《政治官报》，光绪三十四年十月初九日，第20号。
⑤ 《政治官报》，光绪三十三年九月二十日，第1号。

来，带来一张君主统治简表，悬挂墙上，指照着讲解。显然，他考虑到了演讲对象的特殊性，为便于理解，用图示进行说明。穗积的演讲主要内容如下：首先介绍了明治宪法第 1 条关于国体的规定：

> 数千年相传为君主之国……明治维新，虽采用立宪制度，君主主权，初无所损……以君主为统治权之总纲，故首列皇位为主权之本体，此数千年相承之治体，不因宪法而移。凡统治一国之权，皆隶属于皇位，此日本宪法之本原也。①

穗积开宗明义，解释了立宪制度和君主主权之间的关系，认为立宪制度对君主主权没有丝毫影响。这一点或许是载泽最希望听到的，因为载泽最担心立宪会削弱和影响皇权。这位明治宪法大家首先给载泽吃了一颗定心丸。

需要注意的是，穗积将国家统治的权力隶属于皇位，而不是天皇本人，这一点与伊藤博文等人的意见是一致的。对于明治维新政权而言，天皇的皇位才是日本权力的归结点，这里暗含着如下意思，即天皇未必掌握最高的实际权力，维新政府应该是行使权力的核心部门。显然，明治政府作为一个尚未稳固的维新政权，为便于统治，有必要搬出天皇权威为其张目。换言之，在缺乏宗教维系立宪制度的情况下，明治维新政权巧妙地利用了民众对天皇和皇位的崇拜，以天皇的名义保证维新政权的运行和立宪制度的推行。这一点与清廷制宪时一味加强皇帝实权的做法存在很大差异。

《明治宪法》第 1 章的内容是天皇，穗积首先对其介绍，本在情理之中。但是，随后他并未按照顺序介绍第 2 章臣民之权利义务，而直接跨到第 3 章和第 4 章，即帝国议会、国务大臣以及枢密顾问。这不由得让人联想到 1908 年清廷发布的《宪法大纲》只将臣民的权利和义务作为附属条款来处理的事实。

---

① 载泽：《考察政治日记》，载钟叔河编《走向世界丛书》第 9 卷，岳麓书社 2008 年版，第 575 页。

穗积将统治权和统治机关做了清楚的划分："至统治方法，自宪政成立后，少有更改。表中所列，一为统治权，一为统治机关。盖统治必有机关，载于宪法：第一帝国议会，第二国务大臣及枢密顾问，第三裁判所。"① 穗积并不认为统治权可以一分为三，互相制衡："统治权之作用有三：第一立法权，第二大权，第三司法权。"显然，他只将统治权的作用做了划分，而将统治权归于君主："如君主行立法权，则国会参与之；君主行大权，则国务大臣、枢密顾问辅弼之；君主行司法权，则有裁判所之审判。"毫无疑问，此处清楚地表明穗积的立场：立法、行政和司法机关只是相对独立，之间不存在制衡关系，它们不过是君主行使统治权的辅助性机构。可以说，穗积的解释非常保守。

接着，穗积对第3章议院做了介绍，认为议会的权限有实质和形式之分："实质上之权限，一曰参与立法，一曰预算。"他特殊强调，"参与立法与立法有别。立法者君主之大权，议会惟议定法案，请君主之裁可而已"。非但如此，"议会之权限，须依一定之形式而行"。可见，穗积介绍的日本议会的权限十分有限，议会也只是辅佐天皇立法的一个部门而已，无法独立行使立法权。

穗积略提及第4章国务大臣和枢密顾问之后，又将话题转移到统治权上。他对立法权的范围和形式加以介绍，紧接着又谈到了"大权"。他认为"大权"与立法和司法权不同，为"君主所独裁，不委任于他种权限之内"。② "大权"的内容包括"召集议会，解散议会，统帅海陆军等事，宪法所载有，非议会所得参与者，此外皆行政之事。"③ 大权的形式方式有三种：诏敕、命令和条约。诏敕必须经过国务大臣附属；命令又包括行政命令和大权命令，可以代替法律命

---

① 载泽：《考察政治日记》，载钟叔河编《走向世界丛书》第9卷，岳麓书社2008年版，第575页。
② 载泽：《考察政治日记》，载钟叔河编《走向世界丛书》第9卷，岳麓书社2008年版，第576页。
③ 载泽：《考察政治日记》，载钟叔河编《走向世界丛书》第9卷，岳麓书社2008年版，第576—577页。

令。条约是国家之间签订的条约。

此处有必要对"大权"一词做具体探讨。载泽在记录统治权的作用时提到过"大权",它应该是立法权和司法权相并列的"行政权"。然而,在后面的记录里提到统治权时,又记载道:"至所谓统治权,兼大权、司法权、行政权而言。"这里的记录颇令人费解。从前一段分析可以看出,"大权"的内容包括召集议会等宪法赋予天皇独揽的权力。穗积认为,这些都不应该在行政权之列,"此外皆行政之事"。显然穗积在这里所说的"大权"不同于行政权。之所以会出现这样的情况,我们不排除口译时出错,或者负责记录的钱承志记录有误。但是,笔者认为,穗积八束演讲的语言应该是日语,演讲时又辅以挂图,作为优秀的留日学生,唐宝锷和钱承志在翻译、记录时出错的可能性不大。最大的可能是穗积八束在不同的语境下使用了"大权"。1906年清廷发布的预备立宪诏书中,使用了"大权统于朝廷"。这里的"大权"似乎是统治权之意。但其范围如何,清廷和主张立宪的人士均未深究。

最后,穗积八束又简单地提及司法权:"司法权者,民事、刑事裁判之范围。其形式则裁判、诉讼二端也。"①

《明治宪法》共7章76条。穗积的演讲涉及第1章天皇、第3章帝国议会、第4章国务大臣及枢密顾问和第5章司法。或许穗积知道之后有专人讲解日本财政沿革,②便未涉及第6章会计。但是,穗积对第2章臣民之权利义务只字未提。这反映出穗积八束对臣民及其权利义务的轻视,认为不需向中国官员详细介绍。当然,穗积在一次短暂的演讲中只能选择其认为重点的部分,即君主的权力及其与立法、行政、司法的关系。

载泽听取的这次演讲,为时不长,但对其影响或许不小。首先,载泽从日本著名宪法学家口中得知立宪政体不会损害君主权力,为其提

---

① 载泽:《考察政治日记》,载钟叔河编《走向世界丛书》第9卷,岳麓书社2008年版,第577页。
② 载泽:《考察政治日记》,载钟叔河编《走向世界丛书》第9卷,岳麓书社2008年版,第577页。

倡立宪打了一针强心剂。其次，载泽大致了解了如何处理皇权与立法、行政和司法权之间的关系以及如何通过制定宪法来强化和巩固皇权。换言之，他既知道了"大权政治"可行，又了解了行使的基本方法。

### 三　载泽与伊藤博文的宪法问答

听取穗积八束演讲的第二天下午，载泽等人在住所迎来明治宪法之父伊藤博文，并接受其赠送的著作《皇室典范义解》和《宪法义解》，随后开始了两个半小时的问答。伊藤在问答时使用的不是母语日语，而是英语，由留学英国的柏锐口译，留学日本的钱承誌记录。①载泽在日记中记载了此次问答，问答内容以宪法问题为主。

载泽首先问了一个适合这位明治元勋回答的问题："敝国考察各国政治……当以何者为纲领？"②伊藤的回答直接引向关于宪法和宪政的主题："贵国欲变法自强，必以立宪为先务。"之后，载泽迫不及待地问道："立法当以法何国为宜？"这是五大臣出洋考察所关心的重要问题之一。伊藤将宪政分为君主立宪国和民主立宪国，认为中国数千年来为君主国，"主权在君而不在民，实与日本相同，似宜参用日本政体"。伊藤的回答虽然简短，却道出了对中国政体改革的建议，即结合中国长期为君主国的传统，仿照日本进行改革。同时，伊藤的回答也反映出了其主权在君而不在民的宪法观念，从后面问答臣民的权利均是君主所赋予的也可以看出伊藤强调的立宪的性质。

第三个提问是载泽最为疑惑也是最为关心的问题："立宪后于君主国政体有无窒碍？"这是关涉到清廷是否接受立宪的大问题。伊藤认为，立宪对于君主政体没有妨碍，其理由是"贵国为君主国，主权

---

① 载泽：《考察政治日记》，载钟叔河编《走向世界丛书》第9卷，岳麓书社2008年版，第583页。韩大元注意到了伊藤为何使用英语而不是母语或其擅长的德语。确实，伊藤作为日本著名政治家，本次问答虽然不是正式外交交往，但按照惯例应该使用母语，更有利于表达。载泽的随员中不乏精通日语的钱承誌等留日经历者，不会应付不了伊藤的日语演讲。伊藤或许有意炫耀自己的外语能力。韩大元：《论日本明治宪法对〈钦定宪法大纲〉的影响——为〈钦定宪法大纲〉颁布100周年而作》，《政法论坛》2009年第3期。

② 载泽：《考察政治日记》，载钟叔河编《走向世界丛书》第9卷，岳麓书社2008年版，第579页。

必集于君主，不可旁落于臣民"。之后他援引"日本宪法第三、四条天皇神圣不可侵犯，天皇为国之元首，总揽统治权"等规定佐证自己的观点。按照伊藤的解释，似乎君主立宪政体和专制政体的区别变得模糊起来。所以，载泽马上问了"君主立宪与专制有何区别"的问题。伊藤援引明治宪法第5、6条加以解释："最紧要者，立宪国之法律，必经议会协参。"即法律的制定、改正和废止必须经过议会的议决，呈报君主裁可，然后公布。这与专制国法律完全由君主一人制定不同。伊藤由此引出第二点不同：立宪国人民都要遵守法律，法律效力遍及全国，全国皆同一法律，而中国法律往往"彼此互为歧异"。其结论是"故立宪国之法律，必全国统一者也"。伊藤对这一问题的回答反映了他对议会立法与君主关系的态度。他肯定议会有议决法律制定、改正和废止的权力，却只承认议会对法律的协赞权，最终裁可的权力仍掌握在君主手中。在伊藤看来，议会不过是一个制定、改正和废止法律的部门而已，是辅佐天皇的立法机构，并不具备三权分立国家议会拥有的最终立法权。

以上四个提问与是否立宪有关，之后的几个提问则是立宪之后君主如何操控"大权"等问题。关于君主与议会的关系，伊藤援引明治宪法第7条，回答了君主有开会、闭会和停会的权力的问题。此外，伊藤分别回答了君主关于官吏任免、陆海军统率、外交、国家有事之时的君权、赏罚以及摄政等问题，涉及明治宪法第8、10、11、14、15、17条的内容。这些内容实际上是明治宪法第1章天皇的主要内容。从这些问答中可以看出载泽等人关心的重点问题，即如何通过立宪来确保君主权力的问题。伊藤博文也有针对性地予以详细解释，因为"贵国如行立宪制度，大权必归君主，故于此详言之"[①]。

《明治宪法》第2章是关于臣民权利和义务的规定，伊藤在解释完第1章内容后提到这一章，引出载泽等人的提问："君主立宪国所予民言论自由诸权，与民主国有何区别？"伊藤认为自由是由法律所

---

① 载泽：《考察政治日记》，载钟叔河编《走向世界丛书》第9卷，岳麓书社2008年版，第581页。

定的，出自政府的赋予，并非人民可以自行其是。关于第 2 章，载泽等人只有一个提问，其关心的也不是自由等人民权利，而是立宪国和君主国关于自由的区别的问题。显然，这与第 1 章关心的问题不成比例。由此亦可知载泽的侧重点在于君权。

载泽就君权和议会权力关系的提问得到了伊藤较为详细的回答，接下来又对君权和行政权提问："立宪后之行政，有不洽众望者，君主仍负责任否？"伊藤的回答十分明确："君主虽有以上种种之大权，而行政机关皆在政府。即有舆论不服之事，亦惟诘责政府，或总理大臣退位，不得归责于君主。"伊藤将一切行政职权委于责任政府，一旦失政，君主不负责任。但是，这种明确的回答并不能让载泽满意，载泽担心这种"责任政治"能否实行："如侯所言，皆见诸实行否？"伊藤结合自己的阅历，做出了可以有效实行的肯定回答。

之后，载泽又就立宪的纲领、练兵、外交、人才培养等问题提问。最后，载泽在表达了"获益良多"的谢意之后问道："敝国将来实行立宪，其方法次序，究竟若何？"伊藤认为这个问题太大，需要做认真思考后留待他日解答，但提醒中国"幅员广大，各省民情风俗既殊，语言亦不能统一。且交通未辟，风气难开。欲定完全一致之法律，大非易事"。这些都是与日本比较而言的。伊藤实际上是提醒载泽中国制宪面临比日本更多的困难，立宪应慎重而行。

这次问答从下午两点持续到四点半，载泽就立宪重大疑问一一提问，伊藤也给予了认真回答。可以说，这次问答的核心是宪法问题，载泽共提出 19 个问题，超过半数为宪法制定和施行的问题。伊藤的回答援引《明治宪法》的条目，未超出宪法的范畴。载泽继前一日听取穗积的宪法演讲，又通过与伊藤的问答，增强了立宪的信心，确认了宪法制定时关于君主权力的性质、范围以及如何处理君权和立法、行政、司法的关系等问题。如果说穗积八束的演讲具有学理性质，是单向的讲授，那么与伊藤的问答则是双向的互动。

从载泽对伊藤的提问可以看出，他对这位明治维新元勋充满了信任。伊藤是制定《明治宪法》的主导者，也是明治日本最重要的政治家，亲自为载泽等人解答宪法问题，对载泽等人的影响应该是不言而喻的。伊藤跟穗积一起，将明治政府的"官方"宪法观灌输给了载泽等人，让载泽等人从理论上和实践上相信清廷可以仿照日本的方式立宪。

然而，伊藤博文等人的讲解尽管考虑到了中国历史和文化的特殊性，但仍然局限在日本历史和文化背景下谈及日本制宪经验，尤其是关于责任政治问题，载泽未必得到了满意的答案。与明治立宪相比，对于中国立宪而言，最难以处理的问题莫过于君权和行政权的关系。自秦汉以来，中国皇帝为掌握绝对权力、担心皇权旁落而殚精竭虑。明朝之后，甚至取消宰相制度，皇权专制发展到顶峰。如果行政机关实行责任制，即使它对君主负责，仍有削弱君权或者将其架空的风险。纵观制宪过程，清廷对君权和行政权关系的处理没有超出传统君主专制的范畴。伊藤博文似乎轻松地谈及天皇与行政权的关系，主要是因为天皇自古以来多无实际行政权力。表面上来看，明治政府的制宪过程是加强天皇权力的过程，但实际上天皇只是加强明治政府中央集权的一个符号，天皇本人所掌握的实际权力非常有限，维新政府才是实际行政权力的主宰者。鉴于此，伊藤博文确实不必为处理天皇和行政权力的关系而动太多脑筋。而君权和行政权的关系却成为清廷制宪的"死穴"，清廷立宪的最大困境，某种程度而言，就是皇权和行政权力之间的调整。

清廷正是在这样认知的基础上开始预备立宪的。这种认知具有严重的路径依赖性。这种依赖性增强了清廷立宪信心的同时，也窄化了清廷对宪法的认知，与立宪派的认知产生严重的乖离。清廷为制宪作出了努力，其方向也是明确的，只不过这一方向不是立宪派所期望的，它只是清廷一意孤行、单向认知的产物。

### 四 参随人员对日本宪法的继续考察

载泽组在日本停留 28 天之后，按照既定行程，前往英美等国考察。载泽等人在日本考察时间短暂，无暇细致了解《明治宪法》制定和明治宪政运行的具体情况。为弥补这一缺憾，载泽前往英国之前,"仍酌留参随等员专驻日本,详细调查"①,邀请穗积继续为留驻随员讲授宪法。这部分参随人员共9名,其中唐宝锷、戢翼翚、钱承誌和杨守仁4人曾是留日学生。②穗积八束在《日本宪法说明书》的《宪法说明小引》中说:

> 本年一月当载泽殿下来游时,予尝应召在芝离宫,讲说宪政大纲,并承命使制日本宪法一览,以讲演仅得一回,殊有未尽之憾,继因清国出使大臣之嘱托,更讲演数次,付速记写成,以补不足。③

载泽组离开日本后,由出使日本大臣杨枢负责,聘请穗积八束演讲,总计12次,经人速记后整理并翻译。讲义受到清廷重视,《政治官报》创刊之际以提要的形式对《日本宪法说明书》做了介绍。④之后在10月、11月和12月三个月的版面上连载了该书的译文(见表2-1)。⑤

表2-1　《日本宪法说明书》目录及与《明治宪法》目录比较

| | 《日本宪法说明书》 | | 《明治宪法》 | |
|---|---|---|---|---|
| 回 | 时间(1906年) | | 章 | |
| 1 | 3月5日 | 立宪政体 | | |
| 2 | 3月6日 | 宪法 | | |
| 3 | ? | 君位及君主之大权 | 1 | 天皇 |
| 4 | 3月12日 | 臣民之权利 | 2 | 臣民之权利义务 |

---

① 故宫博物院明清档案部编:《清末筹备立宪档案史料》上册,中华书局1979年版,第7页。
② 《三大臣随员分驻各国》,《时报》1906年1月14日。
③ 《政治官报》宣统三十四年十月初九日。
④ 《政治官报》宣统三十三年九月二十日。
⑤ 潘崇对《政治官报》上登载的《日本宪法说明书》的情况进行了列表整理。参见潘崇《载泽出洋考察团编译书籍与清末宪政——兼论清末宪政思想的日本来源》,载朱英主编《近代史学刊》第12辑,社会科学文献出版社2014年版。

续表

| | 《日本宪法说明书》 | | 《明治宪法》 | |
|---|---|---|---|---|
| 回 | 时间（1906年） | | 章 | |
| 5 | ? | 国会制度及上院之组织 | 3 | 帝国议会 |
| 6 | ? | 下院之组织 | | |
| 7 | ? | 帝国议会之权限 | | |
| 8 | ? | 国务大臣及枢密顾问 | 4 | 国务大臣及枢密顾问 |
| 9 | ? | 法律及法令 | | |
| 10 | 4月6日 | 预算 | 6 | 会计 |
| 11 | ? | 司法权 | 5 | 司法 |
| 12 | ? | 地方制度及中央行政各部 | | |
| | | | 7 | 补则 |

资料来源：1.《政治官报》光绪三十四年。2.《新译日本法规大全》（点校本）第一卷，南洋公学译书院初译，商务印书馆2007年版。

穗积八束的讲座与之前对五大臣的宪法演讲相比，时间充足，因而能够从容地讲解明治宪法的内容。为了让听者更容易接受，讲解明治宪法之前，穗积花费两讲的时间介绍立宪政体和宪法，这两讲是理解明治宪法的预备知识。之后，穗积基本上按照明治宪法章节的顺序讲解。从表2-1可知，《明治宪法》共7章，去掉最后一章补则，穗积平均对宪法每一章做两次讲解。值得注意的是，穗积用了3讲时间讲授明治宪法第3章，对国会制度、上院、下院和国会的权限做了比较具体的介绍。在总共12讲中，关于国会的讲授占1/4。由此可知穗积八束所讲之重点与为五大臣演讲宪法的侧重点不同，后者以皇权为核心。如前文所述，对于明治宪法体制来说，天皇和行政机构之间的关系并非重点，行政机构和国会之间的关系才是重点，是明治宪法的重心。

穗积的《日本宪法说明书》对清廷制定宪法有一定的影响。汪荣宝在起草《钦定宪法草案》时，不止一次提到参照过穗积的宪法学著作，《日本宪法说明书》应该是其中的一册。

### 五 留日学生在宪法考察中的作用

五大臣考察团中，有一批曾留学日本的随员，端方组中有5人，载泽组中有6人，共计11人（见表2-2）。两组考察团共100人左右，留学日本出身者占总人数的1/10强。他们负责管理考察庶务，充当翻译，整理资料，撰写考察报告等事务。在口译、书籍的编译整理和考察报告撰写方面，这些留日学生因其语言优势，发挥了无可替代的作用。随员奉命编辑欧美国家宪政制度书籍时，谈及欧美制度与中国差异甚大，对译颇难，只好通过日文书籍转译。杨守仁致端方的信函中表达了编译的苦衷，从中也反映出留日学生的特殊作用：

> 此次成书将及六十种，编帙繁重，而法律名词多为本国律例所不具。如海军一门……日本军制纯以德国为蓝本，故于此二者不得不全用日本名词；财政一事，条理繁赜，而本国法律多所未具，故亦不得不仍用日文名词术语之势。①

陆宗舆是端方组中的留日经历者，其回忆录谈到留日出身者在考察中的贡献：

> 舆随端、戴两专使放洋……赴德专心视察市政、警政。若宪法、国法等则惟译之以书，然留德诸学子皆苦于中西制度之不同，译定名词之为难。舆行箧中所携之日本国法学诸书，颇有译自德国者，资为借证，莫不奉为至宝。卒之此类法政诸书，大率皆转译于日本。端、戴二使因谓：同行四十人，精通西文者十有八员，不意报告之成功，尚借重于留日出身者，因特擢为二等参赞。②

---

① 虞和平主编：《近代史所藏清代名人稿本》第1辑，大象出版社2011年版，第226—227页。
② 陆宗舆：《陆闰生先生五十自述记》，北京日报承印1925年版，第4页。

表 2-2　　　　　　　　五大臣随员中留日经历者

| 组别 | 头衔 | 姓名 | 功名 | 留学院校 | 官职 |
| --- | --- | --- | --- | --- | --- |
| 端方组 | | 陆宗舆 | 进士 | 早稻田大学 | 内阁中书 |
| | | 关赓麟 | 进士 | 宏文学院 | 兵部主事 |
| | | 岳昭燏 | | 成城学校 | 候选知县 |
| | | 田吴炤 | | 陆军士官学校 | 选用知县 |
| | | 周宏业 | | 早稻田大学 | |
| 载泽组 | 三等参赞官 | 唐宝锷 | | 早稻田大学 | 翰林院检讨 |
| | | 钱承誌 | 进士 | 东京帝国大学 | 商部主事 |
| | | 曹复赓 | | 神户关西学院 | 县丞 |
| | | 冯国勋 | | 留学日本 | |
| | | 戢翼翚 | | 早稻田大学 | 外务部主事 |
| | | 杨守仁 | | 早稻田大学 | |

资料来源：1. 熊达云：《近代中国官民的日本视察》，成文堂1998年版。2. 尚小明：《留日学生与清末新政》，江西教育出版社2003年版。

可以说，正是有了这些留日学生的参与，才最终保证了考察任务顺利完成。他们为近代中国官方第一次最高规格、最大规模的考察抹上了浓重的一笔。正因如此，东京宏文书院编写的《讲义录》中自豪地写道：毕业于该校的唐宝锷、戢翼翚"影响于清国前途者正未有艾也"①。尚小明则称留日学生为"筹备立宪的重要推动力量"②。

考察团的留日经历者，除了发挥上述作用外，还有两点不容忽略：一是受命继续留在日本考察，他们的考察是五大臣出洋考察的一部分，应该受到重视。二是考察归国后，纷纷向清廷建言，在清廷立宪过程中献计献策，成为清末立宪的重要推动力量之一。例如，考察结束之际，戢翼翚上书载泽，提出发布宪法期限、革新官制、整理财

---

① 陈学恂、田正平：《中国近代教育史资料汇编：留学教育》，上海教育出版社1991年版，第333页。

② 尚小明：《留日学生与清末新政》，江西教育出版社2003年版，第1—6页。

政和设立中央议政院等建议，受到载泽和清廷的重视，以至于"发表各草案中多有采其说者"①。唐宝锷则"将日本宪法各项法规自宪纲五条至元老院及地方会议编译成书，分为七卷，名曰《日本宪法法规全书》"，又整理出与穗积八束关于宪法方面的问答录——《宪法访问录》，希望对考察宪政者有所裨益。②

## 六　考察日本宪法的成果

出洋考察政治大臣以多种形式对各国宪法和宪政做了考察，取得了丰硕的成果，体现在如下方面：撰写考察日记、提出综合性考察报告、编译书籍等。前文已述及载泽《考察政治日记》。另有戴鸿慈的《出使九国日记》和端方组随员蔡琦的《随使笔记》。综合性考察报告有：《欧美政治要义》《列国政要》和《列国政要续编》等。这些考察报告多涉及制宪问题，如《欧美政治要义》共18章，第2章是"国家宪法之制定"。③《列国政要》共132卷，第1—10卷为意大利、普鲁士、美利坚、奥地利、俄罗斯等国宪法的介绍和比较。④《列国政要续编》共94卷，第1—5卷为德意志、普鲁士和奥地利宪法。⑤日本宪法是出洋考察政治大臣考察的重点之一，其考察成果多于其他任何国家。此处重点介绍考察日本宪法的成果和据说由日本法学家有贺长雄起草的考察报告《欧美政治要义》。

（一）编译日本宪法、宪政书籍

五大臣在考察期间，注意收集和编译各种资料，归国之后，又抽调随从人员，继续编译，由夏曾佑任总纂官，杨寿楠参与编写，办公地点选在北京法华寺，耗时3个月，成书67种，146册；又从67部中选择30种，撰写了提要，以便于读者领会大意

---

① 戢翼翚：《上考察政治大臣书》，《宪政杂志》1906年第1卷第1号。另见潘崇《留学生与清末五大臣出洋考察——兼论考察团关涉留学教育的考察》，《徐州师范大学学报》（哲学社会科学版）2011年第6期。
② 《宪法访问录》，《北洋法政学报》1908年第68期。
③ 《欧美政治要义》，石印本，1908年，北京大学图书馆藏。
④ 《列国政要》，石印本，1907年，北京大学图书馆藏。
⑤ 《列国政要续编》，国家图书馆藏。

和向清廷进呈。① 30 种提要的一部分在《政治官报》上连载。据潘崇统计，关于日本的书籍 24 种、英国 2 种、法国 2 种、比利时 1 种，综合性 1 种。可见，编译的日本书籍占绝大多数。查找《政治官报》上译书介绍和售书广告，与制宪关系密切的书籍如下：《日本宪法说明书》《日本宪法疏证》《日本立宪史谭》《日本宪政略论》《日本议会沾法》《日本行政官制》《日本岁计预算制度考》《日本丙午议会》《日本政治要览》等，几乎囊括了宪法制定的各方面问题。② 潘崇选取了上述部分书籍，对其内容做了研究，认为宪法及其制定是重要内容之一。③

考察政治大臣随员自行撰写和编译的书籍也应该视为考察成果的一部分。载泽组随员唐宝锷奉命驻留日本继续考察期间，笔耕不辍，编纂了 22 种图书，近 80 万字。陈丹根据 1906 年 9 月 25 日的《华字汇报》，将其列表整理。④ 其中宪法类书籍共两部：《宪法访问录》和《日本宪法法规全书》。笔者未见到《日本宪法法规全书》，但见到《宪法访问录》全文。⑤ 除陈丹之外，至今鲜有学者提及《宪法访问录》，更无具体研究，现介绍其大致内容，并做初步分析（见表 2-3）。

表 2-3　　　　　　　　　　唐宝锷编辑宪法书目及提要

| | |
|---|---|
| 《宪法访问录》 | 将宪法内容分国与民之关系，立宪君主，人民之权利义务，议会政府，司法会计，及皇室典范，我国情形当如何行宪之法，计十章二十九问，逐一讨论，得于日本宪法大家穗积博士所述，实于立国原理，宪法经纬，确切详明。 |
| 《日本宪法法规全书》 | 分宪法、皇室、议院、贵族院、众议院、法令通则、元老院及地方官会议，共七卷，宝锷手辑。 |

资料来源：《华字汇报》1906 年 9 月 25 日。

---

① 参见潘崇《载泽出洋考察团编译书籍与清末宪政——兼论清末宪政思想的日本来源》，载朱英主编《近代史学刊》第 12 辑，社会科学文献出版社 2014 年版，第 189 页。另见陈丹《清末考察政治大臣出洋研究》，社会科学文献出版社 2011 年版，第 314 页。
② 《政治官报》光绪三十三年十月、光绪三十四年二月二十五。另见前引潘崇论文，第 190—192 页。
③ 潘崇：《载泽出洋考察团编译书籍与清末宪政——兼论清末宪政思想的日本来源》，第 200 页。
④ 陈丹：《清末考察政治大臣出洋研究》，社会科学文献出版社 2011 年版，第 315—317 页。
⑤ 唐宝锷：《宪法访问录》，《北洋法政学报》1908 年第 68 期。

唐宝锷（1878—1953），字秀峰，广东中山人，1896年考取秀才。同年总理衙门选派人员赴日留学，唐宝锷应试入选，于光绪二十四年三月前往日本，顺利通过日本外务省总理府组织的选拔考试，成为中国官费派往日本的第一批留日学生的一员。①唐先进入日本高等师范学校校长嘉纳治五郎为首批留日学生专设的特别班学习，1899年以第一名成绩毕业，获嘉纳治五郎以私人名义颁发的毕业文凭。②此后两年期间，唐出任驻长崎代理副领事。1901年入东京专门学校学习国际法，1903年进入新改制的早稻田大学政治经济部学习，1905年获得该校法学学士学位，成为最早获得日本高校学位的中国留学生之一。1905年唐毕业归国，同年清廷废除持续千余年的科举考试，举办归国人员考试，14名成绩优异者被授予进士、举人和拔贡出身，唐宝锷是这次考试的佼佼者，清政府"给予进士出身，赏给翰林院检讨"③。此后，唐宝锷任陆军部、民政部、法律馆、川粤汉铁路督办谘议官，补陆军部一等参事官。未几，调宪政编查馆，又记名交涉提法使。民国后唐长期担任中国律师会会长，熟知中日法律事务。④

笔者所见《宪法访问录》，主标题为"宪法访问录"，其下有作者头衔等信息："日本贵族院议员、枢密院书记官、大学教授、法学博士穗积八束解答，出洋考察政治参赞官、翰林院检讨唐宝锷质问。"《宪法访问录》由序、目录和正文三部分构成，共45页，万余字。序落款为"光绪丙午季夏香山唐宝锷识于申浦"，可知《访问录》撰写不晚于1906年夏季。此时，唐应该已奉命归国，居于上海。载泽等考察大臣于1906年夏季陆续回国，唐宝锷回国的日期应与考察大臣

---

① 唐有淦编著：《唐家村村史》，唐家镇人民政府编印，珠新出许字第98041号，第3页。

② 唐有淦编著：《唐家村村史》，唐家镇人民政府编印，珠新出许字第98041号，第3页。

③ 唐有淦编著：《唐家村村史》，唐家镇人民政府编印，珠新出许字第98041号，第3页。

④ 徐友春主编：《民国人物大辞典》，河北人民出版社1991年版，第763页。辞典中将唐的出生年误写为1877年。

大致相同。

唐宝锷在序中简述了驻留日本访问穗积八束的情况：

> 宝锷备员随节留东研求，窃以兹事体大，中国习尚索殊，因革损益务求至当。爰就宪法之内容，访问日本宪法专家穗积博士，审端致力，分别讨论，计十章二十九问，于立国之原理、宪法之经纬辨晰指示，确切详明。谨撮拾成卷。①

唐宝锷共提出29个问题，将其归为10个主题，即国与民之关系、立宪、君主、人民之权利义务、议院、政府、司法、会计、皇室典范和中国之立法。现将问答概括如下：

唐宝锷在第1章中首先针对国家与人民的关系，提出3个问题：

（1）"人民对国家处何地位，负何责任？"穗积将人民对国家的地位分为法律地位和政治地位，但均强调人民对国家绝对服从；强调维护国家、服从主权为人民之义务。

（2）"国家以专制为政，究可称强于世否？"穗积认为此问题不可一概而论，国家处于多事之秋或事变之际，可一时行专制；和平年代则不可。专制政治最大的弊端是不利于统一国民，因此"舍与人民参政之权为立宪政体似别无善政也"。

（3）"国家政教不行，民心涣散，当如何改革以杜叛乱？"穗积的回答非常坚定："惟定宪法以安民心，或行地方自治以启民智"，让国民知晓国家之事与自己之事有密切关系。

唐宝锷在第2章中询问了关于立宪的问题：

（4）"立国于今日，无宪法无议院可以常治否？敢问立宪之原理。"穗积认为，这一问题虽然因时因势和各国情形而不能统而论之，但就世界政治大势而言，"不布宪法、设议院而能整理国事为文明国之治者，实未之闻"。立宪政体的原则（特色）是三权分立，"即设

---

① 笔者推测，唐宝锷作为穗积讲座的听讲人之一，或许未专程拜访穗积八束，而是利用听讲机会向其请教，将相关问题整理成册。

议院令参与立法权,以独立之裁判所行司法权,而行政权君主因国务大臣之辅弼而行之"。

(5)"宪政发始于何国?近今宪法以何国最为完善?"这是一个不难回答的问题,穗积认为宪政起源于英国,英国或为最完全的立宪国。同时,他指出,对于英国来说可谓完善,但对于他国则因各国情形不同而不能立下定论。

(6)"国家至如何程度方可立宪?"穗积认为,"采用立宪政体第一要件,须国民有政治思想,加以普通教育普及,乃得实行宪政"。这里说的政治思想应该是国民的"政治智识",即对权力分立、自由民主等观念的理解。

(7)"国家立宪必启民智,倘政论歧出,各分党派,无紊乱政治、危及政府之虞乎?并问立宪政治之弊害较专制政治如何?"穗积断定政党争权夺利是立宪政治的弊端,但又认为立宪政治不可缺少政党。多党制国家政府易于驾驭政党,两党制国家则完全为政党政治。防止政党政治之弊的根本之法在于普及国民的爱国教育。

第3章是关于君主的问答。

(8)"国有宪法,君主与政府之行动多为法律拘束,何以东西洋各国具用立宪制度?"穗积认为一切法令均由君主制定,所行使的是自己制定的规则,所以"并非以他之权力置于君主之上",在君主之上没有权力对其束缚。虽然发布了宪法,君权没有丝毫削减。制定宪法的目的不在于限制君权,而是让人民有广为周知的纳税等法律标准。至于国务大臣辅弼君主副署所发之令,其目的是重视大臣的责任,防止君主有违法行为。副署绝不会出现大臣架空君主权力的情况。

(9)"国民对于政府有要求立宪之权否?并是否有参政权?"穗积从法律和政治两个角度回答了这一问题,法律上国民无此权利,但从政治上来讲,国民智识进步,有了国家思想,国家就应当给予参政之权。

(10)"各国宪法制定修正之权如何?"穗积将制定宪法的权力归于主权者,"君主国以君主为主权者,故君主制定宪法"。日本为君主之国，君主自行制定宪法并发布，称为钦定宪法。日本宪法修正权由君主提议，议院无提议修正之权，但改正宪法仍由议院议决。至于制定宪法的方法，有两种，一是德国之法，即由君主拟订宪法草案，之后召集议员开议会议决；二是日本之法，即宪法由君主钦定公布，作为定案，依照宪法而开议院。

（11）"各国宪法每有君主神圣不可侵、法律上无责任等语，不知与立宪原则有无抵触？"穗积首先认定君主是制定法律之人，不受法律制裁，在法律上不负任何责任；而且君主是主权者，就法理而论，无法律上的责任。立宪政体从法律上不得问君主之罪，政治上君主有大的过错，则由国务大臣负责，君主免受其责。

（12）"宣战、媾和及缔结条约权，每多主权者专之，设所立条约与法律有冲突，当如之何？"穗积认为，宣战、媾和和缔结条约的权力属于外交之事，掌握在君主手中，目的是使其处理更为"敏捷"。与课税有关、增加国民负担的条约，需要议院议决。总体而言，如果条约与法律有冲突，以条约为重。

（13）"议会于立法权及其他权力至何程度为适宜？请问东西各国之制。"穗积援引各国通例，认为议院有"议定法律之权与议定岁计之权"，也有些国家赋予议院弹劾政府的权力。至于议会参与立法权，有各种方法：或是议院有提案权，或是议院议决政府的提案。日本与欧洲各国都规定议院有提案权。但如果议院尚不成熟，可以暂时不予其提案权，只许政府提案，议院议决。预算权则为防止政府滥用国款的重要举措，但对议会的议定预算权也有所限制。

第 4 章是关于人民之权利义务的问答。

（14）"国家当与人民以如何之权利？"穗积将国家赋予人民的权利分为公权和私权，公权是人民对国家的权利，私权是私人之间的权利。公权包括参政权和自由权。各国宪法多将公权在宪法中明文规定，以防止国家侵犯个人的权利。

（15）"人民有自由营业之权利，国家可为各项专卖事业夺民生计乎？"穗积认为人民的自由营业权应在法律规定的范围之内；为公益和国家财政需要，国家可以垄断经营某些项目，如邮政电信和烟酒买卖等。

第 5 章是关于议院的提问。

（16）"各国议院之制有设上下两院者，有只设下院而别设元老院者，敢问以何者为宜？"穗积认为，总体而言两院制是立宪大国的通例，原因是两院制可使议案经两次议决，避免轻率。两院议员分别代表不同的势力，两院之间可以互相牵制。唐宝锷追问："中国如设议院，宜用何法为善？有何适当之法乎？"穗积认为，中国是大国，或许适宜采用联邦制，由各省召集各地代表，组成省议院，再由各省议院选举议员，会集于中央，开设中央议会。选举中央议院的办法有二：一是各州有议员者，即于各州议院选举中央议院代表，二是令全国人民投票选举中央议员。

（17）"上议院代表贵族，下议院代表众庶，代表之范围不同，议事之权限当别，若两议院议事权相等，似欠平允。"穗积首先明确，一般而言上下议院权限相等。但欧洲多国下院权限较大，上院权限较小。日本则规定上下两院同权，但预算案先交下院议决。另外，上下两院议员虽然选举时有区别，但都代表国民，因而两议院权力没有差别。

（18）"议院对君主、政府及人民之关系如何？"穗积以日本为例予以回答：议院是主权者（君主）为制定法律所设的机构，辅助君主行使立法权；君主为主，议院为客。政府是行使君主大权的机构，与议院原本没有上下之区别，"二者均在君主之下分职任事"。穗积批评英式内阁隶属于议院，使得君主与政府有名无实，而"寻常君主国之宪法，则不认此关系也"。

（19）"日本初设议院对于从前之法律及预算生何关系？有无冲突之事否？"穗积认为，宪法实施前的法律和预算，如果不与宪法相抵触，则具有效力。与宪法发生抵触者，自宪法实施，则失去效力。

第 6 章是关于政府的问答。

（20）"君主既以行政权委任政府，更设枢密顾问，与政府权限有冲突之虞否？"穗积仍以日本为例，认为政府和枢密院权限不同，二者不发生冲突，政府职掌国务，而枢密院是君主的咨询机构。一旦枢密顾问的意见与政府意见不一致，则君主自由取舍。

（21）"政党势盛，每于议院及政府占多数，成政党内阁，于政治上有无妨碍？请示预防流弊之法。"穗积认为这种弊端在所难免，日本似乎找到三种预防的方法：第一，"重君主大权"，即以君主为主权者，压制政党势力，君主任命大臣，议院不得干涉，使大臣可安其位。第二，"解散议院之大权"。政党如果跋扈，君主有解散议院的权力，令国民重选议员。第三，"分上下两院之制"，通过上院抑制下院。

第7章是关于司法的问答。

（22）"司法裁判与行政裁判之关系如何？"穗积认为各国对此规定不同，就日本而言，在司法裁判所之外特设行政裁判所，因为司法裁判和行政裁判适用的法典不同，前者适用民法法典，后者适用行政法法典，难以找到二者兼长的法官。

第8章是关于会计的问答。

（23）"国家制度不齐，百废待举，如何行预算及会计检查之法？"穗积认为议院设置之前便应试行预算制度。中国由于目前财政不修，可在开议会之前两三年将预算公之于民，至开议院时提出预算案。预算的计算需自下而上，汇总至中央。会计检查之事应该特设会计检察院检查法。

（24）"日本宪法第七十条财政上之紧要处分系指何事而言？"这是唐宝锷对宪法条文解释的提问，穗积回答，"紧要处分"指战争之际急需财款但来不及开议会时，迫不得已由君主发敕令，作为财政上临机应变的办法。事后开议院时，要提交议院协赞，求得其承诺。穗积补充道："非国家财政支绌，决不为此暴举，亦非勒受人之财产为野蛮之手段也。"

第9章是关于皇室典范的问答。

（25）"皇室典范关乎立法，其制定、更改应否归议院协议？敢问各君主国之制度如何？"穗积肯定地认为，各君主国关于皇室之事，无须议院议决，但如皇位继承和摄政之事，如果有法律规定者，则其更改须经议院议决。日本关于皇位、摄政和皇室之事由特设的《皇室典范》所定，故无须议院协赞。

最后一章是关于中国立宪的问答。

（26）"敝国人民政治智识日形进步，骤改立宪，固知窒碍尚多，若不立宪，又无以安众望，顺舆情，敢问当如何预备？以敝国情形，至少须若干年方可实行宪政？"穗积依旧以日本为例，介绍日本明治维新前后新旧势力各执一词，调和新旧之法"惟全赖教育之力"，认为教育是预备立宪最应优先办理之事。至于中国需多少年可以立宪，穗积举日本立宪实例，认为立宪非旦夕之事，定宪法并不需要五年、十年，如果让穗积制定宪法，只需要六七个月，但关键是有了宪法，不一定能实行。实行宪政，必须改革一切相关的制度，使其合于立宪政体，之后宪政方可实行。

（27）"敝国社会复杂，分满、汉、蒙，如行宪政，有无调和种族之法，请征各国实例，指示办法。"穗积认为公布宪法、开设议院的一个目的是"防国内人种之区别"。中国是多民族大国，应当在中央设议院，集合各族代表，作为统一各族的方法。然而，要使国家统一，穗积认为最终的办法还是要依赖教育的力量，使人民养成为国为公的思想。

（28）"敝国人民甚众，文野不一，选举议员当以何者为标准？国会议员宜需若干人？"穗积建议将"智识"和"财产"作为给予人民选举权的标准，教育不发达地区可暂时不必完全给予选举权。至于议员的数量，穗积认为上下议院总议员数以800人最为合适。

（29）"敝国现当改革之初，新旧不一，政见各别，除求教育普及外，尚有何法使速开通？请问日本维新时调和新旧之法。"穗积认为日本有其特殊情况，尊崇皇室是新旧势力得以调和的原因之一。中国"调和新旧之法，根本之论，舍教育外别无他法，惟须朝廷先定国是，公布众庶，俾国论一致，此亦调和之法也"。即除了教育之外，要先定国是，将其公之于众，统一舆论。

通观《宪法访问录》，可以将问答分为3类，一是立宪一般知识的问答，这些问题多为专制向立宪转变过程中遇到的常见问题。二是如何制定宪法的技术性问题，有些问题十分具体，如第（24）问。

前两类问题多为理论性问题，集中在第 1—9 章之中。三是中国如何立宪的实际性问题，集中在第 10 章之中，但在前 9 章中也涉及这些问题，如穗积在回答第（16）问时，对中国采取何种立宪制度提出了建议。

唐宝锷的提问反映出其对宪政的认真钻研精神，也体现出开明士大夫在传统制度向近代制度转型过程中的困惑和对立宪的态度。从整体上来看，立宪制度建设是《宪法访问录》的中心，皇权只是其中的一个环节。《宪法访问录》前两章是国家与国民的问答和关于立宪的问答，而将君主的问答安排在第 3 章，未将其置于首位。由此可见，唐宝锷作为有过多年留日经历、在日本获得学士学位的清廷官员，具有一定的近代国家和国民的观念。另外，从第（14）问的提问方式可以看出，唐宝锷认为人民的权利应该是国家赋予的，从第（21）问中可以看出他对政党政治的戒备心理。这也反映出唐宝锷维护君权和传统制度的一面。

总体而言，唐宝锷认为立宪是一个渐进的过程。在序言中，唐宝锷借描述日本的立宪过程之艰难，表达了自己的观点：

> 日本宪法之设，非旦夕可期，期间备经沿革，历尽艰难而后宪政大成也。夫以滨海小国，变法于上，团结于下，然犹屡行政见之冲突、党派之纷争，积二十余年之岁月，集数千百人之经营，萃一十余国之精华，养四千万人之程度，始得与西洋立宪诸国对峙全球，徒可知各国立宪，莫不几经改革而始得次第施行也。

从穗积八束的解答中，一方面可以看出穗积对中国立宪和制定宪法的建议，另一方面也可看出其持有的立宪观。穗积的建议，可以细分为三部分：一是如第 10 章，对中国立宪做出明确的建议。二是回答一般立宪问题时的普遍性建议，比如第（13）问，回答议会立法权时，建议如果议院尚不成熟，可以暂时不给予该项权力。三是回答提问时表明其态度倾向，是一种间接的建议，如第（4）问的回答

"文明之国无不宣布宪法、设立议院"带有明显的建议色彩。总体而言，穗积建议中国立宪，只有立宪才可以"安民心""启民智"，但不主张立即立宪，立宪应是一个渐进的过程，"须国民有政治思想，加以普通教育普及，乃得实行宪政"。除此之外，还应"定国是"，作为调和新旧势力相争的办法。

关于制定宪法，穗积的建议大致如下：第一，主张宪法钦定，制定宪法不会使君权消减，君主只是在遵守自己制定的规则。宪法的修正权也掌握在君主手中。第二，无论从法律上还是政治上，君主均不负责任，政治责任由国务大臣代负。第三，君主任命国务大臣，议院不得干涉。第四，君主掌握宣战、媾和、缔结条约等权力。第五，关于人民的权利，要在宪法中明文规定。第六，中国应设上下两个议院，上下两院权力相等，适宜采用联邦制议会形式。第七，议院和政府是君主权力之下的分设机构，议会和政府不应有隶属关系。第八，司法裁判和行政裁判应该分立。

很容易将唐宝锷对穗积八束的提问跟载泽对伊藤博文的提问联系在一起，因为二者均以问答形式探讨了清廷关心的宪法问题。试做比较：一个是考察大臣对宪法制定的领衔者、资深政治家的提问，问答时间比较短暂；一个是参随人员对明治宪法起草的参与者、官方色彩浓厚的著名宪法学家的提问，问答的时间比较从容。载泽需要借助翻译，唐宝锷具备良好的日语功底，无须借助翻译，更能透彻理解回答的内容。唐宝锷关心的问题多是宪法制定的细节，更多的是立宪技术的问题。载泽的提问多为立宪原理之类的宏观问题，如立宪是否有利于维护君权等。从提问的范围来看，唐宝锷涉及十个方面，涉及宪法和宪政的诸多方面，而载泽则以皇权和中国如何立宪为主，相对比较狭隘，没有涉及司法、会计和皇室典范的项目。从提问内容分析，唐具有比较明显的近代国家和国民意识，提出的第一个问题关于国家和人民之间的关系，并且询问人民在国家中的地位，以及人民享有的权利等。载泽提问的核心是如何通过立宪维护君权。

二人之所以有不同的提问内容，可以从二者的地位、立场和经历来分析。载泽是考察大臣，唐只是随员，二人在考察团中身份迥异，载泽关注宏观问题，唐关注比较具体的问题，实属情理之中。二者的立场也有所不同，载泽为皇族，代表满洲贵族的利益，维护皇权或许是他首要考虑的问题；唐是汉人，是清廷的中下级官僚，更容易从国家、民族的利益来思考立宪问题。问答内容不同也与二者的经历有关，载泽任出洋考察政治大臣之前没有国外留学和出使的经历，对近代西方（包括日本）政治学说和实际政治运营状况知之不多，虽然主张立宪，但维护皇帝的利益对其来说似乎理所应当，他难以能跳出传统君主治国的窠臼。唐宝锷则不同，出生于东南沿海地区，早年有机会接触西方政治学和法学的新知识，而且有过多年日本留学经历，对日本和西方政治思想和社会状况的理解比较透彻，容易形成近代国家观念，思想和观念比载泽更为开放、自由，是政府官员中开明的立宪派。

（二）有贺长雄与《欧美政治要义》

考察政治大臣戴鸿慈和端方归国后，向清廷进呈《欧美政治要义》（以下简称《要义》）供其参考采择。①《要义》通过比较的方式介绍了欧美各国政治，但不乏与日本政治的比较，这说明其撰写者对日本政治比较熟悉。《要义》究竟由何人起草？学界争讼不断。

从前文叙述可知，五大臣随员中人才济济，端方组也不乏留日出身的随员，部分奏折的草拟或许出自他们之手。然而，还有一部分奏折和考察报告并非由其完成，学术界对此作了深入探讨。夏晓虹认为端方考察归来后向清廷所上的奏折，是梁启超的代笔之作。"所谓'梁启超做五大臣枪手'一案，已可准确表述为：梁启超在1906年6月、7月间，为清廷派遣的出使各国考察政治大臣戴鸿慈与端方代拟了五篇奏稿，即《请定国是以安大计折》《请改定官制以为立宪预备折》《请定外交政策密折》《请设财政调查局折》与《请设立中央女学院折》。"②

---

① 故宫博物院明清档案部编：《清末筹备立宪档案史料》上册，中华书局1979年版，第24页。

② 夏晓虹：《梁启超代拟宪政折稿考》，载《现代中国》第11辑，北京大学出版社2008年版，第28页。

也有学者认为，端方曾经委托日本著名国法学家有贺长雄起草考察报告。据有贺长雄自称：端方回国之前曾派人（熊希龄）前往日本，委托驻日公使物色日本学者代为起草考察报告。驻日公使馆与早稻田大学的高田早苗商量，由其推荐了有贺长雄。有贺"遂竭二星期之力，为之起草。而旅居日本之清国留学生某等，穷日夜以翻译之。书成，以授端方之使者赍归。不意此报告书恭呈于西太后，而中央集权主义之官制，竟由此颁布矣"①。端方在发给有贺的感谢信中称："回国贡论于朝，幸蒙采纳。"② 此处出现了一个问题，端、戴上奏的奏折究竟是梁启超还是有贺长雄代拟？

应该注意到，端、戴归国后，除呈递前文提到的多篇奏折之外，还进呈了《要义》。张学继认为有贺长雄起草的报告书便是《要义》。③ 孙宏云认为《要义》与有贺长雄讲述的《国法学》在内容上有很多相同之处，推断"《欧美政治要义》极有可能由有贺起草的报告书编译而成，不排除戴鸿慈、端方等人乃至梁启超在译稿上有所润饰"④。

从学者的考证中不难看出，端方所上奏折和进呈的书籍有流亡日本的立宪派先锋梁启超的参与，也有来自日本法学家有贺长雄的襄助。⑤ 这样一来，端方等人虽然没有像载泽等人一样在日本详细考察宪法和宪政，却走了代笔和委托起草的"捷径"，达到对日本宪法和宪政了解的目的。因此，也就不难解释为何端方等人未对日本深入考察却对其有深入理解的原因了。

### 七 清廷宣布预备立宪和丙午官制改革的挫折

1906年夏季，经历了6个多月的考察，端方、戴鸿慈、尚其亨、

---

① 莫御：《中国新法制与有贺长雄》，《言治》1913年第1期。
② 莫御：《中国新法制与有贺长雄》，《言治》1913年第1期。
③ 张学继：《日本法学家有贺长雄与五大臣考察报告》，《历史档案》2008年第4期。
④ 孙宏云：《清末预备立宪中的外方因素：有贺长雄一脉》，《历史研究》2013年第5期。
⑤ 北京大学尚小明认为，戴鸿慈和端方进呈的《要义》是编辑的书籍，内容以欧美政治为主，供清廷参考用，而清廷制宪主要学习日本，所以对于清廷制宪的作用并不大，有贺长雄有夸大其词之嫌。

载泽回国销差,李盛铎因出任驻比利时公使,驻留该国。回国后,考察政治大臣们积极奔走,游说清廷立宪。民间要求立宪的呼声此起彼伏,枢臣疆吏和驻外公使的吁请,更为立宪推波助澜。驻美、驻英公使期盼清政府立宪并速定办法和宗旨。学部尚书张百熙、礼部侍郎唐景崇以及督抚岑春煊、林绍年等也纷纷奏请立宪。① 但是,主张立宪的呼声遭到保守派的阻挠。考察大臣乃对反对立宪的言论一一加以批驳,其批驳的理论多来自对日本明治立宪进程的参考和出洋考察时受到伊藤、穗积等日本政治家、宪法学家的启发。

(一) 考察政治大臣呼吁立宪

五大臣在考察期间和考察结束不久,多次上奏,汇报考察情况,向政府提出立宪建议。就本研究主题而言,这些奏折援引日本宪法和宪政,建议清廷按照日本模式立宪,可从中看出日本宪政的影响。载泽组结束日本考察赴英国之际,上奏了日本考察的大致情形,开篇便强调日本明治维新以来,"一切政治取法欧洲,复斟酌于本国人情风俗之异同,以为措施之本"②。之后,载译又介绍了考察的大致情形:"……又与彼政府各大臣、伊藤博文、大隈重信诸元老,及专门政治学问之博士,从容讨论,以求立法之原理,与其沿革损益之宜。"此处言及的"政府大臣",包括总理大臣西园寺公望、宫内大臣田中光显、外务大臣加藤高明、陆军大臣寺内正毅等日本政界要人。③ 通过20余日的考察,载泽等人对日本宪法和宪政有了如下认识:"大抵日本立国之方,公意共之臣民,政柄操之君上,民无不通之隐,君有独尊之权。"载泽强调立宪不会减少君主的权威,还强调日本富强的根本在于普及教育。最后,载泽流露出对日本维新成果的羡慕之情:

---

① 《立宪纪闻》,《东方杂志》1906年临时增刊《宪政初纲》。
② 故宫博物院明清档案部编:《清末筹备立宪档案史料》上册,中华书局1979年版,第6页。
③ 奏折指出与这些政要、元老和政治学博士"从容讨论",显然与实际考察有所出入。载泽等人考察时间有限,实际上无暇与日本政治家和学者"从容讨论"。听取穗积八束的宪法演讲,与伊藤博文关于宪法的问答,只有短短几个小时,如再除去翻译花费的时间,实际接触时间非常有限。与其他日本政要和元老大隈重信等人甚至只是礼节性访问和短暂交谈而已。

"以三岛之地，经营二三十年，遂至抗衡列强，实亦未可轻量。"①

考察大臣归国之后，为建议清廷立宪，接连上奏，包括《奏请宣布立宪密折》②（以下简称《密折》）《请定国是以安大计折》《请改定官制以为立宪预备折》《请定外交政策密折》《请设财政调查局折》和《请设立中央女学院折》等奏折。因篇幅所限，此处仅以载泽上奏的《密折》③和端方上奏的《请定国是以安大计折》为例，分析日本的影响。④

《密折》一边批驳反对立宪者的言论，一边强调立宪的优点，而《明治宪法》的制定理念和内容则成为《密折》的佐证。《密折》开宗明义，亮出"宪法之行，利于国，利于民，而最不利于官"的观点，旨在批评阻挠立宪者不顾国家、只为一己私利的言论，而反对立宪的官僚的借口是推行立宪则"防损主权"。载泽对这一借口针锋相对，反驳道："君主立宪大意，在于尊崇国体，巩固君权，并无损之可言。"⑤ 可以说，载泽的这一论断与其在考察时向伊藤博文请教立宪是否有损君权应该有一定关系。为佐证这一观点，载泽不惜笔墨，列举出伊藤博文和穗积八束所指陈的17条君主统治大权。这17条君主大权很容易让人联想到1908年公布的《钦定宪法大纲》中的"君上大权"，二者似乎存在一定的渊源关系。列举君主大权之后，载泽总结道："以此言之，凡国之内政外交、军备财政、赏罚黜陟、生杀

---

① 故宫博物院明清档案部编：《清末筹备立宪档案史料》上册，中华书局1979年版，第6页。
② 《宪政初纲》，《东方杂志》1906年临时增刊。
③ 夏晓虹在北京大学图书馆发现梁启超纂拟的部分手稿，并将其整理出版，包括《请定外交政策密折》《上端方书》《请设财政调查局折》《请设中央女学院折》《条陈邮传部应办事宜》和《为留学研究一得谨陈管见呈文》。夏氏又对这些手稿进行考证，认为它们是考察政治大臣上奏的部分奏折的初稿。换言之，梁启超代拟了部分奏折。见梁启超撰《代拟宪政奏折及其他》，载夏晓虹整理《现代中国》第11辑，北京大学出版社2008年版，第1—44页。
④ 董以山对载泽的密折做了全面分析，证明载泽不是在为慈禧搞骗局而献密计，而是在极力说服她尽快实行君主立宪。董以山：《载泽密折刍议》，《山东大学学报》（哲学社会科学版）2000年第6期。
⑤ 《宪政初纲》，《东方杂志》1906年临时增刊。

予夺,以及操纵议会,君主皆有权。以统治之论,其君权之完全严密而无丝毫下移,盖有过于中国者矣。"

然后,载泽举出立宪的三个优点:"皇位永固""外患渐轻""内乱可弭",并一一加以阐释。对于以"程度不足"而反对立宪者,载泽解释说:"今日宣布立宪,不过明示宗旨,为立宪之预备。至于实行之期,原可宽立年限。"为支撑这一解释,载泽又提及:"日本于明治十四年宣布宪政,二十二年始开国会,已然之效可仿而行也。"总体而言,如果载泽的观点缺乏明治制宪的佐证,或许其难有太大说服力。非但如此,载泽对这些佐证非常确信。他的这种确信或许与伊藤"面授机宜"不无关系。

对日本做了重点考察的载泽等人鼓吹立宪时拿日本做例证,而不以日本为主要考察对象的端方和戴鸿慈也在奏折中对日本明治立宪大为推崇。端方上奏的《请定国是以安大计折》要点是"列邦所以强盛之源,中国所以阽危之故,与夫内政改革之要领"。奏折从近几十年来中外关系中中国处处失败谈起,认为失败根源不在于坊间所论中国不富、不强,而在于"内政之整理"。"夫世固未有政治不修,而其国能富,其并能强者;亦未有内政不修,而外交能制胜利者。"而内政能否修明,只需问其政体如何。端方就此将国家富强的根源与政体联系在了一起。他将政体分为专制和立宪两种,举俄国专制之例,分析了君主专制政体的缺点,任人不任法,最终必然导致君主危机,国家危亡。之后,端方举欧美和日本变专制为立宪的例子,大谈立宪的优点:任法而不任人,"则其君安,其国安,而富强之基亦以立矣"。端方认为,从"任法不任人"这一点来讲,君主立宪和民主立宪的区别并不大,关键在于立宪和专制的区别。立宪和专制的区别,在于宪法的有无:

> 所谓宪法者,即一国中根本之法律。取夫组织国家之重要事件,一一具载于宪法之中,不可动摇,不易更改,其余一切法律、命令皆不能出范围之中。自国主以至人民皆当遵由此宪法,而不可违反。此君主立宪国与民主立宪国之所同也。其所异者,

虽不一端，而君主立宪国之所以位置君主者，则其君主无责任必明载于宪法之中。①

端方强调君主立宪政体中君主无责任，而由大臣代负，因而君主立宪国必然要设置责任内阁，对责任内阁的问责则需要议会。"故一国有议会，则政府之行动，人民可以知之；人民之意志，政府亦可以知之。"另外，与责任内阁和议会相关的，是"司法权独立于行政之外，不受行政官吏之干涉"。可见，端方此处的论述是以行政权为核心的。而行政权的核心又是君权不负责任。

端方又将日俄对比，大谈专制的弊端和立宪的好处：

> 俄国以专制政体之故，故无宪法，因无宪法，故无责任内阁及议会等制度……以内政之不修，故为日本所胜。而日本则为君主立宪政体，与俄相反，故能败俄。此立宪与否之原因，即为兵强国富与否之原因，可以确见而无容疑义者也。②

端方的结论是："东西洋各国之所以日趋于强盛者，实以采用立宪政体之故……专制政体之国，万无可以致国富兵强之理也。""中国而欲国富兵强，除采用立宪政体之外，盖无他术矣。"然而，端方将笔锋一转，认为时下中国尚不可立宪：

> 中国数千年来，一切制度、文物虽有深固之基础，然求其与各立宪国相合之制度，可以即取而用之者，实不甚多。苟不与以若干年之预备，而即贸然从事，仿各国之宪法而制定、颁布之，则上无此制度，下无此习惯，仍不知宪法为何物，而举国上下无奉行此宪法之能力。一旦得此，则将举国上下扰乱无章，如群儿

---

① 夏新华等整理：《近代中国宪政历程：史料荟萃》，中国政法大学出版社 2004 年版，第 44 页。
② 夏新华等整理：《近代中国宪政历程：史料荟萃》，中国政法大学出版社 2004 年版，第 46 页。

之戏舞,国事紊乱不治,且有甚于今日。①

可以看出,端方反对速行立宪,他以日本立宪过程为例,主张预备立宪:

> 查日本开设国会,实行宪制,在明治二十三年;而预定开设国会之期,则在明治十四年。然明治元年,其天皇已以五事誓于国中,其国是已大定矣。明治十四年以前,即已设元老院,开府、县会。盖自明治元年以至明治二十三年,皆立宪预备时代也。其立宪以前,必以五事宣示天下,以定国是者。盖日本当时以西洋之相迫……天皇亦知非立宪不足以谋其国之安且富强也。欲即立宪,则东方治国制度与此不能遽入,故先以五事定国是。乃定开设国会之期,而使全国之官吏与人民,于若干年中,为立宪之预备,实行种种之改革焉。及乎实施宪制之时,而一切法制皆已周备,无忙迫不及之弊。此其所以能从容变专制为立宪,无丝毫之流弊,而有莫大之利益。故开议会后仅五年,而其国力已足胜我也。今日中国之情势,实与日本当时无异。②

显然,端方对日本预备立宪过程有所了解,希望以日本为参照预备立宪:

> 我皇太后、皇上如欲使中国列入于世界各文明国,而采其立宪之政体,则日本所行预定立宪之年,而先下定国是之诏,使官吏、人民欲为之备者,乃至良甚美之方法,可以采而仿行之者也。③

---

① 夏新华等整理:《近代中国宪政历程:史料荟萃》,中国政法大学出版社2004年版,第47页。
② 夏新华等整理:《近代中国宪政历程:史料荟萃》,中国政法大学出版社2004年版,第47—48页。
③ 夏新华等整理:《近代中国宪政历程:史料荟萃》,中国政法大学出版社2004年版,第48页。

至此，端方已经明确建议清政府仿照日本颁布定国是诏书，而且强调中国的国势、民情，必须早定国是。关于国是应该如何确定，端方给出了6点内容："举国臣民立于同等法制之下，以破除一切畛域""国事采决于公论""集中外之所长，以谋国家与人民之安全发达""明宫府之体制""定中央与地方之权限""公布国用及诸政务"。端方又"拟请以上所举六事明降谕旨，宣示天下，以定国是"。在此之后，他希望以15年或20年为期，颁布宪法，召集议员，召开国会，实行立宪制度。在这一期间内，国是谕旨的效力等同于宪法，一切国事不得超出这一范围。端方强调明治政府立宪是从明治元年天皇发布五条誓文开始的。端方主张效仿日本，建议清廷早定国是，以谕旨形式颁布天下。

(二) 清廷宣布仿行预备立宪

考察政治大臣归国后，慈禧数次召见，询问立宪事宜。载泽、端方等痛陈不立宪的害处和立宪的益处。慈禧和光绪为之动容，说"只要办妥，深宫初无成见"。慈禧虽然已表示接受立宪建议，但枢臣的意见并不一致。清廷为此廷议立宪。《东方杂志》临时增刊记载了廷议的大致情况。①

光绪三十二年七月初八日（1906年8月27日）廷议立宪问题，发下载泽和端、戴所上奏折传阅。传阅完毕后天色已晚，第二天继续讨论。军机大臣退值后再次与王大臣到外务部公所开会。庆亲王奕劻率先发言，定下基调："立宪一事，固有利而无弊也。……以吾之意，似应决定立宪，从速宣布，以顺民心而副圣意。"②

孙家鼐不同意奕劻从速宣布立宪的意见，认为立宪国宗旨与君主国完全不一样，宗旨一旦变动，牵一发而动全身，国力强盛时都难免引起骚动，更何况如今国势衰弱。"以余视之，变之太大太骤，实恐有骚然不靖之象。但似宜革其丛弊太甚诸事，俟政体清明，以渐变

---

① 《考政大臣之陈奏及廷臣会议立宪情形》，《东方杂志》1906年临时增刊《宪政初纲》。
② 《考政大臣之陈奏及廷臣会议立宪情形》，《东方杂志》1906年临时增刊《宪政初纲》。

更，似亦未迟。"孙家鼐虽然没有对立宪本身提出异议，但因为立宪是大事，中国不具备立宪的条件，不主张迅速宣布立宪。徐世昌立即对孙家鼐进行反驳：逐渐变革已经多年，但没有成效。国民的观念不变，其精神也不变，因而应该大变。孙家鼐又以国民程度不足以立宪而反驳，主张慎而又慎。张百熙又对孙家鼐的意见予以驳斥，认为"何如先预备立宪而徐施诱导，使国民得渐几于立宪国民程度之为愈乎"。荣庆的意见与孙家鼐大致一样，他们没有否定立宪对于中国的重要性，但认为当下则不可立宪，其理由是"方今宜整饬纪纲，综核名实，立居中驭外之规，定上下相维之制，行之数年，使官吏尽知奉法，然后徐议立宪，可也"。瞿鸿禨接着荣庆的话题，认为既然如此，就应该"预备立宪，而不能骤立宪"。铁良基本上反对立宪，其理由是西方和日本立宪都是由于国民的要求，知道立宪之善，能够承担义务；中国则无国民的要求，不但不知权利，反而只感觉到服从义务的痛苦。袁世凯认为中国立宪与其他国家不同，所以预备之法也跟其他国家有区别，"以使民知识渐开，不迷所向，为吾辈莫大之责任"。之后铁良和袁世凯谈及预备立宪的一些具体步骤；袁世凯解答了铁良的一些疑惑。瞿鸿禨要求从整顿吏治开始。醇亲王载沣认为预备立宪之事繁重，则"不能不多留时日，为预备之地矣"①。

纵观各大臣意见，鲜有对立宪本身提出异议的人，最大的分歧在于速行立宪还是预备立宪。这次廷议是清廷宣布预备立宪之前的一次重要会议，基本上打消了反对立宪者的疑虑，使各大臣意见趋于一致。次日枢臣将讨论结果面奏两宫，仿行预备立宪成为定局。七月十三日（9月1日），清廷颁布预备立宪诏书。《东方杂志》评论道："此次宣布立宪，当以泽公等为首功，而庆王、袁制军实左右之。"可见，考察政治大臣所起的作用，尤其是对日本进行比较深入考察的载泽所发挥的作用之大。

预备立宪上谕开篇便强调各国之间在政治法律方面"皆有彼此

---

① 《考政大臣之陈奏及廷臣会议立宪情形》，《东方杂志》1906年临时增刊《宪政初纲》。

相因之势",中国要想拯救危机,"非广求智识,更订法律"不可。中国国势不振的原因如载泽所陈:"上下相睽,内外隔阂,官不知所以保民,民不知所以卫国",而各国富强的原因"实由于实行宪法,取决公论,君民一体,呼吸相通,博采众长,明定权限,以及筹备财用,经画政务,无不公之于黎庶"。那么,清廷应该如何去做?"时处今日,惟有及时详晰甄核,仿行宪政,大权统于朝廷,庶政公诸舆论,以立国家万年有道之基。"这是上谕的核心内容,清廷第一次以上谕的形式宣示仿行宪政的意向。从文脉之中,我们难以看出清廷直截了当地告知世人一定要立宪,只是说有必要立宪。即使仿行宪政,也不能违背宗旨:大权统于朝廷,庶政公诸舆论。更不能操之过急,因为"目前规制未备,民智未开,若操切从事,涂饰空文,何以对国民而昭大信"①。所以,现在谈论宪政仍然为时尚早,要采取以下步骤:官制改革、厘定法律、广兴教育、清理财务、整饬武备、普设巡警。这样才能"使绅民明悉国政,以预备立宪基础"。以上事情办理妥当后,"俟数年后规模粗具,查看情形,参用各国成法,妥议立宪实行期限,再行宣布天下,视进步之迟速,定期限之远近"。

  清廷在上谕中表达了立宪的意向,但对其做了严格的限定:一是立宪要仿行。仿行哪国?上谕中并没有提到,但从下文"大权统于朝廷,庶政公诸舆论"的文脉中,不难推断出是日本或德国,而不是其他宪政国家。二是立宪必须预备而不是速行,因为中国尚不具备立宪的基础和条件,需要假以时日,并且表达出预备期可能很长的设想,少则几年,长则十几年或几十年。这种表述非常模糊。

  这一上谕内容含糊之处不仅此一点。另如对"大权"的表述。何谓"大权"?是指统治权还是行政权?"大权"和"庶政"的界限是什么?前文提到载泽在记录穗积八束演讲时没有搞清"大权"的内容,时而指代"统治权",时而指代"行政权"。正是这一暧昧的表

---

① 故宫博物院明清档案部编:《清末筹备立宪档案史料》上册,中华书局1979年版,第44页。

述,让后来清廷和立宪派提供了不同的解释。从立宪的全过程来看,显然清廷所说的"大权"是指皇帝一人掌握国家的统治权,它不容立法、行政和司法部门分享皇权。这种认知与英式君主立宪派的想法相去甚远。宣布预备立宪之际,立宪派欢欣鼓舞,并未留意和深究"大权"的含义。但是,制定宪法旨在建立限制皇权的政体,通过立法、行政和司法三权的分立使中央政权互相制衡;通过在宪法中规定国民的基本权利以对其进行保障,不受权力部门的侵害。这种宗旨显然与"大权"政治之间有着难以弥合的鸿沟。

还有一处模糊表述是"俟数年后规模粗具,查看情形,参用各国成法,妥议立宪实行期限,再行宣布天下,视进步之迟速,定期限之远近"。这一表述将预备立宪分成两个阶段,第一阶段是官制改革、厘定法律、广兴教育、清理财务、整饬武备、普设巡警。之后视具体情况进入第二阶段,"妥议立宪实行期限,再行宣布天下,视进步之迟速,定期限之远近"。第一阶段应该是第二阶段的预备期,是预备之预备。以往的学术研究,往往没有注意到这一点。这种两段式的预备立宪模式,与日本立宪过程不无巧合之处。前文提到的端方奏折,从明治元年开始计算日本预备立宪,认为明治十四年(1881)是立宪的分界线,明治政府于当年宣布开设国会的期限。

清廷预备立宪的宗旨从最初便与民间和海外立宪派不同,更与革命派以美国、法国宪法为蓝图的立宪取向相去甚远。这种立宪宗旨的差异关涉到国内史学界长期争论的清廷立宪的态度的问题。国内多数学者承袭立宪派和革命派对清廷立宪的批评态度,认为清廷缺乏立宪的诚意,搞了一场轰轰烈烈却欺人耳目的"假立宪"。这种观点以韦庆远为代表,至今仍在学界有一定影响。

与国内多数学者的观点不同,国外和中国台湾学者基本上肯定清廷立宪的意图,这以卡梅伦和古伟瀛为代表。他们认为清廷最开始便按照自己的思路立宪,从未迎合立宪派和革命派的立宪主张,与立宪派思路的不同主要在于清廷的见识和能力,而不是他们的态度。笔者认为,清廷宣布预备立宪的诚意不容置疑,其当初的立宪宗旨便是"大权政治",没有欺骗世人。有着两千多年帝制传统的中国最初试图立宪时，难以摆脱帝制思维的束缚，"大权政治"的思维方式是帝制传统的产物，又因受到日本"大权政治"立宪模式的影响而得到强化，清廷因此难以选择其他立宪方式。如果清廷完全按照立宪派或者是革命派设计的思路立宪，倒是显得不合历史的常理了。

立宪派对清廷宣布预备立宪之举欢欣鼓舞，与这一上谕暧昧的表述不无关系。他们认可了清廷决心立宪的态度，却没有怀疑（或者说没有深究）他们的立宪理念与清廷究竟有何不同。随着立宪运动不断推进，立宪派发现清廷的思路与立宪派的思路大相径庭，于是便批判清廷的立宪为假立宪。可以说，清廷和立宪派之间关于立宪认识的鸿沟，不是在立宪过程中越拉越大，而是不断被认识和确认，这条鸿沟从立宪之初便难以弥补。立宪派和清廷的最终决裂，早在预备立宪上谕发布之时，就已经埋下了伏笔。

（三）丙午官制改革的重大挫折

从制度规范的角度来讲，宪法是对国家各机构的关系做出基本规定的法律文本。如果没有与宪法文本相应的制度和机构，宪法无疑成为具文，失去其现实性。戴鸿慈和端方建议清廷预备立宪先从官制改革着手，援引日本官制改革的事例说明官制改革和宪法之间的关系。"臣等窃观日本之实施宪法在明治二十三年，而先于明治七年、明治十八年两次大改官制，论者谓其宪法之推行有效，实由官制之预备得宜。"① 伊藤博文等日本政治家和法学家也对清廷提出了建议，宪政应该从官制改革着手。清廷在前述宣布预备立宪的上谕中也表明了实行宪政的第一步行动——官制改革。上谕发布的第二天，即七月十四日（9月2日），清廷发布官制改革上谕，按照预备立宪从官制改革着手的既定方针，启动官制改革。戴鸿慈和端方的奏折中表达了应该仿效日本的建议：

可以为我法者，则莫如日本之仿效欧西，事事为我先导。盖

---

① 故宫博物院明清档案部编：《清末筹备立宪档案史料》上册，中华书局1979年版，第367页。

各国国力人格自有不同，而日本则能取彼之长而弃其短，尽彼之利而去其弊。中国今日欲加改革，其情势与日本当日正复相似，故于各国得一借镜之资，实不啻于日本得一前车之鉴，事半功倍，效验昭然。①

官制改革是清廷预备立宪的着手点，清廷认识到了重要性，从改革的人员配置上，可以反映出这一点：

> 著派载泽、世续、那桐、荣庆、载振、奎俊、铁良、张百熙、戴鸿慈、葛宝华、徐世昌、陆润庠、寿耆、袁世凯公共编纂……并著端方、张之洞、升允、锡良、周馥、岑春煊选派司道大员，来京随同参议。并著派庆亲王奕劻、孙家鼐、瞿鸿禨总司核定，候旨遵行，以昭郑重。②

编纂官制大臣既有皇族成员，又有军机大臣、各部官长，均是当政的高层官僚。七月十六日（9月4日）编纂官制大臣在颐和园召开第一次会议。七月十八日（9月6日）设立编制馆，将恭王府的朗润园作为办事机构。编制馆设提调二人，由孙宝琦和杨士琦充任；下设起草、评议、考定和审定四课，随大臣出洋考察者和有留日经历者不在少数。起草课的主要人员金邦平、曹汝霖、汪荣宝三人，均有留学日本经历，在日本学习法政科目。他们负责撰写官制改革草稿，如此的人员安排，不难想见官制改革与日本的某种关联。评议课中也有曾经留学日本早稻田大学的陆宗舆。邓邦述曾经是考察政治大臣端方组的随员。审定课的周树模是考察政治大臣载泽组的随员。这些官制改革的具体操作人员虽然没有最终决策权，但可以将国外的留学经历和见识体现在文本之中。尤其是有留日经历者，与有欧美留学经历者相

---

① 故宫博物院明清档案部编：《清末筹备立宪档案史料》上册，中华书局1979年版，第368页。
② 《大清德宗景皇帝实录》卷五六二。

比，在执笔过程中更能发挥日本传来的新名词表达新概念的优势。清廷制宪全程，如果没有有留日经历者的参与，重大文本的起草和执笔工作或许会遇到不少障碍。

官制改革分两步进行，先厘定中央官制，再厘定地方官制。① 厘定之前订立了几条宗旨，包括采用君主立宪国官制；先订行政、司法官制，暂不议及议院；厘定各官，俱有专守等内容。可以看出，这次官制改革的方向比较明确，即实行君主立宪国的官制。立宪国官制的重要特征是责任内阁和立法、行政、司法权力的分立与制衡。宗旨中未顾及议院（立法），只涉及行政和司法部门的官制，原因是议院尚未成立，只能从行政和司法着手。以往官制中责权不明现象十分明显，"厘定各官，俱有专守"旨在对各职务明确分工，取消一人兼多差、多人奉一职的混乱状况。

经过一个多月的努力，载泽等编制官制大臣制定了中央官制改革草案，主要内容是设立内阁，内阁设总理大臣一人，左右副大臣二人；各部尚书为内阁政务大臣，参知政事。拟设各部为：外务部、民政部、财政部、陆军部、海军部（暂归陆军部办理）、法部、学部、农工商部、交通部、理藩部、吏部。另外，将政务处改为资政院、将大理寺改为大理院、将礼部改为典礼院，保留都察院，又另设审计院、行政裁判院和军咨府。共计十一部七院一府。该草案经奕劻等人总司核定之后，做了部分删改，将财政部更名为度支部，交通部更名为邮传部，礼部恢复原名，删去集贤院和行政裁判院，各部院之间的顺序也做了调整。

这一中央官制草案只经历了一个多月便告成，不可不谓效率之高。显然，起草者似乎胸有成竹，有据可依。仔细分析草案，实与戴鸿慈和端方所上奏请改定全国官制中的建议颇为相似。奏折中的第1条建议是"宜略仿责任内阁之制，以求中央行政之统一也"；第3条建议是"内外各重要衙门，皆宜设辅佐官，而中央各部主任官之事权尤当归一也"；第4条建议是"中央各官宜酌量增置、裁撤、归并

---

① 本书集中讨论中央官制改革，地方官制改革内容从略。

也"。官制草案基本上按照奏折的建议拟定,如果清廷能够采纳这一官制草案,无疑将为制定宪法打下坚实的制度基础。然而,光绪三十二年九月十二日(1906年11月16日)颁布的裁定官制上谕,清廷基本上否定了这一草案体现的立宪国家官制的精神,设立内阁总理大臣以统一中央行政的建议遭到否定,责权不明的焦点——军机处保留下来,即"军机处为行政总汇……尚无流弊,自毋庸复改。内阁军机处一切规制,著照旧行"[1]。各部尚书"均著参预政务大臣,轮班值日,听候召对"[2]。

这次官制改革的结果与戴鸿慈和端方所上奏折中的建议大相径庭,责任内阁制度没有建立起来。所取得的成果是有限地增设、合并了某些部门和使某些部门内部责权归于统一。改革的结果令端方、戴鸿慈和袁世凯等考察政治大臣和督抚感到失望。那么,清廷的中央官制改革为何没有达到预备立宪官制改革的目的?从与日本的官制改革比较的视角,以下几点值得注意:

第一,超稳定官制的积习。清朝基本承袭明代官制,形成超稳定的官僚制度体系,其间未经巨大变更,1860年之后增设的部门(如总理各国事务衙门、政务处等)并未对传统官制造成太大影响。甲午战争以来的重大社会变动,也未对清朝的官制造成太大冲击,传统官僚制度和理念一直得以保持。1906年的官制改革,其方向是西方宪政体制,要求国家权力分立制衡,政府责权分明。显然,这些欧美的制度和理念与清王朝的官制难以相容,难以被清廷认可和接受。而日本的官制改革则与中国不同。"大政奉还"之后,幕藩制度解体,即传统以幕府为核心的官僚制度解体,明治维新政府着手建立以天皇为核心的新官制,这是一个不断探索的过程。如果说清王朝的官制是超稳定的,明治官制则缺乏稳定性。相对而言,缺乏稳定性的官僚结构更加容易变革。

---

[1] 故宫博物院明清档案部编:《清末筹备立宪档案史料》上册,中华书局1979年版,第471页。

[2] 故宫博物院明清档案部编:《清末筹备立宪档案史料》上册,中华书局1979年版,第471页。

第二，既得利益者的阻挠。载泽在驳斥反对立宪者的言论时辩称："立宪利于君，利于民，唯不利于官。"① 官制改革以责权分明为目的，责权分明则要求明确划分各部院责任，取消兼差。当时各部院同时存在满汉两大臣，没有唯一责任人，而且一人兼多差的现象普遍存在，这在军机处和军机大臣身上表现最为突出。军机处作为准决策机构，又不负实际责任；军机大臣兼任各部尚书以及兼任他职的情况非常普遍。如果明确责任，取消兼差，显然会缩减他们的权力和影响力。另外，如果要提高行政效率、节省行政成本，建立理性政府，必须要裁撤和归并一些机构。尽管官制改革时考虑到了以集贤院收纳冗员的办法，但显然被裁撤、归并机构的官僚会丧失既得权益。如果立法、行政与司法部门分立，长期以来习惯于在地方事务上一手遮天、一人独断的督抚，受到地方立法机构的牵制，并且从其手中剥离司法权，显然其权力和利益将大打折扣，改革难免遭其反对。

第三，方案过于激进，改革过于仓促。官制改革草案按照西方官僚制度的标准起草，在大部分官僚对西方宪政知之不多，没有任何过渡措施的情况下，直接推行责任内阁，谋求中央行政的统一，确立司法独立，有急于求成之嫌。另外，官制草案从拟订、讨论到裁定，只有短短两个月左右的时间，未经各利益部门的广泛讨论。反观明治政府官制改革，如端方在奏折中所言，经历了几次渐进性的变革，1885年条件成熟时才最终确定责任内阁制度，之前进行了司法独立等内容的改革。所以，与日本官制改革相比，清廷此次官制改革的方案过于激进，试图毕其功于一役的做法遭到了大部分官僚的抵制，遭受挫折实在所难免。

其实，对于清廷而言，改革的最大难题不在于设立议院和司法独立，而在于官制改革。其原因是，当时议院尚未成立，不牵涉实际的权力运行，所以阻力不会很大。司法独立是将法部或大理院的职能加

---

① 沙培德对晚清官员关于立宪的态度做了研究，对"利于君，利于民"的立宪观点做了剖析。沙培德：《"利于君、利于民"：晚清官员对立宪之议论》，《"中研院"近代史研究所集刊》2003年第42期。

以调整，只涉及这两个部门。而行政改革直接牵涉各个部门的现实权力和利益，改革的结果必然会限制或减少其权力，影响其利益，因而难免遭到军机大臣、各部尚书和督抚的反对。所以，清廷立宪的第一步从官制改革着手究竟是否合宜，是一个值得深入探讨的问题。从结果上来看，显然从难度最大的问题着手而没有由轻到重、循序渐进，是官制改革最终流于形式、效果不明显的主要原因。

丙午官制改革是清廷预备立宪迈出的第一步，却遭受了严重挫折。这对后来清廷的宪政改革和制定宪法影响深远。由于没有建立起适合宪政的配套制度，多米诺骨牌效应使得两年之后颁布的《钦定宪法大纲》只能在传统制度框架内以皇权为核心制定其文本，宣统三年制定的《大清宪法草案》也缺乏实际立宪体制的支撑；同年进行的第二轮官制改革也只能从头再来，甚至出现了遭人诟病的"皇族内阁"。

### 八　对考察日本宪法的评价

五大臣出洋考察政治是清廷立宪的开端。日本是考察的第一站，也是考察的重点国家。可以从积极和消极两个方面评价对日本的考察。从积极方面而言，对日本的考察为清廷立宪定下了基调。首先，通过伊藤博文等人的建议，考察大臣坚定了立宪的信心。考察大臣出国之前便有主张立宪的倾向，通过对日本宪法和宪政的考察，这种立宪的倾向得到了加强。回国之后，考察政治大臣更为积极地主张立宪。其次，对日本宪法内容和如何制宪有了初步认识，穗积的宪法讲座和伊藤博文的宪法问答以及编译宪法、宪政书籍，介绍了诸多制宪的技术性问题。最后，基本上确定以日本宪法和制宪过程为仿照对象进行预备立宪。伊藤博文直言不讳地建议中国仿照日本立宪。清廷最终也确定了"大权统于朝廷，庶政公诸舆论"的立宪总方针。

就消极方面而言，第一，清廷着手立宪之际，将日本作为考察第一站，容易产生"首因效应"，使考察团过度重视日本宪法和宪政。加之甲午战争之后对借鉴日本经验的推崇，使得日本的立宪经验甚至成为清廷立宪的唯一标准。对其他国家的考察，成为印证或强化仿照日本立宪正确性的过程。第二，对日本宪法和宪政的考察，窄化了清廷对立宪的认知。从日本政要和宪法学家的建议以及编译的日本宪法、宪政书籍来看，考察大臣的宪政观受到了明治官方宪法学的强烈影响。其实，五大臣赴日考察时明治宪政已运行近20年，各种宪政思潮和学说互相激荡，蔚为大观。强调君主主权的穗积宪法学说已受到以清水澄和美浓部达吉等倡导的天皇机关说的严重挑战，而后者是开启大正民主运动的主导宪法学说。① 换言之，考察政治大臣对日本宪法和宪政的考察并未反映明治后期日本宪法和宪政学说的全貌，仅是代表日本政府立场的部分。立宪之初，清廷便排除了英式立宪和美、法式立宪的可能性，从而与其他立宪派产生了较大的分歧。立宪原本是整合各种政治势力的过程，清廷却在立宪之初便与立宪派对立起来，为后来立宪派走向清廷的对立面埋下了隐患。

## 第二节　清廷对日本宪法的专项考察

光绪三十一年（1905）清廷派遣五大臣出洋考察政治，宪法和宪政只是其中的一个方面，加之时间仓促，难以全面详细考察。随着预备立宪的展开，如何推进立宪进程、如何制定宪法等问题日渐提上日程。清廷接受袁世凯等人的建议，向日本、德国和英国派遣定向考察宪政的大臣，对主要君主立宪制国家的宪政做深入考察。从人员派遣、考察内容和考察之后的人事安排上来看，日本是三个考察国的重点。本节专门就达寿和李家驹对日本的宪法的考察情况加以探讨。

### 一　考察团派遣

光绪三十二年（1906）清廷宣布预备立宪后，搞了一场虎头蛇尾的官制改革，按照三权分立的宪政模式改革的第一个环节遭到严重挫折，对日后宪政改革和宪法制定造成了负面影响。虽说如此，清廷并

---

① 天皇机关说是在《明治宪法》体制下产生的宪法学说，以国家法人说为理论基础，将统治权归于作为法人的国家，天皇仅作为国家的最高机构行使统治权。美浓部达吉等人主张该说，与穗积八束和上杉慎吉等主张天皇主权说的宪法学者相对立。

未停下预备立宪的脚步。进入 1907 年之后，清廷采取了更多的预备立宪举措：将光绪三十一年十月设立的考察政治馆更名为宪政编查馆，令其履行有关调查研究宪法、宪政事宜。八月十三日（9 月 20 日）筹设资政院，以溥伦、孙家鼐为总裁，并命民政部草拟自治章程。九月十三日（10 月 19 日），命令各省筹设咨议局。

清廷宣布预备立宪的一些举措也鼓舞了全国各地的立宪运动，预备立宪公会、宪政公会等地方立宪团体和政闻社等海外团体纷纷成立，积极宣扬立宪。这些宪政组织的成立，反过来也对清廷立宪起到监督和督促作用。袁世凯等官员适时地提出了推进立宪的新建议。光绪三十三年六月十九日（1907 年 7 月 28 日），直隶总督袁世凯奏请"赶紧实行预备立宪"，提出 10 条建议：昭大信、举人才、振国势、融满汉、行赏罚、明党派、建政府、设资政院、办地方自治、行普及教育。其中，涉及宪法和宪政体制的有如下几点："昭大信"，建议"亲诣太庙，昭告立宪"。1906 年清廷以上谕形式表达了仿行预备立宪的意向，袁世凯建议以更加郑重的形式表明清廷立宪的决心。"建政府"认为立宪国家的制度皆使国务大臣代任君主的责任，因而"请采内阁合议制度，或并军机政务处为一，以固国基"。袁世凯继端方和戴鸿慈等出洋考察政治大臣的奏折，再一次建议清廷建立责任内阁制度。"设资政院"建议循序渐进，由"设州县议事会，省咨议局递升于资政院"。①

袁世凯的奏折有一附片，奏请派大臣赴德日详细考察宪法，并派王公近支赴英德学习政治兵备。附片中首先强调中国应该向各国看齐，颁布宪法，但宪法因各国的情势不同而有所差异，中国制宪不能照搬照抄其他国家宪法。而宪法制定又非朝夕之功，需斟酌选择，因而有必要派遣专门考察宪法宪政的大臣。

袁世凯建议清廷派遣大臣专门定向考察宪法的想法或许受到了日本制宪之前派员出国定向考察宪法的启发。"日本预备立宪也，遣伊藤博文等周游欧美视察宪政，绵历九年，始宣布七十六条之宪法。"

---

① 《德宗实录》卷五七五，载《清实录》第 59 册，中华书局 1985 年版，第 614 页。

袁世凯认为制定宪法是很困难的事情，需假以时日，派人认真考察，以为将来制定宪法做准备。鉴于各国政体以德国、日本与中国相近，"拟请特简明达治体之大臣，分赴德、日两国，会同出使大臣专就宪法一门，详细调查，博访通人，详征故事，何者为入手之始，何者为收效之时，悬鉴照形，立杆取影，分别后先缓急，随时呈报政府核交资政院会议定夺"①。袁世凯的这一建议与1906年载泽等人出洋考察不同。载泽等人考察以政治为主，不是对宪法的专门考察，又规定了6个月左右的期限，因而难以对宪法做深入细致的了解，无法"洞见源流"。袁建议这次专门派遣大臣专心考察宪法，不必规定回国期限。

在袁世凯上书建议考察英日宪法的前后，世续和林绍年也奏请考察英国、日本宪法。他们盛赞"君主立宪政体，以英日两国为最完备，且深宜于中国情形"②，建议："请饬驻日英两国大臣，调查其从前预备办法，以闻藉资考镜慈宫认可，除面谕李京堂家驹外，复谕庆邸，转饬驻英李大臣考察奏闻。"③世续和林绍年关于考察办法的建议不同于袁世凯，不是专门派遣考察大臣，而是直接由驻英、驻日大臣完成。

这一时期，出洋考察政治大臣端方在奏折中建议迅速编纂帝国宪法和皇室典范，将清廷制定宪法提到了日程上来："宜俯从多数希望立宪之人心，以弭少数鼓动排满之乱党。拟请饬下廷臣，迅将我大清帝国宪法及皇室典范二大端，提议编纂，布告天下，必可永固皇基，常昭法守。"④尽管端方出于平息排满之说建议清廷制定宪法，其动机与立宪派不同，但作为一个曾经出洋考察政治的满族重臣，其建议自然会受到朝廷的重视。端方在奏折中也少不了对日本制宪的参照："明治二十二年，发布宪法敕语，大致谓本祖宗所授之大权，对于现

---

① 故宫博物院明清档案部编：《清末筹备立宪档案史料》上册，中华书局1979年版，第202页。
② 《振华五日大事记》1907年第23期。
③ 《振华五日大事记》1907年第23期。
④ 故宫博物院明清档案部编：《清末筹备立宪档案史料》上册，中华书局1979年版，第47页。

在及将来之臣民制定大宪，以示率由。子孙当循行不怠，臣民当永远从顺。"① 端方认为，中国没有宪法和皇室典范，因此"臣民无从研究，兹当举行立宪之初，固应原本典章，垂为模范，上以昭祖宗之家法，下以作万世之规型"②。

最终，清廷采纳了袁世凯在附片中的建议，除了向德日两国派遣考察大臣之外，考虑到英国是宪政发源地，也派遣人员考察。光绪三十三年八月二日（1907年9月9日），清廷命汪大燮、于式枚和达寿分别出使英国、德国和日本，考察其宪法和宪政。③ 这次宪法考察，与五大臣出洋考察宪法有很大区别。仅就达寿和李家驹对日本的考察而言，首先，从考察时间上来讲，达寿与五大臣在外国考察时间大致相同，均为半年左右。但需注意的是，五大臣考察十余国，大半时间花费在路途上，实际考察的时间非常有限。达寿只考察日本，而且主要集中于东京，时间相对充裕。李家驹接续达寿考察，持续到宣统元年秋季，二人日本考察时间合计一年半左右。其次，达寿和李家驹是对日本宪法、宪政的定向考察，而非泛泛的政治考察。因此，从时间和考察内容上来看，达寿和李家驹更为从容、细致。另外，这次考察计划性强，有系统性。这与五大臣的考察多出于临时安排有很大不同。

## 二 考察日本宪法的过程

清廷向日本、德国和英国派遣大臣定向考察宪法和宪政之举，旨在为制定宪法做充分准备，将预备立宪向前推进一步。因研究主题和史料所限，本节专就达寿、李家驹对考察日本宪法加以研究。④

---

① 故宫博物院明清档案部编：《清末筹备立宪档案史料》上册，中华书局1979年版，第46页。

② 故宫博物院明清档案部编：《清末筹备立宪档案史料》上册，中华书局1979年版，第46—47页。

③ 《大清德宗景皇帝实录》卷五七七，中华书局1987年版，第639—640页。

④ 熊达云对达寿、李家驹对日本的考察做了比较全面的研究。本处研究多得益于熊氏的研究成果。熊达云：《近代中国官民的日本视察》，成文堂1998年版。另外，孙宏云对达寿、李家驹在日本的考察情况也做了研究。孙宏云：《清末预备立宪中的外方因素：有贺长雄一脉》，《历史研究》2013年第5期。

光绪三十三年十一月初三日（1907年12月7日），学部右侍郎达寿带领书记官王鸿年、李景和、朱麟藻，随员李景圻、薛保之，书记积廉、秦家润，乘坐日本邮船公司的"相模"号汽船抵达日本，开始对日本宪法和宪政定向考察。

赴日之前，达寿做了必要的准备。首先，达寿责人与日本驻清国公使馆联系，委托其与日本政府沟通，安排接洽赴日考察事宜。日本驻清国临时代理公使阿部守太郎给予如下答复："为制定和实施宪法做准备而调查各国宪法状况，日本是最适合的国家。因为日本宪法是在详细比较各国宪法、参酌国情基础上制定并实施的最新宪法，尤其是因同文同种的关系，如宪法的称谓使用了贵国古代文字，调查日本宪法作为贵国立宪的准备，既容易又适宜。然而，制定宪法是至难之大业，并非仅凭一二年的视察、调查便可告成。幸而日本有不少精通各国宪法的学者，他们又具有制定日本宪法的经验。建议先制成调查事项目录，询问日本宪政学者，按顺序调查。而且，鉴于调查无法完全达到目的，建议向贵国推荐适合的我国学者。"① 在阿部看来，日本是清政府考察各国宪法最适合的国家，有同文同种等诸多便利。他还提出两点考察建议：制定调查事项目录按计划调查、清廷制宪时聘请日本学者充当顾问。

其次，达寿与宪政编查馆商定考察要目。达寿归国后的奏折里提及宪政编查馆所开要目一事："奉命出使日本国，考察宪政，遵依宪政编查馆所开要目，与日本子爵伊东巳代治商订，区分六类……"②

达寿到达日本后，向天皇递交了国书，请求伊藤博文和桂太郎首相为宪法研究提供方便。桂太郎与伊藤商量，委托子爵伊东巳代治处理此事。伊藤因出任朝鲜总督，无法抽身，但仍对此事颇为关心。伊东堪称伊藤的左膀右臂，早年跟随伊藤赴欧调查宪法，后来作为伊藤的秘书参与明治宪法的制定工作。伊东坚决维护天皇体制，被称为

---

① 外交史料馆藏在清国代理公使阿部守太郎致外务大臣林董报告（第94号），《憲法調査ノ為メ本邦ニ派遣セラルヘキ達委員ニ関スル件》，明治四十年十月二十六日。

② 《政治官报》光绪三十二年七月二十二日。

"帝国宪法的看护人"。可以说，这次接待虽然由伊东负责，但实际上与伊藤本人接待无异。

在伊东的安排之下，达寿等人一面参观日本近代设施，一面听取宪法、宪政相关讲座。① 这种边听讲边实地考察的形式也是达寿所希望的。刚到日本不久，达寿就表达了这一意向："余考察贵邦宪政，自以为方法有二：其一，广涉文书，然后接触实际之事实，以知理论与实际之调节。其二，亲赴各种官厅调查观摩。"② 讲座很有计划性，分为六类：日本国宪法历史、比较各国宪法、议院法、司法、行政、财政。讲座人均为日本著名政治家和法学家，"由日本大学法科学长穗积八束、法学博士有贺长雄、贵族院书记官长太田峰三郎分类讲论"③。伊东除负责日方的整体安排外，据其常年从事宪法相关工作的经验，编纂了一册立宪概况，达寿回国时将其带回。"予当我国制定宪法时，尝以考察事赴欧洲，其后役于此事，饱得经验。曾无过分之劳，已作就一概略书，急谋进行，且力求精审，以辅达寿……第一编脱稿，达寿携归。"④ 由此可知，为达寿讲座的既有参与明治宪法制定的官僚，又有明治宪法学权威。

五大臣在日本考察政治时，穗积八束曾做宪法演讲，并为驻留人员进行12讲宪法讲座。穗积给达寿等人的讲座，应该不会超出为五大臣讲授的范围，此处不再赘述。下面重点介绍达寿和李家驹听取的有贺长雄的宪政讲义。

日本国立国会图书馆藏有有贺长雄为达寿、李家驹讲解的讲义录，日文手写字体，笔迹不一，应为多人整理抄写，共60回（中缺第59回），每10回装订一册，共6册，名为《有贺长雄博士讲述宪政讲义》，未公开出版。后30回由李景和、曾彝进编译为《官制

---

① 熊达云整理了达寿、李家驹参观日本的近代设施。参见《近代中国官民的日本视察》，第141页。
② 土肥羊次郎编：《清国立宪问题》，有斐阁书房明治四十一年版，第10页。
③ 见莫御《中国新法制与有贺长雄》，《言治》1913年第5期。
④ ［日］伊东巳代治：《伊东巳代治氏谈》，《国民新闻》明治四十三年十月四日。转引自莫御《中国新法制与有贺长雄》，《言治》1913年第5期。

篇》，公开出版。① 有贺长雄的讲座可分为两个阶段，前 30 回是达寿听讲阶段，后 30 回是其后任李家驹听讲阶段。"达寿氏自四十一年二月至五月，听讲者约五阅月。其年六月，驻日清国公使李家驹代之，其听讲起十一月八日，终翌年七月九日。"② 达寿原定考察时间为一年，但在其开始考察不久，清廷为接待达赖喇嘛入京，任命其为理藩部左侍郎，归国主事，由李家驹接续考察。"命考查宪政大臣达寿，回京供职，以出使日本国大臣李家驹，充考查宪政大臣。"③ 该命令于光绪三十四年二月二十一日（1908 年 3 月 23 日）下达，但达寿并未立即回国，向清廷请求将重要事项考察完再回国，得到清廷批准。达寿最终于 5 月末回国，考察时间实际为半年左右。达寿基本上完成了 6 项考察任务中的前两项，其他项目由李家驹接续考察。④ 1909 年秋季，李家驹考察完所有项目之后归国（见表 2 - 4）。

表 2 - 4　　　　　　　《有贺长雄博士讲述宪政讲义》目录⑤

| 回数 | 时间 | 目录 |
| --- | --- | --- |
| 1 | 1908 年 2 月 4 日 | 维新前后国情要领 |
| 2 | 2 月 9 日 | 维新后政府组织概要及五条御誓文 |
| 3 | 2 月 11 日 | 藩籍奉还、废藩置县及元老院开设 |
| 4 | 2 月 16 日 | 地方官会议开设、地方议会开设、政党兴起、民选议院开设之舆论、关于言论、集会、政社之管理法 |
| 5 | 2 月 18 日 | 宪法制定之准备、明治十八年改革、行政各部之组织整顿、宪法制定方法、宪法发布仪式 |

---

① 李景和、曾彝进录：《官制篇》，载沈云龙主编《近代中国史料丛刊》第 65 辑。孙宏云研究了《官制篇》与《讲义录》后 30 回的对应关系。
② 莫御：《中国新法制与有贺长雄》，《言治》1913 年第 5 期。
③ 《大清德宗景皇帝实录》卷五八七，中华书局 1987 年版。
④ 据有贺长雄《宪政讲义》第 31 回开篇所记，达寿应该在回国之前听取了太田峰三郎关于议院法的讲座。
⑤ 本表制作参考了熊达云和韩大元所制表格。熊达云：《近代中国官民的日本视察》，成文堂 1998 年版，第 142—150 页。韩大元：《论日本明治宪法对〈钦定宪法大纲〉的影响——为〈钦定宪法大纲〉颁布 100 周年而作》，《政法论坛》2009 年第 3 期。

续表

| 回数 | 时间 | 目录 |
|---|---|---|
| 6 | 2月23日 | 宪法施行之准备、宪法施行及当时之情况 |
| 7 | 2月25日 | 与欧洲立宪诸国宪法之比较概要（1） |
| 8 | 3月1日 | ……比较概要（2） |
| 9 | 3月3日 | ……比较概要（3） |
| 10 | 3月8日 | ……比较概要（4） |
| 11 | 3月10日 | ……比较概要（5）日本立宪由来与他国立宪由来之差异及其结果（01）关于宪法解释法之差异 |
| 12 | 3月15日 | ……比较概要（6）……差异及其结果（02）皇位及皇室之差异 |
| 13 | 3月21日 | ……比较概要（7）……差异及其结果（02）皇位及皇室之差异（承前） |
| 14 | 3月29日 | ……比较概要（8）……差异及其结果（02）皇位及皇室之差异（承前） |
| 15 | 3月31日 | ……比较概要（9）……差异及其结果（03）天皇大权及发令方式之差异 |
| 16 | 4月5日 | ……比较概要（10）……差异及其结果（03）天皇大权及发令方式之差异（承前） |
| 17 | 4月7日 | ……比较概要（11）……差异及其结果（04）政府之差异 |
| 18 | 4月12日 | ……比较概要（12）……差异及其结果（04）政府之差异（承前） |
| 19 | 4月14日 | ……比较概要（13）……差异及其结果（04）关于政府之差异（承前） |
| 20 | 4月16日 | ……比较概要（14）……差异及其结果（05）大臣责任之差异 |
| 21 | 4月21日 | ……比较概要（15）……差异及其结果（05）大臣责任之差异（承前） |
| 22 | 4月28日 | ……比较概要（16）……差异及其结果（05）大臣责任之差异（承前） |
| 23 | 5月5日 | ……比较概要（17）……差异及其结果（06）关于议会之差异 |

续表

| 回数 | 时间 | 目录 |
| --- | --- | --- |
| 24 | 5月10日 | ……比较概要（18）……差异及其结果（06）议会之差异（承前） |
| 25 | 5月12日 | ……比较概要（19）……差异及其结果（06）议会之差异（承前） |
| 26 | 5月17日 | ……比较概要（20）……差异及其结果（06）议会之差异（承前）（07）关于预算之差异 |
| 27 | 5月19日 | ……比较概要（21）……差异及其结果（07）预算之差异（承前） |
| 28 | 5月24日 | ……比较概要（22）……差异及其结果（08）国家、军队关系之差异 |
| 29 | 5月26日 | ……比较概要（23）……差异及其结果（09）臣民权利义务之差异 |
| 30 | 5月31日 | ……比较概要（24）……差异及其结果（10）强制权及非常权之差异 |
| 31 | 11月8日 | 讲义顺序协议（协商讲义顺序） |
| 32 | 11月13日 | 官制（1）官制的立宪原则 |
| 33 | 11月22日 | 官制（2）内阁官制 |
| 34 | 11月29日 | 官制（3）内阁官制续 |
| 35 | 12月6日 | 摄政问题问答 |
| 36 | 12月13日 | 官制（4）清国官制草案批评 |
| 37 | 12月21日 | 官制（4）清国官制草案批评续 |
| 38 | 1909年1月10日 | 官制（5）外官、地方官官制 |
| 39 | 1月17日 | 官制（5）地方官制 |
| 40 | 1月24日 | 官制（5）省（相当于中央政府各部。——笔者注）的法律命令 |
| 41 | 1月31日 | 官制（5）中央政府会计和地方政府会计之间的关系 |
| 42 | 2月7日 | 官制（5）中央政府会计和地方政府会计之间的关系续 |
| 43 | 2月14日 | 官制（5）中央政府会计和地方政府会计之间的关系续 |
| 44 | 2月21日 | 官制（6）自治制度 |
| 45 | 2月28日 | 官制（6）自治制度续 |

续表

| 回数 | 时间 | 目录 |
|---|---|---|
| 46 | 3月7日 | 官制（6）自治制度续，上级自治体 |
| 47 | 3月14日 | 官制（7）官吏 |
| 48 | 3月21日 | 官制（7）官吏续 |
| 49 | 3月28日 | 官吏（应为前讲的继续。——笔者注） |
| 50 | 4月11日 | 枢密院 |
| 51 | 4月18日 | 大权施行形式 |
| 52 | 5月2日 | 大权施行形式续 |
| 53 | 5月9日 | 大权施行形式续（军令） |
| 54 | 5月16日 | 非常处分 |
| 55 | 5月23日 | 戒严 |
| 56 | 5月30日 | 皇帝令 |
| 57 | 6月18日 | 皇室制度续 |
| 58 | 6月21日 | 皇室财产及财政 |
| 59 | | （缺失。——笔者注） |
| 60 | 7月9日 | 天皇直管事务与清国皇室问题 |

资料来源：［日］有贺长雄：《有贺长雄博士讲述宪政讲义》，日本国立国会图书馆藏：《伊東巳代治関係文書》，マイクロフィルム，リール33、34、35，北泉社1995年版。

有贺长雄的讲义时间跨度达一年半之久，包括如下主题：第一，《明治宪法》制定、颁布过程（第1—6回）；第二，《明治宪法》与欧洲立宪诸国宪法比较概要（第7—30回）；第三，官制（第31—49回）；第四，大权的施行及皇室相关制度等（第50—60回）。其中，前30讲与达寿和伊东商定的6类讲授项目的前两项（日本国宪法历史、比较各国宪法）相对应；"官制"或许是6类中的第5项（行政）。

本研究无法介绍《宪政讲义》的全部内容，仅就讲义中制定宪法部分和有贺对中国制定宪法的建议加以探讨。制定宪法部分集中在为达寿做的30回讲义之中。有贺长雄首先介绍了宪法制定的背景和环境；随后讲解了《明治宪法》制定的具体过程，包括制定的准备、制定方法、宪法发布和实施宪法等；最后花了 24 讲的时间将明治立宪与欧美立宪国家立宪进行比较，分析差异和结果，包括九方面内容：皇位及皇室、天皇大权及发令方式、政府、大臣责任、议会、预算、国家和军队的关系、臣民权利及义务、强制权及非常权。从时间分配上来看，比较部分占用大量时间。有贺长雄如此注重比较的用意是什么？在第 7 回讲座的开篇解释了三点目的：

> （一）宪法原本因国家之不同而各异，查其沿革，有相互关联之处，经由一定顺序发展至今。因而为了解日本宪法，有必要了解宪法一般发展过程。（二）为了解各国因国体不同而导致宪法各不相同，有必要做比较研究。（三）为了解适合清国国体的宪法应参考何国宪法制定，有必要进行比较研究。①

有贺长雄希望通过比较，让达寿了解明治立宪过程与其他国家立宪过程在国情和国体等方面的差异，最终希望达寿找出中国制定宪法应该参考的国家。当然，比较部分占用大部分时间也与比较宪法为一专门学科，内容庞杂，其讲授本身需要大量时间有关。有贺认为如果大学开设比较宪法课程，讲授需要两三年时间。给达寿的讲座，看来已最大限度地简化了。

《宪政讲义》的后 30 讲围绕官制展开，也有涉及制定宪法之处。如第 35 回，是关于摄政方面的问答。讲座当时，光绪皇帝和慈禧太后已去世，新帝溥仪年幼，其父载沣摄政。摄政成为中国皇权政治的实态，而且有可能持续十余年。摄政在宪法中处于何种地位？大权范围如何？是否担负责任？这些是制定宪法时无法回避的现实问题。李家驹就这些问题提问，有贺长雄一一予以回答。1911 年，清廷起草《大清宪法草案》之际，十分重视摄政的规定，将其单独设置一章。这与《明治宪法》和《普鲁士宪法》中只将摄政内容作为某章的条文是完全不同的。不知这种处理方式是否来自有贺长雄的

---

① 有贺长雄：《有贺长雄博士宪政讲义》，第 7 回，日本国立国会图书馆藏。

建议。① 另外，第50—60回讲义中关于枢密院、大权施行的形式、皇室制度也与宪法制定密切相关。

有贺长雄的讲义有一定特色，熊达云总结为如下几点：第一，具有系统性。如前所述，讲授之前制订讲义计划，分类讲座等。第二，应中国立宪和国情的实际需要，临时改变讲义内容。如第35回临时增加关于摄政王的讲义。第三，讲义没有采取单向灌输的方式，而是采取启发式教学，经常有讲师和听讲人之间的互动。第四，讲义受到日本政府高层的重视。② 笔者认为，除了以上四点之外，还有如下特色：第一，讲义虽然以日本宪法和宪政为主，但始终关照清王朝立宪的实际需要。比如，前述第7回讲述日本与欧美国家宪法比较时，其中的一个目的是为清朝制定宪法提供参考。另外，第36讲中，有贺选用光绪三十二年（1906）制定并公布的《预备立宪京内官制全案》为例，与李家驹逐项评论。第二，讲授过程中，有贺长雄除讲授日本宪法、宪政方面的知识，还对清政府提出不少建议，主要内容如下：③

第一，中国不可急于发布宪法，之前应做好充分准备。有贺长雄以日本宪法制定前所做的各项准备为例，主张渐进立宪："予在以上讲义中已明确一重要问题，大凡立宪政体，决不可急于树立，一旦过急，将如俄国波斯，导致国家发生混乱。因此需渐渐训练官民头脑，之后方可发布宪法。"④ 其具体建议是先进行官制改革，统一行政，设立责任内阁。⑤ 其中，内阁不应该是英国、法国之类受约束的议会制内阁，而应该是日本和奥地利之类可以控制议会的君主制内阁。⑥

第二，宪法钦定，强化皇权，加强皇帝的命令权。有贺长雄认

---

① 北鬼三郎的《大清宪法案》单独设置摄政一章，或许北鬼的处理方式对《钦定宪法草案》的影响更大。参见第四章第一节。
② 熊達雲：《近代中国官民の日本視察》，成文堂1998年版，第142—150页。
③ 熊達雲：《近代中国官民の日本視察》，成文堂1998年版，第167—175页。
④ 有贺长雄：《有贺长雄博士宪政讲义》，第2回，日本国立国会图书馆藏。
⑤ 有贺长雄：《有贺长雄博士宪政讲义》，第5回，日本国立国会图书馆藏。
⑥ 有贺长雄：《有贺长雄博士宪政讲义》，第34回，日本国立国会图书馆藏。另见李景和、曾彝进录《官制篇》，沈云龙主编《近代中国史料丛刊》第65辑，文海出版社1971年版，第12—13页。

为，日本天皇不但享有《明治宪法》规定的大权，而且未经宪法明文规定的权力也属于天皇，因为宪法并非由天皇和臣民协定，而是纯粹钦定，天皇是所有权力的来源。作此说明后，有贺提醒达寿："中国最应注意此点，新制定宪法之际，除宪法上规定大权之外，应避免招致君主大权不在之误解。"① 有贺进一步建议通过加强皇帝的命令权来扩大皇权范围，在援引普鲁士学者古奈斯特和奥地利学者斯坦因的学说，否定三权分立理论之后，强调法律仅为君主命令的一部分，与其他命令的区别仅在于法律需得到议会的"协赞"。最终有贺建议："中国制定宪法之际，有必要首先扩大命令权范围，之所以如此，是因为一旦以法律规定之事，如不以法律行之，则难以改正，且修改法律并非易事。"②

第三，严加限定议员选举资格，由政府操控议会。有贺建议，为防止平民主导议会，议员选举资格需严加限制："中国建立议院制度，有必要规定选举资格，其一为有孔孟之学问之人，如秀才以上者。"③ 鉴于西方国家政府和议会之间互相牵制，有贺建议中国克服政府和议会的对立，像日本政府一样操纵议会。④

第四，皇室与国家分离。其办法有二，一是使皇室典范和皇室令具有与宪法同等的权威："让人民知晓皇室典范与宪法同为国家公然之法。"这一办法需遵照如下两条原则：首先，"凡关于皇族身份权利之事，依照皇室规则；关于人民权利之事，依照民法；皇族与人民交涉之事件，依照皇室规则而不依民法之规定"。其次，"普通法律命令有利于皇族利益者，适用于皇族，不利者则依照皇室典范及皇室规则。"⑤ 二是在国家和皇室之间设立中介性机构——枢密院，以协调国家和皇室之间的关系。⑥

---

① 有贺长雄：《有贺长雄博士宪政讲义》，第10回，日本国立国会图书馆藏。
② 有贺长雄：《有贺长雄博士宪政讲义》，第16回，日本国立国会图书馆藏。
③ 有贺长雄：《有贺长雄博士宪政讲义》，第24回，日本国立国会图书馆藏。
④ 有贺长雄：《有贺长雄博士宪政讲义》，第21回，日本国立国会图书馆藏。
⑤ 有贺长雄：《有贺长雄博士宪政讲义》，第12回，日本国立国会图书馆藏。
⑥ 有贺长雄：《有贺长雄博士宪政讲义》，第50回，日本国立国会图书馆藏。

第五，军队由君主统率。有贺认为："中国文武关系异于他国，颇为复杂……未制定宪法之际，最为重大之问题，须特加注意研究。"具体建议是"国家事务与统率事务互相独立，为调和二者关系，使其首领合一"①。国家事务和统率事务的首领应为君主，君主一方面要作为国家元首掌控军队行政事务，另一方面作为军队大元帅统率军队，以此保持国家事务和统率事务之间的平衡。可见，有贺建议让君主牢牢地将军权掌控在自己手中，而排除了议会和政府对军队事务的干涉。

第六，秘密制定宪法。有贺对如何保密予以指导："至其（宪法。——笔者注）发布之日，一切秘密为之，为不使任何人知晓之故。……用于缮写草案、誊抄议事笔记之书记及枢密院之下属，有必要严加限制，注意选择最少且最有信用者。"②有贺长雄建议清廷秘密制宪，可能是伊东巳代治嘱托的结果。在第6回讲义中，有贺长雄谈道：

> 前几日面会伊东子爵之际，命我特向达大臣转达，中国编纂宪法时，最要者为保守秘密。然（贵国）不仅向日本，又向英、德派遣宪政考察大臣，从事编纂之人定将不在少数，因而保守秘密尤为困难。此事今后宜加注意。……另，伊东子爵称，从事宪法编纂者，对各种问题难以悉数达成一致，每人各持己见，缺乏一致，此事在所难免。日本宪法起草者虽仅为二三人，但各种意见仍互不相容，至宪法发布亦未达成一致。因而，此事于发布前与发布后，若为世人所知，将使民间议论纷纷，妨碍宪法之信用及其实施。故编纂中发生种种议论，应一切保密。此事与宪法条文至发布之日为止保密同等重要。此为伊东子爵经验之谈，故请充分注意。③

第七，宪法公布之后，编纂解释宪法的权威性著作，以统一国民

---

① 有贺长雄：《有贺长雄博士宪政讲义》，第28回，日本国立国会图书馆藏。
② 有贺长雄：《有贺长雄博士宪政讲义》，第10回，日本国立国会图书馆藏。
③ 有贺长雄：《有贺长雄博士宪政讲义》，第6回，日本国立国会图书馆藏。

对于宪法的认识。有贺认为伊藤博文的《宪法义解》起到了纠正国民中存在国体和政体混乱认识的作用。①

有贺长雄对中国制定宪法提出的建议,多为达寿等人所吸收。从达寿和李家驹向清廷提出的建议中可看出有贺长雄的影响。下文探讨这一问题。

### 三 达寿、李家驹日本考察成果与对清廷的建议

达寿和李家驹考察日本宪政,从其对有贺长雄的感谢信中,可以看出收获不小。达寿奉调回国和李家驹结束考察之际,分别致书有贺,对有贺的讲座予以高度评价,表达感谢之余又谈及听讲的收获。达寿在书信中称:

> 与讨论宪政者,五阅月,凡宪政之大端,与其利害得失之所在,知无不言,言无不尽,剖晰学理,比较事实,侃侃而谈,如指诸掌。斗室对坐,快聆伟伦,如亲游欧美,睹其政俗。非博士之热心能若是乎!②

李家驹于宣统元年七月致书留别:

> 博士于欧儒学术,穿穴靡遗,且于我国历史制度语焉能详,故每下一议,论列得失,輙中窾要,有倜傥指挥之概。呜呼!既先后笔录所闻以献于朝,是于宪政前途裨助良民,博士不朽之伟业,必与我国立宪史同垂无穷!③

编译书籍,供清廷参考是此次考察的一项重大成果。达寿和李家驹回国前后,将听讲的讲义和收集的其他资料加以整理,编辑成书,

---

① 熊达云:《近代中国官民的日本视察》,成文堂1998年版,第168页。
② 莫御:《中国新法制与有贺长雄》,《言治》1913年第5期。
③ 莫御:《中国新法制与有贺长雄》,《言治》1913年第5期。

进呈清廷。达寿编辑并进呈 5 种 15 册宪法相关书籍。李家驹归国之后，编辑 26 册日本官制、自治、行政裁判法、租税制度、会计制度、司法制度、皇室制度和诏敕类书籍。李景和、曾彝进根据有贺长雄《宪政讲义》编译的《官制篇》也应视为李家驹总编的书目。总体来看，达寿编辑的书籍与制定宪法关系更为密切，李家驹编辑的书籍多与官制（行政）相关，多为保障宪法施行方面的书籍（见表 2－5）。

表 2－5　　　　　　　　　达寿、李家驹编译书籍①

| 负责人 | 种别 | 书名 | 册数 | 年份 |
| --- | --- | --- | --- | --- |
| 达寿 | 一 | 《日本宪政史》（卷上、卷下、附录） | 3 | 1908 |
| | 二 | 《欧美各国宪政史略》 | 1 | |
| | 三 | 《日本宪法论》（卷上、卷中、卷下） | 4 | |
| | | 《日本宪法参考》 | | |
| | 四 | 《比较宪法》（卷一、卷二、卷三、卷四、卷五） | 5 | |
| | 五 | 《议院说明书》（卷上、卷下） | 2 | |
| 李家驹 | | 《日本官制通释》 | 1 | 1909 |
| | | 《日本官制篇》 | 2 | |
| | | 《中国内阁官制草案平议》 | 1 | |
| | | 《日本自治制通释》 | 1 | |
| | | 《日本官规通释》 | 1 | |
| | | 《日本行政裁判法通释》 | 1 | |
| | | 《日本租税制度考》 | 10 | 1911 |
| | | 《日本会计制度考》 | 4 | |
| | | 《日本司法制度考》 | 2 | |
| | | 《日本皇室制度考》 | 1 | 1909 |
| | | 《诏敕篇》 | 1 | |
| 李景和、曾彝进 | | 《官制篇》（据有贺长雄《日本宪政讲义》后30 回编译） | 1 | 1911 |

资料来源：《政治官报》光绪三十四年七月二十二日，第 291 号；《内阁官报》宣统元年八月九日，第 684 号，宣统二年十二月二十五日，第 1167 号。《筹备立宪档案史料》，中华书局 1979 年版，第 523—524 页。

---

① 本表整理参考了熊达云《近代中国官民的日本视察》，成文堂 1998 年版，第 187 页。

除了编译书籍之外，归国后的达寿还向清廷上奏了几份奏折（见表2-6）：

表2-6　　　　　　达寿、李家驹考察日本宪政奏折

| 上奏者 | 题名 | 上奏时间 |
| --- | --- | --- |
| 达寿 | 《宪政重要谨就考察事件择要进呈折并单》 | 光绪三十四年七月 |
| | 《考察日本宪政情形具陈管见折》 | 光绪三十四年七月 |
| | 《国会年限无妨预定折》 | 光绪三十四年七月 |
| 李家驹 | 《为考察日本立宪官制录缮成书敬陈管见等事》 | 宣统元年四月 |
| | 《为考察日本司法制度编缮成书进呈御览事》 | 宣统元年四月 |
| | 《考察日本官制情形请速厘定内外官制折》 | 宣统元年五月 |
| | 《为考察日本诏敕制度编制篇册进呈拟请饬下宪政编查馆上考大清会典厘定发布事》 | 宣统元年八月 |
| | 《为考察日本皇室制度择要编录进呈御览事》 | 宣统元年七月 |
| | 《为考察日本财政编译成书敬陈管见事》 | 宣统二年十二月 |
| | 《为密陈谋求皇室财政独立维护皇室尊严事》 | 宣统二年十二月 |

资料来源：《政治官报》光绪三十四年七月二十二日，第291号；七月二十三日，第292号；七月二十四日，第293号；《清末筹备立宪档案史料》上册，第523页。第一历史档案馆，录副奏折，档号：03-7472-009，缩微号：555-1590；档号：03-7472-010，缩微号：555-1615；档号：03-7472-011，缩微号：555-1627；档号：03-7472-012，缩微号：555-1632；档号：03-9445-021，缩微号：674-3212；档号：03-9299-030，缩微号：667-2971。

这些奏折既反映了达寿和李家驹在日本的考察情况，又可看出他们对清廷的建议受日本影响之大。本小节仅就达寿《考察日本宪政情形具陈管见折》探讨其对清廷制宪的建议。

达寿进言，有两件事应当即立断："一曰政体之急于立宪也，一曰宪法之亟当钦定也。"① 这两点是达寿对日本宪法和宪政考察的最大收获。清廷之后制定《钦定宪法大纲》和纂拟《钦定宪法草案》，牢牢地抓住宪法钦定，不肯让任何机构和组织与其争夺制宪权。之所

---

① 故宫博物院明清档案部编：《清末筹备立宪档案史料》上册，中华书局1979年版，第25页。

以要政体立宪和宪法钦定,达寿在奏折中说明了理由:"政体取于立宪,则国本固而皇室安。宪法由于钦定,则国体存而主权固。"这样做便可"有百利而无一害"。

清廷最担心的是立宪之后君权下移,一些保守的御史和官僚也以立宪架空君权为由反对立宪。达寿在奏折中通过区分国体和政体两个概念来说明立宪不会导致君权旁落。达寿认为政体与国体不同,国体是"国家统治之权,或在君主之手,或在人民之手",统治权掌握在君主手中的称为君主国体,掌握在人民手中的称为民主国体。而政体只有立宪和专制的区分。国体由历史习惯所定,比较稳固;政体却以时势为转移,不够稳定。达寿以日本为例,对政体和国体的区别加以解释:"例如日本,君主国体也,一姓相传,已历千载,而维新之明治,虽尽变其历古相承之制度,究之大权总揽,仍在天皇,故政体虽尽其翻变之奇,而国体实未有毫发之损。"比之日本,中国也有数千年的君主国体,"国体既为君主,则无论其政体为专制,为立宪,而大权在上,皆无旁落之忧"。

达寿试图通过区分政体与国体来说明立宪之后君权不会旁落,但实际上这种说明说服力很有限,仍然难以打消慈禧太后和保守派官僚的顾虑。"国体"虽然确定了统治权归属君主,但"政体"并未言明君主掌握权力的实际行使方式。而保守派最担心的不是统治权掌握在谁的手中,在其眼中,统治权归属于君主是天经地义的,他们最关心的是皇权实际上是由谁来行使。

达寿比较了西方和日本立宪的大致情形,认为西方立宪多由人民所请,导致流血牺牲,君主被迫让步。日本则不同,"上下同心,君臣一体……于是御前会议,乾断独裁,缩短发布宪法之期,亟定开设国会之限……乃于明治二十二年布宪法,二十三年开国会焉"。日本立宪的效果也非常明显,"一战而胜,再战而胜,名誉隆于全球,位次跻于头等,非小国能胜于大国,实立宪能战胜于专制也"[①]。

---

[①] 故宫博物院明清档案部编:《清末筹备立宪档案史料》上册,中华书局1979年版,第29页。

立宪有何好处，又为何要立即立宪，是达寿重点强调的内容。他延续了五大臣奏折的思路：第一，"立宪可以固国体"。为何立宪可以巩固国家之根本？达寿认为当今国际社会是竞争的社会，国家之间的竞争不是往昔国君与国君之间的竞争，而是国民之间的竞争。国民的竞争力表现在战斗的竞争力、财富的竞争力和文化的竞争力三方面。立宪政体，可以增强国民的竞争力，国民的竞争力增强了，便可以在国际竞争之中立于不败之地。列举了普鲁士和奥地利通过立宪使国力增强之后，达寿拿日本现身说法，指出日本在明治维新之后不久也并非乐于立宪，但"外有国际竞争之剧烈，知非立宪而谋国民之发达，则不足以图存，盖大势所趋，终难久抗，只因其见机之早，故不必如欧洲列国之革命流血，竟告成功"①。他认为中国即使现在立宪，距离日本立宪也已经相隔20年。这20年来，世界政局变动不居，东亚大陆又受到国际社会关注，即使中国立即实行宪政，比日本也晚了20年，而中国所面临的时局又远远比日本立宪时危急。达寿表达了急切的立宪之情，敦促清廷早日立宪，认为现在为时已晚，千万不要再拖延下去。

第二，立宪可使皇室安定。鉴于"专制之国，其皇室每与国家相牵连，故往往国家有变，其影响必及皇室"。达寿借鉴日本经验，建议将皇室事务和国家事务分离开来。"日本从前亦复如是。观其《大宝令》之所载，可以知矣。自维新以后，大改制度，凡于人民发达有直接关系之事，则移诸国家，而于天皇有直接关系之事，则归诸皇室。皇室、国家之划分，纯以责任为标准。有责任者，天皇使国务大臣负之，无责任者，则命宫内大臣任之。"这样一来，君主只能实行"间接政治"，即"依据宪法以组织施行之机关，由此机关间接以行政治也"。② 如果施行间接政治，难道不会出现君主权力被架空，大臣私弄权柄的情况？达寿以商人经营公司与其家政相分离的例子作

---

① 故宫博物院明清档案部编：《清末筹备立宪档案史料》上册，中华书局1979年版，第31页。

② 故宫博物院明清档案部编：《清末筹备立宪档案史料》上册，中华书局1979年版，第32页。

比，认为：

> 君主对于皇室所处之事务，亦犹商人对于家室所处之事务。君主对于国家所处之事务，亦犹商人对于公司所处之事务。商人经营公司，可以居理事长之地位。君主创业垂统，自当总揽之大权，皇室则愈见安全，权力固未尝减少。[1]

宪法规定的三权分立制度会不会影响皇权？达寿必须对这一敏感问题予以解释。他总体上否定三权分立制度的合理性，认为孟德斯鸠的理论有弊端。其理由是"夫所贵乎国家者，以有统治之权力也。统治权系唯一不可分之权，若其可分，则国家亦分裂矣"。在国家权力的实际运营过程中，除了美国之外，其他国家均对三权分立制度有所变更。他以日本为例，认为司法、立法和行政权的独立不会减少君权。他认为日本司法审判依据的法律由君主所定，审判官也以君主的名义执行法律，所以审判官直接隶属于天皇，不受其他机关节制，因此称为司法独立。这不是说裁判所（法院）另有法律，天皇也不得干涉。

至于行使立法权的议会，达寿认为议会"不过有协赞立法之权耳"[2]，而裁决的权力是属于天皇的大权。关系重大的法律，政府还可以用各种办法操纵议员，使其通过，而且政府还有命令议会解散或停会的权力。议会提出法案议决之后，天皇也可以让内阁审议，内阁如果以为有碍于政府的施政方针，可以不奏请天皇裁可。于是，议会的提案未经裁可便无法成为法律。因而，立法的独立也没有减少君权。

关于掌握行政权力的内阁，一般认为它是完全隶属于天皇的施政机关，表面上看内阁大臣事事应该负责，权力好像大于天皇，但达寿

---

[1] 故宫博物院明清档案部编：《清末筹备立宪档案史料》上册，中华书局1979年版，第32页。

[2] 故宫博物院明清档案部编：《清末筹备立宪档案史料》上册，中华书局1979年版，第33页。

认为实际上并非如此。他认为日本宪法所规定的国务大臣负责任，不是对议会负责，而是对天皇负责任，天皇有任命大臣更迭内阁的权力。

关于皇室和国家的事务应该如何区分，达寿认为也完全由天皇自己判别。天皇对于皇室之事，可以自由处置；而对于国家之事，只要不违背宪法的条款，均可命令内阁行之。内阁大臣对于国家重大事务，要一一奏请天皇之后才能施行。所以，行政也没有减少君主的权力。

仔细分析达寿对立法、行政和司法权之间关系的理解，他没有涉及三权之间互相制衡以达到防止权力滥用之目的的内容，而是完全围绕三权如何不影响皇权展开讨论。达寿在日本考察宪法时，尽管听讲的内容包括穗积八束等人讲解的各国宪法史，对其他国家的三权之间关系有所了解，但他却从维护皇权的角度理解三权之间的关系，皇权仍然是达寿主张立宪时首要考虑的内容。比照伊藤博文的《帝国宪法义解》和穗积八束的讲义，达寿对宪法和宪政的态度没有超出二者的范围。与载泽等人对日本政治考察相比，达寿的考察显然有更充分的时间在细节上下功夫，但是，从宪法制定的理念上来讲，达寿的主张是载泽等人立宪思路的延续，几乎没有突破。

与载泽等人对日本的考察不同的是，达寿考察归国后明确建议宪法钦定，即由皇帝独揽宪法制定的权力。他认为宪法中最重要的有君主、臣民、政府、议会和军队五项内容，如果宪法钦定，通过这五项内容便可以保存国体，巩固主权。达寿首先介绍了宪法制定的三种形式：钦定、协定和民定，钦定即宪法出于君主亲裁，协定即宪法由君民共议，民定即宪法由人民制定，君主有遵守的义务。之所以有三种形式，是由于各国历史不同：

> 大抵君主国体未经改革，或改革未成之国家，其宪法仍由钦定，如日本与俄是也。已经改革，或经小变乱，而未变其君主国体之国家，其宪法多由协定，如英、普、奥是也。既经改革，而又尽变其君主国体，或脱离羁绊，宣告独立之国家，其宪法多由

民定，如法如美如比是也。①

达寿接着认为，既然宪法的制定形式有三种，那么政治运行的实际情况也不尽相同，即学者所说的"大权政治、议院政治和分权政治"。就大权政治而论：

> 大权政治者，谓以君主为权力之中心，故其机关虽分为三，而其大权则统于一。其对内阁也，得以一己之信任之厚薄，自由进退其大臣。其对于议会也，则君主自为立法之主体，而议会不过有参与之权，议会虽有参与之权，而君主实仍操纵裁可之柄。其对于裁判所也，其裁判权虽寄于裁判所，而大赦、特赦、减刑、复权之事，仍属天皇之自由。此大权政治之大概也。②

载泽等人考察时对"大权"一词含义没有深究，用法也不一致，有时指统治权，有时指行政权，而且对大权政治如何行使也没有明确说明。达寿则不同，不但将"大权"确定为君主行使的不可分割的统治权，而且对其如何行使，即大权与立法、行政和司法权的关系做了规定。介绍完大权政治之后，达寿又介绍了议会政治和分权政治。达寿虽然认为这三种政治不能妄加议论其短长，但如果从维持国体的角度，显然"以大权为最善"，其倾向性非常明显。如果行大权政治，则必须钦定宪法。达寿围绕日本与其他国家的对比，从君主、臣民、政府、议会和军队五方面说明宪法钦定的理由。这种说明实际上也是如何制定宪法的问题。

第一，关于君主的权力，达寿认为宪法钦定便可以在宪法中详细列举君主大权，免于将来君权受到质疑，也不至于开设国会时受到法律的限制。这是日本制定宪法时采用的方式："惟日本宪法由于钦定，

---

① 故宫博物院明清档案部编：《清末筹备立宪档案史料》上册，中华书局1979年版，第34页。

② 故宫博物院明清档案部编：《清末筹备立宪档案史料》上册，中华书局1979年版，第34页。

开章明义,首于天皇,而特权大权,又多列记。匪特列记已也,即其未经列记之事,亦为天皇固有之权。"① 之后,达寿列举了日本宪法规定的天皇大权,建议清廷制宪时采用君权详细列举的形式。1908年制定的《钦定宪法大纲》共23条,其中17条列举了君主的权力。达寿关于制宪时在宪法文本中列举君主大权的建议被采纳。《钦定宪法大纲》中如此详细地列举君主的权力,与"大纲"的提纲挈领并不相符。《钦定宪法大纲》称作"钦定君权大纲"或许更加贴切。

第二,关于臣民的权利在宪法中如何规定,也是制宪前要重点研究的问题,毕竟各国宪法中均规定了臣民的权利。达寿在奏折中给清廷吃了一颗定心丸,认为不必视臣民的权利为洪水猛兽,因为"日本宪法,其揭载臣民权利自由者,莫不限之以法律……据此而言,则臣民权利自由,实不过徒饰宪法上之外观,聊备体裁,以慰民望已耳。"达寿建议,中国制定宪法规定臣民的权利,不必尽如日本,但一定要操纵权利自由条款的制定,"必使出于上之赐与,万不可待臣民之要求"。《钦定宪法大纲》最终以附录的形式列举了臣民的权利义务,而且强调臣民应尽的义务,这与达寿在奏折中的建议或许不无关系。在达寿看来,臣民的权利应该在宪法中体现出来,但要严格加以法律的限制。宪法即使规定臣民的权利,也不应该认为它们来自臣民的请求,而应该是君主的恩赐。达寿的臣民权利观与代表日本政府立场的伊藤博文和穗积八束等人并无二致,丝毫看不出近代西方启蒙思想的影响。

第三,关于政府和君权的关系,达寿认为这是立宪的巧妙之处。他首先阐述了所有立宪国家的元首均拥有巨大权力:

> 英国,议院政治也,而凡内阁决议之事,一切均须上奏。美国,分权政治也,而任免大臣之权,仍操于大总统之手。比利时宪法纯为民定,而比王对于宪法上所定大权范围之内,尚得自由

---

① 故宫博物院明清档案部编:《清末筹备立宪档案史料》上册,中华书局1979年版,第35页。

行其方针，如国防也，海外贸易也，殖民政策也，皆自选英贤，询以大计，而内阁不与闻。①

既然议院政治国家和分权政治国家的元首都拥有巨大权力，那么像日本这样行大权政治的国家，君主的权力则更大：

> 日本之国务大臣，不对议会而负责任，乃对天皇而负责任。大臣失政，则天皇自由罢免之，大臣奏事，则天皇自由准驳之。其所以异于专制国者，则大臣若以天皇下命令有背宪法，不敢担负责任，可以拒其副署，不经大臣之副署，则天皇命令终不得施行。此则所以防专制之弊也。②

达寿为了更好地打消君主对内阁专权的顾虑，认为中国古代屡次有"封还诏书及署纸尾之事"，中外制度不约而同，立宪所设置的内阁，不过是恢复中书省的旧制度，对于君权没有丝毫的侵犯。显然，达寿的附会显得非常牵强，他极力证明立宪君主制的内阁既可以防止君主专制，又可以保证君主顺利行使大权。不管达寿如何解释内阁和国务大臣不会削弱君权，在立宪过程中，清廷还是采取了所有可能的办法防止君权旁落。1906年的官制改革，清廷最终以军机处没有弊端为由，阻碍了责任内阁制的诞生。1911年出台的"皇族内阁"，也是防止君权旁落的举措。清廷在立宪过程中最关键的两次官制改革，都因为责任制内阁未能建立起来而遭到诟病。达寿关于内阁制和君权的关系在理论上已经为确保君权不受侵犯做了最大限度的论证，立宪制和专制只剩下"国务大臣副署"这样一个区别了。即便如此，在实际的政治改革过程中，任何触犯皇权利益的举措仍然寸步难行。

第四，关于君权与国会的关系，达寿认为各国议会均受到各种制

---

① 故宫博物院明清档案部编：《清末筹备立宪档案史料》上册，中华书局1979年版，第37页。
② 故宫博物院明清档案部编：《清末筹备立宪档案史料》上册，中华书局1979年版，第37页。

约，即使像握有实权的英国国会，君主也可以与其分享立法之权，而日本则有所不同：

> 日本国会权限，舍宪法上所规定者外，别无他权，其所定于宪法上者，一则协赞立法权，一则议决预算案。其余如上案，如建议，如受理请愿，虽属国会之职权，而其采纳与否，权在天皇，非国会所得以要挟也。法律案之提议，国会虽亦有之，而裁可仍听之天皇。至于改正宪法之权，解释宪法之权，亦全操于天皇，非国会所能置喙。①

按照达寿的解释，日本的国会权限非常有限，国会开会、闭会、停会、解散，均属于天皇大权。

第五，关于军队的统率权，达寿认为欧美国家的司令官代替国王统率，并且隶属于国务大臣之下，所以受到掣肘，失去军队行动的自由。他建议效仿日本，由君主直接控制军队。

> 日本之宪法，钦定者也。故其宪法第十条曰："天皇统帅海陆军。"第十二条曰："天皇定陆海军之编制及常备兵额。"第十三条："天皇宣战媾和及缔结各种条约。"观此三条，则知日本军队统帅之权，全握于天皇一人之手……又恐文武兼裁，力有未及，于是置国务大臣、枢密顾问以辅文治，设军事参议院、陆军参谋本部、海军军令部以佐戎机。②

达寿认为日本由天皇统率军队的制度最为优良，日本能够战胜强敌，也在于这一点。因而，他建议清廷"采邻邦之新制，复列圣之成规，收此统率之大权，载诸钦定宪法，则机关敏捷，既足征武备之

---

① 故宫博物院明清档案部编：《清末筹备立宪档案史料》上册，中华书局1979年版，第38页。
② 故宫博物院明清档案部编：《清末筹备立宪档案史料》上册，中华书局1979年版，第39页。

修，帷幄运筹，实可卜国防之固"。

达寿就皇室的法律规定与宪法的关系也向清廷提出了建议。鉴于宪法是包括国家和皇帝在内的国家根本大法，欧洲各国皇室之事，有的在宪法中详细规定，有的没有在宪法中规定，而"日本参酌二者之间，宪法第二条，止载'皇位继承以男子孙'之一语，而继承之法，以《皇室典范》另详之，皇族之事，以皇室令规定之"。因此，他建议清廷制定宪法时，"皇室之事自应与宪法同时制定，以为国家之根本法，或详载于宪法之内，或如日本，另以《皇室典范》规定之"[①]。

第六，达寿在端方等人谈及立宪的三点好处——外患可消、内乱可弥、皇国永固的基础上，再次重申："非实行立宪，无以弭内忧，亦无以消外患，非钦定宪法，无以固国本而安皇室，亦无以存国体而巩主权。"因而，"大权政治，不可不仿行，皇室典章，不可不并重。"[②]

达寿对日本的半年考察为清廷制定宪法打了一针强心剂。他在奏折中明确了宪法制定的形式，即宪法钦定，并且阐述了钦定的理由。对宪法制定过程中如何安排皇权与立法、行政和司法权之间的关系以及军队统率权、臣民权利等应该如何处理，均作了陈述，建议清廷立宪后施行大权政治。这些建议均比载泽等人提出的建议更为详细全面。如果说载泽等人考察的奏折为清廷立宪提供了基本方向，那么达寿的奏折则明确了如何制宪的具体路径。可以肯定地说，1908年清廷颁布的《钦定宪法大纲》与达寿所上的奏折有着密切的关系。从达寿所上奏折的时间（光绪三十四年七月十一日前后）和《钦定宪法大纲》颁布的时间（光绪三十四年八月初一日）上来看，二者仅相距20天左右。从内容上来看，《宪法大纲》应该是以达寿奏折为重要参考资料写成的，二者关系十分紧密。

---

[①] 故宫博物院明清档案部编：《清末筹备立宪档案史料》上册，中华书局1979年版，第40页。

[②] 故宫博物院明清档案部编：《清末筹备立宪档案史料》上册，中华书局1979年版，第41页。

### 四 清水澄对清国制宪的建议

日俄战争后中日舆论多将日胜俄败的结果归因于立宪制度战胜专制制度,自1890年明治宪政经历十几年的运行,日本朝野上下也俨然以立宪国而自居。1905年之后清廷派遣的两次出洋考察政治和宪政的考察团,均将日本作为重要考察对象。以此为契机,日本国内舆论对仍为专制国的邻邦如何向立宪体制转变,表示高度关切,纷纷发表对中国立宪的看法,提出一定的建议。这些观察和建议多为中国立宪的基础、着手点等问题;也有人有针对性地为中国设计了制定宪法的纲要,甚至还有人从研究的角度起草了完整的清国宪法方案,并配以法理说明(第四章第一节)。

前文已探讨穗积八束、伊藤博文和有贺长雄等人对考察大臣的建议。在达寿赴日考察宪政之际,宪法学和行政法学大家清水澄博士从法学家的角度对清廷制宪提出建议。①

前文已介绍清水澄曾受梅谦次郎之邀,为法政大学法政速成科留日学生讲授宪法和行政法,其学说有一定影响力,杨度是受其学说影响的法政大学留学生之一。② 1908年达寿和李家驹赴日定向考察宪政,清水澄也成为主讲之一。③ 另外,清政府曾派官员赴日研究行政

---

① 清水澄的著述整理和主要研究如下:清水澄博士论文资料刊行会:《清水澄博士论文·资料集》,原书房1983年版。内有浅野一郎《清水澄博士的学说特色》。清水澄撰,所功解说:《法制·帝国宪法》,原书房1997年版。内有所功《清水澄博士与御进讲教科书》,该文另载《宪法研究》30卷,1980年版。铃木安藏:《清水澄博士的宪法学说》,载《日本宪法学史研究》,劲草书房1975年版。菅谷幸浩:《清水澄的宪法学与昭和前期的宫中》,《年报政治学》2009年第1号。吴迪:《近代中国宪政与清水澄》,载庆应大学大学院法学研究科内《法学政治学论究》刊行会编《法学政治学论究》2017年第112号(春季号)。另见拙论《清末立宪的日本视角:以法学家清水澄为中心》,《政法论坛》2018年第4期。
② 参见陈健《杨度君主立宪思想论解——以日本法政大学速成科教育影响为中心》,《史林》2014年第2期。
③ 李家驹在宣统元年五月初七日(1910年6月13日)上奏的考察日本官制情形请速厘定内外官制的奏折中称:"是以奴才与日本法学博士有贺长雄、清水澄等,讨论官制各项。"这说明除有贺长雄之外,也向清水澄请教了官制问题,即达寿等人预定考察的第4项行政。见故宫博物院明清档案部编《清末筹备立宪档案史料》上册,中华书局1979年版,第523页。

法，清水曾在早稻田大学为其讲授行政法。①

与中国有如此关系的清水澄，自然少不了对中国的了解和关心。笔者发现一篇1908年1月清水澄发表在《庆应义塾学报》上的署名文章，题目是《清国立宪制度》。②《清水澄博士论文·资料集》未收录此文，③ 因此该文几乎未引起学界注意。

《清国立宪制度》与其他政治家和学者的建议不同，它为中国制定宪法描述了大致轮廓。清水澄开篇虽然对中国能否实行立宪制度表示怀疑，但笔锋一转，认为立宪是世界大势所趋，中国必须实行立宪制度，只是立即实行还是十年、二十年后实行的问题。既然早晚要立宪，便需要制定宪法。制定宪法要考虑中国的国情，清水澄作为宪法学和行政法学的学者，从中国领土广袤、各地区差异较大等实际情况出发，建议中国模仿德国和美国等联邦国家制定宪法。当然，清水澄不是建议将中国改造成联邦制国家，而是认为中国的国情与联邦制有类似之处："中华帝国本为统一之国，不必变更为联邦，惟相较于日本，多将中央权力分与地方，即确立所谓地方分权制度。"基于这种认知，清水提出了中国制宪的建议，包括主权者的权能、立宪制度、内阁、司法裁判所（法院。——笔者注）和费用（财政。——笔者注）五个部分。

第一，主权者的权能。有必要以现在的皇室为基础，确立世袭皇帝制度，皇帝的继承关系可依据以往惯例。皇帝大致统辖如下事项，其余事项均委诸地方官：1. 外交之事，包括宣战、讲和、与通商贸易相关的条约，以及缔结其他条约。2. 陆海军之事。清水认为，有必要改变兵马之权委任给总督的现状，将其收归中央统一管辖；各地方可配置师团、旅团，其统率权完全归于皇帝。3. 邮政电信之事。4. 关税之事。5. 货币之事。6 特许之事。7. 文武官任免之事，但一

---

① 参见大隈重信《清官の行政法研究に就いて》，《東邦協会々报》1907—1908年卷150，189。

② ［日］清水澄：《支那の立憲制度》，《慶応義塾学報》1908年卷126。

③ 参见清水澄博士论文资料刊行会编《清水澄博士論文·資料集》，原書房昭和五十八年（1983），第1184—1189页。

切地方官吏的任免权最好交由各地方长官负责。8. 制定官制之事。将各地方下级政府的官制制定权委托给各地方长官。9. 授予爵位、勋章之事。其他荣典的授予之事委托给地方长官。10. 大赦、特赦诸事。清水认为，这些事情务必完全归于皇帝，由皇帝执行，不可委托给任何人和机构。

第二，立宪制度。议会采取两院制，其一由皇族、贵族及钦选议员构成。其中，钦选议员最好为如下人员：长期为官、明达政治事务之人，或者学识出众之人，或者在民间颇负名望之人。其二由各地方代表组成。这里的地方代表选举方式比较特殊，清水主张各地方同样设置两个议会，由两个议会议员同聚一堂，互选出中央议会的代表。清水强调，中国原非联邦国家，与德国不完全相同，不能完全采取德式议员选举方式。德国的两个议会，上院由各邦代表组成，下院由人民直接选举议员组成。关于地方议院的选举，清水也给出了建议：两院均由人民选举议员组成，只是上院采取"限制选举"，即非缴纳一定租税者，不能参加选举，而且被选举人限于拥有相当之资产者。下院采取普选制，选举人和被选举人均无纳税资格的限制。

第三，内阁。皇帝行使中央权力，有必要在中央设立内阁。不必说，组织内阁、大臣任免权归于皇帝，但内阁成员的半数应任命担任过地方总督之人，因这些人知晓全国之事。至于内阁地位，清水主张大体上仿照日本内阁制度的规定。日本内阁不对议会负责，而是直隶于天皇，对天皇负责，天皇通过内阁行使行政权力。

关于地方行政的规定，清水主张在各地方设总督，因总督的权力比日本地方长官的权力大得多，所以其地位和待遇要特殊考虑，必须将其置于内阁大臣的同等地位。而且，有必要在上述地方议会的两院之外，另行组建合议机构，由权位较高的官吏组成，作为督抚行政的辅佐机构，可以称为"小内阁"。合议机构的人员一定是在该地方任职一定期限以上的官吏，或者从事其他行业、长期居住于当地之人。

第四，司法裁判所（法院）。地方设置三级法院，仅就特别案件不服于高级法院时，可向中央法院上诉。各地方设置的法院由该地总督规定其组织并任免法官。这样一来，或许担心法院能否保持独立，清水认为要保持其独立，有两点必不可少：一是保留向中央法院上诉的权利，二是地方法院的法官实行终身制。清水还给中央法院起好了名字——中央帝国法院，其职权是不仅审判上告的案件，也有权解决地方总督之间的权限之争。所以，也可将其视为某种"权限法院"。

第五，费用（财政）。各地方的行政和司法事务等一切费用完全由地方负担，出自地方税。中央政府的花费必须由全国负担，但不直接由中央向人民直接征税，即不单独设置中央税，而是将其分摊给各地方总督，由其负责收缴。分摊的标准依各地人口、资源为准。

清水澄对中国制宪的建议不算具体，只勾勒出宪法制定的轮廓，类似于起草原则。虽说如此，我们可以从中看出清水建议的特色所在：首先，从方法上看，清水澄的建议具有浓厚的比较色彩，既有与美国、德国的比较，又有与日本的比较。例如，与美国的比较表现在中央与地方权力分配上，与日本的比较表现为督抚的权位与日本地方长官的比较。其次，从视角上看，正是由于进行多国比较，清水的建议视野开阔，超出了日本和《明治宪法》的范围，使其建议在明治时期的政治家和学者中独树一帜。明治时期的政治家和学者多将对中国的立宪建议局限在日本一国范围内，希望中国以《明治宪法》为母本制定宪法。再次，从结构上看，清水的制宪计划将中央和地方的权力分配作为重点，具有明显的地方分权的特色。如其所言，与美国、德国的宪法规定有类似之处。这种制宪设计与《明治宪法》的理念差异甚大，与1908年清廷发布的《钦定宪法大纲》和1911年制定的《钦定宪法草案》和同年公布的《宪法重大信条十九条》也大为不同。这些宪法性文件均围绕加强皇权制定，认为皇权不可分割，未将中央与地方之间的权力分配问题作为重点。最后，从内容上看，注重行政上的安排，尤其是根据中国督抚位高权重的实情，提出了颇具创意的内阁方案，除内阁半数成员需为担任过督抚者外，督抚在地方的行政权力也较大，还设置了辅佐机构——小内阁。

进入民国之后，清水澄继续关注中国的制宪问题，于1912年发表《中国宪法如何》和《关于中华民国宪法制定》两文，针对共和制下的中国，提出了新的建议。但总体上，延续了1908年建议的内容。① 伪满洲国时期，清水澄作为日本行政裁判所长官，接待了伪满洲国立法院院长赵欣伯一行，并对其进行指导。1935 年清水澄访问伪满洲国，对伪满洲国的国家建设提出了一些建议，并且为溥仪讲授了相当于宪法的《伪满洲国政府组织法》。②

1905 年和 1907 年清廷两次派遣大臣出洋考察政治和宪政，日本是这两次考察的重点国家，而且日本的宪法和宪政又是考察日本的重点。通过这两次考察，清廷了解了日本和欧美国家的政治、法律状况，接受了制宪理念，并且在三种立宪模式中选择了二元君主制模式，将日本作为最主要的仿效国家，确定宪法钦定，将维护皇权作为宪法核心内容。这两次考察为后来清廷制定《宪法大纲》和《钦定宪法草案》奠定了基础，使得清廷按照自己的意志制定宪法。

日本制定《明治宪法》之前，也曾两度派人出洋考察，一次是 1871 年至 1872 年岩仓具视欧美考察团，这次考察范围较为广泛。但考察团级别高，岩仓是右大臣，是明治政府的要人。1881 年，明治政府在自由民权运动勃兴期间，再次派遣伊藤博文赴欧考察宪法，考察的主要国家是德国、奥地利和英国，而以德国为主。将 1907 年考察团与伊藤赴欧考察宪法进行比较，总体而言这两次考察以考察宪法和宪政为主，而伊藤博文的考察目的纯粹为如何制定宪法。相对而言，伊藤考察团目的更为专一。从考察人员构成和考察国家上看，清廷分别向日本、德国和英国派遣了三组考察团，考察大臣为清廷某部左右侍郎。从人员派遣上看，日本是考察的重点国家。考察大臣归国之后，部分考察大臣参与了宪法制定，但他们不是制定宪法的领导者，更不是最终决策者。日本则只派遣伊藤博文一组考察，考察了几个欧洲主要君主立宪国家，以德国和奥地利的考察为主。伊藤归国之后，出任于 1885 年成立的第一届内阁总理大臣（首相），领导宪法制

---

① 清水澄：《支那宪法如何》，《国家及国家学》第 1 卷第 9 号。《关于中华民国宪法制定》，《法学新报》第 23 卷，第 7—10 号。两文收录于前引《清水澄博士论文·资料集》。
② 吴迪：《近代中国宪政与清水澄》，庆应义塾大学大学院法学研究科《法学政治学论究》刊行会编《法学政治学论究》2017 年第 112 号（春季号）。

定和审定工作，因而被称为《明治宪法》之父。可见，清廷虽然向外派遣大臣出洋考察了宪法，但其归国后未能领导制宪工作，仍有军机大臣和摄政王位居其上，决定制宪的方向。换言之，清廷制定宪法缺乏懂得宪政知识的领导者。这导致制定宪法缺乏整体规划，致使制宪过程中出现自相矛盾之处。而《明治宪法》的制定者是明治政府的主宰者，也是考察外国宪法之人，完全可按照自己设想的思路主导宪法制定。二者之间的这一差异，使得清廷制宪和明治制宪产生了不同的结果。

# 第三章　日本影响下的三次制宪活动

清王朝覆灭之前，清廷进行了三次制宪活动：一、公布了主要由宪政编查馆起草的未来制定宪法的准则《宪法大纲》；二、制定了由宪法纂拟和协纂大臣秘密起草的《钦定宪法草案》，因武昌起义的爆发，该草案未及完成审定、颁布而搁置；三、为形势所迫，公布了资政院受《政纲十二条》影响而制定的宪法纲领《宪法重大信条十九条》。这三次制宪活动，前两次是在政局相对稳定时完成的，是清廷真实意图的表示；最后一次是清廷面临军事威胁，对政局已束手无策，仓促间出台的宪法纲领性文件，与清廷的真实意图相去甚远。总体而言，三次制宪活动，清廷均受到了外界压力，尽管其压力大小和表现形式不尽一致。前两次制宪活动，与民间立宪派制造的舆论压力、开设国会请愿活动和清廷立宪派官僚的建议、督促不无关系。换言之，如果没有这些压力和督促，或许不会出台过渡性的《宪法大纲》；而且，《钦定宪法草案》的出台时间可能更晚。第三次制宪活动，清廷面临的压力是空前的，远有武昌起义各省纷纷独立，近有张绍曾等人兵谏的武力威胁。这三次制宪活动，也受到了日本的影响。

学界对《宪法大纲》和《重大信条》的文本已多有论述，也不乏评价性的研究成果。本章研究主要关注四点：第一，研究每一次制宪活动的全貌，注重三部宪法性文件的具体出台过程研究。第二，探讨清廷制宪权的转移问题，包括民间立宪派和资政院要求参与制宪，资政院最终获得制宪权等问题。第三，三次制宪活动与日本的关系，主要体现为宪法条文受《明治宪法》的影响、制宪活动中留日学生的作用。第四，纵观清廷制宪的全过程，对宪法文本和制宪活动重新评价。

## 第一节　宪政编查馆与《钦定宪法大纲》的出台

清廷经过两次派员考察各国政治和宪法，对于制定什么样的宪法和怎样制定宪法已有初步了解，即确定了宪法钦定的制宪理念，将制宪大权掌握在自己手中，而且基本上了解了各国宪法的内容以及制宪的基本技术。光绪三十三年（1907），清廷将考察政治馆更名为宪政编查馆，其职掌之一是编订宪法草案，确立了中国历史上第一个起草宪法的官方机构。但该机构并未直接制定宪法草案，而只是在立宪派的国会请愿活动的压力和开明官员的督促下出台了未来制定宪法的准则——《钦定宪法大纲》（以下简称《宪法大纲》）。《宪法大纲》是中国历史上第一个宪法性文件，第一次以法律的形式规定了君权的范围和臣民的权利义务，其历史作用应予以恰当评价。《宪法大纲》的文本与《明治宪法》多有类似之处，有必要与《明治宪法》条文进行具体比较。各国制宪之前均未出台诸如《宪法大纲》之类的准则，可见它是清廷制宪过程中的独特产物。

### 一　宪政编查馆的成立

制宪是一国政治、法律上的大事。清廷经过两次国外考察，确立宪法钦定的原则，将制宪权掌握在自己手中。制宪权确定之后，随着预备立宪不断推进，成立何种机构、派何人制定宪法的问题便提到议事日程上来。清廷并未重新成立独立的专门性制宪机构，而是采取了便捷的方式，将原来的考察政治馆改设为宪政编查馆，负责编订宪法。[①]

光绪三十三年七月初五日（1907 年 8 月 13 日），清廷根据奕劻等人的奏请，将光绪三十一年十月二十九日（1905 年 11 月 25 日）设立的考察政治馆更名为宪政编查馆。七月十六日（8 月 24 日），启

---

[①] 彭剑对宪政编查馆做了专项研究，对该馆的沿革、组织、职掌和人事以及宪政编查馆的主要工作做了细致的梳理，第 3 章专论该馆按照皇室意志起草宪法。本节对彭著多有参考。参见彭剑《清季宪政编查馆研究》，北京大学出版社 2011 年版。

用关防，将原来考察政治馆关防销毁，宪政编查馆正式运行。① 办公地点沿用考察政治馆办公之处，仍为东三座门内的新方略馆。宣统元年六月十四日（1909年7月30日）迁至东安门外大街路北。光绪三十三年七月十六日当日，宪政编查馆大臣奕劻等拟订该馆办事章程，奏请批准。办事章程由16条组成，第1条规定"本馆由军机王大臣管理"，② 可见其级别不低。第2条列举了4项职掌，其中第2项职掌为"调查各国宪法，编订宪法草案"。而这一项职掌由该馆所设两个核心部门——编制局和统计局中的编制局第一科负责，该科"掌属于宪法之事"。③ 由此可知，宪政编查馆是清廷成立的制宪机构，负责"编订宪法草案"。不过，需要留意的是，宪政编查馆只负责编订宪法草案，它本身应该无权审订草案。依照惯例，起草部门原则上不应该有审核的权力。至于由谁、怎样审订宪法草案，直到1910年《钦定宪法草案》起草，一直未能提上议事日程。

宪政编查馆虽由考察政治馆改设而成，但在职能和分工方面受到了日本制宪过程成立相关机构的启发："查日本明治初年曾设立宪法取调局，其现在内阁则附设法制、统计等局。臣馆既兼有日本新旧办法，自不得不明定职掌。"④ 宪政编查馆的设立和人事安排与日本也有一定关系。首先，人事安排上，该馆的官员和办事人员中有不少人考察过日本或者曾经是留日学生。该馆官员包括馆务大臣、提调、总核、参议、各局局长、副局长、总务处总办、译书处总办等。戴鸿慈于1909年10月6日担任馆务大臣，曾经考察日本政治，回国后几次被慈禧召见，在推动清廷立宪过程中起到了一定作用。军机大臣毓朗是皇族，曾经赴日本考察警政。值得注意的是提调的人员构成。宪政

---

① 《为宪政编查馆开用关防日期折》，《清宪政编查馆奏稿汇订》，第120页。
② 故宫博物院明清档案部编：《清末筹备立宪档案史料》上册，中华书局1979年版，第49页。
③ 故宫博物院明清档案部编：《清末筹备立宪档案史料》上册，中华书局1979年版，第49页。
④ 故宫博物院明清档案部编：《清末筹备立宪档案史料》上册，中华书局1979年版，第48页。查《新译日本法规大全》中日本官制，有内阁所管法制局官制，为明治二十六年（1893）所颁，共9条；但未见其所管统计局。其他中央部门也未见有统计局官制的记载。见《新译日本法规大全》（点校本）第三卷上，商务印书馆2007年版，第8页。

编查馆负责管理实际业务的是提调。该馆改设之初,以原来考察政治馆的两名提调宝熙和刘若曾继任。1909年之后,又增派达寿和李家驹担任提调。这4名提调之中,刘若曾为进士出身,是五大臣出洋考察中端方组的随员,有国外政治考察经历,对西方宪政有一定见识。达寿和李家驹是专项考察日本宪政的大臣,二人任提调,说明清廷对宪法制定工作的重视。而且,颇值得玩味的是,1907年清廷派达寿、汪大燮和于式枚三人分别考察日本、英国和德国的宪法和宪政,但最终参与宪政编查馆工作的,只有达寿和继其考察日本宪政的李家驹,充分说明了日本对于清廷制定宪法、仿行宪政的重要性。"这等于明白宣示,当时的立宪要以日本为师法对象。"①

其次,宪政编查馆的核心部门是编制局和统计局,在这两个部门中,五大臣出洋考察的随员和有留日经历人员所占的比例很高,尤其是编制局中二者所占的比例更高。共有35人曾在编制局工作,有上述经历者21人,占编制局总人数的3/5。如果算上游学日、美、德的施愚,则超过了3/5。而且,编制局副局长和所有正科员、正科员上行走无一例外具有日本留学背景。由人员构成可以看出,编制局的具体工作被留日经历者所把持。统计局共有29人供职,有12人拥有随五大臣出洋考察和留日背景,占统计局的2/5强(见表3-1)。

表3-1　　　　　　　宪政编查馆有日本经历人员

| 职务 | 姓名 | 籍贯 | 日本经历 |
| --- | --- | --- | --- |
| 管理事务大臣 | 戴鸿慈 | 广东南海 | 出洋考察政治 |
|  | 毓朗 | 皇族 | 赴日考察警政 |
| 提调 | 刘若曾 | 直隶盐山 | 五大臣随员 |
|  | 达寿 | 满洲正红旗 | 赴日考察宪政 |
|  | 李家驹 | 汉军正黄旗 | 赴日考察宪政 |
| 总核 | 王庆平 | 江苏上海 | 赴日考察 |
| 总务处总办科员 | 于宝轩 | 江苏扬州 | 留学日本 |

① 彭剑:《清季宪政编查馆研究》,北京大学出版社2011年版,第25页。

续表

| 职务 | | 姓名 | 籍贯 | 日本经历 |
|---|---|---|---|---|
| 参议 | | 杨度 | 湖南湘潭 | 留学日本法政大学 |
| 编制局 | 副局长 | 章宗祥 | 浙江乌程 | 东京帝国大学法学士；五大臣随员 |
| | | 陆宗舆 | 浙江海宁 | 早稻田大学毕业<br>考察宪政大臣二等参赞 |
| | 正科员 | 汪荣宝 | 江苏元和 | 早稻田大学肄业 |
| | | 曹汝霖 | 江苏上海 | 东京法学院毕业 |
| | | 恩华 | 蒙古镶红旗 | 法政大学毕业 |
| | 正科员上行走 | 金邦平 | 安徽黟县 | 留学早稻田大学 |
| | | 唐宝锷 | 广东香山 | 五大臣随员；留学日本 |
| | | 李景铼 | 福建闽侯 | 李家驹考察日本宪政随员 |
| | 副科员 | 胡礽泰 | 江苏宝山 | 留学日本 |
| | | 嵇镜 | 江苏无锡 | 早稻田大学毕业 |
| | | 富士英 | 浙江海盐 | 早稻田大学毕业 |
| | | 董康 | 江苏武进 | 赴日考察监狱法 |
| | | 程明超 | 湖北黄冈 | 宏文书院 |
| | | 施咢本 | 荆州驻防 | 宏文书院毕业 |
| | | 高种 | 福建闽侯 | 东京中央大学法学士 |
| | | 张孝移 | 湖北武昌 | 留学日本毕业生 |
| | | 熊垓 | 江西高安 | 东京法学院 |
| | | 廉隅 | 江苏金匮 | 京都大学 |
| | | 许同莘 | 江苏金匮 | 法政大学速成科 |
| | | 顾德邻 | 顺天宛平 | 京都帝国大学毕业 |
| | | 施愚 | 四川涪陵 | 游学日、美、德考察宪政顾问 |
| 统计局 | 副局长 | 钱承志 | 浙江仁和 | 帝国大学法科毕业，五大臣随员 |
| | 正科员 | 延鸿 | 满洲镶红旗 | 留学日本宏文学院习警务 |
| | | 林棨 | 福建侯官 | 早稻田大学 |
| | 副科员 | 吴振鳞 | 浙江嘉兴 | 帝国大学卒业，考察宪政随员 |
| | | 刘泽熙 | 湖南善化 | 法政大学 |
| | | 顾鳌 | 四川广安 | 留学日本 |
| | | 陆梦熊 | 江苏崇明 | 早稻田大学 |

续表

| 职务 | | 姓名 | 籍贯 | 日本经历 |
|---|---|---|---|---|
| 统计局 | 副科员 | 张鸿藻 | 湖北咸宁 | 东京高等商业学校 |
| | | 林蔚章 | 福建闽侯 | 中央大学法政科毕业 |
| | | 李祖虞 | 江苏武进 | 日本早稻田大学 |
| | | 张则川 | 湖北黄陂 | 法政大学速成科 |
| | 行走 | 蒲殿俊 | 四川广安 | 法政大学 |
| 考核专科 | 总办 | 杨度 | 湖南湘潭 | 留学日本 |
| | 会办 | 章宗祥 | 浙江乌程 | 东京帝国大学法学士；五大臣随员 |
| | | 钱承誌 | 浙江仁和 | 帝国大学法科毕业；五大臣随员 |
| | 帮办 | 汪荣宝 | 江苏元和 | 留学日本 |
| | | 恩华 | 蒙古镶红旗 | 留学日本 |
| | 副科员 | 胡礽泰 | 江苏宝山 | 留学日本 |
| | | 顾鳌 | 四川广安 | 留学日本 |
| | | 王履康 | 江苏句容 | 早稻田大学毕业 |
| 一等咨议官 | | 刘廷琛 | 江西德化 | 赴日考察学务 |
| | | 周树模 | 湖北天门 | 考察政治大臣随员 |
| | | 沈曾植 | 浙江嘉兴 | 五大臣随员 |
| | | 邓邦述 | 江苏江宁 | 五大臣随员 |
| 二等咨议官 | | 袁嘉毂 | 云南石屏 | 赴日考察教育 |
| | | 张启后 | 安徽泗州 | 法政大学毕业 |
| | | 金邦平 | 安徽黟县 | 早稻田大学 |
| | | 范源廉 | 湖南湘阴 | 弘文学院法政科毕业 |
| | | 林鹍翔 | 浙江吴兴 | 法政大学毕业 |

资料来源：1. 尚小明：《留日学生与清末新政》，江西教育出版社 2003 年版，第 159—161 页。2. 彭剑：《清季宪政编查馆研究》，北京大学出版社 2011 年版，第 212—230 页。

这种现象的出现并非偶然，首先是清末留日学生人数大大超过留学其他国家的学生人数，他们回国在清廷中供职的比例自然也占优势。清廷自1905年组织归国人员考试，应试者多为留日学生，被录取的比例也会很高。其次，留日学生跟留学其他国家学生相比，所学多为以法政科为主的人文社会科学知识，编制局需要的正是这些拥有法政知识的人才。再次，法政科的专用汉语词汇由近代日本学者创造者不在少数，且主要通过留日学生传回中国，他们掌握着最新法政词汇的话语权，留学欧美的归国人员缺乏这种语言优势。最后，近代日本翻译了大量欧美政治、法律法规方面的著作，日本人也多有著述，留日学生可充分利用这些日文资料，这种优势也是留学其他国家的归国人员难以比拟的。因而，可以肯定地说，留日学生是宪政编查馆的主力。①

宪政编查馆机构设置和人员构成，与日本有千丝万缕的联系，由其制定的《宪法大纲》，也打上了《明治宪法》的烙印。

## 二 《钦定宪法大纲》的出台

### （一）出台背景

1906年预备立宪诏书公布以后，立宪派官僚、知识分子和海外留学生积极行动起来，民间立宪团体也如雨后春笋般纷纷成立，其影响不断扩大。各类立宪派又形成联合势力，对清廷施压，要求召开国会，颁布宪法。光绪三十三年八月二十八日（1907年10月5日），湖南即用知县熊范舆、法部主事沈钧儒、花翎应封宗室恒钧、附生雷光宇代表某些海外留学生，向清廷呈递《请速设民选议院折》。该折洋洋洒洒5000余言，较为透彻地分析了速开议院的好处，并警示清廷"政治不可以独裁，孤立者国必亡，独裁者民必乱"②。奏折分析了严峻的国内外形势："夫今日之中国，本千钧一发之际，存亡危急之秋，以言乎外，则机会均等之政策并起于列强，以言乎内，则革命排满之风潮流行于薄海……及今不图，恐三数年后，燎原莫救，即欲行今日之计，亦不可得。"③ 在此基础上，奏折建议清廷"非即开设民选议院，则孤立之患不除，外忧终不能弭，内患终不能平"④。除

---

① 尚小明：《留日学生与清末新政》，江西教育出版社2003年版，第8页。
② 故宫博物院明清档案部编：《清末筹备立宪档案史料》下册，中华书局1979年版，第609页。
③ 故宫博物院明清档案部编：《清末筹备立宪档案史料》下册，中华书局1979年版，第610页。
④ 故宫博物院明清档案部编：《清末筹备立宪档案史料》下册，中华书局1979年版，第610页。

## 第三章 日本影响下的三次制宪活动

了力陈速开议会的好处，这篇奏折还驳斥了反对速开议院者的说辞，其中有涉及宪法和议会开设先后的问题，值得注意：

> 今议者动谓宪法尚未颁布，议会不能先开。不知宪法虽为国家之根本，而运用之妙与保障之法，则全恃夫议会。故英吉利世所谓宪政之母国也，然至今尚无成文之宪法，普鲁士所谓钦定宪法之模范国也，然宪法颁布以前已先召集议会。日本则议会开设之日期，虽在宪法成立之后，而议会开设之决定，实在宪法制定之先，况日本当时外无列强一致之侵凌，内无革命称兵之祸乱，故得从容闲暇，假以岁月，俟宪法成立，始与人民以实际参政之权。今中国惟因人民无参政机关之故，故外忧之迫如此，内患之亟如此，若必迟之又久，待宪法颁布，始开设会议，窃恐宪法尚未成立，而外忧内患之交迫已将有不忍言之危险矣。①

这篇奏折否定了开议会之前必须先定宪法的言论，认为先开议会，后定宪法也无妨，甚至暗示后定的宪法为钦定也无妨。这与清廷的先定宪法、后开议会的制宪思路显然不一致。诸如此类的奏折应该给清廷带来紧迫感，或许与其出台《宪法大纲》不无关系。既然先开议会已是形势所迫，清廷又未做好制定宪法的准备，那么出台一部制宪准则，则在情理之中了。

光绪三十三年（1907），还有南洋华侨联名上书，请求加速立宪以及湖南举人肖鹤翔陈请速开国会，等等。② 如果说光绪三十三年请求速开国会的多为个人行为，那么到了光绪三十四年（1908），有组织的大规模请愿活动则成为主流。最值得关注的是六月初二日（6月

---

① 故宫博物院明清档案部编：《清末筹备立宪档案史料》下册，中华书局1979年版，第615页。这篇奏折虽然明言为留日学生所呈，但从其行文风格来看，不排除出自梁启超之手。而且，需要注意的是，正是在1907年之后，梁启超一改以往缓开国会的论调，开始极力主张速开国会。即使该折不是出自梁之手，其速开国会的论调也应该对这篇奏折有所影响。

② 故宫博物院明清档案部编：《清末筹备立宪档案史料》下册，中华书局1979年版，第621—623页。

30日）预备立宪公会领袖郑孝胥、张謇和汤寿潜等人联名电奏清廷请开国会，提出"以二年为限"。① 七月十三日（7月11日）他们再次致电清廷，要求在两年内召开国会，告诫清廷"时不可失，敌不我待"②。预备立宪公会还发起速开国会的签名请愿活动，得到包括政闻社在内的多个海内外立宪团体的响应。签名活动始自光绪三十四年二月，七月代表汇集北京，请都察院代递签名书。③

除留学生和民间立宪团体的陈请，部分督抚、驻外使节和其他官员也在立宪派的鼓动之下请求清廷速开国会：

> 疆臣中则有湖广总督陈夔龙、两江总督端方、河南巡抚林绍年、四川总督赵尔巽，皆以请开国会为言。使臣中则孙宝琦、胡惟德、李家驹三人，又皆以中外观听所系，请速定年限，免外人笑。立言婉切各不同，同以为国会为急。④

在朝野立宪派共同发起国会请愿，要求清廷速开国会的运动中，立宪派将焦点集中在开设国会上，对于何时制定宪法或是否急于制定宪法，未予以特别关心。或许在他们看来，一旦国会开设，理所应当由国会制定宪法。显然，对于立宪派而言，第一步要争取速开国会。不过，也有人一边要求速开国会，一面要求速定宪法。光绪三十三年十月初五日（1907年11月10日）署理广西提学使道员李翰芬上书建议清廷"实行宪政期限宜速"，"拟请明降谕旨，于光绪三十七年颁布宪法，开上下议院，有五年为之绸缪预备，则各省之议局，各府州县之议事会，渐多合格之议员，而两院不难成立，即宪法亦必编纂完善行之有效矣"。⑤ 李翰芬陈请5年之内颁布宪法，之后开设上下

---

① 《宪政篇》，《东方杂志》光绪三十四年第七期。
② 参见侠少（吕志伊）《国会问题六真相》，《辛亥革命前十年时论选集》第3卷，第455页。
③ 张朋园：《梁启超与清季革命》，吉林出版集团有限责任公司2007年版，第125—126页。各团体请愿代表赴京请愿情况，见《宪政篇》，《东方杂志》光绪三十四年第八期。
④ 《宪政篇》，《东方杂志》光绪三十四年第八期。
⑤ 故宫博物院明清档案部编：《清末筹备立宪档案史料》上册，中华书局1979年版，第300页。

议院。李还举出日本的例子作为其佐证："日本立宪之议，虽萌于明治初年，而自明敕国人预备立宪，以至开国会、布宪法，其间不过十载，而亦因日本当时尚未确信宪政之可行于东方民族，故迟回详慎，乃抵于实行。"① 从李翰芬的措辞来看，中国也应该像日本一样，先定宪法，后开国会，但不必如日本等待 10 年之久。

也有人直接陈请迅速制定宪法。曾为出洋考察政治的大臣、时任两江总督的端方鉴于革命排满的声音渐起，于光绪三十三年七月初七日（1907 年 8 月 15 日）奏请迅速制定并颁布宪法和皇室典范：

> 近年不逞之徒，倡为排满之说，与立宪为正反对。奴才愚见，以为宜俯从多数希望立宪之人心，以弭少数鼓动排满之乱党。拟请饬下廷臣，迅将我大清帝国宪法及皇室典范二大端，提议编纂，布告天下，必可永固皇基，常昭法守。②

光绪三十三年八月十二日（1907 年 9 月 19 日），另一出洋考察政治大臣、时任福建布政使的尚其亨条陈对宪法的理解："宪法者实能造国民品格进于文明，居于不可侮辱之境，而张我国势，固我国权也。"③ 他虽然没有明说要求立即立宪，但大谈立宪之利，其所指应该比较明确，即请求清廷迅速制定宪法。此前的八月初八日（9 月 15 日），留学日本东京帝国大学法科大学生陈发檀也请人代递奏折，请求速立宪法，并振兴海陆军，以图自强。④

需要注意的是，1907 年和 1908 年前后多为陈请要求朝廷迅速制定宪法，鲜有要求参与宪法制定者。这与 1910 年之后包括资政院在

---

① 故宫博物院明清档案部编：《清末筹备立宪档案史料》上册，中华书局 1979 年版，第 300 页。
② 故宫博物院明清档案部编：《清末筹备立宪档案史料》上册，中华书局 1979 年版，第 47 页。
③ 故宫博物院明清档案部编：《清末筹备立宪档案史料》上册，中华书局 1979 年版，第 260 页。
④ 故宫博物院明清档案部编：《清末筹备立宪档案史料》上册，中华书局 1979 年版，第 241 页。

内纷纷要求参与制定宪法、与清廷争夺制宪权完全不可同日而语。

（二）出台过程

面对速开国会和速定宪法的请求，清廷显然感受到了巨大的压力。奕劻奏折中反映了清廷的状态："若不及早将国是决定，使宪政克期实行，万一人心不固，外患愈深，陷中国于朝鲜地位，臣等不足惜，其如太后、皇上何！"① 但是，如果速开国会，国会必然要争取制定宪法，清廷因而可能失去制宪的主动权，将无法控制立宪的走向。这与清廷先定宪法、后开国会的立宪思路不一致。因而，清廷试图控制舆论，封杀活跃的立宪团体政闻社，惩治主张3年内开国会的法部主事陈景仁等。如何在不打算速开国会的情况下又对速开国会的请愿运动有所交代？在不想立即制定宪法的情况下对要求制宪者予以答复？《宪法大纲》和《九年筹备清单》便是应对如此时局的产物。或许奕劻所言的"国是"，已经包含了制定宪法纲领的意思。

出台《宪法大纲》或许与光绪三十三年十二月十一日（1908年1月14日）奕劻等人代递吴寿全呈请宣示宪法规则的奏折有一定关系。吴为出使美国二等参赞官，分省补用知府。其奏折建议在国会开设和正式制定宪法之前，先起草"宪法规则"：

> 现当预备立宪之际，一时未能举宪政之全体而行之，惟有先将宪法规则迅速宣示，使天下咸知法律范围、自由权限，固有万不能稍为侵越者。尝考英、德、日本宪法大恉，首言君权，次言民权……约举大纲，不过百余条。拟请饬下宪政编查馆详细核查，应如何条列宪法规则，迅速请旨宣示，以别权限，而靖人心，似于立宪之道，尤为当务之急也。虽议院一门现时尚未成立，而宪法之属于议院者，似不妨预为厘订，同时宣布，随后实行。参赞为宪法未布，民气嚣张，亟须预防，以杜后患起见。②

---

① 《申报》1908年9月6日。
② 故宫博物院明清档案部编：《清末筹备立宪档案史料》上册，中华书局1979年版，第315页。

这一时期,还有其他人主张在预备期间应编订宪法大纲。光绪三十三年九月(1907年10月)保送分省补用知府岳福上呈《为遵旨条举简定总理大臣起草宪法草案等事呈文》奏折,向清廷提出10条建议,第7条是"令宪政编查馆先将大纲编定呈览,俟钦定后行于京外各衙门省观,并饬各地方官译成白话告示,并于朔望派人演说,使人民共晓立宪之益,则程度自能进化"①。

其实,早在1906年清廷宣布预备立宪之前,驻外公使梁诚和汪大燮等人曾联名上奏清廷,建议以5年为期立宪,请求公布立宪大纲:"有万不可缓,宜先举行者三事":"宣示宗旨""布地方自治之制""定集会、言论、出版之律"。其中"宣示宗旨"的内容为:"日本初行新政,祭天誓诰,内外肃然,宜略访其意,将朝廷立宪大纲,列为条款,誊黄刊贴,使全国臣民,奉公治事,一以宪法意义为示,不得稍有违悖。"②奏折主张仿行日本,公布立宪大纲,目的是使全国臣民遵守,不得违背。此处所援引的"日本初行新政,祭天誓诰",似乎应为明治元年的明治天皇发布的"五条誓文"。但从奏折的表述来看,似乎又超出了五条誓文的范围,要求制定"立宪大纲"了。联系后文,上奏者的意思则非常明确了:

> 期以五年改行立宪政体。一面饬下考察政治大臣,与英、德、日本诸国宪政名家,详询博访,合拟稿本,进呈御览。并请特简通达时事、公忠体国之亲贤大臣,开馆编辑大清帝国宪法,

---

① 岳福:《为遵旨条举简定总理大臣起草宪法草案等事呈文》,第一历史档案馆,奏折录副,档号:03-9291-011,缩微号:667-1831。

② 《出使各国大臣会衔奏请宣布立宪折》,《广益丛报》1906年第107期。此处需要注意的是,《清末筹备立宪档案史料》内有一篇题为《出使各国考察政治大臣载泽等奏请以五年为期改行立宪政体折》(上册,第110—112页),来源标注为"《中国近代史资料丛刊·辛亥革命》第四册,页二四"。实际上,此折内容与笔者所引《广益丛报》上奏折内容相同,只是在末尾"臣等不胜屏营战栗之至"和"谨奏"之间缺少如下内容:"所有拟请定期仿行宪政缘由,谨合词恭折具陈,伏乞皇太后、皇上圣鉴训示。再,此折系臣诚、臣大燮公商主稿,会同臣某某某等办理,合并声明。"缺少部分正表明了该折的作者为几位驻外公使,梁诚和汪大燮以及某位大臣。《清末筹备立宪档案史料》误以此折为考察政治大臣载泽等奏。迟云飞等人注意到了这种张冠李戴的情况。

颁行天下。一面将臣等所陈三端，预为施行，以树基础。①

奏折建议在编辑宪法之前，先行颁布"立宪大纲"，作为基础。清廷于1906年发布了宣示预备立宪的诏书，只言"大权统于朝廷，庶政公诸舆论"，并未提出"立宪大纲"。需要注意的是，这里所说的"立宪大纲"应为意义广泛的立宪纲领，除了包括宪法的纲领外，还包括上述"布地方自治之制""定集会、言论、出版之律"两个方面。

在上述舆论压力和政府官员的陈请下，光绪三十四年六月二十四日（1908年7月22日）清廷发布上谕，命令制定宪法大纲："著宪政编查馆、资政院王大臣，督同馆院谙习政法人员甄采列邦之成规，折衷本国之成宪，迅将君主宪法大纲暨议院选举各法择要编辑，并将议院未开以前，逐年应行筹备各事，分期拟议胪列具奏呈览。"② 宪政编查馆和资政院（当时尚未开院，见本章第三节）经过一个多月的努力，制定了《宪法大纲暨议院选举法要领》和《九年筹备立宪逐年推行筹备事宜清单》，于八月初一日（8月27日）上奏朝廷，当日得到朝廷谕准。上谕强调："将来编纂宪法暨议院、选举各法，即以此作为准则，所有权限悉应固守，勿得稍有侵越。"③《九年筹备清单》中规定第九年即光绪四十二年（1916）"宣布宪法"，负责办理的部门是宪政编查馆。④

那么，清廷是如何解释未颁布宪法之前先公布《宪法大纲》的？宪政编查馆和资政院会奏的奏折中有所说明：

> 东西各国立宪政体，有成于下者，有成于上者，而莫不有宪法，莫不有议院。成于下者，始于君民之相争，而终于君民之相

---

① 《出使各国大臣会衔奏请宣布立宪折》，《广益丛报》1906年第107期。
② 故宫博物院明清档案部编：《清末筹备立宪档案史料》下册，中华书局1979年版，第684页。又见《德宗景皇帝实录》卷五九三，中华书局1985年版。
③ 故宫博物院明清档案部编：《清末筹备立宪档案史料》上册，中华书局1979年版，第67页。
④ 故宫博物院明清档案部编：《清末筹备立宪档案史料》上册，中华书局1979年版，第66页。

让，成于上者，必先制定国家统治之大权，而后锡予人民闻政之利益。各国制度，宪法则有钦定、民定之别……大凡立宪自上之国，统治根本，在于朝廷，宜使议院由宪法而生，不宜使宪法由议院而出，中国国体，自必用钦定宪法，此一定不易之理。故欲开设议院，必以编纂宪法为预备之要图，必宪法之告成先行颁布，然后乃可召集议院。而宪法为不刊之大典，一经制定，不得轻事变更，非如他项法律可以随时增删修改，故编纂之初，尤非假以时日详细研求，不足以昭慎重。惟条文之详备，虽非旦夕所能观成，而宏纲所在，自应预为筹定，以为将来编纂之准则。①

奏折将制定宪法和开设议院捆绑在一起思考，先确定中国宪法钦定，既然钦定，宪法就应该先于议会产生，而不应该由议会产生。这与上一章探讨的达寿考察归国后的建议完全一致。之所以要先制定大纲，主要是因为宪法为不刊之大典，需要长时间详细研求，才能昭示郑重；而且条文又较多，难于短期内完成。本章第三节探讨的《宪法重大信条十九条》的出台，也有类似的理由。

由八月初一日奏折和上谕可知，《宪法大纲》的起草部门为宪政编查馆和资政院。此时，资政院虽已宣布成立，奕劻和孙家鼐被任命为总裁，但尚未召开第一届常年会，实际上仅存其名。《宪法大纲》起草虽然名义上有其参与，而实际起草者为宪政编查馆。如前文所述，宪政编查馆的一项职掌即为"调查各国宪法，编订宪法草案"，具体由"掌属于宪法之事"的编制局第一科负责。《宪法大纲》"属于宪法之事"，按照规定，应由编制局第一科负责。查《宪法大纲》编制局职员名单，包括正副局长、正副科员，共35人，究竟由谁负责起草的？章太炎称"杨度辈为是草案"。② 杨度因张之洞和袁世凯联名保举，于光绪三十四年三月二十日（1908年4月20日）被任命

---

① 故宫博物院明清档案部编：《清末筹备立宪档案史料》上册，中华书局1979年版，第55页。
② 章太炎：《附房宪废疾六条》，《辛亥革命前十年间时论选集》第3卷，第101页。

为四品京堂候补,在宪政编查馆行走。①

杨度确实此间在宪政编查馆任职,但学界认为《宪法大纲》出于"杨度辈"之手的可能性不大。② 一是杨度自称起草《宪法大纲》和《九年筹备清单》时"未尝参与一字"。③ 二是《宪法大纲》颁布不久他便提出辞职,辞职原因之一是"到宪政编查馆后迄未派得重要差事"④。起草《宪法大纲》应为重要差事,如果杨度参与其中,则不至于说自己未获得重要差事了。三是据说汪荣宝等人有意把持,不但杨度未参与,其他科员也没有机会参加。"现在凡有会议,即汪荣宝、钱承誌、章宗祥、曹汝霖等数人在大甜水井某宅密议,不独杨度及与杨同志之人无从与闻,其他科员亦皆未与其列。"⑤ 另外,杨度在宪政编查馆任职期间,未改速开国会的初衷,利用京官身份多次催促清廷速开国会。1908年6月下旬,他单独向清政府提出开设国会说帖,规劝清政府早开国会。杨度作为宪政公会会长,与主张速开国会的立宪派论调一致,而与清廷缓开国会的主旨相去甚远,因而不受重用,遭到排挤也算事出有因了。⑥

那么,究竟是谁参与了《宪法大纲》的起草?何勤华、魏琼主编《董康法学文集》时,在"编者前言"中提到:"(董康)与南菁书院的同学汪荣宝一起,曾参考日本律师冈田朝太郎拟订的《新定法律草案》和刑部尚书薛允升所撰的《历朝法律沿革》稿本,编纂了一部《宪法大纲》,于1908年由清廷颁布试行。"⑦ 当时,董康为宪政

---

① 见蔡礼强《晚清大变局中的杨度》,经济管理出版社2007年版,第169页。
② 彭剑对此作了探讨,参见彭剑《清季宪政编查馆研究》,北京大学出版社2011年版,第67—68页。
③ 《布告宪政公会文》,载刘晴波编《杨度集》,湖南人民出版社1986年版,第511页。
④ 《杨度辞差述闻》,《盛京时报》光绪三十四年八月二十日。
⑤ 《国会问题汇志》,《盛京时报》光绪三十四年七月二十三日。
⑥ 虽然杨度素主张速开国会,但在1908年、1909年前后,其制宪思路与《宪法大纲》的精神比较一致,主张"非以君主大权成钦定宪法不可"。这可在其于宣统元年六月初八日(1909年7月24日)进呈的《宪政实行宜定总之敬陈管见折》中体现出来。(中国社会科学院近代史研究所近代史资料编辑室编:《近代史资料》总第71号,中国社会科学出版社1988年版,第230—236页。)另外,从《汪荣宝日记》可知,汪和杨交情较深,汪荣宝在宪政编查馆中也主张速开国会。
⑦ 何勤华、魏琼编:《董康法学文集》,中国政法大学出版社2005年版,"编者前言"。因资料所限,笔者未能找到"编者前言"中的史料依据。

编查馆编制局副科员，与汪荣宝同在宪政编查馆供职。董时任大理院刑科推事、推丞，又兼任修订法律馆提调，汪荣宝也在该馆兼职，是汪荣宝的上司。查《汪荣宝日记》，可以看出汪与董交谊深厚，董有可能参与《宪法大纲》的起草。再查《汪荣宝日记》，宪政编查馆编制局中与汪荣宝交往密切的还有吴廷燮、陆宗舆、章宗祥、曹汝霖、章宗元、恩华、胡礽泰、稽镜、富士英、高种、张孝栘等人。这些人中，除了吴廷燮和前述董康（曾赴日考察法院审判和监狱法）①之外，均为留日学生出身，而且学习内容多为法政科，有几人与汪荣宝一样，同为早稻田大学毕业生。（参见表3-1）而当时汪荣宝与同为宪政编查馆职员的曹汝霖、陆宗舆、章宗祥，"每逢新政，无役不从，议论最多，时人戏称为四金刚"。② 如果《宪法大纲》出于汪荣宝等人之手，这些人参与其中的可能性较大。

### 三 《钦定宪法大纲》与《明治宪法》比较

清廷出台的《宪法大纲》，是"将来编纂宪法"的准则，而不是宪法颁布之前君民应该遵守的纲领，因此，不具备普遍的法律效力。虽说如此，它是清政府出台的第一个宪法性文件，也是中国历史上第一个宪法性文件，因而引起了学界的普遍重视。③ 学界探讨的一个重

---

① 《修订法律大臣刑部左侍郎沈家本等奏为酌派刑部四川郎中饶昌麟及留学毕业生熊垓随同刑部候补郎中董康赴日调查法制事》，第一历史档案馆，录副奏片，档号：03-7228-024，缩微号：539-0593，具文时间为光绪三十二年。

② 曹汝霖：《曹汝霖一生之回忆》，中国大百科全书出版社2009年版，第62页。另外，曹汝霖在其回忆录中提到参与《钦定宪法草案》的制定（见本章第二节），但从《宪法草案》起草人员来看，曹应未参与。曹关于制定《钦定宪法草案》的回忆多有错误。笔者怀疑，由于年代久远，有误将参与《宪法大纲》的制定与所谓参与《钦定宪草》的制定混淆在一起的可能。

③ 2008年，在《宪法大纲》出台100周年之际，学界展开了新一轮研究。这些研究有两大特色：一是一改偏重于批判的研究传统，开始认可《宪法大纲》出台的价值，对其评价呈现多元化趋势。参见董和平《关于〈钦定宪法大纲〉评价的另类视角》，《求索》2014年第4期。郭邵敏：《清末宪政改革时期的"新君主制"——〈钦定宪法大纲〉百年祭》，《社会科学论坛》2008年第10期。二是研究更为细致，甚至出现了与《明治宪法》逐条比较的成果，在此基础上修正或否定了前人研究的一些观点。（参见下一注释）

点是《宪法大纲》受到《明治宪法》的影响和与《明治宪法》的文本比较研究。① 本书在前人研究基础上，尝试进一步论述《宪法大纲》和《明治宪法》的关系。学界多关注二者的相似之处，相反却很少提及二者的差异。笔者在留意《宪法大纲》与《明治宪法》相似之处的同时，注重其差异的比较。

《宪法大纲》由两部分构成，一为"君上大权"，二为"臣民权利义务"。从构成上来说，第一部分是核心，详细列举了君主的各项"大权"。第二部分只以"附录"的形式列举了臣民的部分权利和义务，相对于"权利"而言，更注重"义务"的列举。

从条文内容、文字表述和条文顺序上来看，《宪法大纲》与《明治宪法》有密切关系，早有学者注意到了这一点。民国时期的王世杰和钱端升认为："《宪法大纲》只列君上大权，纯为日本宪法的副本，无一不与之相同。"② 那么究竟是否如此？

首先，从《宪法大纲》与《明治宪法》条文对应关系上来看，除了《宪法大纲》第23条无法与《明治宪法》的条文相对应外，其他所有条文均有对应关系。可见《宪法大纲》所规定的内容没有超出《明治宪法》的文本内容。但是，更应注意到，《宪法大纲》共23条，而《明治宪法》共76条，前者占后者总条文数的3/10。《宪法大纲》实际上参照《明治宪法》的条文共28条，其中参考《明治宪法》第1章天皇13条、第2章臣民权利义务8条、第3章帝国议会1条、第5章司法2条、第6章会计3条、第7章附则1条。显然，对《明治宪法》第1章、第2章的参照最多，占参照条文的3/4。换言之，《明治宪法》的第1章和第2章是《宪法大纲》参考的核心部

---

① 与本书直接相关的最新研究成果分别来自史学和宪法学界，彭剑对《宪法大纲》和《明治宪法》做了细致的比较研究，最后得出结论：从"编排次序，到具体条文，都显示出《钦定宪法大纲》完全是一部'巩固君权'的宪法性文件"。（彭剑：《清季宪政编查馆研究》，第78页。）韩大元论述了《明治宪法》对《宪法大纲》的影响，又将中日宪法文本进行了详细比较分析。见韩大元：《论日本明治宪法对〈钦定宪法大纲〉的影响——为〈钦定宪法大纲〉颁布100周年而作》，《政法论坛》2009年第3期。本节表格制作对彭著和韩文多有参照。

② 王世杰、钱端升：《比较宪法》，商务印书馆2010年版，第409页。

分。除了核心部分外，参考的其他条文均与皇帝权力和皇室相关。某种意义上来说，《宪法大纲》是将《明治宪法》中关于皇权规定的条文抽取出来，列为"君上大权"。

需注意的是，《宪法大纲》并非借鉴《明治宪法》第1章的所有条文，后者的第2条关于皇位继承的条文和第17条关于摄政的条文未予借鉴。《明治宪法》第2章臣民权利义务共15条，而《宪法大纲》只参照了其中的9条。这与"君上大权"部分参照了《明治宪法》第1章绝大部分条款形成了鲜明的对比，由此可以窥见《宪法大纲》重君权轻民权的特色。具体言之，《宪法大纲》没有列举《明治宪法》中规定的"居住及移徙之自由"（第22条）、"书信之秘密"（第26条）、"信教之自由"（第28条）以及"请愿"（第30条），而这些权利是当时立宪国家宪法的通常性规定。

其次，从条文的顺序安排上来看，二者相似度高，比如将《明治宪法》中第1章条文与《宪法大纲》比较，出现了前者第1、3、6、7、10、11、12、13、14、15、16条与后者第1、2、3、4、5、6、7、8、9条相一致的情况；《明治宪法》的第2章条文中第23、24、25、27条也与《宪法大纲》中第17、18、20条顺序一致。这些顺序上的一致性，能够说明《明治宪法》对《宪法大纲》的影响之大。但同时，也应该看到有些条文的顺序是不一致的，如《明治宪法》中的第19条规定，在第2章中的位置比较靠后，而在《宪法大纲》中，却列在臣民权利中靠前的位置。

尽管如此，将《宪法大纲》理解为"纯为日本宪法的副本，无一不与之相同"的说法，是值得商榷的。如果进一步将《宪法大纲》与《明治宪法》条文比较，"无一不与之相同"的结论更难成立。现将《宪法大纲》与《明治宪法》文本按照相似程度，分为三类进行比较。首先，对高度相似的文本加以比较（见表3-2）。

表3-2　　　《宪法大纲》与《明治宪法》高度相似条文比较

| 《宪法大纲》 | 《明治宪法》 |
| --- | --- |
| 第1条 大清皇帝统治大清帝国，万世一系，永永尊戴。 | 第1条 大日本帝国，万世一系之天皇统治之。 |
| 第2条 君上神圣尊严，不可侵犯。 | 第3条 天皇，神圣不可侵犯。 |
| 第13条 皇室经费，应由君上制定常额，自国库提支，议院不得置议。 | 第66条 皇室经费，依现在定额，每年由国库支出。除将来需增额时外，无须帝国议会之协赞。 |
| 第15条 臣民中有合于法律命令所定资格者，得为文武官吏及议员。 | 第19条 日本臣民，合法律命令规定之资格，均得任文武官员及就其他公务。 |
| 第16条 臣民于法律范围以内，所有言论、著作、出版及集会、结社等事，均准其自由。 | 第29条 日本臣民，在法律范围内，有著作、印行、言论及集会、结社之自由。 |
| 第17条 臣民非按照法律所定，不加以逮捕、监禁、处罚。 | 第23条 日本臣民，非依法律，不受逮捕、监禁、审问、处罚。 |
| 第21条 臣民按照法律所定，有纳税、当兵之义务。 | 第21条 日本臣民，从法律所定，有纳税之义务。<br>第20条 日本臣民，从法律所定，有服兵役之义务。 |
| 第22条 臣民现完赋税，非经新定法律更改，悉仍照旧输纳。 | 第63条 现行租税，未曾以法律改易者，依旧征收之。 |

资料来源：1.《清末筹备立宪档案史料》上册，第58—59页。2.《新译日本法规大全》（点校本）第一卷，第53—59页。

《宪法大纲》中有8条（占总条款的1/3强）无论从表达的意思上还是文字表述上，与《明治宪法》相关条款高度相似，应该视为对其的模仿。有些学者因此认定这些条款是对《明治宪法》相关条款的"抄袭"。笔者认为，使用"模仿"更为恰当。确实，在第1条里出现了一处"抄袭"的情况，使用了"万世一系"一词。中国王朝历代更替，未出现日本皇权"万世一系"的情况，章太炎和日本的舆论对《宪法大纲》的这一用语大加鞭挞。但是，细致比较高度相似的条文，将专用语的差异（如"君上"—"天皇"）排除在外的情况下,没有完全一致的条文。比如用语最少的第2条,也比《明治宪法》多出"尊严"一词,第16条关于各项自由的排序与《明治宪法》不尽一致;第17条缺少《明治宪法》中"审问"一词;而且,第21条是将《明治宪法》的第20、21条整合在一起的条目。另外,在条文的顺序安排上,这些条款也没有完全按照《明治宪法》的条款顺序排列。如果是"抄袭",按理说应该原封不动地照搬,顺序也应该一致。更需注意的是,如果将比较的范围扩展为欧洲君主立宪国家的宪法,进行综合比较的话,像第15—21条这样的条文的表述方式在其他宪法中也比较常见。笔者之意不是说《宪法大纲》起草时是否参考了《明治宪法》以外的宪法,而是强调在比较这些高度相似的条文时,一定要注意到这些条文的表述与其他国家宪法条文表述的相似性。换言之,像第15—21条这样的条文,采用《明治宪法》条文的表达方式,是最符合法律语言表达习惯的。现今的多国宪法条文,仍不乏类似表述。

总的来说,这些高度相似的条文在意思表达上与《明治宪法》差别不大,但从文本表述上还是体现出了制定者的独立思考,不是一味照抄照搬。

表 3-3 《宪法大纲》与《明治宪法》基本相似条文比较

| 《宪法大纲》 | 《明治宪法》 |
| --- | --- |
| 第3条 钦定颁行法律及发交议案之权。凡法律虽经院议决,而未奉诏命批准颁布者,不能见诸施行。 | 第6条 天皇裁可法律,命公布及执行。 |
| 第4条 召集、开闭、停展及解散议院之权。解散之时,即令国民重行选举新议员,其被解散之旧员,即与齐民无异,倘有抗违,量其情节以相当之法律处治。 | 第7条 天皇召集帝国议会,命开会、闭会、停会,及众议院之解散。 |
| | 第45条 命众议院解散时,当以敕令使重行选举议员,自解散之日起,五个月以内,召集之。 |
| 第5条 设官制禄及黜陟百司之权。用人之权,操之君上,而大臣辅弼之,议院不得干预。 | 第10条 天皇定行政部门之官制,及文武官员之俸给,并任免文武官。但本宪法及其他法律载有特例者,各依该条项。 |

续表

| 《宪法大纲》 | 《明治宪法》 |
|---|---|
| 第6条 统率陆海军及编定军制之权。君上调遣全国军队，制定常备兵额，得以全权执行。凡一切军事，皆非议院所得干预。 | 第11条 天皇统率海陆军。<br>第12条 天皇定海陆军之编制，及常备兵额。 |
| 第7条 宣战、讲和、订立条约及派遣使臣与认受使臣之权。国交之事，由君上亲裁，不付议院议决。 | 第13条 天皇宣战、媾和及缔结各项条约。 |
| 第8条 宣告戒严之权。当紧急时，得以诏令限制臣民之自由。 | 第14条 天皇宣告戒严。<br>戒严之要件及效力，以法律定之。 |
| 第9条 爵赏及恩赦之权。恩出自君上，非臣下所得擅专。 | 第15条 天皇授与爵位、勋章及其他荣典。<br>第16条 天皇命令大赦、特赦、减刑及复权。 |
| 第10条 总揽司法权。委任审判衙门，遵钦定法律行之，不以诏令随时更改。司法之权，操诸君上，审判官本由君上委任，代行司法，不以诏令随时更改者，案件关系至重，故必以已经钦定为准，免涉分歧。 | 第57条 司法权，裁判所以天皇之名，依法律行之。<br>裁判所之构成，以法律定之。<br>第58条 裁判官以具法律所定之资格者任之。<br>裁判官，除因刑法之宣告及惩戒之处分外，不被免职。惩戒条规，以法律定之。 |
| 第11条 发命令及使发命令之权。惟已定之法律，非交议院协赞奏经钦定时，不以命令更改废止。法律为君上实行司法权之用，命令为君上实行行政权之用，两权分立，故不以命令改废法律。 | 第9条 天皇为执行法律，或为保持公共之安宁秩序，及增进臣民之幸福，亲发或使发必要之命令，但不得以命令变更法律。 |
| 第12条 在议院闭会时，遇有紧急之事，得发代法律之诏令，并得以诏令筹措必需之财用。惟至次年会期，须交议院协议。 | 第8条 天皇为保持公共之安全，免公共之灾厄，有紧急必要时，于帝国议会闭会中，发可代法律之敕令。<br>此敕令，至次会期，当提出于帝国议会。若议会不承诺，则政府当公布。自此以后，此敕令失其效力。<br>第70条 为保持公共之安全，需紧急费用之时，依内外情形，如政府不能召集帝国议会，得依敕令，行财政上必要之处分。<br>前项事情，当于下会期提出于帝国议会，求其承诺。 |
| 第14条 皇室大典，应由君上督率皇族及特派大臣议定，议院不得干预。 | 第74条 皇室典范之改正，无须经帝国议会之议。 |

续表

| 《宪法大纲》 | 《明治宪法》 |
|---|---|
| 第18条 臣民可以请法官审判其呈诉之案件。 | 第24条 日本臣民，受法律所定之裁判官裁判之权，无被夺者。 |
| 第19条 臣民应专受法律所定审判衙门之审判。 | |
| 第20条 臣民之财产及居住，无故不加侵扰。 | 第27条 日本臣民，其所有权，无被侵害者。<br>为公益事必要之处分，依法律之所定。 |
| | 第22条 日本臣民，于法律范围内，有居住及迁徙之自由。 |

资料来源：同表3-2。

《宪法大纲》中有14条（占总条文的3/5以上）与《明治宪法》的相关条文基本类似，即表达的意思有所差异，文字表述也不尽相同，但可以看出与《明治宪法》的大致对应关系，反映出《明治宪法》的一定影响。但是，更应该注意到这些差异反映出了《宪法大纲》的独特思考。从条文构成上看，这些条款中，经常出现《宪法大纲》的一个条文借鉴《明治宪法》两条条文的情况，如前者第4条参考了后者的第7条、第45条，前者第6条参考了后者的第11条、第12条，前者的第10条参考了后者的第57条、第58条，前者的第12条参考了后者的第8条、第70条，前者的第20条参考了后者的第27条、第22条。这种处理方式充分反映出了《宪法大纲》条文简洁的"纲领"特色。但也需要注意，这样的处理方式难免有过于简化之嫌，如第20条。

条文安排姑且不论，表达意思上的差异值得探究。就君上大权部分而言，这些差异多体现在《宪法大纲》赋予皇帝更多的权力，减少对其约束的文字上。这样的处理，使得《宪法大纲》缺乏《明治宪法》那样条文解释的弹性，成了现实政治状态的如实反映，最终将皇帝打造成了地地道道的"实位君主"，与后人讥评的"假立宪"确实相距不远了。比如，发交议案是一项重要权力，一般情况下，政府、议会均有这项权力。然而，《宪法大纲》第3条只规定了皇帝具有发交议案之权，却未规定议会是否有此权力。《明治宪法》第38条明文规定"两议院得议政府提出之法律案，并得提出法律案"。另如《宪法大纲》第5条规定用人之权由大臣辅弼，议院不得干预。这不见于与其相应的《明治宪法》第10条的规定。再如关于军事、国交之事都明确规定议院不得干预或不付议院议决。第12条更是赋予了皇帝在议会闭会期间可以发诏令代替法律，并且可以通过诏令筹措必要财用，只需下次召开议会期间交其"协议"。而《明治宪法》第8条对此规定比较严格，议会闭会期间发布的敕令，一旦提出于议会，如果无法得到其"承诺"，则失去效力；无法召开议会时进行的财政上的必要处分，也要提交下次议会，求其"承诺"。显然大纲使用"协议"一词，与"承诺"（同意）相比，缺乏对皇权的约束力。其他差异也值得注意，比如第14条规定皇室大典的制定，由君上督率皇族及特派大臣议定，议院不得干预。而《明治宪法》第74条只规定皇室典范的"改正"无须议会议论。中国当时尚未制定皇室大典，而《明治宪法》起草完毕经由枢密院审定的同时，皇室典范也一并审定完成。显然，起草者注意到了中国与日本情况的差异。

前文提到"万世一系"一词抄袭了《明治宪法》，但有些词汇为《宪法大纲》所独创，并未抄袭。比如"皇室大典"一词，在《明治宪法》中与其对应的是"皇室典范"。汪荣宝等起草的《钦定宪草》和资政院制定的《重大信条》，均沿用了这一表达。北鬼三郎的《大清宪法案》成书于《宪法大纲》颁布之后，但其草稿却形成于《宪法大纲》公布之前，成书时他特意将之前使用的"皇室令"一词更改为"皇室大典"（参见本章第三节）。"皇室大典"跟"皇室典范"虽只有两字之差，但可见制定者确实十分用心地创造出了《宪法大纲》的特色。

以上具体比较了《宪法大纲》和《明治宪法》的异同，总体而言，前者基本上以后者为范本，但不应该得出前者是后者副本的结论，对"抄袭"之类的文辞也应慎重使用。尽管二者有相似之处，但不能就此忽略差异部分。这些不同之处，反映出了制定者的独立思考和《宪法大纲》的"中国特色"。而最能体现《宪法大纲》制定者独特思考的条文是最后一条:"臣民有遵守国家法律之义务",其不见于《明治宪法》,也不见于《普鲁士宪法》和《俄罗斯宪法》。这些独特之处,可以反映出清廷并未一味地模仿《明治宪法》,宪政编查馆中不乏精通宪法和宪政的留日高才生,他们在制定《宪法大纲》时的能动性应该得到认可。

**四 《钦定宪法大纲》评价**

《宪法大纲》是近代中国的第一份宪法性文件,出台后广受关注。一百多年来,学者产出了丰富的评价成果。董和平将众多评价归为四类:第一类,用当今的宪法政治理论评价历史上的《宪法大纲》;第二类,与当时的历史背景结合历史地评价和解读《宪法大纲》;第三类,个别学者基于中国自古以来的文化观念和皇权传统对《宪法大纲》作出文化性解读;第四类,从《宪法大纲》的具体内容分析入手,对《宪法大纲》立法规范和具体内容作政治性解读,重新给予《宪法大纲》更为客观具体的定位和评价。董和平认为上述评价多具有宏观性和政治性,其另辟蹊径,从中国本土宪法学说史、宪法技术、宪法文本和宪法理论体系等角度对《宪法大纲》做了新的探讨。[①] 本书将《宪法大纲》作为清廷制宪全程的一个环节加以评价。

从前引颁布《宪法大纲》的上谕可知,出台《宪法大纲》的用意,一是预备立宪的一种措施;二是制定准绳,以此为据,收束人心,防止政出歧途,无法可依。但是,从清廷制宪的全过程来看,出台《宪法大纲》的弊端也显而易见。

虽说《宪法大纲》的文本受到了《明治宪法》的较大影响,但制定正式宪法之前制定其准则——《宪法大纲》则是清廷的独创。明治政府制宪的整个过程中,未颁布制定宪法的准则性纲领,其他立宪国家制定宪法之前也鲜有制定类似纲领的先例。明治元年,日本天皇

---

① 董和平:《关于〈钦定宪法大纲〉评价的另类视角》,《求索》2014 年第 4 期。

发布"五条誓文",但它只是相当于1906年预备立宪诏书之类宣布"国是"的总方针,并不是宪法纲领。杨度敏锐地注意到了这一点,在宣统元年六月初八日(1909年7月24日)上奏《宪政实行宜定宗旨敬陈管见折》中称:"各国未颁布宪法之始,从未有预拟宪法大纲、预定君民权限如我中国者,此实世界所无之创举。"① 笔者认为,清廷的这一"世界所无之创举"恰恰反映出清廷对制宪缺乏统筹规划和整体布局,使其过早地将自己的制宪意图暴露在世人面前,出现了难以预料的后果。

首先,《宪法大纲》的出台使得后来秘密制定《钦定宪法草案》失去"秘密"的意义。从清廷的制宪过程来看,到《钦定宪草》制定时,清廷始终严格把持制宪权,不允许资政院和民间立宪团体参与其中,为此采取了秘密制宪的形式(见本章第二节)。然而,由于《钦定宪草》以《宪法大纲》作为制定准则,其"秘密"已经大打折扣。世人不难通过《宪法大纲》猜测出《钦定宪草》的制宪理念和主要内容。比如,张绍曾在滦州兵谏中向清廷提出《政纲十二条》,要求清廷制定英式宪法。清廷于九月初九日(10月30日)发布宪法交资政院协赞的上谕,并强调"著溥伦等敬遵钦定宪法大纲,迅将宪法条文拟齐"。② 但张绍曾对此非常不满,于九月十一日(11月1日)致电军咨府:"窃绎宪法首标君上大权,以立法、司法、行政三者概归君上,大权作用与臣等所奏政纲适成反对。敬肯收回成命,取销宪法大纲,由议院制定,以符臣等原奏。"③ 张绍曾将矛头指向了《宪法大纲》,在他看来,《钦定宪草》是依照《宪法大纲》起草的,二者没有本质区别。清廷的秘密制宪,某种程度上丧失了意义。《明治宪法》颁布之前,除了制宪者外,无人知道其任何内容,是真正的

---

① 中国社会科学院近代史研究所近代史资料编辑室编:《近代史资料》总71号,中国社会科学出版社1988年版,第232页。
② 故宫博物院明清档案部编:《清末筹备立宪档案史料》上册,中华书局1979年版,第97页。
③ 杜春和编选:《辛亥滦州兵谏函电选》,载中国社会科学院近代史研究所近代史资料编辑部编《近代史资料》总91号,中国社会科学出版社1997年版,第59页。

"秘密"制宪。国民也为此翘首企盼,宪法颁布时举国欢庆。宪法颁布成为整合国民精神的一种有效手段,促进了日本近代国家的形成。然而,由于清廷过早颁布了《宪法大纲》,因此即使最终颁布《钦定宪法》,国民的期待感或许也要低得多。显然,秘密制宪和出台《宪法大纲》是有所矛盾的,清廷并未达到秘密制宪的目的,其缺乏统筹由此可以窥见一斑。

其次,《宪法大纲》的出台还导致了清廷始料不及的后果:第一,为共和主义立宪派提供了批判的靶子,增强了其以暴力推翻清王朝的决心。章太炎是主张共和立宪的代表性人物,站在清廷对立面上,对清廷立宪素持批判态度,否定清廷立宪的意图和能力,主张以革命手段推翻清王朝的统治,建立共和政制。对于《宪法大纲》,章太炎持完全否定的态度。《宪法大纲》出台不久,章便大加挞伐:

> 虏廷所拟立宪草案,大较规模日本。推其意趣,不为佐百姓,亦不为保乂国家,惟拥护皇室尊严是急……呜呼!虏廷之疾已死不治,而欲以宪法疗之,宪法之疾又死不治,持脉写声,可以知其病态矣。①

章太炎认为《宪法大纲》模仿《明治宪法》,其不是为了保障国民的权利,也不是为了保卫国家,而只是维护皇室尊严。从反清的立场上来看,这样的批判可谓切中要害。章太炎还对《宪法大纲》中的6项规定加以批驳,所占篇幅最大的是对第1条、第2条的批判。章认为"万世一系"和"君上神圣尊严,不可侵犯"是对《明治宪法》的模拟,但有失历史的真实。日本天皇堪称万世一系,但"满洲本非我族类,自古无'万世一系'之历史"。② 而且中国历史上也未出现万世一系的皇权:"秦皇欲推二世三世至于万世,遂为千

---

① 章太炎:《附虏宪废疾六条》,中国近代期刊汇刊《民报》第6册,中华书局2006年版,第3740—3741页。
② 章太炎:《附虏宪废疾六条》,中国近代期刊汇刊《民报》第6册,中华书局2006年版,第3741页。

载笑谈。"① 再有，章太炎关于《宪法大纲》中皇室大典和皇室经费也予以严厉批判，认为其"又模拟日本宪法而加厉者"。② 总的来说，章太炎通过与《明治宪法》比较，对《宪法大纲》进行了严厉的批判，认为其毫无可取之处。这种批判风格为多数共和立宪者所共享，其影响波及至今。

第二，《宪法大纲》与君主立宪派（民间立宪派、海外立宪派和官僚立宪派）的制宪理想不一致，招致了其批评。君宪派此后掀起又一轮速开国会的高潮，并通过要求参与制定宪法，试图否定《宪法大纲》的内容。与共和立宪派相比，君宪派对《宪法大纲》的批评多比较温婉，杨度即是如此。杨度曾赴日留学，当时又是宪政公会的领袖，又在宪政编查馆供职，其对《宪法大纲》的态度比较具有代表性。在前引奏折中杨度委婉地表达了对其同僚起草的《宪法大纲》的批评："去年钦定宪法大纲，其中已将颁布法律、解散议院、总揽司法、设官制禄、统帅海陆军、宣战议和、宣告戒严等事，皆归于君主大权，此实与日本宪法同，且或过之，而为英吉利、普鲁士所无者也。"③ 杨度援引日本、英国和普鲁士宪法，表达了对《宪法大纲》过于强化君上大权的不满。或许正是出于这种不满，当有人责问宪政编查馆出台如此《宪法大纲》时，杨度否认自己参与起草，声称"未尝参与一字"。杨度虽然所持立场和立宪观念与章太炎不同，但同样对《宪法大纲》偏重君权表达了不满。《宪法大纲》的颁布，某种程度上挫伤了立宪派的积极性，使其开始对清廷产生离心力，最终与共和派合流，站在了否定清廷的立场上，使得清王朝"失道寡助"，最终走向灭亡。

以上虽然对《宪法大纲》和《明治宪法》的文本作了比较，但

---

① 章太炎：《附房宪废疾六条》，中国近代期刊汇刊《民报》第6册，中华书局2006年版，第3741—3742页。

② 章太炎：《附房宪废疾六条》，中国近代期刊汇刊《民报》第6册，中华书局2006年版，第3745页。

③ 中国社会科学院近代史研究所近代史资料编辑室编：《近代史资料》总71号，中国社会科学出版社1988年版，第231页。

在比较时有两点需要特别注意：第一，二者从内容上存在可比性，但从形式上则缺乏可比性。《宪法大纲》顾名思义，不过是纲领性的文件，是清廷制定宪法的准绳；而《明治宪法》是一部颁布实施的正式宪法。其实，按常理来讲，应该将清廷后来制定的《钦定宪法草案》与《明治宪法》比较，但无奈至今尚未发现《钦定宪法草案》的文本，只得退而求其次，将《宪法大纲》拿来跟《明治宪法》比较。第二，更应该考虑到《宪法大纲》制定时，《明治宪法》已颁布施行近20年，明治末年和大正时期，日本出现了真正的政党内阁，学者和政治家对《明治宪法》的条文解释已与其刚颁布时不尽相同。比如素主张"天皇主权说"的穗积八束宪法学逐渐让位给以清水澄和美浓部达吉等学者主倡的"天皇机关说"了。《宪法大纲》只是静态地模仿了近20年前出台的《明治宪法》，丝毫没有表现出明治宪政的积极影响。这一点是值得深思的。

## 第二节　秘密制宪的半成品：《钦定宪法草案》

通过五大臣对各国宪法的考察和达寿、李家驹等人对日本、英国、德国宪法的考察，清廷从制宪理念、纲领、机构、人员、参考资料等方面都做了较为充分的准备，并且出台了《宪法大纲》，对如何制定宪法和制定怎样一部宪法已有较大的把握。

以往学术界对清廷制定宪法的关注，集中在《宪法大纲》和《宪法重大信条十九条》上，而这两个文本并不是清廷颁布的宪法，只能算作为将来颁布宪法而事先公布的纲领性宪法文件。清廷是否制定过宪法全文？直到1989年王晓秋在《历史研究》上发表的一篇论文，学界才提出清廷纂拟过宪法草案的研究课题，由此揭开"中国第一部宪法草案"研究的序幕。王晓秋通过发掘并研究北京大学图书馆珍藏的宣统年间《汪荣宝日记》稿本，撰写了《清末政坛变化的写照——宣统年间〈汪荣宝日记〉剖析》一文，根据汪氏日记提供的线索，确认清廷确实起草过一部完整的宪法草案，证实了以前某些学者的猜测,而且明确了《钦定宪法草案》(以下简称《钦定宪草》)的两个执笔者李家驹、汪荣宝以及草案的大致制定过程,最终得出结论,认为该草案"是中国近代历史上第一部宪法草案"①。

侯宜杰对《钦定宪草》制定有所涉及。② 彭剑在研究宪政编查馆时,对《钦定宪草》也有所研究,对清廷抛开宪法起草机构宪政编查馆单独起草宪法做了分析,又据《汪荣宝日记》大致叙述了起草过程,将重点放在清廷秘密制宪的"秘密"之上。③ 赵林凤以博士学位论文为基础出版了《汪荣宝评传》,书中专门开辟一节,对《钦定宪草》的纂拟做了介绍,共分四部分:纂拟人员的甄择、宪法纂拟之过程、纂拟宪法程序及奏呈情形以及宪法草案的初步评价。这是笔者所见到的关于《钦定宪草》最为具体详细的论述。当然,其论述以汪荣宝为核心,对这部草案与日本的关系没有做深入探讨,只是在"宪法草案的初步评价"中"推知宪法在很大程度上以日本宪法为标准"。④ 2013年,迟云飞在其博士学位论文的基础上出版《清末预备立宪研究》,也介绍了《钦定宪草》,并提出新观点,认为第一历史档案馆资政院档案中收藏的编目为"清政府拟订宪法草稿"的宪草即为李家驹、汪荣宝草拟的《钦定宪草》(见第四章第二节)。

目前,除了《汪荣宝日记》,缺乏《钦定宪草》文本、纂拟过程等基本研究资料。这与《明治宪法》纂拟研究史料丰富的情况形成了鲜明的对比。或许资料匮乏可以归为纂拟是在秘密中进行的,但《明治宪法》的纂拟也处于保密之中,史料却相当丰富。笔者认为,清廷未完成纂拟的全过程便爆发了辛亥革命,帝制转为共和,清王朝作为批判的对象,相关资料的保存未受到足够重视。政治制度的剧变和清末民初的社会混乱应该是造成史料缺失的主因。

---

① 王晓秋:《清末政坛变化的写照——宣统年间〈汪荣宝日记〉剖析》,《历史研究》1989年第1期。
② 侯宜杰:《二十世纪初中国政治改革风潮》,中国人民大学出版社2009年版,第315—316页。
③ 彭剑:《清季宪政编查馆研究》,北京大学出版社2011年版,第78—87页。
④ 赵林凤:《汪荣宝评传》,南京大学出版社2012年版,第216页。

包括笔者在内，关注清末宪法起草的学者在中国和日本各大图书馆、档案馆努力寻找相关资料，尤其是《钦定宪草》全文的下落，至今一无所获。不过，我们不应该放弃继续寻找。宣统三年八月初八日（9月29日），汪荣宝在日记中提及曾经将草案全文抄写一通。① 另外，据《汪荣宝日记》记载，汪起草条文之后通常呈送纂拟大臣讨论，同一条文需抄写几份。而且，经讨论的条文和按语最终要缮写、装订和圈点，进呈给摄政王审订。所以，仍然有发现宪草纂拟资料的可能性。

当然，最切实的研究还应该等到《钦定宪草》文本露出庐山真面目。缺乏最为关键的文本，对其制定进行研究，有无源之水的感觉。但笔者认为，《汪荣宝日记》仍有进一步挖掘的可能性。结合上述研究成果，笔者尝试对宪草纂拟做更为细致和深入的研究。

## 一 新一轮速开国会请愿运动与制宪呼声

《宪法大纲》和《九年筹备事宜清单》发布，使预备立宪有章可循。此后，各项预备事项按照计划实施。但是，在民间立宪团体、督抚、朝廷亲贵、咨议局和资政院的共同作用下，迫使清廷将9年筹备的计划缩短为6年，按照清单第9年制订宪法的计划也不得不提前。

光绪三十四年六月二十二日（1908年7月22日），《各省咨议局章程》和《咨议局议员选举章程》公布，清廷谕令各省咨议局一年之内筹设。宣统元年九月初二日（1909年10月14日），除新疆以外的全国21个行省咨议局成立并开议。时论认为这是中国历史上可喜可贺的一件大事，因其"为我国人民获有参政权之第一日"②。各省咨议局议论事件多为省内之事，但很快感到有些问题难以在一省之内解决，有必要联合起来。出于共同的利益，各省咨议局在开议后不久便讨论联合的事宜。经过一番筹备，宣统二年七月初八日（1910年8月12日），除甘肃、新疆之外，20省咨议局会员50人齐聚京城，召

---

① 韩策、崔学森整理：《汪荣宝日记》，中华书局2013年版，第301页。
② 《预祝本年之九月》，《时报》1909年10月14日。

开成立大会，通过了章程和议事规则以及临时办事处规则，并选举了正副主席和审查员。八月初四日（9月7日），联合会闭会。近一个月的会期内，共召开13次会议，提出了多项与咨议局利益和权限息息相关的议案，如《请根据章程确定权限解释公呈案》等，其中议决了《陈请提议请速开国会案》。

各省咨议局筹设的同时，全国性的准国会组织资政院也在筹设之中。光绪三十三年八月十三日（1907年9月20日），清廷发布上谕，宣布设立资政院，作为未来开设议院的基础，并任命溥伦和孙家鼐为总裁。宣统元年七月初八日（1909年8月23日），资政院会同军机大臣奏请颁布《资政院院章》，得到朝廷俞允。八月初九日（9月23日），清廷又命考察日本宪政归国的李家驹协理资政院事务。九月十四日（10月26日）资政院选举章程奏准颁行。宣统二年九月初一日（1910年10月3日），资政院开院，召开了三个多月的会议后，于宣统二年十二月十二日（1911年1月11日）闭会，完成了中国准议会组织的"首秀"。

咨议局和资政院的成立、开议，刺激了立宪派的热情。继光绪三十四年（1908）速开国会之请，立宪派以咨议局和资政院为核心，掀起新一轮国会请愿运动。越发深刻的民族危机，也促使国会请愿运动迅速展开。日本和俄国虽然为争夺中国东北的权益而爆发战争，但日俄战争后二者很快又走向了联合。1910年7月，日本和俄国再次签订秘密条约，互相承认在中国东北的权益，并且禁止他国染指。日本在争夺东三省权益的同时，加紧对韩国的侵略，同年8月吞并韩国。此举为中国人再次敲响了警钟。①

宣统元年（1909）秋季以后，立宪派共组织了四次大规模请愿活动。请愿活动中，除要求早开国会外，还要求及早颁布宪法，甚至主张国会具有独立立法权。第一次请愿发生在宣统元年十二月六日（1910年1月16日）。当日，请愿代表共赴都察院，呈递速开国会的请愿书。文耀、恒钧等旗人也参与到请愿中来，十二月十八日（1910

---

① 参见李细珠《日韩合并与清末宪政改革》，《近代史研究》2011年第4期。

年 1 月 28 日）将请愿书呈递都察院，请求一年内速开国会。当日，都察院将上述两份请愿书上奏，但最终请愿内容遭到拒绝。

第一次请愿遭拒后，代表并未丧失信心，立即筹划第二次请愿。直隶请愿代表还发起了请愿签名活动，到宣统二年二月二十日（1910年 3 月 30 日），称签名人数已达 20 余万人。① 五月十日（6 月 16 日）请愿代表再次齐集都察院，各地代表共呈递了 10 份请愿书，均要求一年之内召集国会。请愿书大多将九年筹备清单作为批判对象，认为只有宣布宪法、议院法、选举法和早行选举才是最应筹备的事情。五月十三日（6 月 19 日）代表团又推举代表，准备谒见军机大臣，并上书摄政王。载沣拒绝跟代表见面，仍然坚持原定年限。② 军机大臣建议召开政务处会议。五月二十日（6 月 26 日）请愿代表孙洪伊等致函政务处，力陈召开国会，参与立法："人民之所以要求国会者，必因目前极厌恶此种专制政体，极不信任此种官僚，故必欲参与立法，使之独立于行政部之外"。③ 这封信函虽未明确要求国会制定宪法，但提及人民主张参与立法。次日，载沣召集政务处成员，会议速开国会问题，第二次拒绝了请愿者的要求："仍待俟九年筹备完全，再行降旨定期召集议院……毋得再行渎请。"④

第二次请愿遭拒，请愿团体再接再厉，迅即组织第三次请愿。"言论界之骄子"梁启超发表了《国会期限问题》《为国会期限问题警告国人》和《立宪九年筹备案恭跋》等文，号召国人将请愿当作"今日人生第一大事"，鼓舞请愿者的士气，并且言辞激烈地批评政府"假立宪之名，以行专制之实"。宣统二年九月初一日（1910 年 10 月 3 日），资政院开院当天，请愿代表团通告全国，进行第三次请愿。此后，代表团上书摄政王、政务处和资政院。九月十三日（10

---

① 《大公报》1910 年 4 月 1 日。
② 《大公报》1910 年 6 月 4 日。
③ 《中华民国史档案资料汇编》第 1 辑，江苏人民出版社 1979 年版，第 131—132 页。转引自侯宜杰《二十世纪初中国政治改革风潮》，第 226 页。
④ 故宫博物院明清档案部编：《清末筹备立宪档案史料》下册，中华书局 1979 年版，第 645 页。

月15日），奕劻接见请愿代表孙洪伊等人，表示："今舆论既以速开国会为救亡第一要著，余必无反对，诸君其勿疑。"①

鉴于民间立宪团体的请愿活动和政局之危急，清廷部分官僚开始联合起来，支持速开国会。第一次国会请愿期间，孙宝琦、程德全、陈昭常等巡抚和出使各国大臣纷纷吁请速开国会。出洋考察各国政治的五大臣之一、奉天府府丞李盛铎奏请"立布宪法条文，定期召开国会"②。第三次请愿期间，东三省总督锡良、吉林巡抚陈昭常等多名督抚联名致电军机处，要求"明年开设国会"③。

在请愿团和舆论的压力下，加之督抚和朝廷亲贵的陈请，摄政王终于不再坚持9年之后开设国会的成见。九月二十四日（10月26日），载沣召见资政院总裁溥伦询问缩短期限问题，溥伦回答至少要缩短3年时间："大抵至少之非缩短三年，不足以餍天下之请。"④ 十月初二日（11月3日）载沣亲自主持政务处会议，毓朗主张速开国会，得到载泽的赞同。载泽提出于宣统五年（1913）召开国会，得到众人认可。至此，朝廷基本确定国会召开期限。次日，朝廷颁发谕旨，"著改于宣统五年，实行开设议院"⑤。第三次国会请愿运动因而告一段落，请愿者虽然没有达到一年之内速开国会的目的，但毕竟国会开设缩短了3年时间。⑥ 此后，请愿代表团解散，但仍有部分代表心有不甘，进行了第四次请愿活动。

在第三次请愿达到一定目的、代表团解散之前，关于今后如何行

---

① 《时报》1910年10月24日。
② 转引自侯宜杰《二十世纪初中国政治改革风潮》，第215页。
③ 《各省督抚合词请设内阁国会奏稿》，《国风报》1910年第26期。
④ 《时报》1910年11月5日。
⑤ 故宫博物院明清档案部编：《清末筹备立宪档案史料》上册，中华书局1979年版，第79页。
⑥ 王开玺讨论了国会开设缩短年限问题，最终认定清廷将预备立宪时间由9年缩改为6年，见王开玺《晚清政治新论》，第248页。另外，有一个与筹备立宪时间年限相关的细致讨论。彭剑根据九年筹备清单的解读，认为清廷并未宣布开国会的期限，开国会的时间还是未知数。按照彭剑的研究，宣统五年开设国会应该是清廷第一次明确宣布国会开设期限。（彭剑：《清季预备立宪九年清单并未宣布开国会年限》，《近代史研究》2008年第3期。）

动，代表进行了认真讨论。在最后的决定中，有一点值得注意，即"宪法、议院法、选举法及官制内阁组织法，此数项为国会未开以前应行设备之事，自应要求赶早编订，并设法参预之"①。代表团虽然解散，但国会请愿同志会仍然保留，继续其活动。12月上旬将其政治纲领通告全国，其中第二项要求参与宪法，反对日式宪法，"若令以日本宪法纯然施之吾国，其危险不可思议"，建议电请资政院具奏，将宪法条文交资政院协赞通过。②侯宜杰认为："至此，国会请愿代表团解散，国会请愿同志会的主要任务也由请愿速开国会转向参与拟订宪法，特别是组建政党方面。"③

资政院在国会请愿活动中，站在请愿者的立场上，支持速开国会，开院之后多次改变会议既定议题，临时讨论速开国会问题。九月二十日（10月22日）资政院通过了速开国会的议案，并拟专折上奏，二十四日（10月26日）审议通过速开国会的折稿。资政院也呼吁清廷迅速制定宪法。九月二十日议员沈林一发言说："国会既已表决，但年限宜速不宜迟，如果即刻开国会，不能无宪法，总宜先请早颁宪法为妙。（拍手）国会若无宪法之根据，亦是无效力，此是上奏折辞之方法。"④ 后来籍忠寅建议："国会问题既已表决，即请议长具奏。其宪法问题，可另作一次研究。"⑤ 虽然只对速开国会问题具奏，宪法问题另行研究，但议员已经开始积极商讨早日制定宪法的问题。九月二十九日（11月1日）议场的一个重要议题是军机大臣到资政院谈国会开设问题，议员汪龙光借机提请军机处抓紧制定宪法：

> 至如宪法一节，我国是君主立宪，自应先颁宪法后开国会，然选举法同议员法可以数月编成，宪法寥寥数十条，自无不可于

---

① 《国会请愿代表通问各省同志书》，《东方杂志》宣统二年第11期。
② 《同志会通告书》，《时报》1910年12月7日。
③ 侯宜杰：《二十世纪初中国政治改革风潮》，中国人民大学出版社2009年版，第250页。
④ 李启成点校：《资政院议场会议速记录》，上海三联书店2011年版，第77页。
⑤ 李启成点校：《资政院议场会议速记录》，上海三联书店2011年版，第77页。

数月内订定。总要请求军机大臣即将根本之宪法及选举法、议院法赶紧办起，早开一日，早有一日之幸福。①

汪龙光认为宪法条文不多，制定并不费太多时日，可以而且应该早日制定。很多议员都认为宪法制定可以迅速进行。即使清廷任命宪法纂拟大臣之后，议员仍坚持早订宪法，表达了急于制宪的心态。十月初六日，议员吴赐龄"请议长咨商宪政编查馆，从速将宪法、议院法、选举法起草，交资政院通过"②。

清廷在速开国会的请愿运动压力下做出让步，将国会开设期限从9年缩短到6年，即由光绪四十二年（1916）缩改为宣统五年（1913），实际上减少了3年筹备时间。这种举措给清廷造成了意想不到的后果。首先，增加了立宪派对清廷的离心力。清廷的让步，使得一部分民间立宪派感到了满足，但仍有一部分人认为清廷让步不够，应将召开期限再行缩短。因此，有些成员在上谕公布后并未离开京城，继续给清廷施加压力，敦促速开国会。但清廷认为已达到让步的极限，对立宪派发出严重警告："此后，倘有无知愚氓，藉词煽惑，或希图破坏，或踰越范围，均足扰害治安，必即按法惩办，断不使于宪政前途，稍有窒碍……将此通谕知之。"③清廷的这一上谕表明不会再对请愿者妥协。清廷此举着实令这些立宪派大失所望，对清廷的向心力有所减弱，最终必然带来疏远清廷的后果。其次，清廷缩短召开国会的期限，打乱了按照九年筹备清单立宪的进程，原本弱化的政治统治雪上加霜。预备立宪原本头绪纷繁，即使按照计划筹备，对于中国这样一个缺乏立宪传统的大国而言，依然困难重重。突然由9年预备时间缩短到6年，清廷被迫调整筹备进程，各项筹备工作只能草草了之，无法具体深入地开展下去。清廷的统治能力，再次受到前所未有的考验。

---

① 李启成点校：《资政院议场会议速记录》，上海三联书店2011年版，第108页。
② 李启成点校：《资政院议场会议速记录》，上海三联书店2011年版，第142页。
③ 故宫博物院明清档案部编：《清末筹备立宪档案史料》上册，中华书局1979年版，第79页。

## 二 《钦定宪法草案》纂拟人员

清廷宣布缩短召开国会期限后,第一项工作是将九年筹备清单尚未实行的项目重新调整时间。原定光绪四十二年(1916)宣布宪法、颁布皇室大典、上下议院议员选举法等宪法性文件的规定,提前到宣统五年。宣统二年十月初三日(1910年11月4日)缩短开设国会年限的上谕中首先明确了这一点:

> 著缩改于宣统五年,实行开设议院。先将官制厘订,提前颁布试办,预组织内阁。迅速遵照钦定宪法大纲,编订宪法条款,并将议院法、上下议院议员选举法、及有关于宪法范围以内必须提前赶办事项,均著同时并举,于召集议院之前,一律完备,奏请钦定颁行,不得少有延误。①

随后奏请的修正宪政逐年筹备事宜折单中确定于宣统四年(1912)颁布宪法。② 上谕明令遵照《宪法大纲》编订宪法条款,在议院开设之前办妥,钦定颁行。也就是说,宣统五年(1913)之前必须完成宪法条文的起草和审定工作,并且颁布施行。计算起来,自宣统二年年末至宣统四年,纂拟宪法的时间只有两年左右。《明治宪法》于1889年颁布,而其起草于1886年,耗时三年有余。与《明治宪法》的制定相比,清廷起草宪法的时间已不充裕。因此,纂拟事宜不得不提到议事日程上来。

那么,如何纂拟宪法?梁启超在《立宪法议》中建议在宫中开局制定宪法(见第一章第二节)。但是,梁启超时为清廷通缉的要犯,其建议难以受到清廷的重现。

光绪三十三年(1907)九月,保送分省补用知府岳福找人代奏,

---

① 故宫博物院明清档案部编:《清末筹备立宪档案史料》上册,中华书局1979年版,第79页。

② 故宫博物院明清档案部编:《清末筹备立宪档案史料》上册,中华书局1979年版,第91页。

条举立宪，比较具体地提出了起草宪法的建议：

> 如蒙简定总理大臣后，任其选用僚属，奏请作为立宪议员，即以宪政编查馆为收受条陈之总汇。
>
> 普令京外四品以上大员为士民先，条陈宪法国情如何治理。
>
> 我国创立宪法，民主、共主皆不可行，惟仿日本君主立宪最为合式。请敕下京外大小各官，审观日本宪法译书，何条可因，何条不便，如有心得，具呈上陈。
>
> 组织资政院……并于文武大臣内择其通晓宪法选举数员，备充皇上之高等顾问官。
>
> 各省咨议局宜选本省绅士及候补中通宪法者，各举相当之数，充当议员。①

岳福建议清廷简定总理大臣负责制定宪法，由其委任起草人员，将宪政编查馆作为采集民间立宪方案的汇总之地，并且让资政院、文武官员、咨议局议员都有参与制定宪法的机会。显然，岳福的建议不同于由少数人把持的秘密制宪，他希望多方广泛参与，而不是由皇帝垄断宪法制定。

宣统二年十月初三日（1910年11月4日），清廷决定缩短国会召开期限的当天，杨度上奏，请求"定于宣统五年以前开设国会"，并对编订宪法提出了建议：

> 至于编订宪法，既以钦定为归，则自应于将开国会之时先行颁布，庶使由宪法发生国会，不使由国会发生宪法。惟各国宪法具有成规，本可取资采辑。加以钦定宪法大纲所有范围权限，皆已明示准绳，诚不必虑宪法之难编，而置国会于稍缓。惟预备编

---

① 岳福：《为遵旨条举简定总理大臣起草宪法草案等事呈文》，第一历史档案馆，军机处奏折录副，档号：03-9291-011，缩微号：667-1831。另见故宫博物院明清档案部编《清末筹备立宪档案史料》上册，中华书局1979年版，第293—294页。

制，则宜从速，应请明降谕旨，设编订宪法馆于宫中，特选亲信重臣及通达宪政者数人，派为馆员，妥慎起草。我监国摄政王随时至馆，逐条讨论，以副钦定之实，而杜意解之纷。并请提前设立弼德院，以为审议宪法之机关，即为将来实行宪政、解释宪法之机关。日本立宪之初，亦以此权付之枢密院，盖因其为君主顾问之地，故特付以解释之权，即所以重钦定宪法，不使议院意为解释也。至内阁与宪法之先后，则不仅宪法之颁布可以后于内阁，即宪法草案之成立亦可以后于内阁。日本于明治十八年设立内阁，二十年宪法草案始成，二十二年颁布宪法，明年乃行大选举而开第一次议会焉。考其次第，内阁在先，宪法次之，国会次之。①

杨度参考日本宪法制定的过程，对清廷制宪的过程提出了建议。首先，杨度认为宪法编订难度不大，建议迅速编订。其次，建议在宫中设置编订宪法馆，由亲信重臣和通达宪政者起草宪法，由摄政王随时到馆逐条讨论，并且建议提前设立弼德院，作为审议和将来解释宪法的机关。此处，杨度对编订机构、人员、审查者和宪法审议、解释机构提出了建议。由此奏折也可以看出，曾经留学日本的杨度对清廷制宪的建议受到明治制宪经验的启发。

前文已提到宪政编查馆办事章程明确列举四项职能，第一项为"调查各国宪法，编订宪法草案"。按照常理，宪法起草应该由其负责。还需注意的是，任命宪法纂拟大臣时，资政院已经开院，正在召开第一届会议。作为立宪国家的惯例，国会（或者准国会）往往具有制定和修改宪法的权力。但是，按照资政院章程，作为国会开设的预备机关，资政院只允许协赞立法，没有制定和审查宪法的权限。虽说如此，议员（尤其是民选议员）试图突破这一限制，为积极争取宪法的制定权而努力（关于资政院制宪权和制宪活动的论述，见本章第三节）。

---

① 杨度：《奏为筹备宪政敬陈管见折》，第一历史档案馆，奏折，档号：04-01-01-1107-005，缩微号：04-01-01-170-0528。

最终，清廷绕开宪政编查馆和资政院，也没有采纳岳福和杨度的建议，直接任命了宪法纂拟大臣和协纂大臣起草宪法。宣统二年十月初三日（1910年11月4日）上谕宣布缩改国会开设年限的第二天，清廷任命溥伦和载泽"充宪法纂拟大臣，悉心讨论，详慎拟议，随时逐条呈候钦定"①。其目的非常明显：由皇族完全掌控宪法制定，将宪法制定当作最高统治者皇帝独享的特权，不容任何其他个人和团体参与。这道上谕除任命纂拟大臣之外，还涉及宪法审订程序，即不必等到所有条文拟齐，随时逐条呈请钦定。从后来《大清宪法草案》审订过程来看，确实出现了"随时逐条呈候钦定"的状况。这或许与前述杨度奏折中建议摄政王"随时至馆，逐条讨论"不无关系。

清廷任命溥伦和载泽为宪法纂拟大臣时，已经考虑到需要辅助纂拟人员："如应添派协同纂拟之员，并著随时奏闻，候朕简派，以期迅速办理，克期告成。"② 宪法纂拟工作，需要熟知法理又能效忠清廷的人员承担，因为宪法作为国家根本大法，"为挈矩法律之渊源，只字片言，关系大局，非精研法理，参议国情不能轻事"③。清廷对协助纂拟人员的选拔十分审慎："见闻过隘，既恐贻独撰之讥；学术稍偏，又徒持难行之论。"④ 至少选拔的人员要满足两个条件：一是对国情有全面认知之人；二是对宪法、法理有精当理解之人。

各派政治势力深知宪法起草的重要意义，纷纷举荐协助纂拟的人才。庆亲王奕劻举荐宝熙、李家驹和杨度三人；肃亲王善耆举荐汪荣宝和章宗祥二人；毓朗举荐金邦平和汪荣宝二人，那桐举荐曹汝霖；徐世昌举荐章宗祥和陆宗舆；另有大臣举荐达寿、陈邦瑞和于式枚等人。⑤ 这些候选人除了宝熙和陈邦瑞之外，或者是清廷两次国外政治

---

① 故宫博物院明清档案部编：《清末筹备立宪档案史料》上册，中华书局1979年版，第79页。
② 故宫博物院明清档案部编：《清末筹备立宪档案史料》上册，中华书局1979年版，第79页。
③ 《奏保协纂宪法人员原折》，《申报》1911年3月1日。
④ 《奏保协纂宪法人员原折》，《申报》1911年3月1日。
⑤ 《有协纂宪法之希望者》，《时报》1910年11月19日；《奏派协纂宪法人员之真相》，《申报》1911年3月27日。

和宪法考察的大臣和随员，如达寿、李家驹、于式枚和陆宗舆；或者是有留日经历者，如章宗祥、杨度、金邦平、汪荣宝、曹汝霖等人；而二者兼而有之的也不乏其人。

最终，宪法纂拟大臣奏请如下人选作为协纂大臣："臣等甄择再三，查有度支部右侍郎陈邦瑞、学部右侍郎李家驹、民政部左参议汪荣宝等志趣纯正，学识渊通，历经襄办要政，颇著成绩，均为臣等素所深知之员……拟请明降谕旨，派充协同纂拟。"① 宣统三年二月二十日（1911年3月20日），奏请获得俞允。据说汪荣宝被任命为协纂大臣，与载泽的力举有关。前述庆亲王并未保举汪荣宝，相反还予以反对，因其为资政院钦选议员。当时，钱能训条陈纂拟宪法大臣，建议之一是不起用资政院的钦选和互选议员参与制定宪法："钦定宪法既非议员所能参预，是以此次选用人员万不可参用钦选互选议员。盖一经互用，泄露必多，冲突斯起，甚至报纸喧传，横生异义，而一切条文仍与民定者无异。"② 奕劻便以"不欲有一议员在内"为由，反对任用汪荣宝。载泽不以为然，认为"议员不议员，毫与大局无关"，即制定宪法于资政院议员的身份没有妨碍。最终，汪荣宝因载泽的争取而获得协纂大臣的差事。③

另外，据说清廷还通饬各省督抚，准其专折奏保通晓宪政的人才："枢府现以通晓宪政人才缺乏，急宜罗致，特通饬各省督抚，留心体访，准其专折奏保，惟须加具切实考语，以便择尤（优）录用。"④ 另据《大同报》载，纂拟大臣溥伦和载泽还曾经商量先设提调二人，并圈定李家驹和于式枚为人选，并且有意聘请现在驻各国钦使为名誉咨议员："伦贝子对于编订宪法一切事宜，亲向泽公言……除酌调襄订人员外，宜先设提调二人。闻李家驹、于式枚两侍郎精通宪政，此差当最有希望。纂拟宪法，伦泽二大臣拟聘现驻各国之钦使

---

① 《纂拟宪法大臣奏请简员协同纂拟宪法折》，《北洋官报》1911年第2730期，第1—2页。
② 中国第一历史档案馆，资政院档案，全宗号：50，案卷号：2。
③ 《庆泽暗潮记》，《盛京时报》宣统三年三月二十一日。
④ 《饬保宪政人员》，《大同报》（上海）1901年第14卷第16期。

为名誉咨议员,一边调查各立宪国最近情形,随时布告。闻日内正会商此事。"① 不过,清廷最终并未设置提调,是否聘驻各国钦使为顾问,亦不得而知。除了纂拟和协纂大臣外,六月初八日(7月3日),宪法纂拟在武英殿开办之际,还增加了李绍烈和恩华二人管理庶务。此外,还有一些参与抄写条文、按语的办事人员。

  清廷做出上述人事安排,应该费了一番心思,既要考虑纂拟人员的学识,又要考虑对清廷的忠诚程度,还要兼顾朝廷各种政治势力间的平衡。从身份上来看,溥伦和载泽均为皇族,溥伦是"载治第四子。光绪七年,袭贝子。二十年,加贝勒衔"②。载泽是"奕枨第七子,奕询嗣子。光绪三年,袭辅国公。二十年,晋镇国公。三十四年,加贝子衔"③,其妻静荣为慈禧太后二弟桂祥之女。载泽在宗室之中独树一帜,以通达实务著称。载泽入选考察政治大臣之际,《大公报》评价其"系贵胄中最达时务之人"④。这种人事安排,完全排除了汉族大臣在决策层面的参与,可以确保制定的宪法代表清廷利益。按照清制惯例,应该满汉大臣各安排一人,但破除"满汉畛域"政策在推进过程中,清廷却在一些重大人事安排上倒行逆施,任命两位皇亲贵胄为纂拟大臣便是一例。

  溥伦作为资政院总裁的身份值得注意,让他负责起草宪法,清廷可能考虑到了资政院与宪法的特殊关系。宪法经由议会或准议会讨论或协赞,是立宪国制定宪法时的惯例。清廷不想让资政院染指宪法制定,因而必须协调好与资政院的关系。溥伦作为资政院总裁的身份,某种程度上可以利用自己的权力控制资政院议员对宪法制定问题的讨论。至于载泽,从经历和能力上来说,如前所述,是考察政治的五大臣,向日本"宪法之父"伊藤博文和代表日本政府利益的宪法学家请教过宪法制定问题,并且考察欧美多国的政治,对宪法制定的理念、过程和其中的技巧比较熟悉,可以从相对专业的角度审核起草的

---

① 《编订宪法之慎重》,《大同报》(上海)1910年第14卷第16期。
② 《清史稿》卷一六五《皇子世表五》,中华书局1976年版,第5248页。
③ 《清史稿》卷一六五《皇子世表五》,中华书局1976年版,第5245页。
④ 《泽公履历详志》,《大公报》1905年7月20日。

文本，使其不至于偏离清廷的立宪意图，保证按照《宪法大纲》的宗旨制定令清廷满意的宪法。

与纂拟大臣为清一色的皇族相反，协纂大臣均为汉人（李家驹为汉军正黄旗人）。陈邦瑞是光绪二年丙子科进士，历任户部左侍郎、吏部左侍郎和度支部右侍郎，宣统三年出任袁世凯内阁弼德院顾问大臣。因李家驹和汪荣宝是宪法条文纂拟的执笔者，故此处有必要对二者的身份和经历做更为详细的探讨。

李家驹（1871—1938），字柳溪，光绪二十年（1894）进士。光绪二十四年任京师大学堂提调，与李盛铎等人赴日考察学务。时隔近10年的光绪三十三年（1907），李家驹被任命为驻日公使，第二年考察日本宪政大臣达寿受命回国，李家驹又兼任考察宪政大臣，继续对日本的官制、税制、司法等内容做详细考察，编写了《日本司法制度考》《日本租税制度考》（10册）和《日本会计制度考》（4册）等书籍，进呈清廷（见第二章第二节）。通过编纂这些书籍，李家驹努力向清廷灌输日本立宪中"司法独立"的理念，并且提出整顿财税制度的建议。通过日本考察，李家驹获得了丰富的宪政知识，上书清廷的建议或许多因切实可行而得到清廷的认可，被任命为宪法协纂大臣或许与日本考察和归国后对清廷的建议不无关系。颇值得注意的是，李家驹被任命为协纂宪法大臣的第三天，即宣统三年二月二十二日（1911年3月22日），又被任命为资政院副总裁。资政院第二年常年会召开不久，总裁世续称病辞职，李家驹又升任总裁。可以说，在清末宪政史中，李家驹是一个非常值得重视的人物。

汪荣宝（1878—1933）出身书香浓郁的官宦世家，自幼聪颖好学，"文辞斐然"。父辈四人均有作为，被称为"一家四知府"。在这样的家庭氛围熏陶下的汪荣宝，在学术和政路上有所作为，只是时日问题。1897年，20岁的汪荣宝考取丁酉科拔贡，次年2月至京师参加朝考，中榜，授兵部七品小京官职。戊戌之后专心于学术研究，著《法言疏证》。汪荣宝与日本发生的直接关系，始于日本留学。此前的1891年，其二伯父汪凤藻被清廷任命为署理出使日本大臣，第二年8月实授出使日本大臣。① 其父汪凤瀛随同出使日本近3年时间。汪荣宝于1901年12月赴日留学,先就读于日本著名私立大学早稻田大学,学习法政专业,后又入庆应义塾大学学习历史,1904年11月回国。归国之后汪荣宝非常活跃,职位不断升迁,最高官至民政部右侍郎。汪荣宝身兼多职,民政部职位是其主职,同时在宪政编查馆、法律修订馆和法政学堂兼职,1910年之后又成为资政院钦选议员和宪法协纂大臣。

汪荣宝是近代较早留学日本的中国人,留学时间达3年之久,为日后发展打下了坚实的基础。其所学专业不同于以前的留日学生,以前的留日学生所学专业受到清政府的限制,多为农、工、商等实业科目。1901年清政府实行新政后,需要大批法政人才。汪荣宝研判利弊,选择了法政科,进入东京专门学校(1902年更名为早稻田大学)。该校创始人是明治维新的功臣大隈重信,曾两度出任总理大臣,积极主张英式议会主义政治,在日本政治家中立宪思想不同于伊藤博文等政治家,较为开明。大隈创办的这所学校提倡独立自由的学风。系统学习了法政知识之后,汪荣宝转入庆应义塾大学学习历史,这在留学生中是极为少见的选择。汪氏具有深厚的旧学基础,到庆应大学学习东西方历史学,或许是他感到新史学会给中国社会创造新的价值。庆应大学创始人福泽谕吉是日本著名的启蒙思想家,崇尚自由民主的学风。这两所学校的浓郁学术氛围和自由阔达的学术风气,令意气风发的汪荣宝收获了新知,开阔了视野。在早稻田大学系统学习的法政方面的知识,成为日后汪荣宝钻研宪法的基础;在庆应大学学习的新史学知识,让汪荣宝更加了解东西各国的历史和国情,为他针对中国的特殊历史和国情草拟宪法奠定了基础。

难能可贵的是,汪荣宝没有停留在书斋中,而是积极参加各种社会活动。这些社会活动既让汪荣宝的才能得到了施展,也使其才能得到了留日学生的认可。他因此结交了一批志同道合的朋友,如金邦

---

① 沃仲秋子:《近代名人小传》,中国书店1987年影印版。

平、曹汝霖等人，日后，这些人多在清廷中供职，在宪政主张上有比较相近的抱负，他们互相支持，成为官僚立宪派中的一支重要力量。社会活动也让汪荣宝充分了解了日本的政治和社会状况，尤其是日本宪政运行的状况。通过对比，他又对中国社会有了更深入的认识，在经历了较为激进和理想化的留学阶段之后，经过不断地摸索，变得持重、稳健，形成了解决中国政治和社会问题的渐进态度，这与其后来在清政府中任职并得到权贵的认可应该有一定联系。

赵林凤总结了汪荣宝被任命为协纂宪法大臣的原因：一是学识出众；二是秉持渐进改革观；三是襄办新政，成绩斐然；四是得力的荐举人。① 笔者认为，这几点同样适用于李家驹。需要补充的是：首先，汪荣宝是一个有心人，他供职的是宪政编查馆的核心部门编查科，该部门的一项重要职责是起草宪法，汪荣宝为此做了比较充分的准备，积累了丰富的宪法方面的知识。早在宣统元年五月二十八日（1909年7月16日），汪荣宝到宪政编查馆时，达寿向其出示日本学者北鬼三郎著《大清宪法案》，汪浏览后"觉其精实"，便向达寿借阅，回家阅读。② 汪荣宝不但阅览了多种宪法方面的书籍，丰富其宪法学养，而且积极提出建议，得到了王公大臣的认可。

宣统二年五月二十日（1910年6月26日），肃亲王善耆召见汪荣宝，向其咨询国会相关问题，汪借机提出两条建议，表明了自己的意向："（一）请设立责任政府；（二）请实行钦定宪法，先设宪法讲筵，亲临讲习。"③ 汪荣宝初步在王公大臣面前展现了自己对制宪的设想。请愿运动失败使汪的建议无法得到采纳，但善耆嘱咐汪荣宝继续研究宪法讲筵，择机将意见进呈。五月二十二日（6月28日），汪荣宝耗费下午的大部分时间起草完成了宪法折稿：

> 饭后回寓，金伯平来谈。为肃邸草敬陈管见折，约二千余

---

① 赵林凤：《汪荣宝评传》，南京大学出版社2012年版，第204—206页。
② 韩策、崔学森整理：《汪荣宝日记》，中华书局2013年版，第43页。
③ 韩策、崔学森整理：《汪荣宝日记》，中华书局2013年版，第165页。

言，大旨如下：（一）国会与宪法成立之先后，视国体而异；（二）中国国会之成立，当在宪法制定以后；（三）宪法必须钦定；（四）宪法必须真正钦定；（五）钦定宪法必要之预备及预备之时机；（六）日本制定宪法之历史。（甲）天皇之英断，（乙）伊藤博文自述之语；（七）请设宪法讲筵。①

赵林凤认为汪荣宝秉持渐进的改革观是他当选的重要原因之一，笔者认为，不仅如此，就宪法制定的理念和程序而言，汪荣宝与清廷非常接近，"素重君主大权主义"②。从上段的引用中可以看出，汪荣宝主张宪法钦定，而不是康、梁等立宪派主张的英式立宪。为肃亲王代拟的折稿更加明确地表明了汪荣宝的制宪理念和思路，如何钦定、如何真正钦定以及如何预备，汪荣宝均作了探讨。这与载泽和达寿等人的宪法制定理念几乎一致。前引7个要点中专门介绍日本的制宪历史，不难看出汪的制宪理念和过程对日本的借鉴。总之，汪的制宪理念和思路确保汪会忠心耿耿地为清廷制定宪法。

除以上几位纂拟大臣和协纂大臣，对宪法条文的最终审定者摄政王也有必要提及。载沣生于光绪九年（1883），是道光帝之孙，醇亲王奕譞之子，光绪帝同父异母弟。光绪三十三年五月开始在军机大臣上行走，三十四年补授军机大臣，进入清廷决策层。慈禧去世前，立溥仪为嗣皇帝，入承大统，因其冲龄，其父载沣摄政。载沣成为摄政时仅有26岁，缺乏政治经验。非但如此，据说其性格懦弱，缺乏主见，缺乏领导能力。虽说如此，载沣对待立宪的态度还算积极。光绪二十七年（1901），因义和团运动中德国公使克林德被杀而赴德致歉，载沣充任头等专使，有过一次出国经历，对西方世界有切身体会。而且，载沣"生平喜读西书"③，与立宪派有一定的共同语言。

---

① 韩策、崔学森整理：《汪荣宝日记》，中华书局2013年版，第166页。
② 侯宜杰：《二十世纪初中国政治改革风潮》，中国人民大学出版社2009年版，第404页。
③ 《盛京时报》1908年11月29日。

摄政之后，载沣重申预备立宪宗旨，表示出对立宪的积极态度，对升允等阻挠立宪的官员予以了惩罚。其立宪态度不容置疑，但其立宪的理念与立宪派或许并不一致，他主张"议院由宪法而生，不可使宪法因议院而出"①。总体来说，他固守钦定宪法的理念，缺乏现代政治眼光，围绕私人权力进行人事安排。宣统三年出台的"皇族内阁"表现出载沣缺乏或无视西方宪政中皇族不组阁、不入阁的常识。在其统摄之下制定出来的宪法，也只可能"大抵以《日本宪法》为依据，不欲有所出入"②。

此外，需要注意的是，清廷在任命宪法纂拟和协纂大臣时，实际上从机构设置上避开了资政院和宪政编查馆，但纂拟人员的职务却与这两个机构有关联，溥伦为资政院总裁、李家驹为副总裁，李又兼任宪政编查馆提调，汪荣宝既在宪政编查馆任职，又是资政院钦选议员。虽说如此，不能因其在资政院和宪政编查馆任职的身份便得出宪政编查馆和资政院参与了纂拟宪法的结论。纂拟人员都是以个人名义被任命的，而不是代表宪政编查馆和资政院。（关于资政院制宪活动问题，见本章第三节）

### 三 《钦定宪法草案》纂拟过程和程序

据《汪荣宝日记》，纂拟工作大致可以分为以下几个环节：一、准备；二、条文草拟、讨论、完成初稿；三、按语草拟、讨论，完成初稿；四、对条文和按语初稿的讨论（合议）；五、装订、圈点；六、进呈（审定）；七、发下再修改。

（一）开办前的准备

宪法纂拟大臣和协纂大臣被任命后便断断续续开展筹备工作。从宣统三年二月下旬至六月初，纂拟和协纂"五大臣"就纂拟和开办事项进行了几次商谈。由于尚未开办，商谈地点为大臣的私宅。汪荣宝为了能够专心于宪法协纂工作，决定辞去宪政编查馆的兼差。到了

---

① 《盛京时报》1909 年 9 月 3 日。
② 韩策、崔学森整理：《汪荣宝日记》，中华书局 2013 年版，第 299 页。

三月十七日（4月15日），议定在武英殿办事，收拾房屋，事竣即可开办（见表3-4）。①

表3-4　《钦定宪法草案》纂拟工作（开办前的准备）

| 时间 | 地点 | 参加人员 | 事项 |
| --- | --- | --- | --- |
| 二月二十一日（3.21） | 溥伦宅 | 溥伦、李家驹、汪荣宝 | 纂拟筹备 |
| 二月二十八日（3.28） | 李家驹宅 | 李、汪 | 纂拟筹备 |
|  | 载泽宅 | 载泽、溥、陈邦瑞、李、汪 | 商酌纂拟宪法开办事宜 |
| 三月初三日（4.1） |  |  | 汪荣宝欲辞宪政编查馆兼差，专心于协纂宪法和民政部事务 |
| 三月二十七日（4.15） |  |  | 议定在武英殿办事 |
| 四月十五日（5.13） | 李家驹宅 | 李、汪 | 商榷宪法纂拟问题 |
| 五月十二日（6.8） | 汪荣宝宅 | 汪、孙润宇（留日法政科举人） | 讨论宪法问题 |
| 五月十四日（6.10） | 李家驹宅 | 李、汪 | 商榷宪草 |
| 五月二十一日（6.17） | 李家驹宅 | 李、汪 | 讨论关于宪法问题 |
| 六月初二日（6.27） | 汪荣宝宅 | 李、汪 | 定以本月十一日赴崦岈岩 |
| 六月初八日（7.3） | 武英殿西庑焕章殿 | 溥、载、陈、李、汪等 | 纂拟宪法开办，会议纂拟程序及派员李绍烈和恩华（日本法政大学毕业）办理庶务 |

资料来源：《汪荣宝日记》，韩策、崔学森整理，王晓秋审订，中华书局2013年版。

据说开办之前还做了两项必要的准备工作，一是调运参考书籍，组织翻译各国宪法条文。宪法纂拟需要参考大量宪法学及其相关书籍，为最大限度地为纂拟提供参考，从宪政编查馆和法律修订馆等部门调来多部参考书，在此基础上组织人力翻译各国宪法条文。② 二是

---

① 溥伦最初有意在文华殿的侧殿办公。（见《纂拟宪法将着手矣》，《申报》1911年4月14日。）后因文华殿不合适，改为武英殿西庑焕章殿。
② 《纂拟宪法者之通天本领》，《申报》1911年4月7日。

筹设宪法顾问处。宪法为国家根本大法,事关重大,纂拟时聘请宪法顾问多为各国惯例。溥伦和载泽考虑调派精通各国宪法的留学生和京师的硕学通儒充当顾问。王宠惠精通西方法律以及英、德、法三门外语,有意将其调遣回国。① 但是,通读《汪荣宝日记》,纂拟过程中似乎没有宪法顾问参与其中。

(二) 条文起草

六月初八日(7月3日),宪法纂拟在武英殿西庑焕章殿开办,议定纂拟程序,还增加了李绍烈和恩华二人管理庶务。从协纂大臣任命到开办,准备期长达4个月,不无拖沓之嫌。但是,开办之后,纂拟工作便紧锣密鼓地展开了。条文起草之前,李家驹和汪荣宝商榷了纂拟义例,并且起草了6条凡例,将章目确定为10章。之后,条文起草工作展开。从表3-5中可知,自六月十四日(7月9日)至七月二十八日(9月20日)的两个多月时间,条文全部起草完毕,速度之快,令人惊诧。从《汪荣宝日记》可知,一般先由汪荣宝撰写草稿,草成后与李家驹讨论,二人共同修改后完成草稿。汪荣宝应是起草的第一执笔者,李家驹是第二执笔者。另外,参考条文和按语的草拟也多由汪荣宝完成。章太炎因此评价说清末宪法汪氏"属草为多"②。

表3-5 《钦定宪法草案》纂拟工作(条文起草)

| 时间 | 地点 | 事项 |
| --- | --- | --- |
| 六月十三日(7.8) | 明陵 | 商榷纂拟义例,起草凡例六条;拟定章目。(一)皇帝;(二)摄政;(三)领土;(四)臣民;(五)帝国议会;(六)政府;(七)法院;(八)法律;(九)会计;(十)附则 |
| 六月十四日(7.9) | 明陵 | 草拟第1章,至第8条规定命令权 |
| 六月十五日(7.10) | 明陵 | 接续起草,完成第2章 |
| 闰六月初七日(8.1) | 汪宅 | 写宪草 |

---

① 《纂拟宪法之留学生》,《申报》1911年4月13日;《纂拟宪法处将设立顾问》,《申报》1911年4月23日。
② 《章太炎全集》第5册,上海人民出版社1986年版,第258—259页。

续表

| 时间 | 地点 | 事项 |
| --- | --- | --- |
| 闰六月二十五日（8.19） | 上方山 | 起草完成第3章 |
| 闰六月二十六日（8.20） | 上方山 | 草拟宪法第4章 |
| 闰六月二十七日（8.21） | 上方山 | 草拟第5章 |
| 闰六月二十八日（8.22） | 上方山 | 写定宪草第4章 |
| 七月十七日（9.9） | 汪宅 | 写定第7章草案 |
| 七月十八日（9.10） | 汪宅 | 写定第6章草案 |
| 七月二十三日（9.15） | 泰山 | 起草完第8章 |
| 七月二十五日（9.17） | 泰山 | 草拟第9章；草拟附则3条 |
| 七月二十八日（9.20） | 泰山 | 商榷定稿，全部凡86条，116项 |

资料来源：同表3-4。

条文起草地点多为僻静之处，或为远离闹市的风景区，或为汪荣宝自宅。比如，第1章和第2章的起草，以及第3章的准备在京郊明十三陵完成；第3章、第4章条文起草和第5章的讨论在京郊上方山完成；第8章、第9章和附则的起草在山东泰山完成；其余章条起草大部分在汪荣宝自宅进行。共有7章条文的起草在风景区完成，余下3章在汪荣宝自宅。为何会出现这种情况？首先，宪法条文是逻辑性较强的文本，起草每一条文、撰写每一文字需要通盘思考，集中精力，有时间上的保障。汪荣宝和李家驹作为宪法协纂大臣，并非专职，他们平时公务缠身，难以心无旁骛地起草。风景区远离尘嚣，提供了免受打扰的良好环境和充裕的时间。其次，出于保密的考虑。1910年之后，要求召开国会、制定宪法的立宪呼声日益高涨，宪法起草作为立宪的一个重要环节备受瞩目。起草过程中如果泄露条文内容，势必引起社会的大讨论，对起草工作造成不利影响。最后，不排除对《明治宪法》起草的效仿。《明治宪法》起草时，伊藤博文等人选择了僻静的夏岛。对日本制宪过程较为了解的汪荣宝和李家驹，很有可能有意模仿伊藤等人的做法。

（三）参考条文及按语起草

从汪氏日记中可知，参考条文和按语的起草也主要由汪荣宝完成，偶尔由李家驹撰写按语。草拟地点多为汪宅和焕章殿。汪在自宅起草好之后，往往以信函的形式交由其他纂拟和协纂大臣。从时间上来看，参考条文和按语的撰写与条文起草并不同步。条文的起草是单独完成的，在条文完全确定之后，进呈之前草拟参考条文和按语（见表3-6）。

表3-6　　　　《钦定宪法草案》纂拟工作（参考条文及按语）

| 时间 | 地点 | 参加人员 | 事项 |
| --- | --- | --- | --- |
| 闰六月初七日（8.1） | 焕章殿 | 溥、载、李、汪等 | 令书记抄出第1条、第2条参考条文及按语 |
| 闰六月初八日（8.2） | 汪宅 | 汪 | 草拟第12条按语 |
| 闰六月初十日（8.4） | 焕章殿 | 溥、载、李、汪等 | 写按语 |
| 闰六月十一日（8.5） | 汪宅 | 汪 | 草拟第16条按语 |
| 闰六月十二日（8.6） | 汪宅 | 汪 | 草拟第17条按语 |
| | 焕章殿 | 汪等 | 将第16条、第17条两条按语交诸公阅览。草拟第18条按语 |
| 闰六月十三日（8.7） | 焕章殿 | 陈、汪、李 | 督促书记将前5条参考条文及按语誊真 |
| 闰六月十四日（8.8） | 汪宅 | 汪 | 草拟第18条按语 |
| 闰六月二十日（8.14） | | | 第1条至第5条发下，正条无更改，按语有多处删节 |
| 闰六月二十五日（8.19） | 上方山 | 李、汪 | 删改第15条按语 |
| 七月十三日（9.5） | 汪宅 | 李、汪 | 汪出示第3章参考条文，请李加按语 |
| 七月十八日（9.10） | 焕章殿 | 汪 | 清理第16条至第19条按语 将第2章、第3章正文及按语呈递溥、载 |
| 八月初十日（10.1） | 焕章殿 | 溥、陈、李、汪 | 缮写第3章。将按语酌改誊真 |
| 八月十一日（10.2） | 汪宅 | 汪 | 草拟第4章按语，共6条，函送陈邦瑞缮写，并分送溥伦、载泽 |
| 八月十六日（10.7） | 汪宅 | 汪 | 草拟第4章按语 |
| 八月十七日（10.8） | 汪宅 | 汪 | 继续草拟第4章按语，凡6条 |

资料来源：同表3-4。

需要注意的是，尽管七月二十八日（9月20日）已经完成全部条文的起草，但按语的起草并未完成。《汪荣宝日记》最后一次对按语起草的记载是八月十七日（10月8日），即在武昌起义爆发的前两天。当时，汪仍在草拟第4章的部分按语。第4章是臣民权利义务的规定，条目较多，20条左右。就算八月十七日完成了第4章按语起草，应该还不到总条文86条按语的一半。按照进呈的速度推算，按语的起草或许还要持续一两个月时间。但是，武昌起义之后，社会动荡，按语起草工作已经无法按部就班地进行了。

（四）讨论、修改

讨论、修改分为两个环节，一是条文起草过程中，汪荣宝和李家驹二人就条文内容讨论、修改；二是条文和按语起草完毕之后，由纂拟和协纂大臣共同讨论，之后对拟订的条文再行修改。有时在即将进呈时发现问题，仍认真修改。汪氏日记中关于草案讨论内容，为具体理解《钦宪草案》的内容提供了一定帮助，现整理为表3-7：

表3-7　　　　　　　《钦定宪法草案》纂拟工作（条文讨论）

| 时间 | 地点 | 参加人员 | 事项 |
| --- | --- | --- | --- |
| 闰六月十四日（8.8） | 焕章殿 | 溥、载、陈、李、汪 | 决议将皇室大典之制定加入本章（第1章。——笔者注）内，作为第2条之第2项，属书记改写1页 |
| 闰六月十五日（8.9） | 李宅 | 李、汪 | 汪拟将第2条第2项改为整条。又颁历为中国历史上大事之一，亦应增入 |
| 闰六月十九日（8.13） | 焕章殿 | 李、汪 | 商议将第2条第2项抽出，另立一条，而颁历一节毋庸增入 |
| 闰六月二十一日（8.15） | 焕章殿 | 溥、载、汪 | 汪以第2条所采用主义，与摄政一章颇有关系，提出问题数事，共同讨论<br>议决以制定皇室大典之事于第1章，内特设一条，为第19条 |
| 闰六月二十三日（8.17） | 焕章殿 | 李、汪 | 讨论第8条疑义，拟加入消极条件，而以法律没有规定时为限，最终仍确定使用原文 |

第三章　日本影响下的三次制宪活动　201

续表

| 时间 | 地点 | 参加人员 | 事项 |
|---|---|---|---|
| 闰六月二十七日（8.21） | 上方山 | 李、汪 | 讨论第4章，修改文字，增加一条<br>李对汪未采入日本宪法第31条有疑义，汪认为此条不可理解，与其于第4章内采用此条，不如以大权事项非列举所能尽之旨，酌采伊藤及穗积诸人学说，列入第1章之末，作为20条 |
| 七月初二日（8.25） | 汪宅 | 汪 | 以宪草第16条第2项多挂漏，考虑修改，翻阅清水、织田、美浓部、上杉等人著作 |
| | 焕章殿 | 溥、载、汪等 | 将增加第20条之议作为罢论 |
| 七月十三日（9.5） | 汪宅 | 李、汪 | 汪阅美浓部译述厄利纳克《宪法变化论》，认为关于国会制度缺点和代表主义无用论精辟透彻，对中国人袭其皮毛以挽救颓运表示担忧 |
| 七月十七日（9.9） | 汪宅 | 汪 | 研究大臣责任问题，以《土耳其宪法》于此事规定详细，反复思考，领悟该宪法第35条的精意，考虑采用，撰拟条文 |
| | 焕章殿 | 汪 | 阅览第3批发还稿本，除删改按语外，又将第12条第2项删去。与李商榷此项不可删，当即面陈溥、载 |
| 七月二十日（9.12） | 汪宅 | 汪 | 以原拟宪草第3章（领土）不明确，考虑修改，易稿三四次 |
| 七月二十四日（9.16） | 泰山 | 李、汪 | 汪阅副岛《宪法论》，参考预算学说。汪对《日本宪法》第67条议会预算协赞权限提出疑问，查找伊藤《义解》以及有贺、副岛、美浓部、市村、上野、北鬼、清水、都筑、穗积等人著作 |
| 七月二十五日（9.17） | 泰山 | 李、汪 | 汪草拟第9章会计，于既定岁出一条，采用伊藤诸人说法，明白规定 |
| 七月二十六日（9.18） | 泰山 | 李、汪 | 商定政府及法院两章；改国务审判院为弹劾惩戒院；将法律一章修改数处 |
| 八月初五日（9.26） | 禁城内 | 陈、汪 | 汪遇陈，获悉第四批（第16—19条）摄政王对宪草有多处删改，大抵以《日本宪法》为依据，不欲有所出入 |
| 八月初九日（9.30） | 汪宅 | 汪 | 《日本宪法》第2章（臣民之权利义务）采取列举形式。中国制定宪法，尽可用概括主义，不必一一列举，转生误解。参考各书，根据法理，另拟概括条文，与李认真商量 |

资料来源：同表3-4。

### （五）进呈与发下

条文和按语草定之后，纂拟和协纂大臣通常要进行讨论，定稿之后由陈邦瑞或书记负责誊真、缮写。缮写地点或在焕章殿，或在陈邦瑞的住宅。进呈正文缮写由溥伦亲自完成，按语等由陈邦瑞和书记官等完成，而汪荣宝、李家驹等负责装订和圈点等工作（见表3-8）。

表3-8　　　　　《钦定宪法草案》纂拟工作（进呈与发下）

| 章 | 条 | 进呈次数 | 进呈时间 | 发下时间 |
|---|---|---|---|---|
|  | 凡例、章目 |  | 六月二十日（7.16）以后 | ? |
| 1 | 1—5 | 1 | 闰六月十六日（8.10） | 闰六月二十日（8.14）? |
|  | 6—9 | 2 | 闰六月二十四日（8.18） | ? |
|  | 10—15 | 3 | 七月十二日（9.4） | 七月十八日（9.10）? |
|  | 16—19 | 4 | 七月十九日（9.11）以后 | 八月初五日（9.26）以前 |
| 2 | 20—? | 5 | ? | ? |
| 3 | ?—25 | 6 | 八月十一日（10.2） | ? |
| 4 | 26—31? | 7 | 八月十四日（10.5） | ? |
|  | 32—37 | 8 | 八月二十一日（10.12）以后 | ? |
|  | 38—41? | 9 | 九月初二日（10.23）（预定） |  |
| 5 | 42?—? |  |  |  |
| 10 | 85—86 |  |  |  |

资料来源：同表3-4。

《汪荣宝日记》记录到第9次进呈。闰六月十六日（8月10日）为第1次，大概3天之后发下。在正文第1章进呈之前，有一次凡例和章目进呈。六月十八日（8月12日），汪荣宝和李家驹将在明十三陵起草的纂拟凡例和章目提交纂拟大臣，拟即呈递摄政王，六月二十日（7月15日）完成缮写，预备进呈。① 九月初二日（10月23

---

① 韩策、崔学森整理：《汪荣宝日记》，中华书局2013年版，第280—81页。

日）为第9次，平均7—8天进呈一次。第9次进呈的条文已近总条文数的一半。前9次进呈耗时两个多月，照此速度推算，仍需两个多月才能完成所有进呈，即应该持续到宣统三年的年末，总计进呈20次左右。进呈按照章条顺序进行，每次进呈，经摄政王审批后发下，再进行下一次进呈。进呈内容包括条文、参考条文和按语。根据章条内容，进呈条文数目不等，一般为4—6条，如第1章，条文较多，拆分成4次。第4章也是如此。第2章和第3章条文较少，应以章为单位进呈。进呈发下时摄政王通常召对纂拟大臣，给出审定的理由。

摄政王载沣是清廷最高决策者，宪法草案最终要经其审定。这是决定草案理念和命运的最重要的环节。换言之，摄政王是宪法草案的最终主宰者，纂拟大臣和协纂大臣要小心翼翼地揣摩其意思，认真对待进呈工作。《汪荣宝日记》记载了3次摄政王对进呈稿的修改情况。闰六月二十一日（8月15日）是第一批进呈本（第1—5条）发下的第二天，汪荣宝在焕章殿聆听了纂拟大臣陈述召对情形，并看到了发下的原本，正文条文没有变更，但按语有较多删节。汪就第2条又提出问题，共同讨论，纂拟大臣答应下次召对时再行婉陈。[1]七月十八日（9月10日），汪荣宝阅读了发还的第3批进呈本，除了按语被删改之外，第12条第2项被删去。李家驹和汪荣宝认为不可删除，当即向纂拟大臣陈说，希望将来再向摄政王陈请改回。八月初五日（9月26日），汪荣宝得知第4批（第1章第16—19条）宪草"摄邸颇有删改，大抵以《日本宪法》为依据，不欲有所出入"[2]。从这几条记载可知，摄政王做了较大的修改，尤其是按语的修改，这些修改可能有悖立宪精神，因而才有汪荣宝和李家驹的坚持。

当然，从对发下原本的讨论来看，即使经由摄政王审定，宪法草案还是有变更可能性的，发下的原本也不应该是宪草的定本。根据

---

[1] 韩策、崔学森整理：《汪荣宝日记》，中华书局2013年版，第287页。
[2] 韩策、崔学森整理：《汪荣宝日记》，中华书局2013年版，第299页。

《汪荣宝日记》,《大清宪法草案》共 10 章 86 条 116 项。这些条款只是汪、李起草的条款数,汪统计这些章、条、款时第 3 章尚未进呈,在进呈之前,章的数目更动的可能性不是很大,但条款数目有变更的可能。比如前述在第 1 章中增加第 20 条的议论等。进呈之后,条款的删减更有可能,如前述第 12 条第 2 项被摄政王删除。所以,如果进呈完毕,条款的数目变更的可能性非常大。

根据进呈次数,并结合《汪荣宝日记》中其他关于条文的信息,某些章目的条文数量可以大致确定下来,甚至还可以知道某些条文的大致内容。比如,第 1 章在进呈之前可以确定有 19 条。闰六月二十一日（8 月 15 日）汪荣宝建议在第 1 章里"特设一条,为第十九条",这一条是关于制定皇室大典之事。之后又考虑将原拟在第 4 章采用的《明治宪法》第 31 条①内容"明白规定,列入第 1 章末,作为 20 条。"②但是,在将第 10—15 条进呈之前的讨论中,将增加第 20 条的议论取消。③那么,可以确定,第 1 章有 19 条。另一旁证是,七月十八日（9 月 10 日）汪荣宝将第 16—19 条按语清出,预备进呈,并且将第 2 章、第 3 章正文及按语呈递纂拟大臣。④一般而言,不会跨章进呈。将第 16—19 条按语清出后,汪荣宝马上向纂拟大臣呈递了第 2 章、第 3 章正文和按语。可以推断,第 1 章只有 19 条,第 20 条即为第 2 章的条目。

第 4 章条文数目应该不少于 16 条,大致从第 26 条至第 41 条。八月二十一日（10 月 12 日）,汪荣宝等人完成第 32—37 条进呈的准备,填写好了正文,并装订圈点。⑤之前的八月十七日（10 月 8 日）,汪曾经接续前日起草第 4 章按语,完成 6 条。根据时间顺序推断,这 6 条即应为第 32—37 条。由此可知,第 32—37 条为第 4 章中的条目。

---

① 《明治宪法》第 31 条：战时或国家发生事变时,本章（第 2 章臣民之权利义务。——笔者注）所定条款不得妨碍天皇大权之施行。
② 韩策、崔学森整理：《汪荣宝日记》,中华书局 2013 年版,第 289 页。
③ 韩策、崔学森整理：《汪荣宝日记》,中华书局 2013 年版,第 292 页。
④ 韩策、崔学森整理：《汪荣宝日记》,中华书局 2013 年版,第 294 页。
⑤ 韩策、崔学森整理：《汪荣宝日记》,中华书局 2013 年版,第 305 页。

八月十三日（10月4日）的日记记载次日要进呈第4章前6条，那么这前6条即应为第26—31条。但是，七月初四日（8月27日）日记清楚写明拟改第3章第26条，说明26条原本在第3章之中。显然与上述第26条为第4章条目的推论矛盾。一个比较合理的解释是，汪荣宝修改了原为第3章中的第26条，将其删除或与第3章其他条文合并，最终第3章条文到第25条为止。由此，可以确定第2章、第3章的条文为第20—25条，共6条。与第2章、第3章条款较少相比，第4章的条款较多。第4章是关于臣民的规定，《明治宪法》有15条关于臣民的规定，考虑到其条文总数为76条，少于《钦定宪草》86条的条数。《钦定宪草》第4章多于15条，应该比较合理。另外，还可确切地知道第10章共两条，即第85条、第86条，其中包括关于宪法改正程序的条目。①

在尚未发现《钦定宪草》的情况下，大致确定条文的数目以及部分内容，不但可以推进对《钦定宪草》的了解，也为与其他宪法草案比对提供更为具体的依据。迟云飞认为第一历史档案馆资政院档案中收藏的宪法草案即为《钦定宪草》，笔者基于对《汪荣宝日记》关于宪草起草部分的细致梳理，认为迟氏的观点难以成立。（详见第四章第二节）

**四 《钦定宪法草案》评价**

（一）纂拟过程审慎、细致

制定宪法是清廷立宪的一个重要环节，清廷为此做了认真的准备，先派五大臣出洋考察政治，又派达寿等人赴日、英、德三国定向考察宪政，积累了比较丰富的知识之后，发布《宪法大纲》，作为宪法制定的准则，之后开展了宪法纂拟工作。总体而言，纂拟过程有组织、有计划，且审慎、细致。

清廷纂拟宪法时，任命了纂拟大臣和协纂大臣以及秘书等办事人员，组成了"宪法起草委员会"，并且进行了必要的分工，如汪荣

---

① 韩策、崔学森整理：《汪荣宝日记》，中华书局2013年版，第296—297页。

宝、李家驹负责条文和按语的起草，陈邦瑞负责缮写等；还设立了办公地点（焕章殿），并且拨发了纂拟用的款项，提供财政上的保障。条文起草之前拟订了纂拟程序和凡例，先草拟条文，之后起草按语，讨论后定稿缮写、装订、圈点，然后进呈摄政王，原稿发下之后仍有讨论。可以说，从清廷制宪的这一过程来看，清廷并未敷衍。

汪荣宝和李家驹在起草过程中十分严谨，一丝不苟。汪荣宝被任命为协纂大臣之后，殚精竭虑，为安心起草宪法，保证质量，曾两度考虑辞去兼差（宪政编查馆兼差和资政院议员）。他们还特意到远离尘嚣的僻静处起草，免受打扰。条文起草时他们参考大量的书籍，比如赴泰山起草后半条文时，带了十余种宪法书籍。为了便于参考，汪还"将十七国条文逐条比较，分别异同，采辑成书"①，起草过程中，汪甚至"连日钻研宪法，方寸萦回，跬步不忘，梦寐皆是"②。遇到难解之处，他从不敷衍，而是认真参考书籍，为了找到了一个恰当的词语，常常搜肠刮肚，苦苦寻索。如寻找表达概括"谕旨、诏诰和制敕"之类的名词，汪荣宝参考了《明治宪法》《普鲁士宪法》和《唐律疏议》，又向日本法学家冈田朝太郎博士当面请教。③ 汪荣宝力图精益求精，以至于几易其稿。在草拟第3章（领土）时，易稿三四次，仍然觉得不称心。④

汪荣宝与李家驹同为协纂大臣，二者关系亲密。从汪氏日记中可知，二人经常互访，无话不谈。宪法纂拟过程中，二人更是同心协力，为起草一部令清廷满意的宪法而殚精竭虑。宪法草案是二人合作的结晶。不过，在条文起草方面似乎汪荣宝出力更多。总体而言，二人的制宪理念非常类似，但也稍有不同。汪和李相比较，汪开明，试图在制宪过程中最大限度地体现立宪政体的本质；李保守，更倾向于清廷的立宪理念，完全站在清政府的立场之上。六月十四日（7月9日），草拟第1章第8条皇帝的命令权时，汪荣宝打算采用普鲁士等国的宪

---

① 《两协纂再游西山》，《申报》1911年7月27日。
② 韩策、崔学森整理：《汪荣宝日记》，中华书局2013年版，第291页。
③ 韩策、崔学森整理：《汪荣宝日记》，中华书局2013年版，第293页。
④ 韩策、崔学森整理：《汪荣宝日记》，中华书局2013年版，第294页。

法精神，而不采取日本宪法中关于独立命令的规定，并且略微采用俄罗斯宪法的意思，加入委任命令。关于皇帝发布命令的权力，若随意发布命令，有可能命令凌驾于法律之上，或者以命令代替法律，对宪法的尊严和稳定性造成负面影响，所以对其规定应该非常谨慎。汪与李家驹讨论良久，似乎李家驹不同意。第二天再行讨论，最终还是采取了《明治宪法》的精神，但对命令权加强了限制。① 如果李家驹最初赞同汪荣宝，就不至于讨论时间过长，最终汪做了让步。《明治宪法》关于天皇命令权的规定，给天皇行使大权提供了宪法上的保证，未进行过多限制，只规定"不得以命令改变法律"②。《申报》也道出了李家驹的保守："李家驹素主张消减资政院咨议局权限，故某邸甚倚重之，此次不准联合会干请组织内阁之上谕，闻系某邸嘱李所拟。"③

汪、李之间开明、保守差异的形成或许与二者的身份和经历有关。李被任命为协纂大臣不久，还担任了资政院副总裁一职。他虽有出使和考察经历，但未曾留学，专门学习法政方面的知识。汪为中级官员，为人耿直，有过留学经历，谙熟法政知识，对立宪有自己的见解。在宪法制定过程中，他尽力将自己的所学特长发挥出来，在具体条文草拟过程中既顾及清廷的制宪理念，又将自己的想法贯彻其中。这可以从汪荣宝对摄政王等人屡次修改条文的不满反映出来。

(二) 纂拟程序简单化、缺乏合理性

宪法为国家不刊之大典，清廷纂拟时慎之又慎。但是，在立法程序上，存在重大缺陷。按照立宪国家惯例，包括宪法在内的法律纂拟，需有准备委员、起稿委员、审查委员和修正委员，需要这些部门依次工作。这些人员有可能出现重叠，如修正委员有可能是起稿者，但重叠应该有一定的限度。一部优良的宪法应是多人智慧的结晶。

依照《汪荣宝日记》记载，清廷任命了纂拟和协纂大臣，准备工作由其完成，起稿和初步审查亦由其完成。在准备、起稿和初步审查

---

① 韩策、崔学森整理：《汪荣宝日记》，中华书局2013年版，第279—280页。
② ［日］伊藤博文：《日本帝国宪法义解》，牛仲君译，中国法制出版社2011年版，第9页。
③ 《申报》宣统三年六月十二日。

的环节，人员几乎重叠。最终审查以书面形式呈递给对宪法和法律知之不多的最高权力者载沣，纂拟大臣在原稿进呈时和发下之前虽然有过召对，但难有充裕的时间与摄政王充分讨论，更难以对摄政王的修改意见进行反驳。发下的原稿被摄政王修改得面目皆非，却难以再行讨论修改。从审查程序上，《钦定宪草》边起草条文边审定，即未等所有条文起草完毕，在没有形成一部完整的宪法草案时便进呈审定。这种处理方式，虽然可以节省纂拟时间，提高纂拟效率，但非常不利于从整体上审视宪草全文，最终有可能出现前后矛盾的情况。纂拟程序虽然有一定的分工，但不够明确，尤其是审定的环节具有私人性和随意性，而且修正环节几乎缺失。与其他国家宪法纂拟相比，这一程序过于简单。汪荣宝和李家驹被任命为协纂大臣不久，便有舆论对宪法纂拟提出了批评：

> 今中国贸然编纂宪法，开办于文华殿之侧殿，仅派汪、李二人为编纂员，而以陈瑶圃（陈邦瑞。——笔者注）总司核定。夫此三人之学识，果足以担此重任与否且勿问，而起草者之组织一切机关尚不完备，又遑论其它乎？呜呼！所谓中国之宪法！①

笔者认为，以如此程序制宪，或许是清廷有意为之，其目的是要将宪法的制定权完全掌握在最高统治者手中，避免他人染指。不过，更应该注意的是，作为中国第一部真正起草的宪法草案，尽管有国外的经验可以借鉴，但清廷毕竟经验不足。就此而言，程序上的缺陷也可以理解。

当然，目前仅能依凭《汪荣宝日记》的点滴记载来了解清廷程序，或许日记的记载并不完全。作为宪政编查馆职员之一的曹汝霖，自称宪法纂拟的参与者，他在回忆录中记载：

> 宪政馆第一大事为起草宪法，公推李柳溪（家驹）、汪衮父

---

① 《敬告今之纂拟宪法者》，《申报》1911年4月8日。

为起草，另推若干人为参与，余亦为参与之一。柳溪与衮父……特在红螺山赁一小寺，静心研究，参酌各国宪法，采用责任内阁制，总理钦派，阁员由总理遴请钦派，国会两院制，人民应享之权利，与各国宪法相同。另设枢密院，以位置旧人。草案成后，在天坛开宪法审查会，由资政院选出议员廿四人，政府派十二人，宪政馆全体参与，只作旁听，开会讨论。由起草员逐条宣读解释，又由议员等质问修改，经过两月余，按照三读会，始行成立，名为大清天坛宪法草案。因适应时代，君权稍重，虽未实行，亦为有清一代之重要掌故。①

如依照曹氏回忆，则《钦定宪草》纂拟程序较为完善，草案完成后成立专门的宪法审查会加以审查，经过两个多月，三读之后最终成案。但是，曹氏的回忆可疑之处颇多。首先，关于起草地点，汪氏日记中并未记载在红螺山租赁寺庙起草条文。细读日记，汪氏起草条文除了在自宅外，有三次外出起草，分别为明十三陵、周口店的上方山和泰山。而这三处曹氏却未提及。其次，汪氏起草的宪法中不应该有设置枢密院的提法，即使有相关提法，也应为"弼德院"，但关于弼德院的规定最终并未写入宪法。最后，如果在天坛开设宪法审查会，资政院选出议员有所参与，宪政编查馆全体参与，又历时两个月，这应为清末大事，媒体和相关人员应该有所报道和记载。但到目前为止，除了曹氏回忆录，未发现关于天坛宪法审查会的任何史料。笔者认为，曹氏回忆录是1960年前后撰写的，距1911年已隔半世纪，或许曹氏记忆模糊，张冠李戴，将民国之后天坛宪法起草与《钦定宪草》起草混淆，或者与《宪法大纲》的制定混淆了（见本章第一节）。相反，《汪荣宝日记》为当时所记，汪氏记日记又极为认真，几乎一天不漏，诸如长期外出之类的事件是不可能不记载的。② 因而，

---

① 曹汝霖：《曹汝霖一生之回忆》，中国大百科全书出版社2009年版，第62页。
② 王晓秋：《清末政坛变化的写照——宣统年间〈汪荣宝日记〉剖析》，《历史研究》1989年第1期。

笔者认为，汪氏日记记载的《钦定宪草》起草程序比较可信。

（三）日本的影响巨大

前文已经述及，戊戌维新之后，中国立宪进入了"言必称日本"的时代，立宪受到日本较大的影响。赵林凤从受《明治宪法》影响的角度论述了《钦定宪草》的一些特点。① 笔者认为，《钦定宪草》的纂拟从起草人员、结构、内容、起草过程和参考文献等方面，直接或间接地受到了日本多方面的影响。

第一，《明治宪法》对《钦定宪草》的影响是不言而喻的，前者成为后者起草时的重要参考对象，或者对其有所启发，这在《钦定宪草》的结构和内容上表现得很明显。汪荣宝起草宪法时，参考了十几个国家的宪法，如普鲁士、俄罗斯、土耳其、英国、法国、美国等国的宪法。然而，参考最多的是《明治宪法》。检索《汪荣宝日记》，起草宪法期间提及《明治宪法》达五六次之多，而其他国家宪法至多提及一两次。汪荣宝曾与其连襟、早稻田大学毕业的法政科举人董鸿祎探讨对《明治宪法》的疑问之处，② 这说明其对《明治宪法》进行了认真研究。《钦定宪草》结构、章目用语与《明治宪法》相似，都有关于君主、臣民、帝国议会、司法（法律）、会计和附则的规定，而且顺序基本一致。条文内容也受到《明治宪法》的影响，如汪荣宝与李家驹讨论弼德院是否应该列为宪法上的机构的问题。③《明治宪法》第4章是关于国务大臣和枢密院的规定，枢密院与内阁"一并为宪法上之最高辅翼……为宪法上理应专设之机构也"。其重要性不言而喻："实为宪法及法律之一屏障。"④ 弼德院是清末新政时期模仿日本枢密院成立的皇帝顾问组织，汪荣宝试图在第1章加入类似日本枢密院的弼德院的规定。这应该受到了《明治宪法》的启发。关于独立命令问题，汪荣宝确定采用《明治宪法》的精神，只不过

---

① 赵林凤：《汪荣宝评传》，南京大学出版社2012年版，第215—220页。
② 韩策、崔学森整理：《汪荣宝日记》，中华书局2013年版，第281页。
③ 韩策、崔学森整理：《汪荣宝日记》，中华书局2013年版，第279页。
④ ［日］伊藤博文：《日本帝国宪法义解》，牛仲君译，中国法制出版社2011年版，第35页。

是将其条件变得更为严格。在讨论第 2 章（臣民之权利义务）时，以《明治宪法》第 2 章的规定作为参考对象，关于臣民的权利义务，不打算一一列举，而是采取概括主义。汪在草拟第 4 章条文时，对《明治宪法》第 31 条不甚理解，最终打算将其列入第 1 章末。最终审批者载沣更是要求以"《日本宪法》为依据，不欲有所出入"[①]。从以上几个事例来看，得出《钦定宪草》是以《明治宪法》为母本的结论也不为过分。

第二，除《明治宪法》的影响，起草《钦宪草案》的参考文献也以日本政治家和宪法学者的著作为主。汪氏日记中很少提及西方人的宪法参考书，其实，汪荣宝赴日留学之前，曾入南洋公学学习英语。《汪荣宝日记》中也有使用英语单词的时候，如对台球（biliyard）的书写，笔迹非常流畅，可以推断汪荣宝具备一定的英文水平。宪法起草时主要参考日本人的论著，反映出汪荣宝受到日本宪法观的影响，其立宪倾向是日式君主立宪。关于某一条目的起草，有时便要参考几位日本学者的著作。如修改第 16 条第 2 项时，翻阅了清水澄、织田万、美浓部达吉和上杉慎吉等人的著作。[②] 又如关于预算的学说，汪对《明治宪法》第 67 条提出疑问，为寻求答案，查找了伊藤博文的《日本帝国宪法义解》以及有贺长雄、副岛义一、美浓部达吉、市村光惠、上野贞正、北鬼三郎、清水澄、都筑馨六、穗积八束等人的著作。

值得一提的是，《钦宪草案》中将摄政单列一章，这与北鬼三郎撰写的《大清宪法案》将摄政单独作为一章来安排的方式颇为类似，不难看出受到后者的影响。日本的这些法学家，基本上都是在《明治宪法》的框架内构建自己的宪法学的。从这些参考文献也可以看出，《钦定宪草》从理念到内容上，应该不会超出《明治宪法》的范围。

第三，从起草过程来看，秘密起草和起草地点的选择也应受到

---

[①] 韩策、崔学森整理：《汪荣宝日记》，中华书局 2013 年版，第 299 页。
[②] 韩策、崔学森整理：《汪荣宝日记》，中华书局 2013 年版，第 290 页。

《明治宪法》起草过程的一定影响。《明治宪法》起草时选择了僻静的疗养地——夏岛，只有伊藤博文、金子坚太郎等几个人参与，完全是在秘密状态下完成的。汪荣宝和李家驹起草条文也多在自然环境宜人、无人搅扰的风景区。除了可以安心起草外，应该还有出于保密的考虑。清廷起草宪法过程并未公开。宣统三年二月十日（1911年3月20日）汪荣宝、陈邦瑞和李家驹被任命为协同纂拟宪法大臣，汪荣宝的民政部上司——肃亲王善耆嘱咐汪秘密从事："饭后到部（民政部。——笔者注），邸闻余奉命草宪，属谨慎秘密，余谨受教"。① 达寿在考察日本宪法回国后奏折中建议清廷秘密制宪，并明言受到有贺长雄和伊东巳代治的影响。前文已述，兹不重复。（见第二章第二节）

此处顺便一提的是，清廷秘密起草宪法，除了有意对日本模仿外，或许与其他官僚的建议也不无关系。某衙门宪政筹备处一等科员王橒曾向溥伦献策："起草之处宜守秘密，不可使人民先行参预，致宪法条文无由成立。"② 宣统二年十月初七日，翰林院编修袁励准又密陈"为纂拟宪法事关重要请饬严守秘密以期详慎而免弊端"奏折，后有朱批"著交溥伦、载泽阅看"。溥伦、载泽是宪法纂拟大臣，应知此折。袁励准在密折中陈述了秘密起草的理由：

> 我国宪法胥由钦定……惟是纂拟之初，最宜慎密，若未经颁布，致使宪法条文偶一传播，必有横议之士，妄肆讥评，巷议心非，所在皆是，或群请改定，或强预协商。拒之，则诽怨频兴，徇之，则宗旨寖失，流弊所极，或且于颁布之后，径指钦定为协定，私意解释，擅请更张，君上大权，动遭牵制，滋可惧也。③

---

① 韩策、崔学森整理：《汪荣宝日记》，中华书局2013年版，第252页。
② 中国第一历史档案馆，资政院档案，全宗号：50，案卷号：2。
③ 中国第一历史档案馆，朱批奏折，档案号：04-01-30-0111-004，缩微号：04-01-30-009-0296。

他认为一旦宪法未经颁布就传播开来，会有人横加议论，或者有人要求修改，或者有人要求协商。这样一来，皇帝的大权难免受到牵制。袁还援引日本和美国制宪的例子，为其主张寻找依据：

> 日本纂拟宪法，伊藤博文实综其事，维时偕纂拟诸员，僻居海滨，慎密从事。及脱稿后，即开御前会议，与议之臣，无不严守秘密，不稍漏泄。美国华盛顿创定宪法时，与议诸臣，会于密室，宪法稿本，藏之铁函……①

袁最后请"秘饬纂拟宪法大臣慎选协同纂拟之员，共守秘密，逐条密呈钦定"，并且陈请对泄露者严惩。

鉴于《钦定宪草》受到日本的较大影响，笔者认为，其文本基本上是对《明治宪法》的模仿。试以关于皇权的规定为例。从章目安排上，《钦定宪草》模仿《明治宪法》，将关于君主的规定置于第1章，并且对君权采取了详细的列举主义，对条文的规定十分详细，共19条，占总条文数的1/5强。从内容来看，《明治宪法》以最高法律形式确定了天皇为国家元首，总揽统治权；确定了天皇对议会、司法、行政的控制权；紧急时期发布敕令代替法律的权力；统率陆海军、宣战媾和及缔结条约等大权。这种处理方式与其说通过宪法来限制君主的权力，莫如说通过宪法来保障和彰显皇权。因此有学者称日本立宪为"表面上的立宪"，《明治宪法》"是最不具有立宪性格"的宪法。《钦定宪草》对皇权的规定，应该与《明治宪法》差异不大。第4批进呈稿（第16—19条）是第1章最后进呈部分，也是对皇权的规定。摄政王对其做了多处删改，"大抵以《日本宪法》为依据，不欲有所出入"。②

（四）《钦定宪草》的特色

总体而言，《钦定宪草》模仿《明治宪法》，但还是具有一定的

---

① 中国第一历史档案馆，朱批奏折，档案号：04-01-30-0111-004，缩微号：04-01-30-009-0296。

② 韩策、崔学森整理：《汪荣宝日记》，中华书局2013年版，第299页。

特色。与《明治宪法》章目比较，《钦定宪草》多出3章，即摄政王、领土和法律三章。摄政王一章或许是起草者顾及了中国当时的政情。光绪帝去世后，宣统帝年幼，由其父载沣摄政。如不出意外，摄政状态至少要持续十几年时间。在宪法中将摄政单列一章，有一定的合理性，一方面可以凸显摄政的地位，另一方面可以通过宪法条文对摄政的权力加以限制，保证宪政体制不遭摄政破坏。但笔者认为将其单列一章似乎不妥，至少缺乏长远考虑，毕竟摄政不是皇权政治的常态。这一章虽然有中国特色，但从法理上有损于宪法的严肃性；相反，《明治宪法》和《普鲁士宪法》的处理方式比较合理。前文已经提及，汪荣宝之所以将摄政单列一章，或许受到了北鬼三郎《大清宪法案》中将摄政单列一章的影响。

领土一章是《明治宪法》所没有的，但在《普鲁士宪法》中有所规定。日本是一个岛国，四面环海，与任何国家不接壤，《明治宪法》制定之际几乎不涉及与周边国家的领土纷争；而且没有被外国"租借"，领土主权未受到侵犯。因而，不必将领土写进宪法。战后颁行的现行《日本国宪法》也未将领土载入宪法。当然，伊藤等人未将领土内容载入宪法，还出于其他考虑，即一旦日本获得的殖民地或者其他领土发生变更，势必要修改宪法，使得宪法的严肃性受到影响。《普鲁士宪法》等欧洲国家多有对领土的规定。当时中国领土主权受到侵犯，与周边国家领土界限不清晰。通过将领土写入宪法，并单列一章，显然有利于领土主权确认和巩固。《钦定宪草》的这一处理方式，为民国之后制定的多部宪法所效仿，其后的宪法多以单列一章的形式规定领土。所以，可以看出，李、汪在宪法起草过程中没有拘泥于《明治宪法》的文本，根据中国具体情况并且参考其他国家的宪法单独列出了领土一章，这是《钦定宪草》的一个亮点。

《明治宪法》只在第5章中对司法做了规定，该章和第3章涉及法律的制定、审批等条目。《钦定宪草》单列法律一章，这也是李、汪认真思考的结果。中国作为缺乏法治传统的国家，以宪法的形式规定法律制定、审批和修改，无疑有利于提高法律的庄严性，有利于提高法律的地位，为依法治国提供宪法的明确保障。

与《明治宪法》还有一个不同之处，《明治宪法》第 4 章中规定国务大臣的同时，也对枢密顾问作了规定。汪荣宝也曾经考虑过是否将弼德院官制列入宪法的问题，但最终作罢。究其原因，笔者认为，当时日本制定宪法之际，枢密院已成立，而且成为审定宪法的机构，枢密院及其顾问尽管是天皇的咨询机构，但其权力似乎并不小，组建枢密院的目的是使其成为皇室（皇权）的一道坚固的屏障。作为拱卫皇权的屏障，明治制宪者赋予了枢密院重要使命，将枢密院载入宪法，便显得合情合理了。① 相较而言，清廷起草宪法时，弼德院刚刚成立，其存在显得无足轻重，没有将其列入宪法，也在情理之中。

除了内容，在起草过程和程序方面，《钦定宪草》也表现出一定的特色。前文已提及审批程序，《钦定宪草》边起草边审定，即未等所有条文起草完毕，在没有形成一部完整的宪法草案时便进呈审定。而《明治宪法》则是所有条文起草完毕，形成初稿，最后交由枢密院审定。另外，从起草人员上来看，中国是清廷任命纂拟大臣和协纂大臣，由协纂大臣执笔，形成草稿后由纂拟大臣和协纂大臣合议，最终呈递摄政王审定。最终审批者和纂拟者是上下级关系，审定过程中不能直接见面对话。而日本宪法起草到审定基本上都是由以伊藤博文为核心的明治政府实权人物所掌控，制定者和审批者之间有沟通。此外，清廷在起草过程中没有事先准备的草案，也没有外国宪法顾问的参与，而《明治宪法》起草之前已经有几部草案，包括德国宪法顾问制定的草案等，《明治宪法》是在这些草案的基础上修改完成的。

## 第三节　清廷制宪权的转移与《宪法重大信条》

如上节所述，清廷在国会请愿运动的压力下，将国会开设年限提前到宣统五年（1913）。修改后的筹备事宜清单规定宣统四年

---

① 日本枢密院官制及事务规程，见《新译日本法规大全》（点校本）第 3 卷，商务印书馆 2007 年版，第 15—19 页。

（1912）颁布宪法，纂拟宪法因此提到议事日程上来，清廷于宣统三年（1911）开始起草宪法草案。直到武昌起义爆发之前，清廷没有改变宪法钦定、以皇权为中心的制宪理念，将制宪权牢牢地掌控在自己手中，态度坚决地否定资政院和其他立宪团体参与制宪，较为从容地按照自己的意志纂拟宪法。但是，武昌起义后，时局剧变打乱了清廷制宪进程。非但如此，清廷渐渐丧失制宪主动权，制宪权向资政院转移。张绍曾等人在"滦州兵谏"中提出《政纲十二条》（以下简称《十二条》）加速了转移过程。资政院最终完全获得了起草和议决宪法的权力，并起草了《宪法重大信条十九条》（以下简称《重大信条》），进行了中国历史上准国会的首次制宪活动。清廷最终发布上谕，予以认可，将其宣示太庙，作为将来拟定宪法的新准绳。《重大信条》是一部以议会为中心的英式宪法纲领性文件，其出台等于直接否定了1908年公布的《宪法大纲》，也葬送了李家驹、汪荣宝等人数月辛苦起草的宪法草案，使其成为废案。清廷长期抱持的二元君主制宪法构想瞬间被昙花一现的英式议会中心主义宪法纲领所取代。

资政院是清末立宪时期清廷设立的重要组织，为"未来上下议院成立之基础"，议员半为钦选，半为民选。就其性质而言，它是准国会机构，而不是清政府的职能部门之一。本研究主题是清廷制宪，严格来说，本节探讨的《重大信条》并不是由清廷制定的，而是出自资政院之手，但其得到清廷认可并发布，就此而言，应属于本研究范围内。尤其是研究制宪权如何从清廷向资政院转移，对理解清廷制宪非常有益。

本节关注的重点有四：一是资政院何时开始参与制宪、获得制宪权；二是滦州兵谏提出的《十二条》与资政院获得制宪权的关系；三是《重大信条》的出台过程；四是《重大信条》与《十二条》《宪法大纲》的关系及评价。

### 一 滦州兵谏

武昌起义前，清政府在直隶永平府地方秋操，原驻扎奉天新民府的第二十镇新军由统制张绍曾率领参加，暂驻永平府管辖的滦州。起义爆发后,清廷中止秋操,改派张绍曾率部南下镇压起义,作为紧急应对之策。张绍曾拒绝出兵,筹划兵变,最终以"兵谏"形式响应武昌起义,逼迫清廷迅即按照要求立宪。①

兵谏提出《十二条》,由张主持,其幕僚吕均等人起草,九月初六日(10月27日)由奉天电传至京,又派人进京呈递,限清廷24小时内答复。呈递件加盖第二十镇统制关防,由张绍曾、新军第三镇代统制卢永祥、第二混成协统领蓝天蔚、第三十九协统领武祥桢和第四十协统领潘榘楹签名。值得注意的是,张绍曾等兵谏发起者多为留日军官。上述签名者,除卢永祥外,均为日本陆军士官学校出身。其中,张、蓝、吴被称为"士官三杰"。他们的宪政意识或许与日本留学经历不无关系(见表3-9)。

表3-9　　　　　　滦州兵谏日本陆军士官生学校出身将领

| 姓名 | 出身 | 军队编号 | 职务 |
|---|---|---|---|
| 张绍曾 | 日本陆军士官生学校炮兵第一期 | 第二十镇 | 统制 |
| 蓝天蔚 | 日本陆军士官生学校工兵第二期 | 奉天混成旅 | 协统 |
| 吴禄贞 | 日本陆军士官生学校骑兵第一期 | 陆军第六镇 | 统制 |
| 潘榘楹 | 日本陆军士官生学校步兵第三期 | 第二十镇 | 统制 |

资料来源:《清末新军编练沿革》《辛亥革命回忆录》及各省文史资料等。参见付中玮《留日士官生与中国军事思想近代化(1894—1924)》,硕士学位论文,江西师范大学,2010年,第41页。

为壮大兵谏声势,博得更多同情,张绍曾通电各省总督、巡抚、咨议局以及其他军事将领,告知业已提出政纲十二条,请愿朝廷,"速改政体,即开国会,改正宪法",希望"共匡大局,遥相声援"②。

---

① 关于"滦州兵谏"与"重大信条"近年有力度的研究为董丛林《"滦州兵谏"与"十九信条"出台》,《河北师范大学学报》(哲学社会科学版)2013年第1期。
② 杜春和编选:《辛亥滦州兵谏函电选》,载中国社会科学院近代史研究所近代史资料编辑部编《近代史资料》总91号,中国社会科学出版社1997年版,第52页。

张绍曾还向重新被清廷赋予要职的袁世凯和东三省总督赵尔巽发去专电，吁请"同匡大局，下顺舆情，促成宪政之美果"①。《十二条》提出后，为增加兵谏的力度，张绍曾未放弃军事行动，拟部署军队向滦州集结，并表示移师京郊。②滦州本与北京咫尺之遥，这一举动更使京城深受武力威胁。

张绍曾的另一举动更令政府震惊。九月十一日，张绍曾截留清廷途经滦州的南运军火专列，并向清廷军咨府和武汉革命军发电通告，要求停战议和。九月初九日（10月30日），清廷连发"罢皇族内阁""宪法交资政院协赞"等4道奏折，但张绍曾认为清廷并未满足其要求，于九月十五日（11月5日）成立立宪军，以武力威胁清廷收回成命，完全接受《十二条》。之前的十三日（11月3日），清廷匆忙批准资政院仓促拟就的《重大信条》，由资政院以全体议员名义致电张绍曾等人。九月十六日（11月6日）清廷免去其第二十镇统制的职务（由潘榘楹接任），任命其为长江宣抚大臣，实际解除其兵权。张绍曾要求清廷收回成命，但遭到拒绝。张绍曾鉴于九月十七日（11月7日）吴禄贞被害，以为难以挽回颓势，遂辞去宣抚大臣，退隐天津，仅持续10余天的滦州兵谏结束。

## 二 资政院制宪

资政院是《重大信条》的起草机构，但按照院章规定，不具有制定宪法的权力，有必要先对其制宪权限加以探讨。

（一）资政院的制宪权限

光绪三十三年八月十三日（1907年9月20日），清廷发布上谕，宣布设立资政院：

> 立宪政体取决公论，上下议院实为行政之本。中国上下议院

---

① 杜春和编选：《辛亥滦州兵谏函电选》，载中国社会科学院近代史研究所近代史资料编辑部编《近代史资料》总91号，中国社会科学出版社1997年版，第52页。

② 杜春和编选：《辛亥滦州兵谏函电选》，载中国社会科学院近代史研究所近代史资料编辑部编《近代史资料》总91号，中国社会科学出版社1997年版，第57页。

一时未能成立，亟宜设资政院以立议院基础，著派溥伦、孙家鼐充该院总裁。所有详细院章，由该总裁会同军机大臣妥慎拟定，请旨施行。①

可以看出，资政院并不是真正意义上的议会，其成立的初衷是在设立上下议院之前，将其作为议院的基础。清廷任命皇族溥伦和汉族大臣孙家鼐为总裁，要求总裁和军机大臣妥善拟订院章。宣统元年七月初八日（1909年8月23日），院章由资政院主稿，与军机大臣共同办理之后上奏清廷。院章共10章，65条，附条2条。第3章规定了该院的职掌，第14条为"资政院应行议决的事件"，包括"一、国家岁出入预算事件，二、国家岁出入决算事件，三、税法及公债事件，四、新定法典及嗣后修改事件，但宪法不在此限，五、其余奉特旨交议事件"②。第四项以明确的条文排除了资政院制定和修改宪法的权力，即资政院是不具有完全立法权的机构。清廷作此明确规定，或许担心资政院争夺宪法制定的权力。按照清廷的设想，宪法钦定，完全由皇帝垄断，不许任何机构和个人干涉。而依多数立宪国家惯例，议会拥有制定、修改宪法的权力。资政院虽非真正意义的议会，但最具与清廷分庭抗礼、争取制宪权力的可能。或许正是为了防止出现这种情况，清廷才在其院章中明确规定了这一点。

院章规定资政院不具备制宪权力，但有些学者认为，不能因此否认资政院在实际运行过程中不断获得制宪权："随着清廷预备立宪各项措施的推行，资政院在实际运转过程中，清廷通过不断发布上谕，使资政院逐渐获得了制定宪法的大权，使其成为一个具有完全立法权的议政机关。"③ 具体言之：

---

① 故宫博物院明清档案部编：《清末筹备立宪档案史料》下册，中华书局1979年版，第607页。
② 故宫博物院明清档案部编：《清末筹备立宪档案史料》下册，中华书局1979年版，第631页。
③ 卞修全：《资政院与清末的制宪活动》，《南开学报》2000年第4期。

1908年7月2日,清廷命宪政编查馆和资政院共同编辑君主宪法大纲。这是资政院获得参与制宪权力之始。1910年11月5日,清廷又任命资政院总裁溥伦为纂拟宪法大臣之一,使资政院参与制宪的权力得到了巩固。到了1911年11月2日,随着革命形势的日益发展,清廷迫于立宪派的压力,命资政院以张绍曾、蓝天蔚提出的12条政纲为蓝本,制定英国式的议会君主制宪法,从而获得了完全的制宪权。①

那么,究竟是否如此?首先,确有清廷命宪政编查馆和资政院编辑君主宪法大纲的上谕:

> 著宪政编查馆、资政院王大臣,督同馆院谙习政法人员甄采列邦之成规,折衷本国之成宪,迅将君主宪法大纲暨议院选举各法择要编辑,并将议院未开以前,逐年应行筹备各事,分期拟议胪列具奏呈览。②

光绪三十四年八月初一日(1908年8月27日)的奏折也确实显示宪政编查馆和资政院会奏了宪法大纲及议院法选举法要领等事宜。③从这些上谕可知,似乎资政院参与了宪法大纲的制定工作。但是,这一时期虽然上谕宣布成立资政院,但直到宣统二年九月初一日(1910年10月3日)才正式开院。此前只任命了总裁,资政院仅存其名,以此来说明"这是资政院获得参与制宪权力之始",显得牵强。而且,从时间上来看,宣统元年七月初八日(1909年8月23日)院章关于资政院职掌的规定,发生在清廷命宪政编查馆和资政院会奏宪法大纲之后,即使以前资政院名义上参与了宪法大纲的制定,此时也明文否定了其继续参与制定宪法的可能性。

---

① 卞修全:《资政院与清末的制宪活动》,《南开学报》2000年第4期。
② 《大清德宗景皇帝实录》卷五九三,中华书局1987年版。
③ 《光绪朝东华录》,第5976页。另见故宫博物院明清档案部编《清末筹备立宪档案史料》上册,中华书局1979年版,第54页。

其次，清廷确实于1910年11月5日任命资政院总裁溥伦为纂拟宪法大臣之一，① 此时资政院也已召开第一次常年会。1911年3月20日，李家驹和汪荣宝被任命为协纂宪法大臣，汪为资政院议员，李旋又被任命为资政院副总裁。无疑，拥有资政院总裁、副总裁以及议员身份者成为《钦定宪法草案》纂拟的核心人员。但是，笔者认为不能就此得出"使资政院参与制宪的权力得到了巩固"的结论。

第一，这些人员并非以资政院议员的身份和资政院的名义参加宪法纂拟。任命纂拟和协纂宪法大臣的上谕并未提及他们在资政院的身份，也没有提及他们代表资政院起草宪法。这些人虽然具有资政院总裁或议员的身份，但实际上清廷命其单独组织纂拟宪法，完全独立于资政院之外，排除了资政院其他议员对纂拟宪法的参与。

第二，需要强调的是，如果资政院参与制定宪法，则或者由其直接起草草案并讨论议决，或者由政府起草后交资政院讨论议决。这里说的资政院，不应该是某位议员，而应该是议员全体或其一部分。

第三，从《钦定宪法草案》纂拟的过程来看，条文拟定后由纂拟和协纂大臣讨论，之后直接进呈摄政王审定，资政院没有参与其中，更没有对其审定。下文中提到如下事件：1911年6月草案条文起草之前，咨议局联合会向资政院递交宪法交资政院协赞的陈情书，宪友会也提出参与制定宪法的要求，但遭到总理大臣奕劻的坚决回绝："修订宪法为君主大权所寄，关系朝廷尊权，至为重要，各行政衙门尚不得从而参预，何况该会！""将来修订告竣，即行奏请钦核颁布，并不由资政院复议。"② 这些史料恰恰说明了清廷一手把持制宪，不许资政院和民间立宪团体参与的事实。

所以，笔者认为，1911年武昌起义之前，资政院实际上未获得制宪权，也未参与制宪。其实，宣统三年六月初八日（1911年7月3日）修改的资政院院章中，第3章职掌第14条第4项与此前发布的该条条款虽有表述上的细微差别，但依然排除了资政院的制宪权：

---

① 刘锦藻：《清朝续文献通考》，浙江古籍出版社1988年版，第11502页。
② 嘉言：《今日参预宪法问题》，《申报》宣统三年六月初六日。

"四、法律及修改法律事件,但宪法不在此限。"① 这时距武昌起义爆发已为时不远,清廷仍然没有将宪法交由资政院"协赞"或审核的打算。另外,从资政院第一次常年会的会场发言来看,议员对资政院没有制宪权或许心存不满,但总体上认可了该院不具制宪权的事实。如表现活跃的议员罗杰在讨论速开国会的发言中说:"资政院是议院基础、宪政的精神,应该有个赞成权,但是要紧的第一条就是宪法以外议院法、选举法,要经本院的人赞成,选举法同议院法按照本院议决权,这两条得交本院议决为好。"② 议员江辛也援引院章职掌,主张将议院法和选举法交资政院议决通过:"查《院章》,本院职掌,除宪法外,一切法典及嗣后修改事件均可议决,所以将来的议院法及选举法,非经本院议决通过,断不能行。"③ 从中可以看出他认可了资政院不制定宪法的事实。

总之,笔者认为,武昌起义爆发之前,资政院没有通过清廷不断发布上谕而获得制宪权。而武昌起义之后,是否因滦州兵谏提出的《十二条》而使资政院获得完全制宪权呢?笔者认为,滦州兵谏之前资政院已向清廷奏请"协赞"宪法。滦州兵谏提出的《十二条》,只是促使清廷迅速承认了资政院的制宪权。如未发生滦州兵谏,武昌起义之后资政院仍可能很快获得制宪权。滦州兵谏只是一个"加速器"或者是"催化剂"。换言之,资政院获得制宪权与民间团体和舆论吁请,尤其是该院议员不断争取有直接关系。

(二) 资政院争取制宪权

清廷宣布纂拟宪法大臣和协纂宪法大臣之后,社会各界纷纷关注宪法制定问题。民间立宪团体和个人不断向清廷施压,反对清廷垄断制宪权,要求参与制宪。例如,清廷宣布缩短国会召开年限之后,第三次请愿团虽然解散,但国会请愿同志会仍然保留,宣统二年冬季,将其政治纲领通告全国,其中第二条纲领是要求参与宪法。纲领反对

---

① 《政治官报》宣统三年六月十二日。
② 李启成点校:《资政院议场会议速记录》,上海三联书店 2011 年版,第 151 页。
③ 《资政院议场会议速记录》,第 151 页。

日式宪法,"若令以日本宪法纯然施之吾国,其危险不可思议"。纲领建议电请资政院具奏,将宪法条文交资政院协赞通过。① 宣统三年六月初六日和初七日《申报》的论说连载署名"嘉言"的文章,专门讨论参与宪法制定的问题。② 论说对宪友会要求参与宪法遭到清廷严词拒绝以及清廷不准资政院参与宪法制定进行了反驳。(见前引)宪友会由国会请愿同志会和各省咨议局联合会组成,内多资政院议员,是宣统年间立宪派成立的政党组织之一。在召开了几次发起会、草拟章程之后,宪友会于宣统三年五月八日在北京湖广会馆举行成立大会,推选主席和各省支部发起人,之后各省支部纷纷成立。因其组成成员多为各咨议局议员和资政院议员,具有一定影响力。③ 作为一个政党组织,向清廷陈请参与宪法制定,势必引起政府的强烈反应。最终清廷严词拒绝了该党的要求。④《申报》的论说对宪友会要求参与制定宪法遭拒一事颇为不满,但马上将矛头转向批评清廷拒绝资政院参与制定宪法:"若资政院,非所谓将来议院之基础乎?而不容其置喙,是直以宪法为在上者专有之一物,而以后纵钦核颁布,已失其成立之价值。"论说又特意提到资政院章程中"独无宪法、外交令其核议之文"。这样一来,资政院似乎与英国大宪章未成立以前和日本未开议院时设元老院仅供君主参考,没有区别了。作者痛心资政院地位之低不是其目的,其目的是主张清廷赋予资政院制宪的权力。顺便一提,这篇论说还涉及对国会开设与宪法制定先后的争论以及不应完全仿照日本注重君主大权的建议。

立宪派的吁请将资政院的制宪权问题提到议事日程上来,但真正让资政院获得制宪权的,还是资政院议员的不断争取。在资政院第一次常年会上,曾有个别议员主张将宪法草案交由资政院审议通过。宣

---

① 《同志会通告书》,《时报》1910年12月7日。
② 嘉言:《今日参预宪法问题》,《申报》宣统三年六月初六日、初七日。
③ 参见张玉法《清季的立宪团体》,《"中央研究院"近代史研究所专刊》第28辑,1985年,第478—486页。
④ 笔者未见到宪友会要求参与宪法制定的一手史料,但《申报》的相关记载,应该不虚。

统二年资政院第一次召开常年会期间，有议员借讨论速开国会问题，开始争取制宪权。宣统二年十月初六日（1910年11月7日），清廷任命溥伦和载泽为宪法纂拟大臣后不久，有资政院议员主张让宪法等草案交资政院审议通过。议员吴赐龄在资政院第一次常年会上发言："请议长咨商宪政编查馆，从速将宪法、议院法、选举法起草，交资政院通过。"① 但如前所述，总的来说，大部分议员还是认可了该院不具制宪权的事实。

一年之后的九月初一日（10月22日），资政院第二次常年会开幕时，武昌起义已经爆发，时局日益恶化，议员借机努力争取制宪权。九月初三日（10月24日）资政院召开第二次会议，以全体议员的名义请求将"宪法初稿"交院"协定"。奏折由全体议员议决之后，"按照（资政院章）议事细则第一百六条"上奏。这是近代中国的准议会组织第一次以集体的名义争取制宪权。奏折主题是"为内忧外患，恳请标本兼治，以救危局"②，其中主要包括两方面内容，一是治标，二是治本。在治本的对策中，先"拟请朝廷斟酌情势，迅速组织完全责任内阁"③，"明年提前召开国会"，随后援引欧美立宪国家通例，力陈将宪法初稿立即交资政院会议：

> 内阁国会为行政立法之根本，而宪法尤为行政立法上根本之根本，关系綦重。与其以少数人意思编纂宪法，是天下之民不能谅圣朝实行立法之苦心，致将来不免陈请改正，互生猜忌，曷若仿照泰西立宪各国通例，准议院得以协定。拟请饬下纂拟宪法大臣，将所拟宪法初稿即交臣院会议，广集王公士庶，悉心讨论，纵有不能仰赞高深之处，仍可随时交院复议，恭候钦裁。④

---

① 李启成点校：《资政院议场会议速记录》，上海三联书店2011年版，第142页。
② 故宫博物院明清档案部编：《清末筹备立宪档案史料》上册，中华书局1979年版，第363页。
③ 故宫博物院明清档案部编：《清末筹备立宪档案史料》上册，中华书局1979年版，第364页。
④ 故宫博物院明清档案部编：《清末筹备立宪档案史料》上册，中华书局1979年版，第364—365页。

此处所说的"宪法初稿"应该是由李家驹、汪荣宝等人起草的宪法草案。本章第二节已经述及，汪荣宝于七月二十八日（9月20日）完成初稿。草案秘密制成，部分条文经纂拟和协纂大臣讨论后进呈摄政王审定，资政院完全被排除在外。现在，既然草稿已经完成，正好应该交由资政院讨论，并广集王公士庶讨论，议定之后由皇帝钦裁。此处资政院只是用了"会议""讨论""复议"之类比较委婉暧昧的措辞，而没有使用"议决"一词。资政院将宪法初稿由资政院会议上升到"治本"的高度，以此争取制宪权。但是，这篇奏折似乎并未得到清廷的答复。

资政院集体要求"会议宪法"，显然有违院章关于"宪法不在此限"的规定。议员们考虑到了这一点，上奏此折的前一天，即在第二次常年会的第一次会议上，全体议员选举专任股员之后，立即议决通过了将改订资政院院章交院协赞的具奏案，准备呈递："臣院全体议员议决恳请明降谕旨，交臣院会议，以固立法之基，而符协赞之意。"① 上文提到宣统三年六月八日公布的新院章，未在资政院会期之内，未经资政院全体议决，而是由"资政院总裁、副总裁会同内阁总协理大臣改定"后直接具奏颁行的。资政院议员对此表示不满，纷纷要求新院章经该院议决。九月初五日（10月26日），清廷俞允："资政院奏请将改订院章交院协赞一折，所有此次改订之资政院院章，著交该院协赞，再行奏请钦定。"② 资政院院章是重要法律，属于宪法性文件，资政院在清王朝危急时刻，先争得了院章的协赞权。这样一来，修改限制资政院协赞宪法的条款，就会为下一步获得宪法协赞权扫清制度规定上的障碍。当然，院章经资政院议决后，最终仍要履行皇帝钦定的手续。但这应该视为资政院获得制宪权的一个重大举措。

因此，笔者认为，《十二条》提出之前，资政院已经在积极争取制宪权，并且试图为获得制宪权扫清制度上的障碍。

---

① 《内阁官报》，宣统三年九月初九日。九月初二日《汪荣宝日记》也有此记载。另见魏彬《资政院第二次年会研究》，第17页。

② 《内阁官报》，宣统三年九月初九日。

### (三) 资政院制宪权与滦州兵谏的关系

前文已述及，张绍曾向清廷提出《十二条》的时间是九月初六日（10月27日）。① 在此之前，资政院已获得院章的"协赞权"，为获得制宪权奠定了基础。《十二条》的提出，无异在清廷危急时刻火上浇油，令清廷更为不安，资政院也在积极应对日益恶化的时局。《十二条》提出当日，在资政院第三次会议（九月初六日）上，议员余邦华提出几件弭乱的对策，经过讨论之后议决。② 《汪荣宝日记》也做了记载："于泽远提出弭乱策数事，经三数人讨论之后，议决三件如下：一罢亲贵内阁，二将宪法交院协赞，三解除党禁，作为三件具奏案，同日呈递。"③ 次日召开的第四次会议，表决通过了上述三件事，其中包括"提议编立宪法宜使人民协赞"的具奏案。这是资政院第二次通过决议，要求协赞宪法，但没有使用资政院一词，而是用了"人民"一词。这颇值得玩味。

需要探讨的是，资政院在议决三件弭乱对策和第二天表决通过时是否收到了《十二条》？由于张绍曾通过电报向清廷发送了《十二条》，议决之前资政院也有知悉的可能性。九月初八日张绍曾见清廷不予及时答复，急电资政院：

> 鱼（代指初六日）电谅已达览。国亡无日，非将现在政体痛加改革，万不足固邦本而系人心。绍曾前提政纲十二条奏请宣布，实为现在扶危定倾之不二法门，自谓一字不可增减，乃折奏于六日递呈，至今尚未明白宣布。④

---

① 董从林对《十二条》提出的时间和途径进行了考证，电奏时间为九月初六日，加盖二十镇关防和签名的奏折于初七日达载涛处。参见董文。
② 参见魏彬《资政院第二次年会研究》，硕士学位论文，湘潭大学，2007年，第17—18页《资政院第二次年会日程略表》。该表主要根据1911年10月—1912年1月《盛京时报》《大公报》和《申报》汇总而成。
③ 韩策、崔学森整理：《汪荣宝日记》，中华书局2013年版，第310页。这三件具奏案当日应该没有呈递，因为次日召开的第四次会议仍在议决并最终呈递。
④ 杜春和编选：《辛亥滦州兵谏函电选》，载中国社会科学院近代史研究所近代史资料编辑部编《近代史资料》总91号，中国社会科学出版社1997年版，第55页。

从这封电报可知，九月初六日资政院有可能知悉张提出《十二条》。但是，细读当日资政院议决具折呈递的三份奏折，① 均未提及张绍曾和《十二条》。笔者认为，即使九月初六日资政院知悉张提出了《十二条》，但由于其事刚刚发生，或许并未完全引起资政院的重视，资政院当日拟定呈递的三份奏折虽不排除将《十二条》考虑其中，但主要针对的是"鄂乱"，即武昌起义后的时局。

九月初九日（10月30日）清廷依资政院提出的奏折发布上谕，"罢皇族内阁""将宪法交院审议""解除党禁"，还发布了《实行宪政谕》。② 这道上谕应为《汪荣宝日记》中所提"引咎自责"的上谕。值得玩味的是，这四道上谕也没有涉及张绍曾和《十二条》，相反却提及了"川乱"和"鄂乱"："川乱首发，鄂乱继之。今则陕、湘警报迭闻，广、赣变端又见，区夏腾沸，人心动摇……此皆朕一人之咎也。"可见，这几道上谕主要针对的也是武昌起义后的大变局，应是对九月初三日（10月24日）和九月初六日（10月27日）呈递奏折的回应，而不是专门针对《十二条》而颁发的。九月九日的四道上谕虽然未提及张绍曾，但当日还有另一道谕旨："昨日统制张绍曾等电奏具陈管见一折，其间颇有可采择之条，已归入本日谕旨，一并宣示矣。"③ 这道上谕专门提到张绍曾，并言其可以采择之处已经并入当日谕旨。"当日谕旨"应为上述四道谕旨。综合判断这

---

① 《内阁官报》宣统三年九月十一日载《资政院奏内阁应实负责国务大臣不任懿亲折》，应为汪氏日记所提议决之一"罢亲贵内阁"；另有两奏折落款时间均为九月初八日，标题为《资政院总裁世续等请明诏将宪法交院协赞折》和《资政院总裁世续等请速开党禁以收拾人心折》，应为日记所言"二将宪法交院协赞，三解除党禁"。需注意的是，汪在日记中记载三份奏折呈递时间为九月初六日，军机处档案落款时间为初八日。见故宫博物院明清档案部编《清末筹备立宪档案史料》上册，中华书局1979年版，第92、94页。

② 参见故宫博物院明清档案部编《清末筹备立宪档案史料》上册，中华书局1979年版，第95—97页；《内阁官报》宣统三年九月十一日。另见金毓黻辑《宣统政纪》卷六十二，辽海书社1934年版。《汪荣宝日记》记载了四道上谕的大致内容："一、引咎自责；一、罢皇族内阁；一、将宪法交院审议；一、解除党禁"。（见第311页）

③ 金毓黻辑：《宣统政纪》卷六十二，辽海书社1934年版。此处言及的"昨日"，显系错误，张的电奏应该九月初六日。或许为回应张要求清廷24小时内答复而故意修改了时间。参见董文。

五道上谕的文本，笔者认为，第五道上谕与前四道发布日期虽为同日，但可能是已经发布了前四道谕旨后，清廷感到事态严重，不得不对张绍曾等人的请求立即予以答复，最终针对其要求，又专门发了这道上谕。

基于上述分析，笔者认为，九月初七日（10月28日）资政院议决并呈递要求协赞宪法的奏折，应该是前述九月初三日（10月24日）上奏的继续。九月初九日资政院获得协赞宪法的俞允，或许与《十二条》的提出不无关系，但更应该视为资政院应对武昌起义以来乱局的结果，体现了资政院应对政局的主动性。值得注意的是，九月初九日的上谕并未赋予资政院起草宪法的权力，而是将以钦定宪法大纲为标准拟定的钦定宪法草案，交资政院审议，最后还要由皇帝钦定颁布："著溥伦等敬遵钦定宪法大纲，迅将宪法条文拟齐，交资政院详慎审议，候朕钦定颁布，用示朝廷开诚布公，与民更始至意。"① 到九月初九日为止，资政院争取的制宪权实际上一直是"协赞"宪法的权力，而不是起草宪法的权力。其实，九月十二日（11月2日）清廷宣布将宪法交资政院起草的同一天，议员已经起草并议定十九信条，可是，宪法纂拟大臣溥伦和载泽仍到资政院"演说纂拟始末及今后办法"②。这里所演讲的"纂拟始末"，应该是李、汪起草的《钦定宪草》。由此可知，清廷在九月十二日（11月2日）还在坚持将《钦定宪草》交由资政院"协赞"的想法。

顺便一提的是，宪法交院协赞的奏折处理了一个该院协赞宪法与最终钦定之间的法理问题："协赞在纂拟之后，钦定之前，于先朝圣训钦定之义，毫无所妨。"③ 以往，清廷一直援引宪法大纲规定的钦定精神，纂拟之后直接进呈钦定，以此禁止资政院染指宪法。现在加入了资政院"协赞"这一环节，竟然于圣训钦定没有妨碍。资政院

---

① 故宫博物院明清档案部编：《清末筹备立宪档案史料》上册，中华书局1979年版，第97页。
② 韩策、崔学森整理：《汪荣宝日记》，中华书局2013年版，第312页。
③ 故宫博物院明清档案部编：《清末筹备立宪档案史料》上册，中华书局1979年版，第97页。

巧妙地借用了伊藤博文起草和审定《明治宪法》时使用的这一表达暧昧的词汇，从法理上理顺了纂拟和钦定的关系。

但是，此后事态的发展，超出了九月初九日资政院协赞宪法的规定，资政院很快获得了起草宪法的权力，在很短的时间内起草了《重大信条》，完成了中国的准议会最初的制宪活动。此时事态的发展，应该与资政院应对滦州兵谏和《十二条》有直接关系。

（四）重大信条的出台过程

前文提到九月初八日张绍曾致电资政院，请求其质问清廷，迅速全盘答应其要求。当天，理藩部左侍郎达寿（次日被任命为资政院副总裁）整日在军咨府商议对策。① 九月十日，资政院、军咨府联合署名，回应了前述张绍曾九月初八日的催促以及六日提出的《十二条》：

> 时局至此，诚如尊论，非将现在政体痛加改革，不足以固邦本而维皇室。义声伟举，本院深表同情；政纲十二条，尤多扼要之论。本院前日具奏组织责任内阁不任懿亲、协赞宪法、特赦党人三案，已于本月初九日奉旨谕允，正与开示政纲符合。此外大抵皆为宪法中条件。本院决议采用英国立宪主义，用成文法规定，并参照尊处政纲所列，拟具重要信条，一面征集各省谘议局意见，汇由本院决议，奏请即日宣布，正在商榷中。②

这则回电颇值得细究。如前所述，资政院已于前一日争得了协赞宪法的权力。但是，按照上谕规定，应是对以《宪法大纲》为基础起草的《钦定宪草》的协赞权。换言之，上谕并未赋予资政院抛开《钦定宪草》，另行起草的权力。但此处资政院对张绍曾的回复，显然突破了九日上谕的框架，决议采用英国立宪主义，参考《十二

---

① 韩策、崔学森整理：《汪荣宝日记》，中华书局2013年版，第311页。
② 杜春和编选：《辛亥滦州兵谏函电选》，载中国社会科学院近代史研究所近代史资料编辑部编《近代史资料》总91号，中国社会科学出版社1997年版，第56页。

条》拟具重要信条，并且已经在商榷之中了。争得了协赞宪法的权力后，资政院想借机扩大制宪权，毕竟协赞已完成初稿的《钦定宪草》，受到的束缚会很多。可见，资政院在危急时刻，以各种手段争取更大的制宪权，并尝试制定宪法重要信条。还需注意的是，这则回电中首次出现了"重要信条"一语，为九月十三日公布的上谕所采用："先拟具重大信条十九条……一面择期宣示太庙，将重要信条，立即颁布。"①

然而，张绍曾似乎并未理睬资政院九月十日的这一回复，九月十一日（11月1日）张致电清廷，直接将矛头指向了九日发布的几道上谕。他不认可这几道上谕，认为其并未满足所提出的要求，严词要求清廷收回成命，其电奏与"宪法交院协赞"的上谕针锋相对："上谕又云，著溥伦等敬遵钦定宪法大纲，迅将宪法条件拟齐。窃绎宪法首标君上大权，以立法、司法、行政三者概归君上，大权作用与臣等所奏政纲适成反对。敬恳收回成命，取销宪法大纲，由议院制定，以符臣等原奏。"②张绍曾的本意是年内立开国会，改定宪法由国会起草议决，以君主名义宣布，但君主不得否决。《十二条》中第2条和第3条表达了此意。③此处张绍曾不满的焦点有二，一是宪法的起草机构，张希望由立即召开的国会负责，而不是由资政院负责；二是在原有的《钦定宪法草案》的基础上改定，还是另行起草宪法。显然，在第二个问题上张绍曾主张的是后者。确实，由谁起草宪法和起草什么样的宪法，是制宪的大事，张自然要据理力争。

张绍曾要求清廷收回成命，态度非常强硬："臣等实为救国，非敢要君。荷戈西望，不胜惶恐待命之至。"④当天，张在滦州火车站

---

① 故宫博物院明清档案部编：《清末筹备立宪档案史料》上册，中华书局1979年版，第102页。
② 杜春和编选：《辛亥滦州兵谏函电选》，载中国社会科学院近代史研究所近代史资料编辑部《近代史资料》总91号，中国社会科学出版社1997年版，第59页。
③ 故宫博物院明清档案部编：《清末筹备立宪档案史料》上册，中华书局1979年版，第100页。
④ 杜春和编选：《辛亥滦州兵谏函电选》，载中国社会科学院近代史研究所近代史资料编辑部《近代史资料》总91号，中国社会科学出版社1997年版，第59页。

截留清廷运至南方的军火专列，不但获得了大批军火，直接对京城构成威胁，而且对清军在南方的战局十分不利。十二日溥伦和载泽向资政院的相关人员转达了张绍曾的电奏，《汪荣宝日记》有所记载："午刻，伦、泽两邸到院（资政院。——笔者注），述本日（应为前一日。——笔者注）滦州军队电奏，对于初九日谕旨尚多不满，有'荷戈西望，不胜迫切待命之至'等语。"① 更有甚者，"闻禁卫军亦与滦州联合……审察情形，非将滦军要请各条立予决答，不足以救危急"②。在如此危急时刻，资政院于九月十二日获得了起草宪法的权力，当日起草并议定宪法信条十九条。这距离清廷初九日颁布的上谕仅有两日之隔。显然，清廷已手足无措，在兵谏的威胁下，资政院试图扮演挽救危局的主角。

九月十二日（11月2日），资政院多位议员到院较早，在溥伦和载泽到院陈述张绍曾的电奏之前，已经着手商讨起草宪法信条，看来九月十日给张绍曾的回电所言不虚。《汪荣宝日记》记载："早起，诣闰生。旋往资政院，与同人商榷宪法信条，籍君忠寅持一院制说，而理由颇不贯彻。予起辨难，几至决裂。"③ 依此判断，资政院确实已抛弃《宪法大纲》和《钦定宪草》的束缚，另起炉灶，重新制定起草宪法的原则了。甚至开始重新讨论采用一院制还是二院制之类的制宪基础性问题。汪荣宝作为宪法协纂大臣，中午溥伦和载泽到院后，离开了起草室，听取了本日滦州电奏的内容。汪荣宝再回到起草室时，"同人已议定信条十九事，即付秘书厅誊写"④。需要注意的是，宪法信条的起草者为部分议员，议决者也是起草室中的议员，并不一定代表资政院整体意见。从《汪荣宝日记》可知，当日开会时间应为下午，宪法信条的起草和议决应在此之前。汪或许感到惊讶，竟然如此迅速地起草并议定了宪法信条。这里我们不难发现，在五位宪法纂拟和协纂大臣中，至少两位纂拟大臣未参与十九信条的起草和

---

① 韩策、崔学森整理：《汪荣宝日记》，中华书局2013年版，第311页。
② 韩策、崔学森整理：《汪荣宝日记》，中华书局2013年版，第311页。
③ 韩策、崔学森整理：《汪荣宝日记》，中华书局2013年版，第311页。
④ 韩策、崔学森整理：《汪荣宝日记》，中华书局2013年版，第312页。

议定，协纂大臣之一汪荣宝虽然参加了讨论，但未参加议定。由于史料所限，目前不知刚刚接替世续出任资政院总裁的另一协纂大臣李家驹和陈邦瑞是否参与其中。看来，资政院议员抱定了舍我其谁的心态，以独立自主起草和议定宪法信条这一形式，扭转了长期以来遭到政府压抑的状态。

汪回到起草室后不久，溥伦和载泽也来到起草室，作为《钦定宪草》的最高负责人，他们向起草室议员演说了宪法纂拟的始末，并提出今后的办法。① 然而，已经完成起草和议定十九信条的起草室议员"力陈利害，请将宣布信条之事，于明日奏陈，务乞即日裁可，以安人心"②。溥伦和载泽答应了这一请求。此后，资政院召开了全体会议，按照议事日程，审了爱国公债案，否决了宣统宝钞案等。会议期间，总裁李家驹突然手持上谕，宣布将宪法交资政院起草，议员们欢呼。③ 笔者认为，这一对于资政院议员而言突如其来的好消息与昨日以来张绍曾的军事威胁关系密切，兹录当日上谕如下：

> 宣统三年九月十二日内阁奉上谕：第二十镇统制张绍曾等电奏，奉初九日上谕，仰见朝廷实行立宪以与天下更始，三军感泣，惟内阁一日不成立，即内乱一日不平息，并宪法由议院制定等语。系为维皇室，靖乱源起见，览奏具见爱国之诚，实深嘉许。内阁总理大臣及各国务大臣昨已具奏辞职，均经降旨允准，并另简袁世凯为内阁总理大臣，组织完全内阁。所有大清帝国宪法著交资政院起草，奏请裁夺施行。④

此道上谕显然是处理张绍曾十一日电奏、应对截留军火的结果，前半部分引用了张绍曾要求成立内阁和宪法由议院制定等语，后半

---

① 韩策、崔学森整理：《汪荣宝日记》，中华书局2013年版，第312页。
② 韩策、崔学森整理：《汪荣宝日记》，中华书局2013年版，第312页。
③ 韩策、崔学森整理：《汪荣宝日记》，中华书局2013年版，第312页。
④ 故宫博物院明清档案部编：《清末筹备立宪档案史料》上册，中华书局1979年版，第98页。

分处理结果，一是允准皇族内阁辞职，二是命袁世凯为内阁总理大臣，三是宪法交资政院起草。他者不论，上谕通过"所有大清帝国宪法著交资政院起草，奏请裁夺施行"一句，赋予了资政院起草所有帝国宪法的权力，虽然最终添加了"奏请裁夺施行"一语，仍保留君主裁定颁行的形式。比照九月九日宪法交资政院协赞的上谕，清廷此时已被迫放弃以《宪法大纲》和《宪法草案》为基础交资政院协赞宪法的主意了。短短三天时间，资政院也从获得协赞宪法权转而获得起草宪法的权力。变化之快，甚至未来得及跟纂拟宪法大臣溥伦和载泽商量。从二人刚刚还在演说《钦定宪草》纂拟过程来看，他们应该对这一上谕的发布并不知情。

有一个细节需要强调：资政院未获得起草宪法草案权力之前，便已商榷并起草了宪法信条。九月十日资政院给张绍曾的回电中已称正在商榷拟具宪法信条之事了，十二日上谕公布之前，已经起草并议定宪法信条十九条，并说服溥伦和载泽，将其于第二天奏陈，即日裁可。可见，十九信条的起草和议定在前，资政院获得起草宪法的权力在后。这说明资政院已突破清廷对其起草宪法的种种限制，俨然成了凌驾于政府之上的真正"议会"了。

李家驹宣布所有宪法由资政院起草之后，全体会议应该议决了重大信条，并指定议员起草了奏折。次日，朝廷依奏，发布上谕："一面择期宣示太庙，将重要信条，立即颁布，刊刻誊黄，宣示天下。将来该院草拟宪法，即以此为标准。"① 至此，十九信条出台。其正式宣示天下，已是十月初六日（11月26日）。② 之前的九月二十八日（11月18日），兼署海军大臣谭学衡等人曾催促清廷，"拟请早日宣誓太庙，颁布天下，以示朝廷明定国是，断无反汗之理"③。

但是，张绍曾对十二日的上谕并不认可，九月十三日（11月3

---

① 故宫博物院明清档案部编：《清末筹备立宪档案史料》上册，中华书局1979年版，第102页。
② 金毓黻辑：《宣统政纪》卷六十五，辽海书社1934年版。
③ 故宫博物院明清档案部编：《清末筹备立宪档案史料》上册，中华书局1979年版，第105页。

日）致电清廷：

> 原奏总理大臣必由国会公举，今亲贵内阁虽已解散，大臣仍系敕任，并非民选；原奏宪法必由国会起草，今交资政院，为旧政府机关，不能代表全国。宪法仍系钦定，国民不得与闻，臣等原奏概归无效。……恳即明降谕旨，一面组织临时政府，一面电饬停战。不能召集国会，不能制定宪法，不能选举总理大臣，根本问题不能解决，诸事皆属空谈。①

九月十五日（11月5日），张绍曾组织立宪军，自拟章程，加强对清廷的武力威胁。

综上所述，资政院获得制宪权以及宪法信条的出台过程与张绍曾的兵谏和提出的《十二条》关系密切。资政院获得起草宪法的权力主要以张绍曾的兵谏为背景。《重大信条》的出台也是兵谏催生的产物，其起草也参考了《十二条》的文本。这还可以在李家驹十二日的奏折中得到证明。与九月九日之前资政院上奏的奏折未提及张绍曾不同，九月十二日的奏折主要的对象是张绍曾："顷者，特诏与民更始，并于统制张绍曾等所陈各节，均已仰蒙采纳。"② 而且还涉及了张绍曾提出的军人参与制宪问题："宪法为万世不磨之大典，军民共守……除业由臣院电告各省咨议局参与意见外，拟就现时重要事项，请并准军人暂行参与意见，以安众心。"③ 九月十四日（11月4日）资政院致张绍曾等人的电报中更是声称：

> 本院顷据贵镇奏请实行政纲，拟订信条十九条，已奉旨准誓

---

① 杜春和编选：《辛亥滦州兵谏函电选》，载中国社会科学院近代史研究所近代史资料编辑部《近代史资料》总91号，中国社会科学出版社1997年版，第62页。

② 故宫博物院明清档案部编：《清末筹备立宪档案史料》上册，中华书局1979年版，第101页。

③ 故宫博物院明清档案部编：《清末筹备立宪档案史料》上册，中华书局1979年版，第102页。

庙颁布。窃以事机紧急，稍纵即逝，故特以此项信条为基础，将来起草全部宪法，胪应征集全国军民意见；一面已奏请速开国会，先由本院将议院法、选举法拟订。贵镇于宪法、议院法、选举法有何意见，务希赶速电达，俾有遵循，无任迫切，并希转达各省军界，尤为感盼。①

九月十五日（11月5日），军咨府特意致电张绍曾，告知资政院奏请速开国会的奏折得到俞允。②

但是，笔者认为，《重大信条》制定本身更应该是资政院以英式立宪主义精神，考量当时实际政情和国情，独立立法的结果。资政院这部分议员的独立精神不应该遭到否定。资政院在滦州兵谏的过程中，一直主动寻求最大限度的制宪权，而不是被动地按照清廷的指示，接受了《十二条》，以此为基础出台了《重大信条》。因《十二条》的立宪精神与资政院的立宪精神基本一致，所以学界历来将前者作为后者的母本，无形中增加了《重大信条》和《十二条》的"必然联系"。笔者甚至认为，如果没有张绍曾提出的《十二条》，资政院依然有可能推出宪法信条，作为拯救危局的"治本"举措之一。③《重大信条》的起草者对宪政的理解应该不在张绍曾等人之下，甚至更具有大局观念和现实考量。资政院没有接受《十二条》中立开国会的建议，而是以推出《重大信条》的形式作为过渡，即说明资政院在按照自己的思路应对时局。《重大信条》是简明扼要的制宪纲领，在危急时刻无法从容制定出一部真正宪法之际，以信条的形式让清廷认可，不失为过渡的良策。张绍曾并未建议先推出宪法信条，是资政院在九月十日回电张绍曾时提出这一设想并付诸实施的。前述九

---

① 杜春和选：《辛亥滦州兵谏函电选》，载中国社会科学院近代史研究所近代史资料编辑部编《近代史资料》总91号，中国社会科学出版社1997年版，第64页。

② 杜春和选：《辛亥滦州兵谏函电选》，载中国社会科学院近代史研究所近代史资料编辑部编《近代史资料》总91号，中国社会科学出版社1997年版，第64页。

③ 故宫博物院明清档案部编：《清末筹备立宪档案史料》上册，中华书局1979年版，第364页。

月十二日上谕公布后,张绍曾对此不满,这恰恰反证了《重大信条》起草时资政院的独立思考。

### 三 《宪法重大信条》之评价

(一) 英式立宪主义精神之产物①

从整体上来看,《重大信条》和《十二条》体现了英式立宪的精神,与《宪法大纲》注重君权形成鲜明的对比。这在张绍曾等人的上奏中和十二日资政院奏请颁布宪法信条的奏折中均有明文表述。张绍曾总结属下将士意见道:"归本于改定宪法,以英国之君主宪章为准的。臣等再三详绎,立言虽或过激,而究非狂悖之谈。"② 显然,这句话是张绍曾借"属下将士之言",表达了自己的呼声。十二日资政院的奏折更是写得明白:"此次起草,自应采用英国君主立宪主义,而以成文法规定之。"③

分析具体条文,能够清楚地看出英国君主立宪主义的理念。首先,君权受到非常大的限制,剥夺了君主的一些"大权",或者将其权力行使条件加严,最终使得君主权力甚至与"虚位君主"差异不大。主要表现在以下几个方面:

第一,将皇帝权力明确限定在宪法规定的范围内,这与《宪法大纲》未作出此限制明显不同。第二,制定、修改和议决宪法的权力完全归于资政院或未来开设的议会,君主不得否决,只以君主的名义颁布。议会议决的事项,也是由皇帝颁布。第三,皇帝不负实际行政责任,这通过组织责任内阁而实现。内阁总理大臣由国会公举,皇帝只履行名义上的任命手续。国务大臣也由总理大臣推举,经皇帝任命。皇帝对内阁总理大臣和阁员已经没有操纵的权力,换言之,皇帝不负

---

① 本部分以《重大信条》和《宪法大纲》的比较为主,兼及《十二条》。关于《重大信条》和《十二条》的文本比较,参见董文。
② 故宫博物院明清档案部编:《清末筹备立宪档案史料》上册,中华书局1979年版,第99页。
③ 故宫博物院明清档案部编:《清末筹备立宪档案史料》上册,中华书局1979年版,第101页。

责行政事务。这与《宪法大纲》中规定"用人之权操之君上,而大臣辅弼,议院不得干涉"的性质完全不同。第四,对皇帝行使权力的条款加严,如虽规定皇帝直接统率海陆军,但对内使用时要受到国会的限制。第五,较为严格地规定不得以命令代替法律,并且做了严格限制:"除紧急命令,应特定条件外,以执行法律及法律所委任者为限。"第六,皇室经费的制定和增减,由国会议决,不像《宪法大纲》规定"议院不得置议"。第七,明确规定皇室大典不得与宪法抵触,皇位继承由宪法规定。这两点完全不同于《宪法大纲》关于议院不得干涉皇室大典的规定。第八,皇族永远不得出任内阁总理和国务大臣。这一点在《宪法大纲》中没有规定,结果导致了1911年出台的内阁不但总理由皇族奕劻出任,而且阁员也多半为满蒙贵族。第九,上议院议员不在皇帝敕任之列,而是由"国民于有法定特别资格者公选"。这样的安排,使君主通过上议院来牵制下议院的可能性也被排除掉了。

另外,《重大信条》将国会的权力最大化,是典型的国会至上主义宪法纲领。在《重大信条》和《十二条》中,资政院和未来的国会权力与西方典型君主立宪国家英国等国已无太大差别。第一,国会拥有宪法起草和议决的权力,改正宪法的提案权也归属国会。这样的规定无疑将国会凌驾于政府之上,由国会控制国家的基本法律。第二,国会公举总理,国务大臣由总理推举,总理受国会弹劾。议会以此牢牢地控制住内阁,使其成为典型的责任内阁。第三,国会有批准国际公约的权力,宣战媾和也需受到国会限制。第四,国会控制预算、决算和皇室经费等财政大权。年度预算未经国会议决,不得照前年度开支;皇室经费的制定和增减也需由国会议决。第五,行政裁判机关也由议会组织(第17条)。第六,上议院议员选举排除君主的牵制,由国民根据有资格者公选。这是典型的议会中心主义国家宪法的规定。总之,国会拥有的这几项大权,在《宪法大纲》中是见不到的。《宪法大纲》中只将国会置于"辅弼"皇帝的位置,是从属于皇权的机构。

《宪法大纲》体现了日本的立宪精神,皇权与日本天皇相比,缺少更多的限制。时人多批评其"假立宪之名行专制之实"。然而,《十九信条》和《十二条》是典型的英国君主立宪精神的体现。有些学者认为,英国的君主立宪,实际上与美国和法国的民主式宪法精神已无本质性的区别。自宪法概念传入中国以来,很多中国人便排除了英式立宪的可行性,一是因其宪法不成文,难以模仿,二是其议会权力太大而导致"民气甚嚣"。在武昌起义后的危局中推出的《十九信条》,试图将理想中的君主立宪模式推行于中国,其精神是可贵的。然而,在实际运作过程中,难免会受到更大的阻碍。这一点值得后来者深思。

(二) 较为完善的立法技术

从内容上看,《重大信条》和《十二条》都体现了英式立宪主义精神;然而,从形式和具体条文表述上来看,《重大信条》表述更为准确,条文配套更为齐全,表现出了更高超的立法技术(见表3-10)。

表3-10　《政纲十二条》与《宪法重大信条十九条》比较

| 《政纲十二条》 | | 《宪法重大信条十九条》 | |
| --- | --- | --- | --- |
| 条 | 内容 | 条 | 内容 |
| 一 | 大清皇帝万世一系 | 一 | 大清帝国皇统万世不易 |
| | | 二 | 皇帝神圣不可侵犯 |
| | | 三 | 皇帝之权,以宪法所规定者为限 |
| | | 四 | 皇位继承顺序,于宪法规定之 |
| 二 | 立开国会,于本年之内召集 | | |
| 三 | 改定宪法由国会起草议决,以君主名义宣布,但君主不得否决之 | 五 | 宪法由资政院起草议决,由皇帝颁布之 |
| 四 | 宪法改正提案权专属于国会 | 六 | 宪法改正提案权属于国会 |
| 五 | 海陆军直接大皇帝统率,但对内使用,应有国会议决特别条件遵守,此外不得调遣军队 | 十 | 海陆军直接皇帝统率,但对内使用时,应依国会议决之特别条件,此外不得调遣 |
| 六 | 格杀勿论、就地正法等律,不得以命令行使。又,对于一般人民,不得违法随意逮捕、监禁 | 十一 | 不得以命令代法律,除紧急命令,应特定条件外,以执行法律及法律所委任者为限 |
| 七 | 关于国事犯之党人,一体特赦擢用 | | |

续表

| 《政纲十二条》 | | 《宪法重大信条十九条》 | |
|---|---|---|---|
| 条 | 内容 | 条 | 内容 |
| 八 | 组织责任内阁,内阁总理大臣,由国会公举,由皇帝敕任;国务大臣,由内阁总理大臣推任,但皇族永远不得充任内阁总理及国务大臣 | 八 | 总理大臣由国会公举,皇帝任命。其他国务大臣,由总理大臣推举,皇帝任命。皇族不得为总理大臣及其它国务大臣并各省行政长官 |
| | | 九 | 总理大臣受国会弹劾时,非国会解散,即内阁辞职,但一次内阁不得为两次国会之解散 |
| 九 | 关于增加人民负担及媾和等国际条约,由国会议决,以君主名义缔结 | 十二 | 国际条约,非经国会议决,不得缔结。但媾和宣战,不在国会开会期中者,由国会追认 |
| | | 十三 | 官制官规,以法律定之 |
| 十 | 凡本年度预算,未经国会议决者,不得照前年度预算开支 | 十四 | 本年度预算,未经国会议决者,不得照前年度预算开支。又,预算案内,不得有既定之岁出;预算案外,不得为非常财政之处分 |
| 十一 | 选任上议院议员时,概由国民对于有法定特别资格者公选之 | 七 | 上院议员,由国民于有法定特别资格者公选之 |
| 十二 | 关于现时规定宪法、国会选举法及解决国家一切重要问题,军人有参议之权 | | |
| | | 十五 | 皇室经费之制定及增减,由国会议决 |
| | | 十六 | 皇室大典不得与宪法相抵触 |
| | | 十七 | 国务裁判机关,由两院组织之 |
| | | 十八 | 国会议决事项,由皇帝颁布之 |
| | | 十九 | 以上第八、第九、第十、第十二、第十三、第十四、第十五、第十八各条,国会未开以前,资政院适用之 |

资料来源:《清末筹备立宪档案史料》上册,中华书局1979年版。

从表面看来,二者的条文差异只有7条,然而仔细对比,《重大信条》中的10条为《十二条》所无,占总条文的一半以上。这些条文为

第2—4条、第9条、第15—19条。第2—4条为英式立宪主义国家对君主在宪法上的地位之一般规定，除英国之外，比利时、荷兰等君主国宪法均有此规定。尤其是关于"皇帝神圣不可侵犯"的规定，俨然成了君主立宪国家宪法的惯例，至今仍为大部分君主立宪制国家所保留。如果依此来推导皇帝仍然掌握最高实权，实际上是不准确的。第9条具体规定了内阁和国会之间的牵制关系，西方议会制国家多有此规定。这一条实际上防止了内阁无限次解散国会的可能性，是对内阁的牵制，体现了国会之优位。第15条与第14条一起，是关于财政的规定，无论英式立宪主义国家的宪法还是二元君主制国家的宪法，均有关于皇室经费的规定，只不过是规定的方式不同。所以，这一条是财政方面规定的必要补充。第16条关于皇室大典的规定，将皇室大典置于宪法规定的框架之内，从而维护了宪法的最高权威。第17条是关于行政裁判的规定，议会中心主义国家的宪法多规定成立特殊行政审判机构，独立于一般的民事法院。第18条规定了议会议决事项上升为法律的形式，为皇帝的荣誉性权力。第19条是类似于附则或补则之类的条款，或者是临时条款，对过渡时期资政院的法律地位进行了确认，使其具有等同于国会的职能。总之，比《十二条》多出的条款，与其他条款一起，使得《重大信条》更像是一部较为完善的宪法纲领。

《重大信条》未采用的条文有3条，第2条、第7条、第12条。笔者认为，舍弃这3条，更能体现《重大信条》制定者的制宪水准。宪法信条规定的是制宪的基本内容，是否立即召开国会，不应该在信条规定的范围之内。而且，当时局势危急，离年关只剩下不到四个月时间，年内是否有召开国会的可能性？《重大信条》的起草者应该认真思考了这一问题，除了采取过渡性措施外，或许别无他法。① 之所以未

---

① 九月十五日（11月5日）韩德铭致张绍曾的函件中，表达了《重大信条》不切实际之处："况有第八条公举内阁之法维持于前，又何虑内阁之蹂躏议场摧残舆论耶？此第九条根本之不宜者也。第八、第九、第十四条本年适用，尤为不宜。"韩德明针对的虽然是《重大信条》，但不难看出也是对《十二条》的批评。杜春和编选：《辛亥滦州兵谏函电选》，载中国社会科学院近代史研究所近代史资料编辑部编《近代史资料》总91号，中国社会科学出版社1997年版，第83页。

采用第7条，首先或许因为在其颁布之前，清廷已经在九月初九日通过上谕赦免了国事犯，没有必要重新规定。① 其次是各国宪法中很难见到将"国事犯特赦后还擢用"的条文，这与国民人人平等的理念也不相符。《重大信条》未采纳《十二条》中的第12条，更能体现立宪主义精神。大凡立宪国家，军人不许干政是惯例，一般规定现役军人不得参加议员选举，不得干涉政府事务。第12条是张绍曾以武力为背景，主张将军人权力最大化的要求，与立宪国家的宪法精神格格不入。可以说，虽然可以理解国难时期军人提出此条要求具有一定的合理性，但就普遍宪政理念而言，鲜有宪法或宪法性文件将军人干政写入其中，连当时非常保守的御史欧家廉也知道军人干政是一大忌讳。②

《重大信条》中有9条内容与《十二条》有类似之处，第1条、第5—8条、第10—12条、第14条分别与《十二条》的第1条、第3—6条、第8—11条相对应。首先，《重大信条》条文安排的顺序与《十二条》的差异不小。学界以往对此未加注意。这在某种意义上说明《重大信条》没有踏袭《十二条》，而是按照起草者自己的思路完成的。其次，关于文本，试举几例加以比较：

《重大信条》和《十二条》的第1条比较类似，与《宪法大纲》第1条应该不无关系，应该是对其的借鉴。而《宪法大纲》中的规定是对《明治宪法》的借鉴。这一条文与中国皇帝统治的实际情况颇不相似。中国自秦汉以来，是二十几家王朝统治天下，从未出现过日本天皇"万世一系"或"万世不易"的情况。因而，自《宪法大纲》出台，日本学者便对这一模仿加以指责，认为与中国事实不符。北鬼三郎纂拟的《大清宪法案》也没有采用这一条。而且第四章第二节探讨的《大清帝国宪法法典》也没有这一条规定。但无论如何，从文本逻辑上，《重大信条》中规定的"皇统万世不易"比《十二条》"皇帝万

---

① 故宫博物院明清档案部编：《清末筹备立宪档案史料》上册，中华书局1979年版，第95—96页。董文也持类似观点。

② 《宣统三年十月十二日御史欧家廉奏折》，载中国史学会编《辛亥革命》（五），上海人民出版社1981年版，第502页。当然，欧家廉批评的是资政院十二日所上的奏折里不该让军人参政，而不是直接指向《重大信条》的。

世一系"的表述似乎更能讲得通。《重大信条》的第5条与《十二条》的第3条对应，前者规定更为简洁明快，后者的"改定"一词，语义稍显浑浊。《重大信条》的第11条未采纳《十二条》第6条中的"格杀勿论、就地正法"等词，这样的表述显然不适合置于宪法之中，故未被《重大信条》的第11条所采用。仔细比较，这两则条文虽有类似之处，但内容差异不小。虽然都有"不得以命令代法律"一语，但《重大信条》对命令的行使加了严格的限制。而且，《重大信条》未采纳"对于一般人民，不得违法随意逮捕、监禁"一句。笔者认为，这一句应该属于臣民（国民）权利义务范畴，《十二条》中似乎将两项相关不是特别大的条文置于一条之中，因而被舍弃。仔细检查《重大信条》和《十二条》第8条，规定大致相同，但前者多出皇族不得为"各省行政长官"的规定，显然对皇族限制更为严格。《重大信条》中的第12条也添加了"由国会追认"的表述，这也是其他国家宪法中条文中的惯例。关于预算案，《重大信条》的规定也更为详细。

综上所述，《重大信条》从立法技术上更能体现专业制宪者的水准和对现实的考量，它对《十二条》中不完善者做了必要的补充和修正；对其中不适宜者进行了舍弃；并且补充了一半左右的条款，条文的顺序也与《十二条》颇有不同。我们不难看出有些条文表述的类似之处，但总体上，笔者认为《重大信条》体现了起草者的独立意志，并未受到《十二条》的左右。当然，笔者并不否认，正是有了张绍曾提出的《十二条》，才迅速催生了《重大信条》。

当然，《重大信条》和《十二条》毕竟是在极短的时间内出台的宪法性纲领，也存在一些缺陷，最大者莫如国民权利规定的缺失。这也是二者遭后人诟病之处。另外，《重大信条》作为宪法性纲领，诸如第17条，似乎显得过于细致。因为未对一般的法院进行规定，却直接规定国务裁判机关由两院组织。

### 四　《宪法重大信条》与资政院留日议员

资政院比较独立地制定了《重大信条》，议员具有较高的制宪素养，他们的这些素养来自何方？与日本有何关系？本节尝试从议员的留日经历上分析这一问题。

资政院议员共200人,一半钦选,一半民选。其中,留日出身者共41人,占议员总人数200人的1/5强。钦选议员留日者12人,占钦选议员总额的1/10强;民选议员留日者29人,占民选议员总额近1/3。相较而言,有其他国家留学经历者则非常少,仅有严复一人。可见留日出身的议员在资政院中势力之强大。留日经历者留学时期习得的新型知识和对日本宪政的切身体验,加之年富力强,使得他们在资政院中非常活跃。留日议员经常就某些问题展开广泛深入的讨论,起到了导向的作用。而且,共同的留日经历,使其容易形成共有的认知体系,在资政院中形成类似于党派的势力,齐心合力与其他派别对抗。进而言之,他们是资政院的核心力量,最大限度地主宰着资政院,把持着议场。据查,发言多者多为留日出身。有"资政院三杰"之称的易宗夔、罗杰和雷奋,其共同的经历是留学日本,在法政大学和早稻田大学留学。他们三人在资政院第一次常年会上总计发言703次,占民选议员发言总数的1/4左右。① 当然,需要注意的是,即使同样有留日经历,钦选议员和民选议员之间依旧存在着对宪法和宪政的不同理解,不能完全将他们视为铁板一块(见表3-11)。

表3-11　　　　　　　　留日出身资政院议员衔名

| | 姓名 | 功名 | 新式教育 | 曾任职衔 |
| --- | --- | --- | --- | --- |
| 各部院衙门官 | 刘道仁 | 廪贡 | 陆军士官学校 | 民政部郎中 |
| | 刘泽熙 | 廪贡 | 法政大学 | 度支部候补主事 |
| | 胡骏 | 进士 | 法政大学 | 翰林院编修 |
| | 王璟芳 | 举人 | 高等商业学校 | 度支部主事 |
| | 胡礽泰 | 拔贡 | 留学日本 | 民政部员外郎 |
| | 汪荣宝 | | 早稻田大学 | 民政部左参议 |
| | 长福 | 举人 | 弘文学院 | 外务部郎中 |
| | 曹元忠 | 举人 | 留学日本 | 内阁候补中书 |
| | 郭家骥 | | 留学日本 | 外务部参事官 |

---

① 李启成:《近代中国君主立宪的高潮与悲歌——〈资政院议场会议速记录〉导读》,载李启成点校《资政院议场会议速记录》,上海三联书店2011年版,第4页。

续表

| | 姓名 | 功名 | 新式教育 | 曾任职衔 |
|---|---|---|---|---|
| 外藩王公世爵 | 贡桑诺尔布 | | 留学日本 | 卓索图盟札萨克多罗都愕郡王、御前行走、帮办盟务 |
| 纳税多额 | 周廷弼 | | 法政大学 | |
| | 李湛阳 | | 弘文学院 | |
| 顺直 | 陈树楷 | 副贡 | 法政大学 | |
| | 吴德镇 | 进士 | 法政大学 | 翰林院编修 |
| | 籍忠寅 | 举人 | 早稻田大学 | |
| | 刘春霖 | 进士 | 法政大学 | 翰林院修撰 |
| | 李榘 | 进士 | 法政大学 | 侍讲、翰林院编修 |
| | 齐树楷 | 举人 | 法政大学 | |
| | 胡家祺 | 举人 | 弘文学院 | |
| 奉天 | 书铭 | 优贡 | 法政大学 | 选用巡检 |
| 江苏 | 孟昭常 | 举人 | 法政大学 | 预备立宪公会驻办 |
| | 雷奋 | 附生 | 早稻田大学 | 自治筹备所副所长 |
| | 恩华 | | 法政大学 | |
| 安徽 | 江谦 | 附生 | 法政大学 | 户部员外郎 |
| 江西 | 刘景烈 | | 陆军士官学校 | 第九镇正执法官 |
| 浙江 | 陈敬第 | 进士 | 法政大学 | 翰林院编修 |
| | 郑际平 | | 明治大学 | |
| | 王廷扬 | 进士 | 法政大学 | 江苏知县 |
| | 陶葆霖 | 附贡 | 法政大学 | 特赏员外郎 |
| | 邵羲 | 廪贡 | 法政大学 | |
| 湖北 | 郑潢 | 廪生 | 留学日本 | 安徽补用道 |
| | 陶峻 | 优贡 | 法政大学 | |
| 湖南 | 罗杰 | 附生 | 法政大学 | |
| | 黎尚雯 | 进士 | 法政大学 | |
| | 易宗夔 | 廪生 | 法政大学 | |
| 山东 | 彭占元 | 附生 | 法政大学 | |
| 河南 | 彭运斌 | 进士 | 法政大学 | 法部主事 |
| 山西 | 刘志詹 | 拔贡 | 法政大学 | 补同知县 |

续表

| | 姓名 | 功名 | 新式教育 | 曾任职衔 |
|---|---|---|---|---|
| 四川 | 郭策勋 | | 留学日本 | 云南候补道 |
| 云南 | 顾视高 | 进士 | 法政大学 | 翰林院编修 |
| 贵州 | 牟琳 | 举人 | 宏文学院 | |

资料来源：尚小明：《留日学生与清末新政》，江西教育出版社2003年版，第175—182页。

除了留日经历者之外，资政院议员中也不乏赴日考察的议员。尤为值得注意的是，李家驹于宣统三年二月二十二日（1911年3月22日）被任命为资政院副总裁，宣统三年九月九日（1911年10月30日）又临危受命，接替世续为资政院总裁，达寿被任命为资政院副总裁。① 二者上任是在资政院刚刚召开第二次年会开幕后不久。如前文所述，李家驹曾于1908年继达寿之后定向考察日本宪政，又任驻日公使，对日本政治、法律、财务制度研究透彻。达寿曾于1908年赴日专项考察宪法和宪政。前文已述，兹不重复。

资政院正是有如此多的留日经历者和驻留过日本的议长、副议长，才得以在第二次常年会期间不断争取制宪权力，并迅速起草了《重大信条》。但是，这些留日经历者为何不以《明治宪法》为蓝本，而是以英式宪法为参照制定了《重大信条》？首先，张绍曾兵谏提出的《十二条》是英式立宪主义的产物，《重大信条》是在其基础上制定的，与其制宪理念相似，否则则难以满足张绍曾等人的要求。其次，此时资政院中较为活跃的留日议员虽然受到《明治宪法》制定理念的影响，但在20世纪初，《明治宪法》已施行十年有余，日本各种宪法学说互相激荡，争讼不断，代表官方的正统宪法学已经受到严重挑战。《明治宪法》被很多日本宪法学家批评为最不具立宪主义精神的宪法，留日学生显然会在各种宪法学说中有所取舍。实际上，当时无论是留日出身的议员还是其他民选议员，英式宪法或许是他们心

---

① 金毓黻辑：《宣统政纪》卷六十二，辽海书社1934年版。

中的理想模式。所以，在政局动荡的危急关头，资政院抛开清廷的政治压力推出英式立宪主义的《重大信条》，也在情理之中。

　　总而言之，笔者认为，资政院在第二次年会召开之前未获得制宪权。辛亥革命之后在危局之中，该员不断争取，而在九月九日之前先行获得了"协赞"《钦定宪草》的权力。此时与张绍曾提出的《十二条》关系不大。但是，此后资政院迅速获得了起草宪法的权力，并且进行了中国历史上第一次准国会组织制定宪法的活动。这与滦州兵谏提出的《十二条》和武昌起义之后的政局动荡有直接关系。换言之，《十二条》催生了《重大信条》出台，前者是后者的外部动因。但《重大信条》也体现出起草者的专业制宪水准和独立制宪的精神。资政院中有留日背景的议员是《重大信条》迅速出台的内部动因，学界以往对此未予以足够重视。相对于资政院不断以各种形式争取制宪权，并且一步步获得了制宪权，清廷以各种形式阻挠资政院获得制宪权的过程中，最终还是丧失了制宪的权力。

# 第四章　清廷制宪相关宪法案

新政时期，清政府发布了注重皇帝大权的《宪法大纲》，又以此为准绳，秘密起草了《钦定宪草》。清廷制定和发布的这些宪法性文件，与民间立宪派和海外立宪派以英式宪法为模板制定宪法的意图相去甚远，更与革命派鼓吹的美国、法国共和式宪法大相径庭，因而遭到革命派和民间立宪派的批评。那么，清廷是否抱持二元君主制制宪理念而一意孤行？清廷制宪理念是否得到了认可和拥护？如果答案是肯定的，那么得到了谁多大程度的认可和拥护？本章试图通过剖析清末立宪时期起草的几部宪法案，尝试回答这些问题。

目前，学界同人共发现3份清末纂拟的中国君主立宪制宪法草案。一是日本人北鬼三郎起草的《大清宪法案》，如前文所述，它是纂拟《钦定宪草》的一份参考资料；二是第一历史档案馆资政院档案收藏的编目为"清政府拟订宪法草稿"的宪法方案，有的学者猜测其为清政府早于《钦定宪草》制定的宪法草案，有的学者断定其为《钦定宪草》的修改版；三是留日学生张伯烈起草的《假定中国宪法草案》，宣统元年（1909）出版于东京。[①] 颇值得玩味的是，这三部宪法草案均为重视皇帝大权的典型的二元君主制方案，与清

---

[①] 张伯烈：《假定中国宪法草案》，（东京）并木活版所印刷，独丛别墅发行，宣统元年（1909）。草案共9章，85条，附条2条。第1章皇帝与人民之关系（第1—3条）；第2章皇帝大权（第4—19条）；第3章摄政与监国（第20—23条）；第4国民权利义务（第24—40条）；第5章国会（第41—63条）；第6章相国及各部主任大臣与寺宫（第64—67条）；第7章司法（第68—72条）；第8章会计（第73—82条）；第9章通则（第83—85条）。附条1宜整洁容服以表大同；2宜变通礼节以免繁文。另，刘鄂为笔者寻找该草案提供了线索，并整理点校《假定中国宪法草案》序言，赠予笔者，特此鸣谢。

廷制宪理念较为接近。前两部宪法草案学界有所研究，后一部草案至今鲜有研究，但因其与清廷制宪关联不大，笔者拟另文探讨。①

通过对这几部草案的细致研究，不但可以回答一些学术争论，而且可以更好地理解它们与《钦定宪草》的关系，某种程度上弥补至今未找到《钦定宪草》文本的缺憾，还可以揭示学界鲜有研究的清廷制宪的社会基础。

## 第一节　北鬼三郎的《大清宪法案》

宣统三年，清廷秘密起草《钦定宪草》，执笔者李家驹、汪荣宝参考了伊藤博文、清水澄、美浓部达吉等多位日本政治家和知名学者的著作。这些著作多被译成汉语，在清末中国有一定影响力。参考书目中有一部不同寻常的《大清宪法案》（以下简称《宪法案》），作者是日本人北鬼三郎。达寿、汪荣宝、李景铭等清政府官员和一些留日学生注意到了这部著作。20世纪90年代末，国内学者探讨清末宪法草案时，重新提起对此书的关注，并引发了几次学术讨论。

俞江最早关注《宪法案》，在1999年发表的《两种清末宪法草案稿本的发现及其初步研究》②（以下简称《初步研究》）中首次论及《宪法案》和《大清宪法案理由书》（以下略称《理由书》）。2002年，又据北京大学图书馆藏《宪法案》和《理由书》，撰写《第一历史档案馆藏清末宪法草案稿本的后续说明》（以下略称《后续说

---

① 除上述3份纂拟于清末的君主制宪法草案外，民国五年（1916）马吉符出版的《宪法管见》也是君主制宪法方案。方案共8章72条。第1章总纲（第1—2条）；第2章大皇帝（第3—17条）；第3章帝国臣民（第18—32条）；第4章帝国议会（第33—50条）；第5章行政（第51—55条）；第6章司法（第56—60条）；第7章会计（第61—71条）；第8章附则（第72条）。吴海鹰主编：《回族典藏全书·政史类》，甘肃文化出版社、宁夏人民出版社2008年版。《宪法管见》的研究，见拙论《共和国中的君宪方案——民国初年马吉符〈宪法管见〉研究》，《或问》（日本）2017年12月第32号。

② 俞江：《两种清末宪法草案稿本的发现及其初步研究》，《历史研究》1999年第6期。

明》），对前文做了有益的修补。① 2007 年，尚小明发表《"两种清末宪法草案稿本"质疑》，对俞江提出质疑。② 次年，俞江以《第一历史档案馆藏清末宪法草案稿本再说明》（以下略称《再说明》）做出回应。③ 2011 年，彭剑在二位学者讨论的基础上，发表《也谈"两种清末宪法草案稿本"中的"甲残本"》，④ 订正了一些史实，并就某些问题提出商榷。此后，彭剑继续关注北鬼三郎的研究，在学术研讨会上发表《为清国制宪：北鬼三郎的"四权分立"方案》，补充了关于北鬼三郎的诸多信息之后，对《理由书》和《宪法案》重新加以研究。⑤

20 世纪末期，俞江在第一历史档案馆资政院档案第 2 号卷宗中发现"两件常见的折本，一本封面上楷书'第四号'，内容包括'大清宪法案'第五条、第六条及其按语；一本封面上楷书'第五号'，内中包括'大清宪法案'第七条及其按语"。⑥ 因俞江在该档案中又发现一完整宪法草案，为行文方便，故将"两件常见的折片"之一起名为"甲残本"，而将另一完全草案起名为"乙全本"。俞江在《初

---

① 俞江：《第一历史档案馆藏清末宪法草案稿本的后续说明》，载《近代中国的法律与学术》，北京大学出版社 2008 年版，第 146—148 页。
② 尚小明：《"两种清末宪法草案稿本"质疑》，《历史研究》2007 年第 2 期。
③ 俞江：《第一历史档案馆藏清末宪法草案稿本再说明》，载《近代中国的法律与学术》，北京大学出版社 2008 年版，第 149—151 页。
④ 彭剑：《也谈"两种清末宪法草案稿本"中的"甲残本"》，《历史档案》2011 年第 3 期。
⑤ 彭剑：《为清国制宪：北鬼三郎的"四权分立"方案》，"知识迁移与近代东亚的政治转型"国际学术研讨会论文，广州，2018 年 11 月。彭文指出笔者已刊相关论文的几处错误，现据其修改。
⑥ 俞江：《两种清末宪法草案稿本的发现及其初步研究》，《历史研究》1999 年第 6 期。笔者在第一历史档案馆宪政编查馆全宗中发现编目为"呈翻译日本法学士北鬼三郎所著大清宪法案条目"的呈文，内为李景铭译《大清宪法案》全文文本，封面楷书"第一号"，共 33 页，每页 6 行，以楷书抄写于红色竖格纸上，档号：09-01-01-0003-011。又发现封面楷书"第二号""第三号""第六号""第八号"和"第九号"的呈文，内有《大清宪法案》第 1 条、第 2—4 条、第 8 条、第 10 条、第 11 条条文及其按语，档号：09-01-01-0003-012，09-01-01-0003-013，09-01-01-0003-014，09-01-01-0003-015，09-01-01-0003-016。这些档案与俞江所见存于资政院档案 2 号卷宗中封面为"第四号"和"第五号"档案应为同一批档案，只是保存位置不同。俞江在《初

步研究》中认为"甲残本"可能是清末宪法草案的残本，但据折片上"本部员外郎李景铭谨将大清宪法案第五、六条译呈钧览"推测，"甲残本的原文是用外文起草的"；并据《汪荣宝日记》中的线索，认为"日本著名宪法学家北鬼三郎曾为清王朝纂拟过一部宪法草案"，还猜测"甲残本很可能是汪荣宝说的'北鬼氏大清宪法案'"。俞江还进一步推算出"译本成文当在宣统三年（1911）之后"。通过条文比较，俞江确定甲残本不可能是学界苦苦寻找的《钦定宪法草案》。介绍了甲残本的基本情况之后，俞江对甲残本条文做了初步研究，将所残存的3条（第5—7条）与《宪法大纲》相应条文一一做了比较研究。

2002年，俞江在北京大学图书馆发现"两种北鬼三郎之《大清宪法案》，一种是正式出版物，一种系稿本"，并且介绍了版本情况：

> 一、《大清宪法案》（日文）正式出版本。保存于北大图书馆库本室。为精装本。日本经世书院出版，明治四十二年（宣统元年，1909年）6月印刷。内容分：（1）"光绪三十二年七月十三日上谕"；（2）"光绪三十四年立宪继续上谕"；（3）"例言"；（4）目录；（5）条文；（6）理由。全书共343页。内分十章：（1）皇帝（第1—15条）；（2）摄政（第16—18条）；（3）臣民权义（第19—32条）；（4）帝国议会（第33—49条）；（5）内阁（第50—51条）；（6）都察院（第52—55条）；（7）司法（第56—60条）；（8）会计（第61—69条）；（9）审计院（第70—73条）；（10）附则（第74—76条）。二、《大清宪法案》（日文）稿本。保存于北大图书馆善本室……该书共分六小册。第一册内容为（1）"例言"即前言。其后有"戊申秋月下，东京天耒桥居花街，稿者谨识"字样（由此可见，该稿确系北鬼三郎亲笔原稿）；（2）总目录；（3）宪法案目录；（4）宪法案正文，共81条。从第二册至第六册为"本论"，即条文解释理由。①

---

① 俞江：《近代中国的法律与学术》，北京大学出版社2008年版，第147页。

## 第四章　清廷制宪相关宪法案　251

俞江在该文中确认了《宪法案》的成书时间，并坐实了在《初步研究》中的推断："第一历史档案馆中的残本就是北鬼三郎的《大清宪法案》中译本。"又据《宪法案》中的例言，否定了《宪法案》是清政府委托北鬼起草的可能性。

2007年，尚小明撰文指出："甲残本并非俞文所说'进呈'给朝廷的'宪草或部分条文修纂完毕后翻译成中文的译本'[1]，"实际上是一种在清廷正式任命纂拟宪法大臣前已在日本公开发行的、由北鬼三郎所著讨论大清制宪问题的著作"[2]。显然，尚氏在撰写此文时未注意到俞江于2002年刊载在《法律史论集》中的《后续说明》。这或许与《后续说明》刊载方式有一定关系。尚文虽然对上述结论的批评失去了针对性，但对《初步研究》中逻辑推理的批评颇具说服力。俞江在《再说明》中引用《理由书》例言落款"东京天末桥居花街，稿者谨识'的字样"，试图证明北大藏本是北鬼三郎的原稿本。另外，尚氏推测"北鬼三郎虽然是一位学者，但在日本的知名度似乎不是很高……在汪荣宝的心目中，北鬼似无法与其他几位日本人士相比"[3]。

彭剑阅读《初步研究》和《质疑》之后，在没有机会阅读到《宪法案》的情况下，注意到了《理由书》与《宪法案》内容有一定差异，《宪法案》正文的章节和法理说明与《理由书》有所不同。彭剑还对尚文中"在汪荣宝的心目中，北鬼似乎无法与其他几位日本人士相比"的提法提出商榷，认为"汪荣宝对北鬼氏的学说，还是颇为重视的。"[4] 并最终得出结论："应该说，北鬼三郎的宪法思想，还是对中国晚清的修宪产生过一些实在的影响。"[5]

笔者梳理了上述三位学者的研究和讨论，对其求真求实的钻研精

---

[1]　尚小明：《"两种清末宪法草案稿本"质疑》，《历史研究》2007年第2期。
[2]　尚小明：《"两种清末宪法草案稿本"质疑》，《历史研究》2007年第2期。
[3]　尚小明：《"两种清末宪法草案稿本"质疑》，《历史研究》2007年第2期。
[4]　彭剑：《也谈"两种清末宪法草案稿本"中的"甲残本"》，《历史档案》2011年第3期。
[5]　彭剑：《也谈"两种清末宪法草案稿本"中的"甲残本"》，《历史档案》2011年第3期。

神深感敬佩，在完整阅读《宪法案》和《理由书》的基础之上，结合上述研究和争论，进一步探讨《宪法案》。① 由于《宪法大纲》只是一部纲领性宪法文件，而学界至今尚未发现《钦定宪草》，因而认真研究《宪法案》，有助于更好地认识《宪法大纲》，并且对《钦定宪草》的全貌可以进行更有根据的推测。

### 一 《大清宪法案理由书》与《大清宪法案》的关系

有必要先对《宪法案》作者的身份和地位加以探讨。俞江在《初步研究》中称北鬼为"日本著名的法学家"②。但在《后续说明》中，修改了这一提法，认为北鬼"当时还是一个法学士"③，言外之意是北鬼的学术地位不高。尚小明针对《初步研究》中北鬼为"日本著名法学家"的提法，得出"北鬼三郎虽是一位学者，但在日本的知名度似乎不是很高"的结论。④

北鬼三郎祖籍为富山县，1897 年时是"青年急进党"成员，明治三十三年（1900）毕业于东京法学院英语法学科，明治三十七年（1904）毕业于东京法学院大学高等法学科，1912 年病故。⑤

由此看来，北鬼在日本的知名度确实有限。目前所知北鬼三郎公开出版的著作仅有《大清宪法案》，还可以见到其在报纸杂志上发表的一些时论文章。⑥ 显然，北鬼与著作等身的清水、穗积和美浓部等日本著名宪法学家是无法相比的。北鬼知名度不高或许与其"学士"身份也有一定关系。汪荣宝在日记中对清水、穗积和美浓部的称呼均为博

---

① 笔者对本节内容稍作修改，公开发表。参见拙论《再论〈大清宪法案〉稿本问题》，《历史档案》2017 年第 2 期。
② 俞江：《两种清末宪法草案稿本的发现及其初步研究》，《历史研究》1999 年第 6 期。
③ 俞江：《近代中国的法律与学术》，北京大学出版社 2008 年版，第 148 页。
④ 尚小明：《"两种清末宪法草案稿本"质疑》，《历史研究》2007 年第 2 期。
⑤ 参见彭剑《为清国制宪：北鬼三郎的"四权分立"方案》，"知识迁移与近代东亚的政治转型"国际学术研讨会论文，广州，2018 年 11 月，第 143—144 页。
⑥ 参见彭剑《为清国制宪：北鬼三郎的"四权分立"方案》，"知识迁移与近代东亚的政治转型"国际学术研讨会论文，广州，2018 年 11 月，第 157—160 页。

士,而对北鬼的称呼则为"学士",可知北鬼只是日本中央大学毕业的一个学士。① 如果不是才华出众,在宪法人才辈出的明治晚期,一个学士确实难有很高的知名度。因此,笔者认为,非但不应该将北鬼称作"著名法学家",即使称作"法学家"或"学者"也非常勉强。

另一学术争论与北鬼的身份和地位也有一定关系。尚文在旁证北鬼在日本知名度不高时,得出"在汪荣宝的心目中,北鬼似乎无法与其他几位日本人士相比"的结论。彭剑对这一看法提出质疑,认为"北鬼三郎在汪荣宝心中的地位未必不高。"② 其证据是汪荣宝早于1909年便见到该书,"觉其精实",并借回家阅览。1910年又曾翻阅,起草宪法时又将其作为参考书。由此得出结论:"汪荣宝对于北鬼氏的学说,还是颇为重视的。"③

笔者认为,彭氏的看法与尚文的见解并不矛盾,因为二人强调的侧重点不同。仔细分析尚文的文脉,尚氏是从知名度的角度,将北鬼与其他几位著名学者相比较而得出"在汪荣宝的心目中,北鬼似乎无法与其他几位日本人士相比"这一结论的。当然,尚氏的论证略有值得商榷之处,笔者认可彭氏所说不能从汪荣宝对日本宪法学者的排名上论证北鬼在汪荣宝心目中地位高低的看法。另外,彭文侧重的是汪荣宝重视《宪法案》这部著作或北鬼的学说。换言之,彭、尚二文出现分歧的关键问题是以谁作为参照对象。尚文将日本其他著名法学家作为参照对象来论及北鬼在汪心目中的地位,而彭文将《宪法案》作为参照对象。笔者认为,在汪荣宝的心目中,跟其他日本知名宪法学家相比,北鬼的地位不会很高,但北鬼的著作《宪法案》确实受到了汪荣宝等人的重视。《宪法案》受重视与北鬼在汪荣宝心目中地位的高低似乎没有直接的关联。《宪法案》受到重视,更应该从汪荣宝的需求和《宪法案》的特点两个方面来理解。这一问题,待下文论述。

---

① 韩策、崔学森整理:《汪荣宝日记》,中华书局2013年版,第43页。
② 彭剑:《也谈"两种清末宪法草案稿本"中的"甲残本"》,《历史档案》2011年第3期。
③ 彭剑:《也谈"两种清末宪法草案稿本"中的"甲残本"》,《历史档案》2011年第3期。

关于《理由书》和《宪法案》的关系，俞江在《后续说明》中将二者的主要内容列举出来，但或许将前者作为后者的"稿本"来对待，因而对二者的不同之处没有太在意。尚小明撰文时称只看到了《初步研究》和《理由书》，所以难以注意到二者的区别。彭氏阅读《初步研究》和《后续说明》后，指出《理由书》和《宪法案》存在明显不同，认为"《大清宪法案》与《大清宪法案理由书》相比，在结构上存在重大差别"①。《理由书》和《宪法案》中关于宪法方案的章数不同，前者9章，后者10章，后者多出摄政一章。彭文认为，从《理由书》到《宪法案》的出版，北鬼做了较大的修改，并推测出修改的理由：

> 抄本形成于1908年农历八月，其时光绪皇帝尚在位。十月，光绪皇帝去世，宣统皇帝继位，以醇亲王载沣为摄政王。在抄本《大清宪法案理由书》形成时，中国尚无摄政，但不久政体变化，设立摄政，故作者在将书稿付梓之前，特加入"摄政"一章。这也可以说明，《大清宪法案理由书》只是《大清宪法案》的未定稿。②

从彭氏的这一叙述中可知，彭氏将北大图书馆藏《理由书》理解为抄本，并认为《理由书》是《宪法案》的未定稿。笔者也认为，北大馆藏《理由书》不可能是《宪法案》例言中提到的初稿。《理由书》的抄写时间，上述三位学者均未予深究。《宪法案》例言落款时间为"明治四十二年六月"，即1909年6月。封底版权页上显示的出版发行时间为"明治四十二年六月二十五日"，即1909年6月25日。《宪法案》例言第2条表明该书初稿于1908年2月3日完成。从初稿完成到付梓，间隔16个月。其间，除了付梓前做了较大修正外，很有可能还做了几次修改。《理由书》的例言落款时间是"戊申仲秋月下"，即1908年秋季，距初稿完成已有半年时间。《理由书》第8条

---

① 彭剑：《也谈"两种清末宪法草案稿本"中的"甲残本"》，《历史档案》2011年第3期。
② 彭剑：《也谈"两种清末宪法草案稿本"中的"甲残本"》，《历史档案》2011年第3期。

例言写道："校读一过，确认不勘之误字，与文意不相关者，今一一予以订正。"① 如是初稿，一般不会在例言中书写如此内容。可见，北大馆藏《理由书》应该是在初稿基础上修改的抄本。

此处顺便提及俞江和尚小明的一个争论，俞氏认为《理由书》是稿本，而尚氏称为抄本。俞江在《再说明》引用《理由书》例言落款"东京天末侨居花街，稿者谨识'②的字样"，试图证明"该藏本是北鬼三郎的原稿本"。从前文可知，《理由书》不可能是北鬼在《宪法案》例言中提及的原稿本。而且，笔者同意尚氏观点，认为《理由书》是北鬼的抄本。这可以从《理由书》的例言中找到旁证。前引《理由书》例言最后一条"兹面临毕业，谨祝阁下健康，且特表敬意"值得注意，这条例言具有很强的私人性特点，甚至不适合作为例言。笔者判断，原稿本中可能没有这一条，应该是作者抄写《理由书》时临时增加的。这是一条有用的信息，我们可以推断，抄写《理由书》的目的是毕业之际将其赠送给某阁下，北鬼手头应该保有内容相同的稿本。所以，确切地说，《理由书》应该是修改稿的抄本。在赠送他人的情况下，即使是抄本，也并不妨碍北鬼落款时使用"稿者谨识"的字样。当然，俞江认为稿本和抄本之间在文献学上的区别有些模糊，并举例说如果保留下来的是作者自己誊抄的作品或定本，而作者手上当时可能还保留了一部现已散佚的原稿，那么保存下来的这部作品既可以定性为稿本，也可以定性为抄本。③《理由书》似乎恰恰出现了作者本人誊抄并且应该保有原稿的情况，但考虑其誊抄的目的是赠送别人，将这部《理由书》叫作抄本似乎更为妥当。

此处还有一个非常有趣的问题，北鬼提到的"阁下"究竟是谁？为何该抄本藏于北大图书馆？笔者推断，《理由书》提到的阁下有可能是一位比较有地位的中国人。《理由书》篇幅较大，共6册，抄写

---

① 北鬼三郎：《大清宪法案理由书》例言，北京大学图书馆藏。
② 笔者查证落款应为"于东京天末侨居"，不知俞文为何在其后多出"花街"二字。北大图书馆中只藏有一部北鬼的《大清宪法案理由书》。笔者与俞氏所见《大清宪法案理由书》应为同一抄本，或许是误译或排版之误。
③ 俞江：《近代中国的法律与学术》，北京大学出版社2008年版，第150页。

工整，极少涂抹之处，而且用纸考究。如此费力耗时抄写赠送他人，说明"阁下"可能是北鬼尊敬的人。①《理由书》例言落款时间使用了中国的干支纪年，而出版的《宪法案》则使用了明治纪年。从纪年的使用上来看，日本早已在19世纪70年代开始使用阳历纪年，如果不是赠送给中国人的抄本，或许没有必要特意使用干支纪年。《理由书》封面盖有燕京大学的藏书印，内有容庚的竖款藏书印。据此判断，可能是容庚将此抄本赠送给了燕京大学图书馆。但笔者认为，北鬼应该不会直接将书赠给容庚，1908年容庚只有14岁，而且也未曾赴日留学，二人相识的可能性不大。即使相识，北鬼也不至于称一位少年为"阁下"。那么，很有可能是北鬼将此抄本赠送给了同为中央大学或其他高校的中国留学生或师长，或者通过中国驻日使馆赠送给考察宪政大臣达寿、李家驹及其下属。虽然北鬼是从学术研究的角度撰写了《理由书》，但毕竟与清国有关，将其赠送给中国人参考，当在情理之中。从时间上来看，该抄本落款时间为1908年秋季，此时达寿已经奉命回国，直接赠送给达寿的可能性不大，但不排除托人转赠的可能。也有可能赠送给了接续达寿在日本考察宪政的李家驹。鉴于北鬼社会地位较低，也存在赠送给李家驹属下的可能性。

或许正是由于中国人已经获得了《理由书》，对北鬼有了关注，《宪法案》付梓后便立即被清政府购买。据彭剑查证，第一历史档案馆资政院全宗中有一份宪政编查馆宣统元年的购书清单，其中六月十七日收到有斐阁寄来的书中，有《大清宪法案》，注明1册。② 获得该书后，达寿对其比较重视，才有展示给汪荣宝之举。当然，《理由书》是赠送给中国人之说只是笔者的猜测，或许还存在其他可能性，这有待学界继续发现新史料进行考证。

笔者仔细阅读了日文撰写的《理由书》和《宪法案》，在彭文的

---

① 当然，北鬼也有可能请人代抄。
② 彭剑：《也谈"两种清末宪法草案稿本"中的"甲残本"》，《历史档案》2011年第3期。据《汪荣宝日记》，达寿向汪出示《宪法案》的日期是宣统元年五月二十八日，阳历为1909年7月15日。距该书出版不到一个月。或许达寿先阅读了此书，之后借给汪荣宝，汪荣宝还回后造册登记，最终有了六月十七日（8月2日）的购书清单。

基础上，试进一步进行比较研究。从整体结构上看，《理由书》和《宪法案》按照次序包括例言、目录、大清宪法方案正文以及正文说明。但在《宪法案》的开篇有两篇上谕。可见，体例上没有太大变化。但如果仔细比较其内容，从《理由书》到《宪法案》，变化还是比较明显的。

第一，书名的变化，抄本名为《大清宪法案理由书》，而出版后则省去了"理由书"，为《大清宪法案》。这一变化虽然使书名更为简洁，却也无法概括全书内容。其实，书中虽然有"大清宪法方案"，但更多的篇幅是对宪法方案的法理分析、宪法学观点辨析以及法条比较。笔者认为，"理由书"或许能够更全面地反映该书内容。

第二，《宪法案》开篇增加了两篇译成日语的上谕，一是光绪三十二年七月十三日宣布的《立宪预备上谕》，二是光绪三十四年十一月十日宣布的《重申仍以宣统八年为限实行宪政谕》①（日译标题为《立宪继述上谕》）。这是《理由书》中没有的。

第三，《理由书》和《宪法案》均有例言，但仔细比较，例言的内容不尽一致。《理由书》例言共10条，而《宪法案》例言共9条。《理由书》中有6条几乎与《宪法案》相对应。即《宪法案》新增了第1条、第2条、第7条，而删去了《理由书》中的第4条、第5条、第8条、第10条（见表4-1）。

表4-1 　　《大清宪法案理由书》与《大清宪法案》例言条目比较

| 《理由书》 | | | 7 | 1 | 2 | 3 | | 6 | 9 | 4、5、8、10 |
|---|---|---|---|---|---|---|---|---|---|---|
| 《宪法案》 | 1 | 2 | 3 | 4 | 5 | 6 | 7 | 8 | 9 | |

资料来源：1. 北鬼三郎：《大清宪法案理由书》，北京大学图书馆藏。2. 北鬼三郎：《大清宪法案》，经世书院明治四十二年（1907）版。

新增的第1条透露了北鬼写作的动机，即"本书系予数年来思考

---

① 故宫博物院明清档案部编：《清末筹备立宪档案史料》上册，中华书局1979年版，第68页。

之所得，与应于宣统八年宣布之清国宪法无直接关涉，唯藉清国为题材，聊欲资学术研究之一端"。① 俞江在《后续说明》中正是凭借这一条提供的信息，证明了《宪法案》并非清廷委托起草的观点。第2条为"本书初稿成于去年二月三日，推敲之中，遇清国公布作为将来准则之宪法大纲，然而毫无必要修改卑见，主要因其典据相同。此亦为著者窃以为荣之处"。这一条介绍了初稿完成的时间，提及清廷公布《宪法大纲》之事，很自豪地认为自己所拟的宪法方案即使清廷公布了《宪法大纲》，也没有修改的必要，原因是二者撰写时依据的典籍是一致的。通读《理由书》和《宪法案》，确实在立宪观点上几乎没有明显变化。北鬼只是根据中国政情的变化，对部分内容做了调整，比如后文要提及的将摄政内容单列一章等。这一条内容俞文也有所涉及。新增的第7条主要内容是作者想尽力叙述关于预备立宪的各种事宜，因为要使立宪名副其实，预备立宪必不可少。《宪法案》中没有而《理由书》中有的第8条和第10条前文已经提及，兹不赘述。第4条、第5条两条是对中国官民的建议和告诫，似乎作为例言条目不是很恰当，《宪法案》中将其删除，确实比较合理。通过比较可以看出，例言的变化不小，《宪法案》的例言提供了写作动机、撰写时间等信息，删去了不适合作为例言的内容。

第四，关于宪法案正文（宪法方案）的异同。彭氏注意到了方案最大的不同是《宪法案》比《理由书》的宪法方案在第1章"皇帝"后多了"摄政"一章。这使得第2章之后各章的排序出现了差异。并且，彭剑推测了出现如此差异应该与光绪、慈禧去世后中国出现了摄政的政情有关。笔者认为，《宪法案》将摄政单列一章，突出了摄政在宪法中的地位和责任，使得宪法更加具有现实性和可操作性。但应该注意，多出的"摄政"一章的条款，实则是在《理由书》第16条基础之上修改而来的。《理由书》第16条是规定摄政的条款，由"摄政依皇室令之规定上任"和"摄政以皇帝之御名行使统治权"两款构成。《宪法案》第2章共3条，第16条为"摄政以皇帝之名行使

---

① 北鬼三郎：《大清宪法案》例言，经世书院明治四十二年（1909）版。

统治权"，实际上是《理由书》的第16条第2款。第18条为"关于摄政进退之事项，以皇室大典规定之"，该条与《理由书》第1款规定类似。在《宪法案》中，作者将《理由书》中的"皇室令"均改为"皇室大典"。这样一来，新增加的实际上只有第17条"摄政对统治权之施行不负责任"。[①]（见表4-2）

表4-2  《大清宪法案》《大清宪法案理由书》《钦定宪法草案》及《明治宪法》章条比较

| 章 | 《理由书》正文 | | 《宪法案》正文 | | 《钦定宪草》 | | 《明治宪法》 | |
|---|---|---|---|---|---|---|---|---|
| | 名称 | 条数 | 名称 | 条数 | 名称 | 条数 | 名称 | 条数 |
| 1 | 皇帝 | 16 | 皇帝 | 15 | 皇帝 | 19 | 天皇 | 17 |
| 2 | 国民权义 | 17 | 摄政 | 3 | 摄政 | 3? | 臣民之权利义务 | 15 |
| 3 | 帝国议会 | 20 | 臣民权义 | 14 | 领土 | 3? | 帝国议会 | 22 |
| 4 | 内阁 | 2 | 帝国议会 | 17 | 臣民 | 12? | 国务大臣及枢密顾问 | 2 |
| 5 | 督察院 | 4 | 内阁 | 2 | 帝国议会 | ? | 司法 | 5 |
| 6 | 司法 | 5 | 督察院 | 4 | 政府 | ? | 会计 | 11 |
| 7 | 会计 | 9 | 司法 | 5 | 法院 | ? | 补则 | 4 |
| 8 | 审计院 | 4 | 会计 | 9 | 法律 | ? | | |
| 9 | 附则 | 4 | 审计院 | 4 | 会计 | ? | | |
| 10 | | | 附则 | 3 | 附则 | 2 | | |

资料来源：1. 北鬼三郎：《大清宪法理由书》，北京大学图书馆藏。2. 北鬼三郎：《大清宪法案》，经世书院明治四十二年（1909）版。3. 伊藤博文：《帝国宪法皇室典范义解》，国家学会藏版，昭和十年（1935）。

细加比较，《宪法案》和《理由书》正文还有很多差异。除了增加摄政一章外，还有如下不同：1. 条数的变化。《理由书》共81条；而《宪法案》只有76条，皇帝一章减少1条，摄政一章增加3条，臣民权义一章减少3条，帝国议会一章减少3条，附则一章减少1条。需要对《宪法案》中没有而《理由书》中有的条文加以注意。《理由书》中第22条、第32条、第33条、第37条、第44条不见于

---

① 北鬼三郎：《大清宪法案》，经世书院明治四十二年（1909）版，第4页。

《宪法案》的正文中。其实，这些条文恰好与《明治宪法》的第22条、第32条、第31条、第36条、第51条一一对应，而且表述基本上一致。① 从此可以看出，作为半成稿的《理由书》，其正文受到了《明治宪法》的影响之大。2. 文字表述的变化。《理由书》第2章为"国民权义"，而在《宪法案》第3章中却改成"臣民权义"，虽是一字之差，但从政治学和法学的角度来看，是相当大的更改。笔者认为，从《宪法案》的逻辑一致性的角度而言，将"国民"改为"臣民"更为合理，反映了北鬼从初稿到出版的精心思考。北鬼主张皇帝总揽统治大权，在皇权统治下，使用"臣民"一词更能体现臣民的权利来源于最高统治者的赐予。此外，还有一些机构名称的改变等。（见表4-3备注栏）3. 条款的删改、归并等。比如，《宪法案》中删除了《理由书》中第2章第32条、第33条；将《理由书》中第40条归并至宪法案的第30条中。

表4-3　《大清宪法案》与《大清宪法案理由书》正文比较②

| 《宪法案》 | 《理由书》 | 内容 | 备注 |
| --- | --- | --- | --- |
| 皇帝 | | | |
| 1.1 | 1.1 | 大清国皇帝总揽统治权，照本法之规定统治帝国 | |
| 1.2 | 1.2 | 皇位之继承，皇室大典规定之 | 皇室令→皇室大典 |
| 1.3 | 1.3 | 皇帝神圣不可侵 | |
| 1.4 | 1.4 | 皇帝经帝国议会之协赞，行立法权 | |
| 1.5 | 1.5 | 皇帝裁可法律，且命其公布及执行 | |
| 1.6.1 | 1.6.1 | 皇帝召集帝国议会，命其开会、闭会、停会及众议院之解散 | |
| 1.6.2 | 1.6.2 | 众议院解散时，国务大臣须即时公示解散奏请之理由 | |

---

① 彭剑对笔者此处比勘有所修正，参见彭剑《为清国制宪：北鬼三郎的"四权分立"方案》，"知识迁移与近代东亚的政治转型"国际学术研讨会论文，广州，2018年11月，第149页。

② 表中前两列数字自左至右分别代表章、条、款，如"3.29.1"代表第3章第29条第1款。末列"→"左为《理由书》文字，右为《宪法案》文字。

续表

| 《宪法案》 | 《理由书》 | 内容 | 备注 |
|---|---|---|---|
| 1.7.1 | 1.7.1 | 皇帝因保持公安，避其灾厄，得于帝国议会闭会时，发紧急之敕令，与法律有同一之效力 | |
| 1.7.2 | 1.7.2 | 前项之敕令，须于次期之帝国议会提出，请其承认，若在会期前废止者，不在此例 | |
| 1.7.3 | 1.7.3 | 政府提出之敕令，议会不议决，或未终议而闭会，否则适遇解散，均照不承认办理；政府不能提出者亦然 | |
| 1.7.4 | 1.7.4 | 对于第一项之敕令，议会不承认之，或应照不承认办理之时，政府须（即时。——笔者注）公示失其效力之旨 | |
| 1.8 | 1.8 | 皇帝因执行法律，或因公安之保持，公益之增进，得自发命令，或使各衙门代发，唯不得以命令变更法律 | |
| 1.9 | 1.9 | 皇帝定行政各部之官制及文武官之俸给，且任免文武官，唯有特例者，不在此例 | |
| 1.10 | 1.10 | 皇帝统帅陆海军，且定其编制及常备兵额 | |
| 1.11 | 1.11 | 皇帝宣战讲和，缔结条约，且命其执行 | |
| 1.12.1 | 1.12.1 | 皇帝宣告戒严 | |
| 1.12.2 | 1.12.2 | 关于戒严之事项，以法律定之 | |
| 1.13 | 1.13 | 皇帝授予爵位勋章及一切（应为"其他"。——笔者注）之荣典 | |
| 1.14 | 1.14 | 皇帝命大赦、特赦、减刑及复权 | |
| 1.15.1 | 1.15.1 | 皇帝定货币，且命其通用 | |
| 1.15.2 | 1.15.2 | 币制之改正，经帝国议会之协赞而行之 | |
| 摄政 | | | |
| 2.16 | 1.16.2 | 摄政用皇帝之名义，行统治权 | 御名→名 |
| 2.17 | | 摄政施行统治权，不任其责 | |
| 2.18 | | 关于摄政进退之事项，以皇室大典定之 | |
| | 1.16.1 | 摄政依皇室令之规定上任 | 与《宪法案》2.18大致相同 |

续表

| 《宪法案》 | 《理由书》 | 内容 | 备注 |
| --- | --- | --- | --- |
| 臣（国）民权义 | | | 国民→臣民 |
| 3.19 | 2.17 | 清国臣民对于国籍之得丧，以法律定之 | 国民→臣民 |
| 3.20 | 2.18 | 清国臣民，照法律之所定，有兵役之义务 | 国民→臣民 |
| 3.21 | 2.19 | 清国臣民，照法律之所定，有纳税之义务 | 国民→臣民 |
| 3.22 | 2.20 | 清国臣民，照法律（应为"法令"。——笔者注）之所定，均得任文武官之职，并服一切（应为"其他"。——笔者注）之公务 | 国民→臣民 |
| 3.23 | 2.21 | 清国臣民，在法令之范围内，不论种族身份之异同，有婚姻之自由 | 国民→臣民 |
| | 2.22 | 清国臣民，在法律范围内，有居住、迁徙及职业之自由 | 国民→臣民 |
| 3.24 | 2.23 | 清国臣民除法律之规定外，未有不经承诺，被人侵入住所，或搜索之者 | 国民→臣民 |
| 3.25 | 2.24 | 清国臣民，（非依法律规定。——笔者注），无有能夺其受法定审判官审判之权 | 国民→臣民 |
| 3.26 | 2.25 | 清国臣民，若非依据法律，不受逮捕监禁，审问处罚 | 国民→臣民 |
| 3.27 | 2.26 | 清国臣民，除法律之规定外，无能侵其通信之秘密 | 国民→臣民 |
| 3.28 | 2.27 | 清国臣民，无能侵其所有权，若因公益而处分，须照法律之规定 | 国民→臣民 |
| 3.29.1 | 2.28.1 | 清国臣民，于不害公安之范围内，有信教之自由 | 国民→臣民 |
| 3.29.2 | 2.28.2 | 关于信教之事项，法律定之 | |
| 3.30 | 2.29 | 清国臣民，于法律之范围内，有言论、著作、印行、集会及结社之自由 | 国民→臣民 |
| 3.31 | 2.30 | 清国臣民，得照法律之所定而请愿 | 国民→臣民 |
| 3.32 | 2.31 | 地方行政组织及关于地方议会之事项，以法律定之 | |
| | 2.32 | 本章之规定，与陆海军法令或纪律不抵触者，军人及军属适用之 | |

续表

| 《宪法案》 | 《理由书》 | 内容 | 备注 |
|---|---|---|---|
| | 2.33 | 皇帝于战时或事变之际，得停止或限制本章规定之保障 | |
| 帝国议会 | | | |
| 4.33 | 3.34 | 帝国议会，以贵族院及众议院成立之 | |
| 4.34.1 | 3.35.1 | 贵族院，照贵族院令之所定，以皇族及敕任议员组织之 | |
| 4.34.2 | 3.35.2 | 贵族院令须改正时，政府奉谕旨提出议案于贵族院，此时贵族院若非得其总员三分之二以上出席，且三分之二以上之多数（通过。——笔者注），不得为改正之议决 | |
| 4.35 | 3.36 | 众议院，以按照选举法所规定，公选之议员组织之 | |
| | 3.37 | 任何人不得同时为两议院之议员 | |
| 4.36 | 3.38 | 凡法律，须经帝国议会之协赞 | |
| 4.37 | 3.39 | 政府及两议院，均得提出法律案，唯一议院否决之议案，在同会期中，不得再提出之 | |
| | 3.40 | 于一议院否决之议案，于同会期中，不得再提出之 | 与《宪法案》4.37"唯"之后相同 |
| 4.38.1 | 3.41.1 | 两议院，均得上奏于皇帝 | |
| 4.38.2 | 3.41.2 | 各议院如遇紧要事件，若有议员三十名以上之同意，虽在议会闭会中，亦得上奏 | |
| 4.39 | 3.42 | 两议院均得以意见建议于政府，唯未经采纳者，不得（在同一会期。——笔者注）再行建议 | |
| 4.40 | 3.43 | 两议院均得受理请愿书 | |
| | 3.44 | 两议院除本法及议院法之规定外，得设立内部整理之必要条规 | |
| 4.41 | 3.45 | 帝国议会，每年召集之 | |
| 4.42 | 3.46 | 帝国议会，通常会之会期，以三个月为限，如遇有要事，得以上谕延长之 | |

续表

| 《宪法案》 | 《理由书》 | 内容 | 备注 |
|---|---|---|---|
| 4.43.1 | 3.47.1 | 如遇临时紧急之事，可召集临时会 | |
| 4.43.2 | 3.47.2 | 临时会之会期，以上谕定之 | |
| 4.43.3 | 3.47.3 | 众议院解散后，再行召集之议会，按照临时会办理 | |
| 4.44.1 | 3.48.1 | 帝国议会之开会、闭会、停会及会期之延长，两院同时行之 | |
| 4.44.2 | 3.48.2 | 众议院解散时，贵族院须同时闭会 | |
| 4.45.1 | 3.49.1 | 众议院解散时，须以上谕再命选举议员，自解散之日始，五个月以内召集之 | |
| 4.45.2 | 3.49.2 | 前项之期间内，若已届召集通常会之时，得与通常会合并，会期照本法第四十二条之所定 | 四十六→四十二 |
| 4.46 | 3.50 | 两议院之议事公开之，唯有政府之声请，或两议院之决议，得开秘密会 | |
| 4.47 | 3.51 | 两议院之议员，在议院发表之意见，不于院外负其责；唯议员自公表其意见于院外者，不在此例 | |
| 4.48.1 | 3.52.1 | 两议院之议员，自召集发令后，至闭会，或解散以前，未经两院之许诺，不得逮捕之；唯现行犯罪，及犯关系内乱外患之罪者，不在此例 | |
| 4.48.2 | 3.52.2 | 召集发令前，业经逮捕，尚须继续拘留者，审判厅须速请两院之许诺，若不得许诺，即须释放被告之人 | |
| 4.49.1 | 3.53.1 | 国务大臣，及政府委员，得出席于各议院，或在两议院发言；唯须遵各院之章程 | |
| 4.49.2 | 3.53.2 | 各议院得请求国务大臣，及政府委员之出席 | |
| 内阁 | | | |
| 5.50 | 4.54 | 内阁以国务大臣组织之 | |
| 5.51.1 | 4.55.1 | 国务大臣，辅弼皇帝，任其责 | |
| 5.51.2 | 4.55.2 | 国务大臣，须副署有关法律敕令及国务之上谕 | |

续表

| 《宪法案》 | 《理由书》 | 内容 | 备注 |
| --- | --- | --- | --- |
| 都察院 | | | |
| 6.52 | 5.56 | 都察院直隶于皇帝，监查庶政之执行及百官之行状，其组织及权限，以法律定之 | |
| 6.53 | 5.57 | 都察院得随时上奏于皇帝 | |
| 6.54 | 5.58 | 都察院每年须将院务报告书，提出于帝国议会 | |
| 6.55 | 5.59 | 都察院检察官及监查官，除法律规定外，不得（违反其意而。——笔者注）革职 | |
| 司法 | | | |
| 7.56 | 6.60 | 司法权以皇帝之名，由审判厅行之 | 御名→名，裁判所→审判厅 |
| 7.57 | 6.61 | 民事刑事审判厅及行政一切之特别审判厅（应为"及其他特别行政审判厅"。——笔者注），编制及管辖之法，以法律定之 | 裁判所→审判厅 |
| 7.58 | 6.62 | 行政审判院管辖之诉讼，系行政官厅之处分违法者，均属之 | 裁判所→审判院 |
| 7.59.1 | 6.63.1 | 审判官之任免及惩戒，以法律定之 | |
| 7.59.2 | 6.63.2 | 审判官除法律之规定外，不得（违反其意而。——笔者注）革职 | 裁判官→审判官 |
| 7.60 | 6.64 | 审判公开之，唯有妨碍公安之虞者，得照法律之规定，或审判厅之决议，得停止审理之公开 | 审理判决→审判，裁判→审判，裁判所→审判厅 |
| 会计 | | | |
| 8.61 | 7.65 | 新增租税，或变更税率，须以法律定之；唯行政上之收入及一切（应为"其他"。——笔者注）收纳金，不在此例 | |
| 8.62 | 7.66 | 借用国债，须经帝国议会之协赞 | |
| 8.63.1 | 7.67.1 | 国家之岁出岁入，每年须以预算得帝国议会之协赞 | |
| 8.63.2 | 7.67.2 | 有超过预算之款项，或出乎预算外之支出，政府须提出于次期之帝国议会，求其承认 | |

续表

| 《宪法案》 | 《理由书》 | 内容 | 备注 |
|---|---|---|---|
| 8.64 | 7.68 | 关于财政之法律案及预算案，须先提出于众议院 | |
| 8.65 | 7.69 | 皇室经费照前年度预算之定额，每年自国库支出之，除必增定额外，不必经帝国议会之协赞 | |
| 8.66.1 | 7.70.1 | 关于本法第一章之规定及法律上所生之岁出，在前年度之预算，已定费额者，若无政府之同意，帝国议会，不得废除消减之 | |
| 8.66.2 | 7.70.2 | 前项之同意，须于议定以前，两院各与政府商酌 | |
| 8.67 | 7.71 | 有特别之事情，政府得预定年限，以继续费求帝国议会之协赞 | |
| 8.68.1 | 7.72.1 | 因保持公安之故，有紧急之需用，又适值中外之情形，不能召集帝国议会，斯政府得为财政上必要之处分 | |
| 8.68.2 | 7.72.2 | 有前项之事情，政府须提出于次期之议会，求其承认 | |
| 8.69 | 7.73 | 帝国议会，不议定国家之岁出岁入总预算，或总预算不能成立，政府可施行前年度之预算 | |
| 审计院 | | | |
| 9.70 | 8.74 | 审计院直隶于皇帝，检查确定国家岁出岁入之决算，其组织及权限，以法律定之 | |
| 9.71 | 8.75 | 审计院，得随时上奏于皇帝 | |
| 9.72 | 8.76 | 政府每年须以审计院之检查报告书，与岁出岁入之决算书，提出于帝国议会 | |
| 9.73 | 8.77 | 审计院检察官，除法律所规定外，不得（违反其意而。——笔者注）革职 | |
| 附则 | | | |
| 10.74.1 | 9.78.1 | 本法改正之发议，非有谕旨，不得行之 | |
| 10.74.2 | 9.78.2 | 政府奉谕旨，提出议案于帝国议会时，两议院须有三分之二以上出席，且有三分之二以上之多数（通过。——笔者注），方得决其可否 | |

续表

| 《宪法案》 | 《理由书》 | 内容 | 备注 |
|---|---|---|---|
| 10.75.1 | 9.79.1 | 皇室大典之改正,不必经帝国议会之协赞 | 皇室令→皇室大典 |
| 10.75.2 | 9.79.2 | 皇室大典,不得变更本法之规定 | 皇室令→皇室大典 |
| 10.76 | 9.80 | 关于国务之上谕及现行之法规,不论其名称如何,惟与本法不矛盾者,均得照旧办理 | |

资料来源:1. 北鬼三郎:《大清宪法案理由书》,北京大学图书馆藏。2. 李景铭:《呈翻译日本法学士北鬼三郎所著大清宪法案条目》,第一历史档案馆宪政编查馆全宗,档号:09-01-01-0003-011。3. 北鬼三郎:《大清宪法案》,经世书院明治四十二年(1909)版。

第五,关于《大清宪法案》正文的法理解释,彭剑指出,《宪法案》和《理由书》中章条的法理解释不同,并将其分为三类:"《大清宪法案》有而《大清宪法案理由书》无,《大清宪法案》无而《大清宪法案理由书》有,内容相同而说法不同。"① 彭剑还举出了几个例子。笔者比较《理由书》和《宪法案》后,发现这样的例子不胜枚举。而且,二者的不同还有其他类别,比如顺序调整和文字修正等。法理解释变动最大之处莫过于第二章摄政的内容。《宪法案》将《理由书》第1章第16条关于摄政的法理解释改为第2章第16条,并且新增了第17条和第18条的法理解释。其他条文的法理解释也有一定的变化,限于篇幅,试举第一条加以比较。首先,增加了限定语。如将"国体之根基"之前增加了"清国"。其次,使论述更有针对性,如将"皇帝之地位"改为"将其置于与日俄皇帝同等地位之原因"。再次,增加了对其他学说的批驳,如"关于其他统治性质学说之驳论"。最后,增加了全新内容。如"日本国法与祖先崇拜"。这一内容占用了《宪法案》的大量篇幅,全书共382页,本点便占据20页,北鬼旨在说明祖先崇拜的法律价值和日本国体的特殊性。这一部分是北鬼数年前撰写的草稿,

---

① 彭剑:《也谈"两种清末宪法草案稿本"中的"甲残本"》,《历史档案》2011年第3期。

略加修改后增加到了《宪法案》中。① （见表4-4）

表4-4  《大清宪法案理由书》与《大清宪法案》第1条法理说明比较

| 《理由书》法理说明第1条内容 | 《宪法案》法理说明第1条内容 |
| --- | --- |
| 1. 国体之根基 | 1. 清国国体之根基 |
| 2. 皇帝之地位 | 2. 将其置于与日俄皇帝同等地位之原因 |
| 3. 统治权之总揽 | 3. 关于其他统治性质学说之驳论 |
|  | 4. 日本国法与祖先崇拜（关于祖先教的法律价值考证） |
| 4. 各国君主之地位 | 5. 各国君主之地位 |
| 5. 英国皇帝之地位 | 6. （一）英国皇帝 |
|  | 关于英王地位之学说 |
|  | 从政、法两面观察英王之地位 |
|  | 关于其他英王法理上地位之学说驳论 |
| 6. 德国皇帝之地位 | 7. （二）德国皇帝 |
|  | 关于皇帝地位之学说及纷争之原因 |
|  | 关于皇帝地位之宪法规定 |
|  | 古·迈耶氏之学说及其根据 |
|  | 皇帝与议会之关系 |
| 7. 比利时国王之地位 | 8. （三）比利时国王 |
|  | 与德国皇帝之比较 |
| 8. 俄国皇帝之地位 | 9. （四）俄国皇帝 |
|  | 皇帝之地位 |
|  | 俄国宪法之特色 |
| 9. 日本皇帝之地位 | 10. （五）日本皇帝 |
|  | 天皇之地位 |

资料来源：见表4-3。

总之，从《理由书》到《宪法案》，北鬼做了用心的修改，除文字表述的修正之外，还删除了《理由书》中与主旨无关之处，增加

---

① 北鬼三郎：《大清宪法案》，经世书院明治四十二年（1909）版，第8页。

了更为详细的解释，又加入了对其他学说的批判，将《宪法案》加工成汪荣宝所评价的"精实"之作。

## 二 《大清宪法案》的特色

（一）《明治宪法》的影子

北鬼三郎作为一个获得日本中央大学法学学士的毕业生，出版《宪法案》之际，《明治宪法》已颁布20周年。在明治宪法体制下完成的这部《宪法案》，从宪法理念、结构、布局到具体条文，均可以窥见《明治宪法》的影响。

从理念上来看，《宪法案》与《明治宪法》均规定由皇帝掌握立法、行政、司法以及军队、荣典等权力，是典型的二元君主论宪法方案。从结构和布局上来看，《宪法案》首先强调皇权，而将臣民的权利义务置于其后，这与1971年德意志联邦宪法的排序不同。之后大致按照立法、行政、司法、会计的顺序排序，最后一章为补则。在臣民权义一章，均将规定臣民的义务的条款置于权利之前，实际上是强调让国民先尽义务，后享受权利。条文的排序也有相似之处。从文字表述来看，《宪法案》的条文深受《明治宪法》的影响（见表4-5）。

表4-5 　　《大清宪法案》与《明治宪法》条文相似度比较

| 《宪法案》 | 《明治宪法》 | 相似度① | 《宪法案》 | 《明治宪法》 | 相似度 | 《宪法案》 | 《明治宪法》 | 相似度 |
| --- | --- | --- | --- | --- | --- | --- | --- | --- |
|  | 1 | 0 | 29.1 | 28 | 4 | 51 | 55 | 5 |
| 1 | 4 | 4 | 29.2 |  | 0 | 52 |  | 0 |
| 2 | 2 | 4 | 30 | 29 | 5 | 53 |  | 0 |
| 3 | 3 | 5 | 31 | 30 | 3 | 54 |  | 0 |
| 4 | 5 | 5 | 理33 | 31 | 5 | 55 |  | 0 |

① 相似度以5—0数值表示，5表示《宪法案》与《明治宪法》条文几乎一致，只存在专有名词的差别，如"天皇"和"皇帝"的差别。4表示大致一致，表述稍有区别，但表达的意思基本相同。3表示表述有一定区别，但表达意思基本相同。2和1表示几乎不相关。0表示完全不相关。另外，"理"表示《理由书》正文条款内容。

续表

| 《宪法案》 | 《明治宪法》 | 相似度 | 《宪法案》 | 《明治宪法》 | 相似度 | 《宪法案》 | 《明治宪法》 | 相似度 |
|---|---|---|---|---|---|---|---|---|
| 5 | 6 | 5 | 理32 | 32 | 5 |  | 56 | 0 |
| 6.1 | 7 | 5 | 33 | 33 | 5 | 56 | 57.1 | 4 |
| 6.2 |  | 0 | 34.1 | 34 | 5 |  | 57.2 | 0 |
| 7.1 | 8.1 | 5 | 34.2 |  | 0 | 57 | 60 | 3 |
| 7.2 | 8.2 | 3 | 35 | 35 | 5 | 58 | 61 | 3 |
| 7.3 |  | 0 | 理37 | 36 | 5 | 59.1 | 58.1、58.3 | 4 |
| 7.4 | 8.2 | 3 | 36 | 37 | 5 | 59.2 | 58.2 | 3 |
| 8 | 9 | 4 | 37 | 38、39 | 4 | 60 | 59 | 4 |
| 9 | 10 | 4 | 理40 | 39 | 5 | 61 | 62.1、62.2 | 5 |
| 10 | 11、12 | 5 | 38.1 | 49 | 5 | 62 | 62.3 | 3 |
| 11 | 13 | 4 | 38.2 |  | 0 |  | 63 | 0 |
| 12 | 14 | 5 | 39 | 40 | 4 | 63 | 64 | 4 |
| 13 | 15 | 5 | 40 | 50 | 4 | 64 | 65 | 4 |
| 14 | 16 | 5 | 41 | 41 | 5 | 65 | 66 | 5 |
| 15 |  | 0 | 42 | 42 | 5 | 66.1 | 67 | 4 |
| 16 | 17.2 | 5 | 43 | 43 | 5 | 66.2 |  | 0 |
| 17 |  | 0 | 44 | 44 | 5 | 67 | 68 | 5 |
| 18 | 17.1 | 4 | 45.1 | 45 | 5 |  | 69 | 0 |
| 19 | 18 | 4 | 45.2 |  | 0 | 68 | 70 | 5 |
| 20 | 20 | 5 |  | 46 | 0 | 69 | 71 | 5 |
| 21 | 21 | 5 |  | 47 | 0 | 70 |  | 0 |
| 理22 | 22 | 5 | 46 | 48 | 5 | 71 |  | 0 |
| 22 | 19 | 5 | 理44 | 51 | 5 | 72 | 72 | 4 |
| 23 |  | 0 | 47 | 52 | 4 | 73 |  | 0 |
| 24 | 25 | 5 | 48.1 | 53 | 4 | 74 | 73 | 4 |
| 25 | 24 | 5 | 48.2 |  | 0 | 75 | 74 | 5 |
| 26 | 23 | 5 | 49.1 | 54 | 3 |  | 75 | 0 |
| 27 | 26 | 5 | 49.2 |  | 0 | 76 | 76 | 4 |
| 28 | 27 | 5 | 50 |  | 0 |  |  |  |

资料来源：见表4-3。

经统计,相似值为5的条款共37处,将近占《宪法案》总94条款的2/5。相似值为4的条款共24处,将近总条款的1/4;而相似值为3的仅为8处,占总条款的1/10弱;近似值5与4占总条款的2/3以上。通过数值比较,可以看出《宪法案》至少有2/3条款的表述直接来源于《明治宪法》。近似值5、4、3占总条款的7/10强。从条款的文字相似度来看,《宪法案》是以《明治宪法》为母版的。如果将半成稿《理由书》的条款与《明治宪法》比较,这个结论更加确凿无疑。前文已经提及,《理由书》中有但不见于《宪法案》中的条文,共6条,几乎与《明治宪法》的条文一致。

表4-5中未出现1和2数值,说明几乎没有相关度不大的条文。数值为0者是完全不相关之处。一方面,《宪法案》与《明治宪法》条文完全不相关者共20处,占《宪法案》总条款的1/5强,主要出现在摄政王、都察院和审计院三章中。另一方面,《明治宪法》条文与《宪法案》条文完全不相关者共13条,占《明治宪法》总条文的1/5弱。首先出现在《明治宪法》第1条中,其条文是"大日本帝国,由万世一系之天皇统治之"。该条中的"万世一系"是日本历史的特色,鉴于中国历代政权并非"万世一系",而是二十几家王朝的更替,因而,北鬼没有采用这一说法。但非常不可思议的是,《宪法大纲》中却"抄袭"了"万世一系"的字句。另外,《明治宪法》中的第22条、第31条、第32条、第36条、第46条、第47条、第51条、第56条、第57条第2款、第63条、第69条、第75条不见于《宪法案》。

(二)有浓重中国色彩的宪法案

清廷起草宪法过程中,参考了多位日本政治家和学者的多部著作,但是,这些著作的内容多为日本宪法和欧美宪法的条文及其法理说明,没有一部与清廷制定宪法直接相关,只能给清廷制宪提供间接参考。另外,五大臣出洋考察和达寿、李家驹等对日本、欧美宪政做专项考察时,各国政治家和宪法学者给予清廷的建议,多为问答形式。而《宪法案》是目前学界所见唯一一部外国人撰写的清末中国宪法方案,虽然其并非出自清政府的委托,但以清廷制宪为题材,除撰写了宪法方案，还对每一条文做了法理上的说明和比较。因此，它与其他日本政治家和学者的著作完全不同，不但为清末中国起草宪法提供了直接参考素材，而且具有系统性。这或许是汪荣宝等人起草《大清宪法草案》时对其予以重视的原因所在。

《宪法案》的"中国色彩"，主要表现在摄政和都察院的条文中，这两章的条文是当时中国政治运作实态的反映。如前文所述，从《理由书》到《宪法案》出版期间，中国政情发生了变化，光绪皇帝和慈禧太后先后去世，宣统皇帝年幼，其父醇亲王载沣摄政。宣统帝登基时只有3岁，按照惯例，至少要等到其成年方可结束摄政。换言之，自1909年起，摄政至少应该存续十余年。《宪法案》将摄政内容从原来第1章皇帝第16条中抽出，单设一章，规定摄政以皇帝名义行使统治权，并且对统治权不负责任，还规定摄政的进退以《皇室大典》为依据。显然，将摄政在宪法中单列一章，其规定更为详细，而且更有利于提高摄政在宪法中和实际政治运行过程中的权威。北鬼的这一处理方式，对汪荣宝、李家驹起草《大清宪法草案》或许有所影响，《钦定宪法草案》的第2章为摄政。

都察院是中国特有的负责监察、弹劾和建议的机构，在维护统治秩序和国家机构顺利运转起到了一定作用。北鬼在《宪法案》正文中设置第7章都察院，规定都察院直接隶属于皇帝，负责监察百官，其组织及权限以法律规定，还规定其可以随时向皇帝上奏；每年须向帝国议会提出院务报告书；并且对都察院检察官和监察官的法律地位作了规定。在正文中设置都察院一章，是《宪法案》的独特之处。

### 三 《大清宪法案》与《钦定宪法大纲》比较研究

俞江在《初步研究》中将李景铭翻译的《宪法案》条文第5条、第6条、第7条及其法理说明与《钦定宪法大纲》相关条目做了比较研究。后来俞江在北大图书馆找到了《理由书》和《宪法案》，并且撰写了《后续说明》，但并未就《宪法案》与《宪法大纲》做进一步研究。笔者尝试在俞文的基础上，对《宪法案》与《宪法大纲》中的相关条目做全面比较。

北鬼完成《理由书》的初稿到出版《宪法案》期间，清廷公布了《宪法大纲》，北鬼在《宪法案》例言中提到清廷公布了《宪法大纲》，但觉得没有对其初稿修改的必要，因为他认为二者依据的典籍相同。换言之，北鬼的初稿与《宪法大纲》的理念和基本内容十分接近，北鬼也因此感到荣幸。其实，如果细加比较，北鬼依照《宪法大纲》的某些表述，还是对《理由书》做了一定的修改，例如将《理由书》中"皇室令"改为"皇室大典"，与《宪法大纲》中的表述保持了一致。

《宪法大纲》共分两部分，一是君上大权，二是附臣民权利义务，前者14条，后者9条。这两部分大致与《宪法案》中第1章皇帝和第3章臣民权义部分条文相对应，对应情况和相似度见表4-6。

表4-6　　　　　　　　《钦定宪法大纲》与《大清宪法案》比较

| 《宪法大纲》 | 《宪法案》 | 相似度 | 《宪法大纲》 | 《宪法案》 | 相似度 |
|---|---|---|---|---|---|
| 君上大权 | 皇帝 |  | 附臣民权利义务 | 臣民权义 |  |
| 1 | 1 | 2 | 1 | 22 | 4 |
| 2 | 3 | 5 | 2 | 30 | 4 |
| 3 | 5 | 2 | 3 | 26 | 4 |
| 4 | 6.1 | 3 | 4 | 25 | 3 |
| 5 | 9 | 2 | 5 | 25 | 3 |
| 6 | 10 | 3 | 6 | 28、24 | 3 |
| 7 | 11 | 3 | 7 | 21、20 | 4 |
| 8 | 12.1 | 3 | 8 | 会计61 | 2 |
| 9 | 13 | 3 | 9 |  | 0 |
| 10 | 司法56 | 2 |  |  |  |
| 11 | 8 | 2 |  |  |  |
| 12 | 7 | 3 |  |  |  |
| 13 | 会计65 | 3 |  |  |  |
| 14 | 附则75.1 | 3 |  |  |  |

资料来源：1.《清末筹备立宪档案史料》上册，中华书局1979年版。2.北鬼三郎：《大清宪法案》，经世书院明治四十二年（1909）版。

(一) 关于君权的比较

《宪法案》第一章是关于皇帝的规定，共15条，将近总条文的1/5，对皇帝大权做了详细的列举。《宪法大纲》的核心是"君上大权"，共14条，对皇帝的权力也采取了列举的形式，非常详尽。从对皇权的规定上，可以看出二者主旨都是以宪法的形式维护和巩固皇权。奏请宪法大纲和议院法、选举法要领清单的按语中明言："君主立宪政体，君上有统治国家之大权，凡立法、行政、司法，皆归总揽，而以议院协赞立法，以政府辅弼行政，以法院尊律司法。"[①] 可见，《宪法大纲》将皇权置于立法、行政和司法权之上，三权均源于皇帝的委托或授予。《宪法案》例言中强调制定宪法方案时应特殊留意之处，即"拥护皇室之尊荣"[②]，中国在编订宪法时，首先要"按其国体，先决君主之地位"[③]。因为自秦汉以来，皇帝君临天下，"君主之意思即国法，独断万机，手握生杀予夺之大权"[④]，权力绝对无限。所以，"清国编纂宪法，君主之地位依然不可僭越，即皇帝作为统治权之总揽者而君临天下，国会仅为参与大政之机关而已。"[⑤] 而且，目前清国地方官权力过大，皇帝权力弱化，有动摇统治根本之虞。因而，北鬼认为强化皇权为当务之急。

1. 关于统治权的归属，《宪法大纲》的第1条确认了大清皇帝统治大清帝国，这一点与《宪法案》中规定的"大清国皇帝总揽统治权"类似，但前者没有明确说明是否由皇帝总揽统治权，尽管我们可以从其他条文中确认统治权由皇帝一人总揽。关于谁拥有统治权，北鬼在对英国、德国君主立宪国家的统治权学说比较研究的基础上，认为中国皇帝应该总揽统治权。《宪法大纲》还规定了"万世一系，永永尊戴"，"万世一系"实则是《明治宪法》第1条中的用语，是日

---

① 故宫博物院明清档案部编：《清末筹备立宪档案史料》上册，中华书局1979年版，第59页。
② 北鬼三郎：《大清宪法案》例言，经世书院明治四十二年（1909）版，第2页。
③ 北鬼三郎：《大清宪法案》说明，经世书院明治四十二年（1909）版，第1页。
④ 北鬼三郎：《大清宪法案》说明，经世书院明治四十二年（1909）版，第4页。
⑤ 北鬼三郎：《大清宪法案》说明，经世书院明治四十二年（1909）版，第5页。

本天皇家族血脉相传的特殊历史表现，中国历经二十几代王朝，称为"万世一系"，确实不合历史。清廷使用该词，或许是希望自己的政权从此"万世一系"。因而，北鬼未采用这一说法。《宪法大纲》第1条将大清国皇帝置于至高无上的地位，而《宪法案》第1条则明确皇帝"依本法之规定统治帝国"，将皇权行使的范围限定在宪法之中。

2. 关于皇帝与立法权、议院的关系，《宪法大纲》规定皇帝有钦定颁行法律和发交议案的权力；经过议院议决的法律如果没有奉召批准则不得实施。《宪法案》则规定皇帝经帝国议会之协赞行使立法权，皇帝批准法律，并且命令其公布和执行。《宪法大纲》将法律的钦定、颁行和发交议案完全归属于皇帝，议院只有协赞的功能，实际上以皇权剥夺了议会的立法权。《宪法案》也没有给予议会以独立的立法权，但规定立法需要议会的协赞。最为重要的是，第37条规定政府及两议院可以各自提出法律案，这与《宪法大纲》中皇帝垄断发交议案的权力不同。

《宪法大纲》第4条规定皇帝有"召集、开闭、停展及解散议院之权"，与《宪法案》第6条第1款的规定基本一致。然而，《宪法案》第2款规定了众议院解散时必须即时公示解散奏请的理由。一般而言，议院解散的原因是政府和议院之间就法案无法达成一致，议会对政府提出不信任案，政府则行使解散议会的权力。北鬼在说明中介绍了日本自国会召开以来众议院6次解散的理由。以法律规定议院解散的理由，可以限制政府无端解散议会，实际上加强了对政府的舆论监督，也提高了议院的地位。

《宪法大纲》规定议院闭会期间，遇有紧急情况，皇帝可以发诏令代替法律，并且可以以诏令筹措必需之财用，但必须交由次年议会协议。《宪法案》第7条也作了类似的规定，但二者表述有所不同。《宪法大纲》使用了交次年议会"协议"一词，而《宪法案》使用了"求其承认"一词。换言之，《宪法大纲》中规定的诏令虽然需要由次年议会讨论，但不一定非要得到其承认。而《宪法案》中的规定比较严格，如果无法得到议会的承认，诏令则应视为失去效力。第7条的第2款、第3款、第4款对此作了比较详细的规定，从而对诏令做出了较为严格的限制。

3. 关于皇帝与行政的关系，《宪法大纲》第 5 条确定了皇帝设官制禄和黜陟百官的权力。皇帝掌握用人之权，大臣则辅弼皇帝，议会不得干涉。《宪法案》有类似规定，但最大的不同是在内阁一章中明确规定国务大臣辅弼皇帝，对其负责，并且须副署法律、敕令及关系国务的上谕。而《宪法大纲》虽然明确了大臣辅弼皇帝，但是否对皇帝负责，是否需要副署法令，则没有明确规定。可见，《宪法案》的规定更加明确。但是，二者都强调皇帝直接控制行政权，而将议会对行政的监督排斥在外。

4. 关于皇帝与法律和司法的关系，《宪法大纲》规定皇帝总揽司法权，委任审判衙门和审判官，均须依照钦定法律代行司法，不以诏令随时更改。《宪法案》中有司法一章，规定司法权以皇帝之名，由法院行使，并对各种法院构成、法官任命、惩戒和审判是否公开作了规定。可以看出，《宪法大纲》不承认司法权的独立地位，而《宪法案》则没有明确规定，只说司法权以皇帝之名行使。

5. 关于皇帝发布法令，《宪法大纲》第 11 条规定已定法律如果不经议会协赞，奏经钦定，不以命令更改或废止；又对法律和命令做了区别：法律为君上实行司法权之用，命令为君主实行行政权之用，二者不同，因而不能以命令更改法律。这一规定虽然详细，但未规定出于何种目的以命令更改或废止法律，并且为以命令变更法律提供了一种可能性。《宪法案》第 18 条规定："皇帝为执行法律、保持公安或增进公益，可发布命令或使人发布命令，但不得以命令变更法律。"该条不但规定了发布命令的目的，而且直截了当地否定了以命令变更法律的可能性。《宪法案》的这一规定减少了以命令变更或代替法律的随意性，提高了法律的权威。

6. 关于皇帝的其他大权。《宪法大纲》第 6 条规定皇帝拥有统率陆海军及编定军制之权，与《宪法案》第 10 条的规定类似，但大纲中明言"一切军事皆非议院所干涉"，排除了议会的参与，《宪法案》中则无此规定。《宪法大纲》和《宪法案》都规定了宣战、讲和、订立条约等内容，但《宪法大纲》中明确规定这些权力"由君上亲裁，不付议院议决"。关于宣告戒严的权力,《宪法大纲》中强调"当紧急时,得以诏令限制臣民自由",而《宪法案》中无此规定。皇室经费的规定也有很大差异,《宪法大纲》中规定"由君上制定常额,自国库提支,议院不得置议",而《宪法案》则规定"皇室经费依前年度预算额度,每年由国库支出,除需要增加额度之情况外,无须帝国议会之协赞"。显然,如果增加预算额度,需要议会的协赞,对皇室滥用经费做出了法律限制。关于皇室大典,《宪法大纲》措辞强硬,"议院不得干涉",而《宪法案》则较为平和,"无须帝国议会之协赞",除语气的区别外,《宪法案》补充规定"不得以皇室大典变更本法律之规定",而《宪法大纲》没有。

总体而言,《宪法案》比《宪法大纲》对皇权做了更多限制,更能体现立宪精神。尤其是皇权与议会的关系,《宪法大纲》中多处明文规定议会不得干预行政权、军权、宣战、讲和、订立条约权以及皇室经费权等,使得议会拥有的权力十分有限。而《宪法案》则赋予了议会更多的权力,试图通过议会对皇权做出更多的限制。《宪法大纲》中对皇权的这种规定,将其说成"以宪法之名,行专制之实",应该毫不过分。以往很多学者对《宪法大纲》的开拓性意义做了肯定,笔者认为,就"君上大权"部分而言,这种肯定应该非常慎重。《宪法大纲》对"君上大权"的规定,是专制主义制度下借宪法之名加强皇权的产物。如果《钦定宪法草案》以《宪法大纲》为准绳,那么它或许不具备《宪法案》的先进性,尽管《宪法案》也对加强皇权做了最大限度的努力。

(二)关于臣民权利义务的比较

《宪法大纲》中权利义务的规定共9条,《宪法案》中臣民的权义共14条。从《宪法大纲》与《宪法案》条文相似度的角度而言,关于权利义务部分的相似度更高,但《宪法大纲》只规定了臣民的有限的权利,对信教自由、通信自由、请愿自由均没有涉及。值得注意的是,《宪法案》和《明治宪法》均将臣民义务条款置于权利条款之前,《宪法大纲》却与之相反,将权利条款置前。这多少反映出《宪法大纲》的进步性。关于权利与义务在宪法条文中的位置,一般而言，先规定权利内容则表示国民（臣民）享受权利在先，而履行义务在后，某种程度上反映国民主权的思想。反之，如果先规定履行义务，则表示尽义务之后再享受权利，多反映国家主权的思想。当然，《宪法大纲》的这一规定毫不影响皇帝主权的性质，从《宪法大纲》的条文中，我们看不出丝毫国家主权的色彩，更不用说国民主权了。《宪法大纲》以附录形式规定了臣民的权利义务，这已经充分说明它无法与"君上大权"相提并论。但之所以没有省去臣民权利义务部分，或许大纲的起草者知道这一部分是宪法的要件之一，如果省略，《宪法大纲》将不完整，遭人诟病。

无论如何，在权利意识非常模糊的晚清，能够将部分权利义务写入《宪法大纲》，其进步性不容置疑。如前文所述，评价《宪法大纲》时，需要明确区分"君上大权"和"臣民权义"部分，不宜将二者混同在一起，做笼统的评价。

### 四 《大清宪法案》的影响

《宪法案》并未像明治时期其他日本知名法学家的著作，广泛为留日学生和中国知识界所阅读。《宪法案》没有全书译成汉语出版发行，仅有其中的宪法条文和部分条文的法理说明被翻译，供清廷制定宪法参考，未公开发表。其影响力显然与译成汉语的多部日本其他宪法学家的著作难以相提并论。虽说如此，《宪法案》还是对清廷制宪和留日学生有所影响。①

《宪法案》对清廷制宪的影响，前文已稍有提及，它是清廷起草《钦定宪草》的一部参考书，为宪政编查馆提调达寿和《宪法草案》的起草者汪荣宝所重视。宣统元年五月二十八日（1909年7月15日）《汪荣宝日记》记载道："饭后三时到宪政编查馆，达侍郎见示日本北鬼学士三郎所著《大清宪法案》，浏览一过，觉其精实，请得

---

① 关于《大清宪法案》的反响，另见彭剑《为清国制宪：北鬼三郎的"四权分立"方案》，"知识迁移与近代东亚的政治转型"国际学术研讨会论文，广州，2018年11月，第153—157页。

借归细读之。六时顷回寓，阅北鬼氏宪法案。"① 由此可知，《宪法案》在日本出版不到一个月，清廷便已经获得此书，汪荣宝认为其内容"精实"，特意借阅，回家细读。宣统二年五月二十六日（1910年7月2日），时隔一年，汪荣宝受月华贝勒嘱托撰写条陈钦定宪法说帖时，又提到当晚阅读《宪法案》："六时半散归，阅北鬼氏大清宪法案。"② 从宣统三年七月二十四日的《汪荣宝日记》中可知，汪荣宝和李家驹到泰山起草宪法条文时，也携带了《宪法案》：

> 阅副岛学士《宪法论》，参考关于预算各学说。《日本宪法》六十七条，于议会预算协赞权限制颇严，初疑照此规定，则议会对于预算，殆无自由修正之余地，似于事实不符。及细加考订，乃知其所设既定岁出者，指上年预算所既定之额而言，非谓大权所定，自伊藤《义解》以及有贺、副岛、美浓部、市村光惠、上野贞正及北鬼诸氏著书，均是如此解释。③

除了达寿和汪荣宝，度支部员外郎李景铭也注意到了《宪法案》的价值，1910年从日本归国之后，将《宪法案》正文全部条文及其部分法理说明译成汉语，供清廷制宪参考。李景铭又在翻译时添加了按语。

由于尚未找到《钦定宪法草案》的文本，我们无从对《宪法案》对其具体影响加以分析，但从《汪荣宝日记》中记载的《钦定宪草》的章节和布局上，可以看出《宪法案》的影响。如前文所述，《宪法草案》第2章将摄政单列一章，这一布局与《宪法案》一致。而这是《明治宪法》和其他日本人的宪法著作中所没有的。当然，接续达寿考察日本宪政的李家驹曾特意让有贺长雄讲授"摄政"。而李家驹是《钦定宪草》的起草人之一，将"摄政"在宪法草案中单列一

---

① 韩策、崔学森整理：《汪荣宝日记》，中华书局2013年版，第43页。
② 韩策、崔学森整理：《汪荣宝日记》，中华书局2013年版，第168页。
③ 韩策、崔学森整理：《汪荣宝日记》，中华书局2013年版，第296页

章的做法也不排除有贺长雄的影响。

可见，清廷制宪过程中对《宪法案》予以了相当的重视，《宪法案》也实实在在地对清廷制宪给予一定的影响。除此之外，作为一部日本人撰写并且在日本出版的著作，《宪法案》对留日学生也有一定影响。保廷梁在日本撰写并出版的《大清宪法论》明显受到了《宪法案》的启发。

保廷梁（1874—1947），字树励，回族，云南昆明人。1904年官费赴日留学，就读于日本法政大学速成科，毕业后入该校专法科和研究科，获法学学士学位。[①] 保廷梁赴日时已满30岁，是留日学生中年龄较大者，与其他留日学生相比，应该更有目的性。留日期间保结识梁启超，受其一定影响。1910年在日本出版《大清宪法论》（以下简称《宪法论》）[②] 后回国，参加1911年清政府举办的最后一次留学生考试，与陈炘侯、叶开琼等17人得受法政科举人，但因清王朝覆灭，未受官职。民国之后历任云南都督府法制局参事、云南高等审判厅厅长和高等检察院院长等职。[③]

《宪法论》是留日学生撰写的鲜见的宪法学著作。20世纪初的留日学生，以政法科学习为主，而且接受的多为速成教育，留学时间不长，学习的法政内容比较宽泛，多缺乏专业深度，取得学位者寥寥无几。保廷梁留日长达6年，以宪法和国法学为学习重点，在法政大学获得法学学士学位，对宪法和国法做了深入的学习、思考和研究。其撰写出版的《宪法论》，提出自己的见解，在留日学生中十分少见。宪法学界和史学界对《宪法论》略有涉及。[④] 但总体上对这部著作的

---

[①] 《日本法政大学清末留学生名单》，载《2006年度法政大学终身学习和职业设计纪要》，法政大学出版社2006年版，第223页。

[②] 保廷梁：《大清宪法论》，秀光社宣统二年（1910）版。

[③] 李松茂主编：《回族东乡族土族撒拉族保安族百科全书》，宗教文化出版社2008年版，第32页。

[④] 北大历史系尚小明教授在《两种宪法稿本质疑》一文中提及保廷梁和《大清宪法论》。翟海涛的博士学位论文《法政人与清末法制变革研究——以日本法政速成科为中心》里也提到保廷梁的名字。目前，关于《大清宪法论》的部分内容研究有山东大学马晓伟的硕士学位论文《保廷梁的议会学说述评》，这是笔者所见关于保廷梁的唯一专论。

重视程度不够。究其原因，或许与《宪法论》的主旨强调二元君主论有关，随着清王朝的灭亡，皇权制度不复存在，该书便失去了现实意义。笔者认为，《宪法论》就学理性而言，是留日学生关于宪法和国法学研究的巅峰之作，值得细致深入地研究。正如太和张耀曾在该书序中所言："受而读之，盖推演法理以诏我国人者也，近年东邦论宪之书，华译者不少，惟国情攸殊，义各有当，足资借镜，难作准绳，其能深察中国之情势，博稽名家之学说，折衷至当，独出新裁者，前乎此著，盖未有闻。"① 虽然序言不免溢美之词，但确实道出了该书的价值。

该书初版在日本印刷，版本信息如下：宣统二年（1910）十一月印刷发行，定价二元，著作者信息为日本法政大学法学士、云南昆明保廷梁，印刷所为日本秀光社。国内最早版本为1911年上海江左书林和模范书局版。全书507页，堪称荦荦大著。从体例上分为五篇：第一篇国权总论，第二篇国权主体，第三篇国权机关，第四篇国权作用，第五篇国权基础。

《宪法论》的内容独具特色。第一，《宪法论》是保廷梁多年来留日学习成果的总结，参考了日本法学名家的论著，关于君主立宪国的宪法学说，没有拘泥于日本法学家的成说，而是在其基础上，独树一帜，创立"君主国权主体说（国权说）。第二，该书虽然以法理解释为主，但也涉及政论，尤其涉及中国宪法制定的诸多问题，有针对性地对中国制宪提出了建议。

北鬼和保廷梁具有很多共性。二人都取得了法学学士学位，并且都出版了与中国相关的宪法方面的著作，探讨了中国制定宪法的问题。二人撰写的《宪法案》和《宪法论》虽然公开出版，但在日本和中国均没有引起广泛的影响。

《宪法论》的出版晚于《宪法案》，从内容上来看，前者受到了后者的一定影响。保廷梁在撰写《宪法论》时，参考了该书。他在第三篇国权机关中谈及中国议会宜采取两院制，关于两院制上院的名

---

① 保廷梁：《大清宪法论》，秀光社宣统二年（1910）版，"序言"第5—6页。

称，他不同意北鬼氏在《宪法案》中将其称为"贵族院"的提法。①由此可知，保廷梁应该非常认真地阅读了《宪法案》，甚至对议院称呼提出了不同于北鬼的见解。

从《宪法论》第三篇探讨的问题来看，它受到了《宪法案》较大的影响。《宪法论》第三篇探讨的是国权机关，分为以下几个主题：总论、摄政、帝国议会、内阁、法院、审计院、都察院、弼德院。其中的摄政、审计院和都察院都在《宪法案》中有所涉及。具体言之，关于摄政是否负责任，《宪法案》正文第17条规定"摄政对统治权之施行不负责任"，保廷梁在对清水澄和副岛义一等日本学者的"摄政负责任"之说批判之后，明确说明摄政不负责任，并且征诸葡萄牙宪法第97条和德国联邦中萨克森、果补、普耳比、可达等邦宪法相关规定加以佐证。②虽然保廷梁没有引用北鬼的观点加以佐证，但二者的观点完全一致，我们或许不能完全用巧合加以解释，保廷梁对摄政的责任特别加以探讨，或许受到了《宪法案》正文第17条的启发。

如前文所述，审计院和都察院是《宪法案》中最具中国特色的规定，在《宪法案》中均单设一章加以规定。《宪法论》中也将审计院和都察院单设章节加以讨论。如关于审计院在国法中的地位问题，《宪法案》正文第70条规定审计院直隶于皇帝，《宪法论》也断定审计院为独立机关。都察院是中国特有的监督行政、审查会计和弹劾官僚的机构。《宪法案》和《宪法论》均对其沿革、在宪法上的地位、职权做了探讨。其中，《宪法论》中关于都察院沿革部分与《宪法案》相关部分的表述大体一致，甚至某些用语相同。如《宪法案》说明第6章开篇所载："都察院系历朝因袭，现代之制，滥觞于汉之御史大夫，后汉以降，称为御史台或兰台寺；梁、后魏、北齐或称之为南台；至于隋唐，则称为御史台、宪台等；后更改为御史台；宋以降，次第踏袭之；明代一旦废绝之后，以都察院之名再兴；清则承继

---

① 保廷梁：《大清宪法论》，秀光社宣统二年（1910）版，第140页。
② 保廷梁：《大清宪法论》，秀光社宣统二年（1910）版，第117—118页。

其遗制。"① 在《宪法论》第4篇第8章开篇，保廷梁同样介绍了督查院制度的沿革："我国言官之职，自古重之。汉之御史大夫，即其滥场（觞）也；后汉以降，或称御史台，或称兰台寺；隋唐迄宋，或以宪台名，或以肃政台名；至于胜国，改称都察院；我朝因之。"②

## 第二节 《大清帝国宪法法典》

截至目前，学界所见清末拟订的宪法方案十分有限，除了上节探讨的北鬼三郎的《大清宪法案》外，第一历史档案馆资政院档案第3号卷宗中藏有一份条文完整的宪法方案，编目为"清政府拟订宪法草稿"，共91页，工整地抄写在奏折上，保存完好。宪草无名称、目录和作者署名。开篇为总论，后为章条内容；每章开篇均有小引，之后为条文，大部分条文后有法理说明，以"法理"二字跟条文分开，某些法理中还包含"案"。③"清政府拟订宪法草稿"究竟由谁出于何目的于何时起草？与清廷制定的《钦定宪草》有何关系？俞江、尚小明和迟云飞探讨了这一草案，但至今仍有很多不明之处。④

俞江于1999年在《历史研究》上发表《两种清末宪法草案稿本的发现及初步研究》，称在第一历史档案馆"意外地找到了两部清末宪法草案的抄本"，将其命名为"甲残本"和"乙全本"，并对二者做了初步研究。本章第一节已对其中的第一部分"甲残本"做了考察。俞氏发现的"乙全本"即"清政府拟订宪法草稿"。俞氏认为该草案纂拟不迟于1910年8月，但未对此进行论证。至于纂拟人员和机构，俞氏从乙全本的行文用语推测其"显然为中国人纂拟"。俞氏

---

① 北鬼三郎：《大清宪法案》，经世书院明治四十二年（1909）版，第311—312页。
② 保廷梁：《大清宪法论》，秀光社宣统二年（1910）版，第313—314页。
③ 笔者所见学界最早提及该草案的研究为《清代中央军政机关的档案》，该文介绍资政院档案时提到一部"宪法草稿"，并附以图片。通过比对，这一"宪法草稿"即为本节所研究的宪法方案。参见郑里《清代中央军政机关的档案》，《故宫博物院刊》1979年第4期。
④ 俞江和尚小明的论文参见本章第一节注释。迟云飞：《清末预备立宪研究》，中国社会科学出版社2013年版，第302—306页。

根据宪政编查馆为修纂宪草的机构，进一步推测："似乎乙全本的编纂机构可以确定下来"。言外之意，该机构即为宪政编查馆，但他认为问题并非如此简单，因为"清末的法律修订还有一条渠道，即民间纂拟后提交政府或资政院……一些地方宪政团体亦曾修纂宪法"。最终，俞氏认为："在没有充分的证据支持乙全本宪草为宪政馆修纂前，只能将其修纂机构和时间暂时存疑。"①

俞氏将"乙全本"与《汪荣宝日记》中记载的《钦定大清宪法草案》的起草内容进行了对照，认为二者存在明显差异，最终得出结论："乙全本宪草也不是世人寻找的'李汪宪草'。"② 俞氏还对草稿内容做了初步研究，总结了两条特征，并将其与《宪法大纲》加以比较，又指出其在立法技术上的不完善之处。最后在探讨该草案价值时，俞氏谈道："宪政编查馆以两年多的时间，是完全有可能纂拟出一部完整的宪法草案的。甚至可以说，如果没有以前的充分准备和多次起草，李家驹、汪荣宝二人要在两个多月完成一部宪草，是不可想像的事。"③ 结合俞文文脉，俞氏显然认为该宪草由宪政编查馆起草，并且为李、汪起草宪法草案奠定了基础。换言之，俞氏认为清廷在制定《钦定宪法草案》之前，起草了这部宪法草案。

尚小明对俞江的上述推论提出质疑，举出三点理由否定了"乙全本"宪草为"清廷秘密立宪的产物"。④ 而且，猜测"乙全本宪草很可能为民间立宪派人士或团体所草拟，然后提交资政院讨论，或供清廷纂拟宪法时参考"，并且提出了三点依据。⑤

迟云飞的《清末预备立宪研究》第 6 章主题为"宪法与三权分立"，第 1 节是对清末宪法的研究，该节共三部分，一是"钦定宪法大纲"，二是"未及公布的宪法草案"，三是"宪法十九信条"。第二部分又分为两部分，一是"起草过程"，二是"中国第一历史档案馆

---

① 俞江：《两种清末宪法草案稿本的发现及其初步研究》，《历史研究》1999 年第 6 期。
② 俞江：《两种清末宪法草案稿本的发现及其初步研究》，《历史研究》1999 年第 6 期。
③ 俞江：《两种清末宪法草案稿本的发现及其初步研究》，《历史研究》1999 年第 6 期。
④ 尚小明：《"两种清末宪法草案稿本"质疑》，《历史研究》2007 年第 2 期。
⑤ 尚小明：《"两种清末宪法草案稿本"质疑》，《历史研究》2007 年第 2 期。

所藏宪法草案"。迟氏所言这一草案即俞江命名的"乙全本"。迟氏认为，该草案与《汪荣宝日记》中记载的《钦定宪法草案》虽"略有不同"，但据二者条文数量接近、均有按语（法理）、"不少地方有从日文翻译过来的痕迹"等证据，得出比较肯定的结论："档案里的草案，就是溥伦、载泽、李家驹、陈邦瑞、汪荣宝所起草的宪法草案。"① 但在注释中，迟氏提及学界的不同观点（尚氏论文）后，对正文中比较肯定的观点做了保留："因此，此宪草来历还应该进一步研究。但至少这部宪草与清政府有关系。"② 此外，迟氏也对该草案内容进行了一定的研究，认为其"大体与《钦定宪法大纲》同，但更具体，也更强调'法理'。有些规定较《钦定宪法大纲》有进步"③。

总结上述三位学者关于草案来历的研究，俞江认为其可能为《钦定宪法草案》之前由清廷起草的草案；迟氏认为是在《钦定宪法草案》基础上的修改稿；尚氏认为其可能出自民间，提交资政院讨论，或供清廷纂拟宪法时参考。笔者据所发现的新史料，对起草机构（人员）和时间做出新的推测，同时，尝试将该草案与《明治宪法》和《普鲁士宪法》比较，探讨它们之间的关系和草案的特色。④

## 一　《大清帝国宪法法典》呈文的发现

第一历史档案馆宪政编查馆全宗中有一份编目为"呈为酌拟大清帝国宪法法典呈递摄政王等以期采纳事"的呈文，以楷体工整抄写在折本上，共9页，近千字。⑤ 从内容判断，与上述资政院卷宗中编目为"清政府拟订宪法草稿"有极大关联性，前者应为后者进呈时的呈文。

呈文可分为两部分，第一部分论及在世界制宪大潮中中国制定完整宪法的必要性；第二部分为作者拟定的《大清帝国宪法法典》纲

---

① 迟云飞：《清末预备立宪研究》，中国社会科学出版社2013年版，第303页。
② 迟云飞：《清末预备立宪研究》，中国社会科学出版社2013年版，第303页。
③ 迟云飞：《清末预备立宪研究》，中国社会科学出版社2013年版，第303页。
④ 笔者以本节内容为基础，发表拙论《中国第一历史档案馆藏"大清帝国宪法法典"考论》，《历史档案》2019年第2期。
⑤ 《呈为酌拟大清帝国宪法法典呈递摄政王等以期采纳事》，第一历史档案馆宪政编查馆全宗，档号：09-01-01-0003-010。

要,"共九章八十一条",章条数目与"清政府拟订宪法草稿"相同。呈文中列有法典各章名称:"第一章曰帝国领地""第二章曰皇帝大权""第三章曰臣民权利义务""第四章曰国会""第五章曰立法""第六章曰大臣""第七章曰司法""第八章曰财政""第九章曰通则"。与"清政府拟订宪法草稿"比对,第1章、第2章、第3章、第6章、第8章、第9章章名相同,但第4章、第5章、第7章章名有所不同,分别为"国会"和"帝国议会"、"立法"和"立法权"、"司法"和"司法权"。第4章的章名差异较大,第5章、第7章仅一字之差,但表达的意思基本一致。需要注意的是,"清政府拟订宪法草稿"的法理说明中时而使用"议会",时而使用"国会"或"议院",表达并未统一。第55条法理说明最为典型,使用了这三种表达方式:"政府与国会有互相维持监督之责任……议院可建议于政府……如各国议院有必须与大臣应议之事,亦得要请大臣入议会。"①

从上述章条数目、章名及其排列顺序来看,大致可以确定呈文所言《大清帝国宪法法典》为"清政府拟订宪法草稿"。若将呈文中各章内容概要与"清政府拟订宪法草稿"中法理说明比对,也可证明笔者的判断。如呈文第1章的纂拟重点是"注意在保我领土主权,恢复列强迫我租借九十九年之旅顺、威海、胶州、九龙、广州以及沿海沿江各扼要,并杜其窥伺我蒙古、满洲、新疆藏卫各利益,以完全我领土之主权"。"清政府拟订宪法草稿"第1章的目的是"今宪法第一章首揭帝国领地,意在复我领土主权,不得予人分寸"。二者在第1章中规定帝国领地的目的基本一致,即为保护或恢复领土主权。其他各章亦然,兹不列举。

因编目为"清政府拟订宪法草稿"的档案本身无名称,学界或称其为"宪法草稿",或称其为"一档宪草",或将其暂定为"乙全本",笔者据呈文作者自定名称,称其为"大清帝国宪法法典"(下文简称《帝国宪典》)。

《帝国宪典》究竟由谁起草于何时?呈文无作者署名和时间,但

---

① 《清政府拟订宪法草稿》,第一历史档案馆资政院卷宗3号档。

其内容透露出部分信息，可据此大致判断呈文时间和作者身份。呈文提及"于是先朝明诏，决意改革专制政体，变更君主立宪政体，并编制宪法大纲及逐年预备事项。……揆厥至盛之由，皆赖我摄政王与诸贤相，负扆协赞，旋乾转坤而成兹宏业也。"① 从"先朝"和"摄政王"等表述来判断，呈文时间上限可确定为光绪帝和慈禧去世之后，即光绪三十四年十月下旬之后。

那么，呈文下限为何时？"今宪法大纲既见明文，宪法细目尚未宣示；又见九年预备各事项仅在宪法形式上之敷衍，并未见在宪法精神上之着手，其实皆由于宪法细条目未颁，宪法全精神未著之故。若任听如斯预备，恐九年后臣民终不知宪政之利益。届时若操切从事，必至生纷扰之乱阶，甚为宪政前途之可虑。"从"宪法大纲既见明文……又见九年预备各事项"来看，呈文时间最晚应在宣统二年十月缩改九年筹备清单、宣布于宣统五年开设国会之前。但显然这一范围过大。从"恐九年后臣民终不知宪政之利益"一句来看，呈文应在光绪三十四年之内，否则不应使用"九年后"这一表达方式。这样一来，呈文时间或可大致确定为光绪三十四年十月下旬至年末的两个多月内。

呈文者为何人？"窃查各国宪法法典之编纂，或由大臣，或由儒者，原无定例。是以不揣冒昧，于平时研究学问之余，采辑东西两洋君主立宪国宪法之精神，准据我中国国体民情、风俗习惯与一切关系厉害各事项，以三年心血，拟定我大清帝国宪法法典一通，共九章八十一条。"从呈文者特意强调"各国宪法法典之编纂，或由大臣，或由儒者，原无定例"和"研究学问之余"可知，呈文者的主要身份应为学者，而不是清政府的大臣，虽然在学而优则仕的传统社会，学者和官僚无法截然分开。即使呈文者是一位官僚，也应为地位不高的官僚。呈文保存于宪政编查馆全宗内，说明其可能呈递给该馆，以资起草宪法时参考。呈文开篇写道："为恭拟宪法全草用备细目采择迅期编制成立早日宣布施行以安社稷人心而维万世根本恳主持事。"此

---

① 《呈为酌拟大清帝国宪法法典呈递摄政王等以期采纳事》，第一历史档案馆宪政编查馆全宗，档号：09-01-01-0003-010。

处所说的"恳主持事"或许是请求宪政编查馆主持起草宪法时参考《帝国宪典》全文。如果是清廷高官，可直接向皇帝上奏，或许没有必要对宪政编查馆使用呈文。

综上所述，《帝国宪典》可能是由学者于光绪三十四年冬季呈递给宪政编查馆供其参考的私拟宪法方案全文。换言之，它并非出自清廷，也不是《钦定宪法草案》的修改稿。笔者的这一判断，一方面证实了尚小明推测的合理性，另一方面否定了俞江和迟云飞的判断。仔细研究《帝国宪典》条文和法理说明的内容和逻辑关系，可以进一步佐证笔者的判断。

### 二 《大清帝国宪法法典》起草新考

尚小明认为《帝国宪典》不大可能出自宪政编查馆和清廷，而可能是民间立宪派人士或团体草拟，其目的是提交资政院讨论，或供清廷纂拟宪法时参考。笔者的上述发现，支持尚文的猜测，而且可以进一步认定《帝国宪典》出自个人之手，而非民间立宪团体。尚文也曾指出，纂拟宪法草案并进呈为重大事件，如出自民间立宪团体之手，舆论应有所报道。如果完全是个人行为，媒体没有报道则从情理上讲得通。

尚文从《帝国宪典》的内容分析了其并非出自清廷的理由，兹不赘述。笔者认为，除尚文列举的理由，还有以下几点：

第一，宪政编查馆作为清政府实施宪政的核心机构，网罗了一大批熟知宪法的优秀人才，如汪荣宝、杨度等。如果该草案由宪政编查馆主持起草，立法技术上应该比较完善。但分析《帝国宪典》文本，从章目名称到条文内容屡现逻辑问题，如第4章规定的是帝国议会，立宪国议会的一个重要功能是行使立法权，而第5章又将立法权单列一章。显然，两章存在包含或重叠表述的问题。另外，条文还出现了"一条多义""一义多条"等较为低级的立法技术问题。①

第二，如按迟云飞所言，《帝国宪典》是《钦定宪草》的修改

---

① 俞江:《两种清末宪法草案稿本的发现及其初步研究》，《历史研究》1999年第6期。

稿，那么《帝国宪典》的某些重要专有术语的表达应该与《宪法大纲》和《钦定宪草》一致。试举一例，《宪法大纲》君上大权的最后一条为"皇室大典，应由君上督率皇族及摊派大臣议定，议院不得干预"，将规定皇室的法典，称为"皇室大典"。① 从《汪荣宝日记》中可知，起草《钦定宪草》时也沿用了这一词。"草拟第十八条按语脱稿……决议将皇室大典之制定加入本章内，作为第二条之第二项。"② 而且，清廷颁布的《宪法重大信条十九条》里，也使用了"皇室大典"一词。甚至连1909年出版的日本人北鬼三郎所著《大清宪法案》也使用了"皇室大典"一词。③ 然而，《帝国宪典》第13条、第80条和第81条却使用了"皇室典范"一词。显然，该词直接借用了《明治宪法》的汉字用语。如果《帝国宪典》是在《钦定宪草》基础上修改完成的，按理说应将《宪法大纲》作为重要参考，采用其中的一些重要术语④，尤其是《宪法大纲》中独创的"皇室大典"一词，而不应照搬日本的"皇室典范"之语。

其实，《帝国宪典》与《钦定宪草》差异较大。俞江从两部草案的条文书目、章目结构及其名称、具体章节条文数目、条文安排和内容几方面描述了二者的差异。最终得出"乙全本宪草也不是世人寻找的'李汪宪草'"的结论。笔者认同俞氏的论述，兹不赘述。⑤ 那么，《帝国宪典》是否为《钦定宪草》基础上修改的草案呢？

首先，从章目名称上来看，这种可能性不大。仔细比较章目名称，二者不是迟云飞所言"略有不同"，而是存在较大差异。仔细比对《帝国宪典》和《钦定宪草》的章名，除了帝国议会一章外，其他所有章名表述均不同。确实，《汪荣宝日记》中有几处记载原稿在

---

① 故宫博物院明清档案部编：《清末筹备立宪档案史料》上册，中华书局1979年版，第59页。
② 韩策、崔学森整理：《汪荣宝日记》，中华书局2013年版，第285页。
③ 参见本章第一节。
④ 宪政编查馆中有些较为保守的官僚如劳乃宣反对大量使用借自日语的词汇，因而独创了一些词汇，"皇室大典"一词即为其一。
⑤ 参见俞江《两种清末宪法草案稿本的发现及其初步研究》，《历史研究》1999年第6期。

进呈后被摄政王修改的情况（参见第三章第一节），但笔者认为，这些修改是具体条文的修改，章目名称修改的可能性不大。宪法条文起草之际，凡例和章目名称应该已经进呈，经摄政王审定。① 经过摄政王审定之后又对章目做如此修改，从情理上难以讲通。清廷即使修改《钦定宪草》，似乎也没有必要将章目做如此大幅度的调整。其实，比较《帝国宪典》和《明治宪法》的章目，二者倒是表现出了更多的相似性。前者应该受到后者较大的影响。（详见下文）它们之间的相似大于《帝国宪典》和《钦定宪草》章目的相似度（见表4-7）。

表4-7　　《钦定宪法草案》与《帝国宪典》章目比较

| 《钦定宪法草案》 | | | 《帝国宪典》 | | |
|---|---|---|---|---|---|
| 章 | 名称 | 条数 | 章 | 名称 | 条数 |
| 1 | 皇帝 | 1—19 | 2 | 皇帝大权 | 3—14 |
| 2 | 摄政 | 20—? | | | |
| 3 | 领土 | ?—25 | 1 | 帝国领地 | 1—2 |
| 4 | 臣民 | 26—42? | 3 | 臣民权利义务 | 15—34 |
| 5 | 帝国议会 | 43—? | 4 | 帝国议会 | 35—55 |
| | | | 5 | 立法权 | 56—58 |
| 6 | 政府 | ? | 6 | 大臣 | 59—61 |
| 7 | 法院 | ? | 7 | 司法权 | 62—65 |
| 8 | 法律 | ? | | | |
| 9 | 会计 | ? | 8 | 财政 | 66—77 |
| 10 | 附则 | 85—86 | 9 | 通例 | 78—81 |

资料来源：1. 韩策、崔学森整理：《汪荣宝日记》，中华书局2013年版。2. 第一历史档案馆资政院档案3号卷宗。

其次，清廷没有在《钦定宪草》基础上再行修改的动机和充裕时间。《帝国宪典》具有完整的法理说明。而《钦定宪草》的条文虽然在七月二十八日（9月20日）全部完成，但按语的起草工作尚未结束。八月二十六日（10月17日），即武昌起义爆发一周后，汪荣宝

---

① 韩策、崔学森整理：《汪荣宝日记》，中华书局2013年版，第281页。

仍然在起草宪法第4章的部分按语,"伏案竟日,成 5 条"①。也就是说,当时按语刚刚草拟完一半左右。而且,从日记中可知,按语起草比较耗时,汪花费一整天时间才起草完成 5 条。如再考虑与纂拟大臣合议讨论和进呈,至少还需要几个月时间。然而,九月初六日(10月27日),资政院议决"将宪法交院协赞",②并上奏清廷。两天之后,驻滦州第二十镇统制张绍曾联合第二十混成协协统蓝天蔚电请清廷立即实行立宪,并提出政纲十二条。九月初九日(10月30日)清廷发布上谕,决定将宪法交资政院审议:"著溥伦等敬遵钦定宪法大纲,迅将宪法条文拟齐,交资政院详慎审议,候朕钦定颁布。"③从该上谕"迅将宪法条文拟齐"的表述来看,当时宪法条文或其按语尚未拟齐。可是,就在两天之后的九月十二日(11月2日),资政院匆匆起草了《宪法十九信条》,清廷于次日公布。八月二十六日至九月十二日,虽然只有半个月左右时间,但时局剧变,《钦定宪草》因《重大信条十九条》的公布而成为废案。武昌起义已经爆发,政局日益紧迫,汪氏日记中多是对时局变化的关注,而八月二十六日之后再也没有起草按语的记载了。清廷也为时局所迫,疲于应付起义,难有充裕的时间和精力审定按语,更难以腾出时间在《钦定宪草》基础上再行修改,形成一部新的草案。

另外,迟氏认为:"武昌起义爆发后,汪荣宝几经犹豫后,决定追随袁世凯,不再参加宪法草案的工作,对后来修改的情况不甚了解。"④那么,武昌起义之后,汪荣宝是否不再参加宪法草案的起草工作了?从其日记看出,八月二十六日(10月17日),即武昌起义爆发一周后,汪荣宝仍然在起草宪法第4章的部分按语,完成 5 条。八月三十日(10月21日),汪还照常到纂拟宪法的办公地点焕章殿,会议第9次进呈稿本,预定九月初二日(10月23日)进呈。从这些

---

① 韩策、崔学森整理:《汪荣宝日记》,中华书局2013年版,第307页。
② 韩策、崔学森整理:《汪荣宝日记》,中华书局2013年版,第310页。
③ 故宫博物院明清档案部编:《清末筹备立宪档案史料》上册,中华书局1979年版,第97页。
④ 迟云飞:《清末预备立宪研究》,中国社会科学出版社2013年版,第303页。

记载可以看出，汪荣宝在武昌起义之后，仍然继续参加草案的起草工作，至少对八月二十六日之前的修改，应该比较了解。此日之后，日记中没有记载关于草宪的工作。至于汪荣宝决定追随袁世凯，九月二十四日（11月14日）日记中记载汪与袁世凯约见之事。笔者认为，汪决定追随袁世凯，应该不是在武昌起义之后，很有可能是袁世凯被任命为总理大臣之后。而这一期间，汪荣宝应该没有中断宪法草案按语的起草和进呈工作。

《帝国宪典》的呈递时间，笔者据前述呈文，确定在光绪三十四年（1908）冬季。迟氏认为《帝国宪典》中有关于摄政的规定，就此推断"至少可以证明此草案是宣统年间起草的，否则光绪皇帝在世时人们不会想到做这样的规定"①。笔者认为这一推断较为牵强。《钦定宪草》和北鬼三郎的《大清宪法案》均将摄政单列一章，凸显了清朝摄政的政治实态。《帝国宪典》中未将其单列一章，而是列于皇帝大权一章之内，这恰恰说明其起草时中国可能尚未出现摄政的情况。《帝国宪典》关于摄政部分的章节安排，应该受到了《明治宪法》和《普鲁士宪法》的影响。《明治宪法》第1章第17条规定了摄政的内容。②《明治宪法》制定颁行之际，日本没有出现摄政，但宪法中规定了摄政的内容，也未单独将其列为一章。《普鲁士宪法》里也有规定摄政的条文，当时普鲁士由国王统治，没有出现摄政的情况。所以不能从《帝国宪典》中有摄政的规定便直接推断出该宪草起草于宣统年间。

考虑到《帝国宪典》还包括前言和法理说明，篇幅较大，其起草时间应该较早。呈文的作者也声言"以三年心血，拟定我大清帝国宪法法典一通"。如果从进呈时期反推，应该从光绪三十二年（1906）开始起草。笔者认为，呈文者花费三年心血起草应该并非虚辞，毕竟是在"研究学问之余"起草的。笔者猜测《帝国宪典》起草完成时间也可能较早，有可能完成于《钦定宪法大纲》颁布两三年之前，

---

① 迟云飞：《清末预备立宪研究》，中国社会科学出版社2013年版，第303页。
② 《新译日本法规大全》（点校本）第一卷，南洋公学译书院初译，商务印书馆2007年版，第54页。

起草完成与进呈之间间隔时间较长。第一个旁证是，《帝国宪典》未使用《宪法大纲》中首创的"皇室大典"用语，而是借用了《明治宪法》中"皇室典范"一词，进呈时《宪法大纲》虽已颁布，但没有照其修改。

第二个旁证是，俄国宪法公布于1906年，查看《帝国宪典》法理说明，没有对俄国宪法、法律和制度的参考。这说明《帝国宪典》起草时俄国可能尚未公布宪法或公布之后呈文者没有及时得到其宪法文本。其实，《帝国宪典》"法理"中提及的欧亚立宪国家不在少数，有美国、法国、英国、德国、奥地利、荷兰、西班牙、葡萄牙、瑞典、意大利、挪威和日本等国。未提及俄罗斯，或许在起草者看来，俄罗斯仍为专制国家，尚未立宪，没有参考的必要。俄罗斯制定宪法是日俄战争之后的重大事件，中国各大报刊也纷纷予以报道，俄罗斯宪法条文也迅即被翻译成汉语。1909年出版的北鬼三郎的《大清宪法案》、汪荣宝和李家驹等起草的《钦定宪草》都参考了俄罗斯宪法。如果《帝国宪典》起草晚于俄国宪法颁布之后一两年，应该成为起草者的参考对象，在"法理"中应该有所提及。①

无论如何，即便以光绪三十四年呈文时间作为其起草完成的时间，《帝国宪典》也是已知由中国人起草最早最完整的宪法方案，它

---

① 另外，笔者考证《帝国宪典》文本，甚至认为其起草时间可能更早。《帝国宪典》第6章第59条规定"内阁大臣、军机大臣、八部大臣，均有协理国务大事之责任……"此处出现的"八部大臣"为确定起草时间提供了一定线索。如果知道清廷中央部院为八部的时期，或许可以推测《帝国宪典》的大致起草时间。光绪二十九年七月十六日（1903年9月7日），中央部院在原来的七部（外务、吏、户、礼、兵、刑、工）增设了商部，正好为八部。八部持续至光绪三十一年（1905），当年九月十日（10月8日），设置了巡警部；十一月十日（12月6日）设置了学部。由八部增至十部。（参见钱实甫编《清代职官年表》第一册，中华书局1980年版，第333、334页。）1906年清廷进行了官制改革，各部最终确定为外务部、民政部、度支部、陆军部、海军部（暂归陆军部办理）、法部、学部、农工商部、邮传部、理藩部、吏部和礼部，共十一部，宣统年间又有所变动。自光绪二十六年（1900）至宣统三年（1911）期间，只有从1903年9月7日至1905年12月6日为八部存在的时期。据此推断，《帝国宪典》有可能起草于这一时期，可能是中国人起草的第一部完整的宪法草案。清末各部院变化是中国政治和社会变革的重大事件，《大清帝国宪法法典》的作者既然起草宪法草案，应该关心并熟悉清末官制，因而对部院用了确切的数字。但令人匪夷所思的是，《帝国宪典》进呈时清廷部院已经调整，按理说起草者应该修改"八部大臣"的提法，不该原封不动地进呈。

并非出自清政府，而是一部私拟草案。起草于1911年的《钦定宪草》应该是第一部官方宪法草案。从《帝国宪典》使用了"协赞""裁可""皇室典范"等《明治宪法》的用语和多处援引《明治宪法》法理可以看出，起草者对《明治宪法》比较熟悉，应该是曾经留日的学生，在日本学习过法政科知识。

### 三 《大清帝国宪法法典》的特色及评价

《帝国宪典》可能是目前发现的唯一一部完整的清末中国人起草的宪法草案，有必要对其内容进行深入研究。俞江将其与《宪法大纲》比较，做了初步研究，认为某些规定比《宪法大纲》完善和进步。[①] 迟云飞也对其有所探讨，得出如下结论："大体与《钦定宪法大纲》同，但更具体，也更强调'法理'。有些规定较《钦定宪法大纲》有进步。"[②] 这两位学者将重点放在与《宪法大纲》的比较上。笔者认为，尝试通过与《明治宪法》和《普鲁士宪法》比较，可以进一步理解该草案的内容和特色。

（一）《明治宪法》与《普鲁士宪法》的合璧

制定宪法，首先要对该国的政体有所认识。《帝国宪典》在总论中援引亚里士多德政体分类学说，将中国政治界定为"君主政治"，主张中国应该由此步入"以多数人而谋国家共同之利益"的"立宪政治"阶段，其原因是"立宪政体胜于专制政体"。制定宪法是从"君主政治"向"立宪政治"过渡的标志。如何制定宪法呢？中国在没有历史现成经验的情况下，可以借鉴他国制宪经验："其形式宜法日本，其精神宜法欧洲。"何谓欧洲宪法的"精神"，即"出于永久确定一国政体，而运用国权于宪法之范围内，不能以国家机关单独意志违背之"。何谓"形式宜法日本"，即日本通过制定宪法变更了政体。

从总论中可知，中国制定宪法的原理和形式都有必要借鉴日本和欧洲。换言之，《帝国宪典》也是以《明治宪法》和欧洲宪法为重要

---

① 俞江：《两种清末宪法草案稿本的发现及其初步研究》，《历史研究》1999年第6期。
② 迟云飞：《清末预备立宪研究》，中国社会科学出版社2013年版，第303页。

参考对象而制定的。细查《帝国宪典》的法理说明，"日本"和"日本宪法"出现的频度最高；提及的欧美国家有英国、法国、比利时、荷兰、奥地利、比利时、西班牙、普鲁士和美国。其中提及次数最多的是普鲁士，其次是英国。由此可知，日本、普鲁士和英国宪法应该是《帝国宪典》的主要参考对象，其结构安排、章目名称、条文和法理解释表现得十分明显（见表4-8）。

表4-8　　　　　《大清帝国宪法法典》与《明治宪法》
《普鲁士宪法》章目比较

| \<大清帝国宪法法典\> | | \<明治宪法\> | | \<普鲁士宪法\> | |
|---|---|---|---|---|---|
| 章 | 名称（条数） | 章 | 名称（条数） | 章 | 名称（条数） |
| 1 | 帝国领地（2） | | | 1 | 国家领土（2） |
| 2 | 皇帝大权（12） | 1 | 天皇（17） | 3 | 国王（17） |
| 3 | 臣民权利义务（20） | 2 | 臣民之权利义务（15） | 2 | 普人之权利（40） |
| 4 | 帝国议会（20） | 3 | 帝国议会（22） | 5 | 国会（24） |
| 5 | 立法权（3） | | | | |
| 6 | 大臣（3） | 4 | 国务大臣及枢密顾问（2） | 4 | 国务大臣（2） |
| 7 | 司法权（4） | 5 | 司法（5） | 6 | 司法权（11） |
| | | | | 7 | 非裁判官之国家官吏（1） |
| 8 | 财政（11） | 6 | 会计（11） | 8 | 财政（7） |
| | | | | 9 | 乡市及省府县之联属（1） |
| 9 | 通例（4） | 7 | 补则（4） | 10 | 通则（6） |
| | | | | 11 | 补则（8） |
| | 总81条 | | 总76条 | | 总119条 |

资料来源：1. 第一历史档案馆资政院档案3号卷宗。2. 南洋公学译书院初译、商务印书馆编译所补译校订：《新译日本法规大全》（点校本），商务印书馆2007年版。3. 《预备立宪公报》1909年第2卷第15、17期。

《明治宪法》是《帝国宪典》最主要的参考对象。在法理说明中，4次出现"我中国国体同于日本，宜取法日本为当"的表述。具体而言,从结构布局来看,除去《帝国宪典》第 1 章和第 5 章,其他章目与《明治宪法》的章目顺序完全一致,甚至有些章目名称相同,如《帝国宪典》的第 3 章、第 4 章与《明治宪法》的第 2 章、第 3 章。二者的总条文数也比较接近,《帝国宪典》共 81 条,而《明治宪法》共 76 条。非但如此,《帝国宪典》的某些章目的条文数与《明治宪法》也非常接近,如前者的第 4 章、第 7 章、第 8 章、第 9 章与后者的第 3 章、第 5 章、第 6 章、第 7 章。条文的顺序也多与《明治宪法》相似,如《帝国宪典》第 4 章是关于帝国议会的规定,其中第 36—41 条的顺序与《明治宪法》第 34—39 条;第 70—73 条与《明治宪法》的第 64—67 条;第 74—77 条与《明治宪法》第 69—72 条;第 79—81 条与《明治宪法》第 73—75 条一致;等等。

  从条文内容和文字表述来看,更能看出《明治宪法》的影响。试举一例:《帝国宪典》第 77 条为"国家岁入岁出之决算,会计检查院检查确定,呈之政府,政府并其检查报告提出帝国议会。会计检查院之组织以法律定之"。与其相应的《明治宪法》第 72 条条文为"国家岁入岁出之决算,会计检查院检查确定之,政府当将决算与检查报告,一同提出于帝国议会。会计检查院之组织及职权,以法律定之。"[①] 仔细分析,除了没有《明治宪法》条文中"职权"一词外,其他表述几乎一致。即使说该条文完全抄自《明治宪法》也不过分。笔者统计,这种照搬照抄的条文大致占总条文的 1/4 以上。此处需要注意的是,虽然有些法理说明中没有提及对《明治宪法》的借鉴,但比照《明治宪法》相关条目,从语言表达上十分相似。如第 12 条、第 45 条等;第 9 章通则中没有法理说明,实际上第 79—81 条参考了《明治宪法》第 73—75 条。

  《普鲁士宪法》也是《帝国宪典》的重要参考对象。《帝国宪典》某些条文的规定是《明治宪法》中所没有的,而在《普鲁士宪法》中却有所规定。这表现为两个方面,一是对《帝国宪典》的启发;二是

---

① 《帝国宪法》,载《新译日本法规大全》(点校本)第一卷,南洋公学译书院初译,商务印书馆 2007 年版,第 59 页。

条文内容的参考。如《帝国宪典》第 1 章虽为《明治宪法》所无，但与《普鲁士宪法》的规定类似，后者在第 1 章中规定了领土内容。前者应该受到了后者的启发。第 24 条也是如此。该条规定："大清帝国臣民均遵孔教为国教，其如何阐扬宣布，则以法律定之。"《普鲁士宪法》第 14 条规定"以基督教礼为国家礼制之本……"。《帝国宪典》第 27 条是关于义务教育的固定，应该受到《普鲁士宪法》第 21 条的启发。另如第 16 条、第 67 条和第 78 条，这些条文中的内容也多借鉴了《普鲁士宪法》。另一种情况是《帝国宪典》同时借鉴了《明治宪法》和《普鲁士宪法》的内容，但有些条文显然受到后者的影响更大。如第 10 条、第 11 条、第 15 条、第 17 条、第 18 条、第 23 条、第 25 条、第 52 条、第 53 条、第 60 条、第 61 条、第 64 条。试以《帝国宪典》第 10 条为例。该条规定"皇帝有宣战、讲和、与外国政府缔结条约之权。若所约系关消费国财与变改疆土，或因之起国民之负担者，必须得两院同意承认，乃为有效"。《明治宪法》第 13 条的规定却非常简单："天皇主宣战、议和及结各种条约。"相反，《普鲁士宪法》第 48 条的规定却比较复杂："国王有宣战媾和、及与外国政府缔结条约之权。惟所结条约，若为商务条约，或因条约而生国家之担负，即国民之义务者，必得两院之同意，始有效力。"不难看出，《帝国宪典》该条更多借鉴了《普鲁士宪法》条文的规定（见表 4-9）。

表 4-9　　　《大清帝国宪法法典》对各国宪法、法典参照

| 条目 | 内容概要 | 参考宪法（国家） |
|---|---|---|
| 1 | 帝国领地列举 | 《普鲁士宪法》第 1 条 |
| 2 | 首都和地方分治的规定 | |
| 3 | 皇帝统治大权 | 《明治宪法》第 1 条 |
| 4 | 皇帝圣神不可干犯 | 《明治宪法》第 3 条<br>《普鲁士宪法》第 43 条 |
| 5 | 皇位继承 | 《明治宪法》第 2 条<br>《普鲁士宪法》第 53 条 |
| 6 | 皇帝立法大权 | 《明治宪法》第 5 条、第 6 条 |

续表

| 条目 | 内容概要 | 参考宪法（国家） |
| --- | --- | --- |
| 7 | 皇帝行政大权、紧急命令 | 《明治宪法》第10条、第9条<br>《普鲁士宪法》第45条 |
| 8 | 皇帝与议会召集、停会、解散 | 《明治宪法》第7条<br>《普鲁士宪法》第51条 |
| 9 | 皇帝与海陆军关系 | 《明治宪法》第12条<br>《普鲁士宪法》第46条 |
| 10 | 皇帝宣战、讲和、缔约之权 | 《普鲁士宪法》第48条<br>《明治宪法》第13条 |
| 11 | 皇帝恩赦大权 | 《普鲁士宪法》第49条<br>《明治宪法》第16条 |
| 12 | 皇帝授爵位、勋章及封典之权 | 《明治宪法》第15条<br>《普鲁士宪法》第50条 |
| 13、14 | 摄政 | 《明治宪法》第17条<br>《普鲁士宪法》第56条 |
| 15 | 臣民资格 | 《普鲁士宪法》第3条<br>《明治宪法》第18条 |
| 16 | 臣民法律平等 | 《普鲁士宪法》第4条 |
| 17 | 臣民人身自由 | 《普鲁士宪法》第5条<br>《明治宪法》第23条 |
| 18 | 臣民服兵役义务 | 《普鲁士宪法》第34条<br>《明治宪法》第20条 |
| 19 | 臣民纳税义务 | 《明治宪法》第21条 |
| 20 | 臣民非依法律不受逮捕、监禁、审问、处罚 | 《明治宪法》第23条<br>《普鲁士宪法》第5条、第8条 |
| 21 | 官吏与臣民法律自由关系 | |
| 22 | 臣民所有权与财产自主权 | 《明治宪法》第27条<br>《普鲁士宪法》第9条 |
| 23 | 臣民住所不受侵犯 | 《普鲁士宪法》第6条<br>《明治宪法》第25条 |

续表

| 条目 | 内容概要 | 参考宪法（国家） |
| --- | --- | --- |
| 24 | 遵孔教为国教 | 《普鲁士宪法》第 14 条 |
| 25 | 宗教信仰自由 | 《普鲁士宪法》第 12 条<br>《明治宪法》第 28 条 |
| 26 | 言论、著作、印行、集会、结社 | 《明治宪法》第 29 条<br>《普鲁士宪法》第 27 条 |
| 27 | 儿童教育 | 《普鲁士宪法》第 21 条 |
| 28 | 臣民敬老、慈幼、礼重妇女人格 | |
| 29 | 臣民遵守度量衡法 | |
| 30 | 禁止缠足 | |
| 31 | 禁止鬻爵 | |
| 32 | 禁止人身买卖 | 日本、美国 |
| 33 | 禁食鸦片 | |
| 34 | 限制使用奴隶 | |
| 35 | 议会采两院制 | 欧洲中央各国、日本 |
| 36 | 贵族院议员构成 | 《普鲁士宪法》第 65 条<br>《英国宪法》<br>《明治宪法》第 34 条 |
| 37 | 众议院议员选举 | 《明治宪法》第 35 条 |
| 38 | 任何人不得兼任两院议员 | 《明治宪法》第 36 条<br>《普鲁士宪法》第 78 条 |
| 39 | 议会参与立法权 | 《明治宪法》第 37 条<br>中央欧洲各国 |
| 40 | 政府与议会有提出法案权，并须两院议决 | 《明治宪法》第 38 条<br>《普鲁士宪法》第 64 条<br>英国、法国 |
| 41 | 一院否决的法案，同会期中不得再提出 | 《明治宪法》第 39 条<br>《普鲁士宪法》第 64 条 |
| 42 | 议会建议于政府，未被采纳者，于同会期不得再提出 | 《明治宪法》第 40 条 |
| 43 | 议会有监督行政、上奏皇帝之权 | 《普鲁士宪法》第 81 条<br>《明治宪法》第 49 条 |

续表

| 条目 | 内容概要 | 参考宪法（国家） |
| --- | --- | --- |
| 44 | 议员为全国人民代表，独自判断法案，不受其他约束 | |
| 45 | 两院得受人民请求书 | 《明治宪法》第50条 |
| 46 | 召集议会及会期 | 《明治宪法》第41条、第42条<br>《普鲁士宪法》第76条 |
| 47 | 临时议会 | 《明治宪法》第43条 |
| 48 | 议会闭会、会期延长，两院同步 | 《明治宪法》第44条<br>英国、普鲁士 |
| 49 | 解散议会 | 《明治宪法》第45条<br>《普鲁士宪法》第75条 |
| 50 | 议会议事法定人数 | 《明治宪法》第46条 |
| 51 | 两院之议事以过半数为决定，若同数时则以议长决之 | 《明治宪法》第47条<br>《普鲁士宪法》第80条 |
| 52 | 议会公开 | 《普鲁士宪法》第79条<br>《明治宪法》第48条 |
| 53 | 议员在开会期，不经议院同意，不受逮捕 | 《普鲁士宪法》第84条<br>《明治宪法》第53条 |
| 54 | 两院开会、闭会皆皇帝亲临或特派大臣行之 | 法国、普鲁士、英国、日本 |
| 55 | 政府大臣有出席议会及发言权 | 《普鲁士宪法》第60条<br>《明治宪法》第54条 |
| 56 | 立法权范围及法律生效期 | 日本、法国、英国 |
| 57 | 不许政府限制人民权利 | |
| 58 | 大清帝国臣民所受帝国法律 | |
| 59 | 大臣协理国务责任及副署 | 《明治宪法》第50条 |
| 60 | 大臣列席两院及发言权，表决权 | 《普鲁士宪法》第60条<br>《明治宪法》第54条 |
| 61 | 众议院弹劾大臣 | 《普鲁士宪法》第61条<br>英国、美国、普鲁士、法国、奥地利、西班牙、比利时 |
| 62 | 司法官代行皇帝司法大权 | 《明治宪法》第57条 |

续表

| 条目 | 内容概要 | 参考宪法（国家） |
|---|---|---|
| 63 | 法官应具法定资格 | 《明治宪法》第58条 |
| 64 | 公开审判 | 《普鲁士宪法》第93条<br>《明治宪法》第59条 |
| 65 | 设立行政惩戒裁判所 | 《明治宪法》第61条 |
| 66 | 国家岁入岁出年度预算 | 《明治宪法》第64条<br>英国、法国、普鲁士 |
| 67 | 预算表未列岁入岁出不得课税 | 《普鲁士宪法》第100条 |
| 68 | 课新税及变税率以法律定之 | 《明治宪法》第62条 |
| 69 | 不得非法募国债 | 《明治宪法》第62条<br>《普鲁士宪法》第103条 |
| 70 | 超出预算支出，日后须求帝国议会之承诺 | 《明治宪法》第64条<br>《普鲁士宪法》第104条 |
| 71 | 预算须先提出于众议院 | 《明治宪法》第65条 |
| 72 | 皇室经费 | 《明治宪法》第66条 |
| 73 | 不经政府同意，议会不得废除或修改既定岁出 | 《明治宪法》第67条 |
| 74 | 预备费 | 《明治宪法》第69条<br>（未见《普鲁士宪法》有此规定） |
| 75 | 紧急支出，日后求帝国议会承诺 | 《明治宪法》第70条 |
| 76 | 预算不成立时依上年预算执行 | 《明治宪法》第71条 |
| 77 | 会计检察院检察决算，由政府提出帝国议会 | 《明治宪法》第72条 |
| 78 | 臣民守法。法律与敕令审查、监督、实行属于议院 | 《普鲁士宪法》第106条 |
| 79 | 宪法更改 | 《明治宪法》第73条 |
| 80 | 皇室典范改正 | 《明治宪法》第74条 |
| 81 | 摄政不得变更宪法及皇室典范 | 《明治宪法》第75条 |

资料来源：同表4-8。

由上述比较可知，《帝国宪典》从结构、形式、内容等方面受到

《明治宪法》和《普鲁士宪法》的影响，而来自《明治宪法》的影响更大。然而，从制宪理念上而言，似乎《帝国宪典》受到《普鲁士宪法》的影响更大。众所周知，《明治宪法》和《普鲁士宪法》偏重君主和政府的地位，而弱化立法和司法的独立地位。但二者有所不同，《明治宪法》更为强调君权的独立性。《帝国宪典》总体上而言，与《明治宪法》的基本精神相似，但相较《明治宪法》而言，增加了对皇帝权力的限制，而与《普鲁士宪法》接近。如前文提到的第10条，《帝国宪典》加严了对皇帝的宣战、讲和、与外国政府缔结条约权力的限制。另外，关于臣民权利的规定，对《明治宪法》也有所超越，如关于法律平等的规定和义务教育方面的规定，都与《普鲁士宪法》更为接近。总的来说，《帝国宪典》从结构、形式上受到了《明治宪法》更多的影响，其制宪理念超越了《明治宪法》，而与《普鲁士宪法》更为接近。但是，无论如何，《帝国宪典》没有超越《普鲁士宪法》的规定，仍然是强调君主实权的二元君主制宪法方案。这样的撰写方式，充分体现了纂拟者"其形式宜法日本，其精神宜法欧洲"的宗旨。

（二）"看得见中国"[①] 的宪法草案

尽管《帝国宪典》不乏对《明治宪法》和《普鲁士宪法》模仿的痕迹，但这不等于这部宪草缺乏中国特色。纂拟任何一部宪法草案，除了要具备深厚的宪法学功底，掌握全面的立法技术之外，关照一国的社会现实和文化传统，也是必须思考的要素。《帝国宪典》在立法技术上虽有缺陷，然而在关照传统文化和社会现实方面做出了努力，与后人所批评的中国法律"看不见中国"相比，体现出鲜明的中国特色。

第一，关于领土的规定。《帝国宪典》第1条以详尽列举的形式明确规定了中国的领土范围，体现了起草者对中国领土的现实关照。

---

① 1945年，阮毅成做题为"怎样建设中国本位的法律"的演讲时，批评中国法律是凑合各国法律而成，中国出现了"'看不见中国'的中国法律"。（阮毅成：《法语》，载王寿南、陈水逢主编《岫庐文库》卷四七，台北商务印书馆1980年版，第279—280页。）此处套用阮氏词语，意在表明《帝国宪典》的中国特色。

之所以作如此规定，起草者在"法理"中做出了解释："欧洲各国法学家以土地为国家第一要素，故国家必有一定之土地为存立之基础，乃成为国。国土为统治客体之一。在国家法性质上，凡对己国领土之人民，均完全行其国权，而禁外人行其权力。现今各国制度，凡在国土内者，不问为内国人，为外国人，皆服从其国权，外国权力不得干涉之。此国权之作用曰领土主权。中国自与万国交通，外国人在我领土内皆不服从我国权，而又多方要求借占，是我自弃领土主权而不顾也。今宪法第一章首揭帝国领地，意在复我领土主权，不得予人分寸。"作者认为领土主权是国权的一部分，自鸦片战争以来，中国领土内外国人不但不服从中国主权，还不断侵占中国领土。为了恢复领土主权，保全领土，作者在宪法草案的开篇便规定了帝国领地。这一规定充分显示了起草者的主权意识以及失去领土的危机感，是当时有识之士真实心态的写照。

第二，关于臣民权利义务的规定。第3章臣民权利义务条文达20条之多，将近总条文的1/4，足见起草者对这一部分的重视程度。同时，这一章也是最能体现中国特色之处。第24条为"大清帝国臣民均遵孔教为国教，其如何阐扬宣布，则以法律定之"。这一规定，在中国历史上第一次以宪法的形式确认自汉代以来"罢黜百家、独尊儒术"的儒家学说的重要地位。从用语上，使用了"孔教"一词，起草者试图将儒家学说改造成宗教，"嗣后应立遵教传教法规，宣布万国"，将其作为与西方国家基督教具有同等地位的"国教"。第28—33条完全不见于《明治宪法》和《普鲁士宪法》，是起草者针对中国国情的独特思考。第28条"属于社会伦理"，规定"大清帝国臣民互守相当之敬礼，于敬老、慈幼、礼重妇女人格，须有特别之规定"。该条目一方面以最高法律形式确认了以"孝慈"为准则的中国社会伦理，另一方面也注重提高妇女的地位，试图以"礼重妇女人格"的规定否定妇女在传统社会中地位低下的状况。第30条是禁止妇女缠足的规定："凡大清帝国臣民，永不得令妇女缠足，以防种族衰弱之渐。"该条将妇女缠足视为社会重大病症，将禁止缠足上升到保全种族的高度。另一针对社会病症的规定是第33条，该条规定："大清帝国臣民永断吸食鸦片，以妨害青年发达之毒物。"近代以来中国人饱受鸦片毒害，中国人更以"东亚病夫"为人讥讽，该条文措辞强硬，将吸食鸦片与青年身心健康连接在一起，体现了起草者对中国未来命运的关切。另如第32条禁止人身买卖、第34条限制使用奴隶的规定，旨在培养中国人独立自主的精神。

第三，对限制行政、司法权力的规定。第31条规定："大清帝国臣民永不得倡议鬻爵，以防滥司法行政之权。"毋庸置疑，这一条文也颇具针对性，是对清朝卖官鬻爵之风盛行的否定。第57条也不见于《明治宪法》和《普鲁士宪法》，规定"大清帝国臣民遵守法律，均受法律之保护，握有权利，不许政府所限制"。此条规定臣民受到法律保护，其权利不许政府限制。这两个条款看似画蛇添足，实则不然。欧美国家往往通过三权的严格分立来达到制衡，从而防止公共权力对个人权利的侵犯。当时，在中国人尚未完全理解三权分立精神的情况下，起草者以某些宪法条文对行政和司法权的滥用做出限制性规定，有一定的合理性。

本章将两部宪法案与《明治宪法》《宪法大纲》《钦定宪草》等做了比较。如果将这两部宪法案综合比较，可以看出它们之间的共同特征和鲜明的个性。每部方案都具有一定的代表性。《帝国宪典》可能由留学过日本的民间立宪人士所进呈，表达出《宪法大纲》公布前后部分中国人对德国、日本式宪法的期待；由日本学者撰写的《宪法案》出版于1909年，恰好在《宪法大纲》公布之后清廷制定《钦定宪草》之前，反映出日本学者对清廷制宪的认知。

两部宪法案最大的共同点是从结构、制宪理念和文本表达上均受到了《明治宪法》较大的影响，与《明治宪法》的基本精神比较一致。二者均强调皇帝在宪法中的核心地位，皇帝不但掌握实际的行政权力，而且通过委任的形式拥有立法权和司法权，还拥有直接统率军队的大权、干涉财政的权力。这样的宪法案是典型的二元君主制宪法案。

前文已经论述《宪法大纲》和《钦定宪草》同样受到《明治宪法》的深刻影响，与其制宪精神相似。本章所述两部宪法案与《宪法大纲》和《钦定宪草》表现出共通之处,它们都受到《明治宪法》的影响,是强调君主为核心的典型的二元君主制宪法案。由此,我们可以认为,清廷的二元君主制宪法理念在当时的中国社会有一定的支持者。

# 结　　论

本书各章论析了清廷制宪的过程、受到日本的影响及其与日本的互动。综合各章所述，得出如下结论：明治日本对清廷制宪的影响广泛而深刻；清廷制宪与明治制宪有同有异；清廷未能领悟明治制宪的真髓，对明治制宪的模仿流于表面化；清廷制宪受挫加速了清王朝覆灭。最后，尝试探讨清廷制宪的经验教训。

## 一　明治日本对清廷制宪的影响广泛而深刻

清廷制宪过程中，日本扮演了多重角色：亚洲制宪的先行者、清廷认识宪法的主要媒介和对象、培养清廷制宪人才的摇篮、清廷师法的榜样。正因如此，日本对清廷制宪造成了广泛而深刻的影响。就广泛性而言，清廷制宪的每一环节均直接、间接地受到日本影响；就深刻性而言，强调"君上大权"的日本制宪模式为清廷所效仿。

第一，明治制宪刺激了清廷制宪。19世纪中期以来，欧美国家有一种论调认为，宪法只能行于西方，东方所谓"半开化"或"不开化"的国家没有制宪、行宪的能力。1889年日本明治政府颁布《明治宪法》，在亚洲国家率先制宪、行宪，不但证明了亚洲国家具备这种能力，而且证明了源自西方的制宪理念可以为东方国家所效仿和接受。

1905年清廷迈出制宪的脚步时，《明治宪法》已颁行十余年。其间，日本取得中日甲午战争和日俄战争的胜利，国力渐强，成为与欧美列强并肩的强国，将侵略的矛头指向了中国和朝鲜。中国则在19

世纪末期陷入危机之中，国力虚弱，内外交困，两千年来中日之间国力对比发生了逆转。甲午战争的失败，促使中国人从制度层面探索积弱的原因，加速了对立宪的认识。日俄战争日胜俄败的结果，时人多以"立宪国战胜专制国"来分析战争胜败的原因，刺激清廷迈出了制宪的第一步。

第二，明治日本为清廷制宪提供了基础条件。首先，近代日本人发明创造的宪法用语为清廷制宪提供了语言上的方便，如宪法、权利、义务等。其次，日本在宪法知识传播过程中起到了重要作用。日本人翻译和撰写的宪法书籍大量译成汉语，促进了中国人对宪法知识的了解。最后，通过对留日学生的法政教育，日本无形中为清廷培养了宪法人才。留日学生在宪法知识传播过程中充当主力军，也是推动清廷制宪的骨干力量，甚至参与制宪。清廷起草、颁布的《宪法大纲》《钦定宪草》和《重大信条》，均有留日归国学生的参与。另外，在清末中国宪法教育之中，宪法教育机构的筹建、管理制度、师资配备、宪法教材等方面都与日本有直接或间接的关系。

第三，明治日本为清廷提供了制宪经验。制宪之前，清廷受日本启发，向国外派遣重臣专项考察宪政；立宪需有预备；立宪改革从官制改革着手；"使国会出于宪法，不使宪法出于国会"等。

仔细分析日本对清廷制宪的影响，可以发现有直接、主动的影响，也有间接、无意的影响。直接、主动的影响主要表现在清廷派遣的两次考察团赴日考察之际，日本政府高规格接待，由明治维新元勋、明治宪法的制定者或明治政府委派的法学家为考察大臣讲授宪法和宪政知识，向其灌输明治制宪经验，甚至直接向清廷提出制宪建议。如金子坚太郎让有贺长雄转告达寿，制宪应采取秘密的形式，参与者越少越有利于保密。清廷接受了这一建议，制宪时取"秘密主义"。明治政府主动影响清廷制宪，有其目的，即希望在清廷制宪过程中培养亲日势力，甚至建议清廷聘请日本制宪顾问以插手清廷的制宪活动。明治政府希望中国制定一部与《明治宪法》相类似的宪法，担心如果清廷制定出比《明治宪法》更能体现削弱君权的宪法，难免导致日本国内质疑《明治宪法》的合理性，从而引发政治动乱。

明治政府在中国制宪时表现出的主动性，应该含有避免中国的立宪制度优于日本而对其统治造成不利影响的动机。间接、无意识的影响表现在日本培养了中国宪法人才，这些人才归国后供职于清廷制宪机构，等等。

清廷在制宪过程中也主动接近日本，如两次出洋考察均将日本作为重点考察对象，编译的书籍以日本宪法、宪政类为主，选择与明治制宪相同的制宪理念等。清廷表现出的强烈师日取向，是因为其认可明治制宪理念和方式。中国两千年来的皇权专制使清廷认为维护君主的至上地位理所应当，明治制宪恰恰提供了一个清廷认为适合效仿的对象。

## 二 清廷制宪与明治制宪有同有异

明治日本对清廷制宪有着广泛而深刻的影响，清廷制宪过程中也"言必称日本"，效仿明治制宪。中日在制宪模式、宪法文本内容等方面表现出相似性。但不能因此得出清廷制宪与明治制宪高度相似的结论。总体而言，二者制宪过程有同有异。

相似之处主要表现在制宪模式上。在美法式、英式和德日式三种制宪模式中，清廷选择了日本模式，强调君权至高无上，一切大权均属于君主。君主不但直接掌握行政权力，使议会的职能削弱，还拥有直接统率军队等权力。从《宪法大纲》的文本内容可知，它是对《明治宪法》"高度借鉴"。

然而，制宪还包括制宪背景、环境、条件、时机、过程和效果等方面。清廷制宪和明治制宪在这些方面表现出较大差异：

第一，制宪的国际背景不同。清廷制宪之际，中国已陷入深重的民族危机之中，远有欧美列强对中国领土的觊觎，近有俄罗斯和日本对东北领土的侵略，中国主权遭到严重侵犯。清廷无力改变这一局面，幻想通过制宪来挽救危机，消除外患。相较而言，日本制定宪法之际则没有周边国家对其领土的威胁，基本摆脱了民族危机，相反还成为侵略朝鲜，吞并琉球，觊觎中国领土的国家。

第二，制宪的国内环境不同。主要表现为有无民族矛盾和有无革命派对中央政权威胁两方面。清廷制宪过程中一直纠缠着满汉关系问题。"平满汉畛域"并非易事，不但涉及满族人生计的现实问题，还关涉人民政治地位平等和由谁掌握政治主导权等实际政治问题。满族人数与汉族人数相比，处于劣势，如实行宪政，依一人一票的选举规则，满族定然处于不利地位，而且如以少数服从多数作为决策标准，满清贵族有丧失统治权的可能性。因而，如何设计对满洲贵族有利的宪法，是清廷必须思考的问题。另外，在制宪过程中，满洲贵族将制宪权牢牢掌握在自己手中，如宣统二年任命的宪法纂拟大臣溥伦和载泽均为皇族，这势必引起汉人的不满。满汉矛盾在制宪过程中不但未得到缓解，相反还被激化。日本则是比较单一的民族，尽管南有琉球、北有虾夷之类的少数民族，但其并非掌权者，明治政府制定宪法不必将民族问题纳入思考的范围。

国内制宪环境的另一不同之处是有无反体制的革命派对中央政权的威胁。清廷派遣大臣出洋考察政治的1905年，革命派在东京成立政党组织同盟会。革命势力势如破竹，难以压制，多次发动起义，否定清政府统治的合法性和制宪的能力，试图以暴力革命取而代之。革命势力与清廷水火难容。清廷则尝试通过制宪弭平内乱，而不是尝试通过制宪将不同政见者纳入宪政的轨道。日本在西南战争之后，国内的反政府势力基本上认识到已无法通过暴力形式取代现有政权，多转向合法的斗争形式，试图参与政权。虽然也存在着民权派和国权派的激烈斗争，但民权派基本上以认同现有体制为前提，其主要目的是争取扩大民权，从而参与政权，最终欲以合法形式取代现有政权。这与以暴力革命推翻现有政权的性质是不同的。

第三，中日政治体制和政治文化差异较大，导致中日制宪难易度和侧重点不同。清廷制宪过程中，无论是主张模仿日本的清廷还是建议中国模仿日本制宪的明治政府要人和法学家，多夸大中日相同之处，如所谓"同文同种"、共同的儒家文化传统等。这种"夸大"有其合理性的一面，有利于减少制宪阻力或劝说模仿日本制宪，但仅为清廷模仿日本制宪提供了语言上的便利条件和心理认同。真正关涉制宪走向的，是传统政治制度和政治文化，而在这两方面中日之间的差异较大。无论是清廷还是明治政府都淡化了这些差异。就传统政治制度而言，自秦汉以来，中国政治体制以至高无上的皇权为核心，中央高度集权，缺乏地方自治传统。而日本则自镰仓幕府之后，出现了类似于西方精神权威和政治权威相分离的二元政治结构，幕府将军是实际最高政治统治者，天皇则成为国民精神统合的象征，不拥有实际政治权力。而且，日本幕藩体制下地方大名并立，具有类似于西方的封建传统，有一定的自治基础。传统政治制度的差异，导致中国制宪需要更多的制度调整，加大了制宪的难度。而日本则表现出与欧洲政治体制的更多相似性，制度调整相对容易。

就传统政治文化而言，中国是世界文明的发源地之一，儒家文化自成一体，往往对周边国家的影响大于来自周边国家的影响，加之儒家文化重"守成"、乏"创新"，使得近代中国不易接受外来新鲜事物。而且，中国的儒家传统注重以血缘关系为纽带的"孝"，出现"家国同构"的政治文化。日本则不同，自古以来深受中华文明的影响，对外来文化持较为开放的态度，加之武士道精神具有开拓进取的一面，使得日本更易于接受外来事物。而且，日本的儒家传统更为注重上下等级关系的"忠"。中国在鸦片战争结束60多年后才迈出制宪的脚步，日本自1853年美国佩里舰队叩开日本国门30多年便已制宪、行宪。中日之间的这一差距，从政治文化中可以找到一定根据。

中日之间传统政治制度和政治文化的不同，也使二者制宪侧重点有所差异。清廷制宪的重心放在如何加强和巩固君主权力上，君权依然是制宪的核心，清廷尤其担心君权旁落于责任内阁。然而明治制宪则与之不同，明治制宪虽然规定天皇拥有各项大权，但实际上天皇掌握的权力很有限。而且，正是由于长期以来天皇不掌握实际政治权力的特性，明治政府成为制宪的主宰者，不存在天皇和政府权力之争的问题。明治制宪的重心表面上似为加强天皇的权力，而实际上是安排政府和议会之间的关系。清廷制宪旨在重拾君主权威，而明治制宪则有效地利用了天皇的权威，加强新生的明治政权的统治合法性。

第四，制宪条件和时机不同。就制宪条件而言，清王朝制宪时已处于腐朽没落的王朝末年，患上"王朝末年综合征"：清廷权威不足，国库空虚，贪污腐败盛行，社会动荡不安，地方政权坐大。在这样的环境下，清廷实际上已不具备成功制宪的条件，也缺乏变革体制的信心和决心，只是企图通过制宪来挽救统治危机。明治政权则是维新中诞生的新生政权，尽管作为新政权也面临诸多问题，但其充满生机和进取心，富有改革精神。日本朝野多认为制定宪法是通向立宪国家的必由之路，因而，其具备较为良好的制宪条件。

就制宪时机而言，清廷制宪时已错过良机。甲午战争之后，清廷虽然面临严重外患，但尚未出现严重统治危机。戊戌维新时期康有为等人提出在宫中开制度局制定宪法的建议，最终因戊戌政变而流产。清廷实际上丧失了一次制宪良机。1900年的义和团运动以及次年签订的《辛丑条约》，已使清廷内外交困。如地方督抚曾在八国联军侵华时公然联手"东南互保"，公开对抗中央政权。清廷实行"新政"着手制宪时，实际上已经错过了最佳时机。明治维新政权建立后，便尝试制定宪法，如明治三年（1870）曾由左院起草宪法草案，但国内动荡不安，明治十年（1877）的西南战争，致使明治政府无暇他顾，但并未放弃制宪的准备。进入19世纪80年代之后，政局相对平稳，再次开启制宪活动，最终在时机成熟时一举制定了《明治宪法》。

第五，制宪结果和效果大相径庭。清廷制宪是一个不完整的过程，仅起草或颁布了三个宪法性文件，未颁布施行正式宪法。而明治制宪是一个完整的过程，明治政府在明治十四年（1881）宣布于1890年开设国会，制定了一部完整的《明治宪法》，并颁布施行。就效果而言，清廷始终否定和排斥立宪者对制宪的参与，直到迫不得已时才做出让步，导致立宪派渐渐对清廷产生离异，将其推向反政府的一面。明治政府则在制宪过程中，较为有效地调和了不同政治派别的矛盾，未造成重大社会混乱，最终成功制定、颁行了宪法，踏上宪政之路。

第六，因制宪主导者的见识、能力不同，导致整体规划和制度整合不同。清廷虽派出重臣出洋考察政治和宪法，但制宪时他们无法完全主导制宪活动，他们也不是决策者。掌控最高权力的慈禧太后及其后继者载沣缺乏对现代国家政治运行的整体认识，视野局限在巩固君权和私人权力之上，缺乏整体规划和掌控能力，无法有效控制政府内部的派别之争，导致出现"政治内耗"。在应对其他立宪派的要求时临时抱佛脚，导致制宪环节出现前后矛盾的状况。制宪前的制度改革也未取得良好的效果。例如1906年的官制改革最终仍保留了军机处，未能建立责任内阁，也未能确立三权分立的制度基础。1911年的内阁改革也未能建立责权分明的内阁制度，反而组织了有悖立宪精神的"皇族内阁"。如果没有现代政治制度作基础，即使制定颁布宪法，也难以施行。

相反，明治制宪的主导者伊藤博文具有欧洲留学经验，视野开阔，赴欧专项考察宪法归国后，首先通过明治十四年（1881）的"政变"，将主张英式立宪的大隈重信等人排除在政府体制之外，从而平息了政府内部关于制宪模式的争论，减少了派别之争，为制宪营造了良好的内部秩序。伊藤博文对实行何种宪政和怎样实行宪政成竹在胸，统筹规划，保证了制宪顺利地按其既定方针操作下去。伊藤主导了政府一系列制度改革，如于1885年废除太政官制度，建立责任内阁制度。伊藤出任第一届首相，主持宪法起草工作。1886年又设立枢密院，转任枢密院院长，宪法起草后主持宪法审定。明治宪法和宪政体制是以其为核心缔造出来的。

## 三　清廷对明治制宪的效仿流于表面化

清廷制宪过程中，多方面表现出对日本的效仿。但仔细分析，多处效仿未能参透明治制宪的真髓，流于表面化。

第一，考察团派遣的效仿流于表面化。清廷制宪之前两次派遣重臣出洋考察，第一次是五大臣出洋考察政治，第二次是达寿（李家驹）、汪大燮和于式枚赴日本、英国和德国定向考察宪法、宪政。第二次考察显系对日本伊藤博文赴欧调查宪法的效仿。细加分析，二者区别很大。从派遣人员上来看，清廷同时派出三人（如加上李家驹接任达寿，则为四人）赴三国考察，所派人员均为各部侍郎级别，虽为政府高官，但并非军机大臣或皇族，不是清廷决策层面的人物。清廷制宪时，四人之中只有李家驹被任命为协纂宪法大臣，在其之上还有纂拟宪法大臣溥伦和载泽，二人均为皇族，李家驹依照自己的意志制定宪法的余地不大。而其他三人则被排除在制宪之外，未发挥出考察的应有效用。派遣大臣和制宪之间明显脱节。

相反，日本则只派出伊藤博文一组人员考察欧洲宪法，以德国、奥地利和英国为主。伊藤出国时已担任参议一职，是明治政府的决策层人物，归国后主导制宪活动，按其设想和意志制定了《明治宪法》。清廷只是效仿日本派遣定向考察宪政大臣，未考虑到其是否能够主导制宪的问题，最终未能最大限度发挥出考察成果。

第二，秘密制宪的效仿流于表面化。清廷起草《钦定宪草》时，采取了秘密形式：严格保密，参与人尽可能减少，起草条文时选择僻静的风景区。这种形式是模仿日本的结果。然而，谕旨明令以1908年公布的《宪法大纲》为基准制定宪法。宪法未定，时人据《宪法大纲》，已大致猜测出宪法的宗旨和主要内容，"秘密"已半公开化了。反观明治制宪，完全处于保密状态。宪法发布之前，除起草者和审定者之外，官员和舆论对起草宪法之事和宪法草案内容一无所知。明治制宪有效地避免了外界的干扰，保证了按照政府的意志顺利完成制宪活动。

从今人的角度来讲，公开制宪已是民主政治的常态，是保证宪法顺利推行的重要前提。但是，对于民主政治远不发达的晚清社会，对于缺乏制宪经验的清廷而言，秘密制宪不失为一种可取的形式，它可以免受外界干扰，保证清廷按照自己的意志，顺利完成制宪。清廷未做到这一点，对秘密制宪的效仿有名无实，在制宪过程中屡次招致立宪派的批评。

第三，中央准议会组织设置的效仿流于表面化。清廷在1907年筹建资政院，1910年这一近代中国首个中央准议会组织正式运行。清廷制定《钦定宪草》之际，资政院已召开第一次常年会。资政院议员一直试图突破准国会组织的框架，或以完全议会之议员而自居。

资政院成为与清廷对抗的机构，不断争取制宪权，最终夺取了清廷的制宪权。日本虽然在1870年设置左院，作为议政机构，具有准议会的性质，但在1885年将其废除。1886年伊藤博文主导制定宪法时，日本确有地方议会，但没有试图与政府分享制宪权的中央的准议会组织。向清廷提出建议设立资政院的人多提及日本的左院，却未注意明治政府制定宪法时已将其废止。准议会机构在制定时的有无对制宪结果产生较大影响。清廷制宪权最终被资政院取代，而明治政府则始终牢牢掌握着制宪权，最终制定出完整的宪法，并且颁布施行。

毫无疑问，议会或准议会组织掌握制宪权、制定宪法是民主政治的重要表现形式。然而，对于推行自上而下改革的清廷而言，掌握制宪权似乎天经地义。可是，既然掌握制宪权，就应该慎重考虑是否成立可能与其争夺制宪权的准议会组织。清廷的做法，显然自相矛盾。其对日本制宪前成立准议会组织的效仿，未能深究是地方议会还是中央议会，从而树立了自己的掘墓人。

## 四 清廷制宪受挫加速了清王朝覆灭

清廷派重臣考察各国宪法，又将日本作为主要师法对象，可谓积累了一定的制宪经验，做到了有据可依。然而，这些经验均是外在的、间接的。它们多大程度上转化为清廷的实际行动，既有赖于清廷决策层对立宪本质的理解程度，也要仰仗其政治智慧，又需要国内外环境的保障。实际上，清廷在制宪过程中并不具备这些条件、能力和环境，因此迈出的每一步均跟跟跄跄，原本打算通过制宪挽救统治危机，却因制宪的过多失误断送了一根救命稻草。上文提到与明治制宪的不同之处和对其效仿的不深入之处，多为清廷制宪的失误之处。

第一，清廷制宪失误频频。清廷制宪过程中没有像伊藤博文一样既有丰富政治经验又有开阔政治视野的核心领导人物，因而，未能抓住良好的制宪时机，而是在不具备制宪环境的情况下强行为之；也未能运筹帷幄，通盘思考制宪的每一环节，做到前后一致，人尽其力，物尽其用。例如，官制改革是制宪前制度调整过程中最具难度者，因为官制改革势必触动多方面的利益。清廷一味地参照日本制宪前的经验，从官制改革着手立宪，致使出师不利。笔者认为，这是清廷制宪环节中的一大失误。为制宪改革进行的丙午官制改革虽然受挫，但清廷并未继续这一改革方向，而是在民间立宪团体的压力之下，草草出台《宪法大纲》，将《宪法大纲》文本建立在既有的政治架构之上，将错就错。这使得《宪法大纲》对君权的规定不具备任何前瞻性。后来制定的《钦定宪草》又以《宪法大纲》为依据，一错再错，使得宪法文本完全成为维护现行统治的工具，遭到立宪派和革命派的诟病。

第二，清廷缺乏立宪精神。清廷通过两次对外国政治和宪法的考察，基本确立了仿效日本制宪的总方针。然而，明治立宪多被称为"表面立宪"，即明治宪法缺乏立宪精神。清廷在当时流行的三种制宪模式中选择了最不具立宪精神的模式。而且，在制宪过程中，清廷试图通过一纸宪法加强已经弱化的皇权，以"立宪之名行专制之实"。这种立宪模式与革命派的主张格格不入，也与立宪派的打算相去甚远。革命派原本质疑清廷立宪的意图，清廷选择的日式制宪模式，坚定了革命派反清的信念。立宪派虽然在清廷宣布预备立宪后欢欣鼓舞，积极参与筹备立宪，但清廷出台的重大立宪举措多违背立宪精神，招致了立宪派的反感。

第三，清廷缺乏妥协精神。宪法制定过程既是各种政治势力互相角逐的过程，也是互相妥协的过程。从某种意义上来说，立宪政治是一种妥协政治，通过妥协，将不同的政治势力纳入宪法体制之中。然而，清廷以"宪法钦定"之名，极力把持制宪权，防止任何个人和团体参与其中。直到武昌起义之后，才迫不得已将制宪权让渡给资政院。清廷未能通过妥协来缓解来自立宪派的政治压力，却使之越积越大，最终导致立宪派与清廷产生离异，走向清廷的对立面，成为推翻清政府的势力之一。

总之，清廷制宪流于形式，未得立宪真髓。制宪缺乏主导人物，缺乏统筹规划，缺乏连续性，导致制宪严重受挫。制宪过程既未能收拢官员之心，又未能满足民间立宪派的要求，最终导致立宪派从思想到行动上与清廷出现对立，加速了清王朝的覆灭。

## 五　清廷制宪的经验和教训

第一，清廷开中国制宪先河，进行了中国最早的制宪活动，为后世制宪积累了一定经验。民国之后的历届政府或政权为彰显其政权的合法性，纷纷制定宪法。孙中山曾发起护法斗争，维护临时约法。个人和团体也纷纷拟订宪法草案。天坛宪草制定前后，中国掀起私拟宪法的高潮，康有为、梁启超、张知本、汪荣宝等人纷纷以个人或团体名义拟订宪法草案。从民国初年至新中国成立，各种宪法草案达30余种，内容纷呈，蔚为大观。

第二，清廷制宪过程中，进行了一系列旨在保障宪法运行的改革，多数未达到应有目的，未建立起与宪法实施相匹配的制度，宪法即使实施也难免成为一纸空文。换言之，清廷制宪和行宪是脱节的。民国之后，也出现了宪法制定在先，制度改革滞后的局面。宪法虽贵为国家根本大法，因缺乏制度性保障，多沦为统治者实施统治的工具，宪法应有的权威未能树立起来，造成了"有宪法无宪政"的局面。

第三，从宪法内容上来看，清廷制宪以维护最高统治者的权力为核心，君主掌控立法、行政、司法和其他大权。三权未分立制衡，只是统一于皇权的职能部门而已，只有分工，没有分立，更没有保护人民权利的措施，违背了宪政最核心的精神。这是清廷制宪受挫最大的历史教训。

# 参考文献

## 一 档案、史料汇编

**中文：**

北平故宫博物院编：《清光绪朝中日交涉史料》卷六十八，民国二十一年版。

端方：《端忠敏公奏稿》，民国七年，铅印本。

《法政速成科讲义录》第1—52号，法政大学发行（日本），明治三十八年（1905）至明治四十年（1907）版。

故宫博物院明清档案部编：《清末筹备立宪档案史料》，中华书局1979年版。

广东省立中山图书馆、中山大学图书馆编：《清代稿钞本》（第49、50册），广东人民出版社2007年版。

广东省立中山图书馆、中山大学图书馆编：《清代稿钞本三编》（第141、142册），广东人民出版社2010年版。

国家图书馆分馆编选：《（清末）实事采新汇选》，北京图书馆出版社2003年版。

国立故宫博物院、故宫文献编辑委员会编：《宫中档光绪朝奏折》，第十六辑—第二十六辑，东亚制本所1975年版。

何佳馨点校：《新译日本法规大全》（点校本）第一卷，商务印书馆2007年版。

怀效锋主编：《清末法制变革史料》，中国政法大学出版社2010年版。

金毓黻辑：《宣统政纪》，辽海书社1934年版。

康有为：《康有为全集》，姜义华、张荣华编校，中国人民大学出版社2007年版。

李启成点校：《资政院议场会议速记录——晚清预备国会论辩实录》，上海三联书店2011年版。

梁启超：《梁启超全集》，北京出版社1999年版。

刘晴波编：《杨度集》，湖南人民出版社2008年版。

骆宝善、刘路生主编：《袁世凯全集》第13—19卷，河南大学出版社2013年版。

《清末民初宪政史料辑刊》，北京图书馆出版社2006年版。

《清实录》（52—60册），中华书局1987年影印本。

《清宣统朝中日交涉史料》，文海出版社1971年版。

全国图书馆文献缩微复制中心编：《民部奏折汇存》，2004年版。

全国图书馆文献缩微复制中心编：《清代（未刊）上谕奏疏公牍电文汇编》，2005年版。

全国图书馆文献缩微复制中心编：《清末奏底汇订》（1—8），国家图书馆2004年版。

全国图书馆文献缩微复制中心编：《清宪政编查馆奏稿汇订》，2004年版。

上海商务印书馆编译所编纂：《大清新法令》（点校本），商务印书馆2011年版。

沈桐生辑：《光绪政要》，江苏广陵古籍刻印社1991年版。

史洪智编：《日本法学博士与近代中国资料辑要1898—1919》，上海人民出版社2014年版。

王栻主编：《严复集》（第2册、第5册），中华书局1986年版。

王韬：《弢园文录外编》，光绪二十三年版。

夏新华等整理：《近代中国宪政历程史料荟萃》，中国政法大学出版社2004年版。

杨琥编：《夏曾佑集》，上海古籍出版社2011年版。

《张謇全集》编委会编：《张謇全集》，上海辞书出版社2012年版。

张枬、王忍之编：《辛亥革命前十年时论选集》，生活·读书·新知三联书店1960年版。

章开沅、罗福惠、严洪昌主编：《辛亥革命史资料新编》（1—8卷），湖北人民出版社2006年版。

赵德鑫主编：《张之洞全集》，武汉出版社2008年版。

中国第一历史档案馆编：《光绪朝硃批奏折》（第32、33辑），中华书局1995年版。

中国第一历史档案馆编：《光绪宣统两朝上谕档》，广西师范大学出版社1996年版。

中国第一历史档案馆编：《清代档案史料丛编》（第11辑、第14辑），中华书局1984年版。

中国第一历史档案馆编：《清代军机处电报档汇编》（第21—36册），中国人民大学出版社2005年版。

中国第一历史档案馆编：《清代军机处随手登记档》（138—180册），国家图书馆出版社2013年版。

中国第一历史档案馆藏未刊档案：会议政务处档案全宗、宪政编查馆档案全宗、资政院档案全宗。

朱寿朋编：《光绪朝东华录》，中华书局1984年版。

**日文：**

法政大学史料委員会编：《法政大学清国留学生法政速成科特集》，《法政大学史料集》第11集，法政大学発行（内部発行）1989年版。

《法政大学速成科講義》第1号—第5号，法政大学，明治四十三年（1910）—明治四十四年（1911）版。

有賀長雄：《憲政講義》，国立国会図書館憲政資料室所蔵《明治初期政治史料集成　伊東巳代治関係文書》（日本マイクロ写真撮影），北泉社1995年，リール33、34、35。

## 二 报纸、杂志

《北华捷报》《大公报》《国风报》《民报》《清议报》《申报》《盛京时报》《顺天时报》《新民丛报》《政治官报》《直说》《中外日报》《庸报》。

《东方杂志》《北洋法政学报》《湖北学生界》《湖南游学译编》《江苏》《浙江潮》《政论》《言治》。

## 三 日记、笔记、回忆录、年谱

曹汝霖：《曹汝霖一生之回忆》，中国大百科全书出版社2009年版。

戴鸿慈：《出使九国日记》，钟叔河主编《走向世界丛书》第9卷，岳麓书社2008年版。

丁文江、赵丰田：《梁启超年谱长编》，上海人民出版社1983年版。

陆宗舆：《陆闰生先生五十自述记》，北京日报承印，民国十四年铅印版。

鹿传霖：《鹿传霖日记》，《文物春秋》1992年第2期、第3期，1993年1期、第3期，1994年第3期。

全国政协文史资料委员会编：《晚清宫廷生活见闻》，文史资料出版社1982年版。

荣庆：《荣庆日记》，谢兴尧整理，西北大学出版社1986年版。

孙宝瑄：《忘山庐日记》，上海古籍出版社2002年版。

汪荣宝：《汪荣宝日记》，韩策、崔学森点校，王晓秋审订，中华书局2013年版。

恽毓鼎：《澄斋日记》，史晓风整理，浙江古籍出版社2004年版。

载泽：《考察政治日记》，钟叔河主编《走向世界丛书》第9卷，岳麓书社2008年版。

张一麐：《古红梅阁笔记》，上海书店出版社1998年版。

## 四 著作

**中文：**

保廷梁：《大清宪法论》，（东京）秀光社宣统二年版。

鲍明钤：《中国民治论》，商务印书馆1925年版。

卞修全：《近代中国宪法文本的历史解读》，知识产权出版社2006年版。

卞修全：《立宪思潮与清末法制改革》，中国社会科学出版社2003年版。

蔡礼强：《晚清大变局中的杨度》，经济管理出版社2007年版。

柴松霞：《出洋考察与清末立宪》，法律出版社2011年版。

陈丹：《清末考察政治大臣出洋研究》，社会科学文献出版社2011年版。

陈秋云：《美国宪法对中国近代宪政的影响及其评价》，法律出版社2011年版。

陈茹玄：《中国宪法史》，上海世界书局1933年版。

程树德：《宪法历史及比较研究》，商务印书馆2012年版。

迟云飞：《清末预备立宪研究》，中国社会科学出版社2013年版。

董方奎：《梁启超与立宪政治——清末整体变革与国情之论争》，华中师范大学出版社1991年版。

董方奎：《清末政体变革与国情之论争》，华中师范大学出版社1991年版。

窦坤：《莫理循与清末民初的中国》，福建教育出版社2005年版。

杜家骥：《八旗与清朝政治论稿》，人民出版社2008年版。

杜亚泉等：《辛亥前十年中国政治通览》，中华书局2012年版。

端方等：《欧美政治要义》，光绪三十三年，北京大学图书馆藏。

房德邻：《清王朝的覆灭》，河南人民出版社1987年版。

冯江峰：《清末民初人权思想的肇始与嬗变（1840—1912）》，社会科学文献出版社2011年版。

冯玮：《大国通史：日本通史》，上海社会科学院出版社2008年版。

傅云龙：《游历日本图经》，王宝平主编，上海古籍出版社2003年版。

高放等：《清末立宪史》，华文出版社2012年版。

高旺：《晚清中国的政治转型：以清末宪政改革为中心》，中国社会科学出版社2003年版。

古伟瀛：《清廷的立宪运动（1905—1911）：处理变局的最后抉择》，台北知音出版社1989年版。

郭存孝辑：《清末民初职官名录》，中华书局2012年版。

郭汉民：《晚清社会思潮研究》，中国社会科学出版社2003年版。

郭世佑：《晚清政治革命新论》，中国人民大学出版社2010年版。

郭廷以编著：《近代中国史事日志》（下），中华书局1987年版。

韩大元：《亚洲立宪主义研究》（第二版），中国人民公安大学出版社2008年版。

韩大元主编：《比较宪法——宪法文本与宪法解释》，中国人民大学出版社2008年版。

何勤华：《20世纪日本法学》，商务印书馆2004年版。

何士青：《宪政基础研究》，华中科技大学出版社2009年版。

贺嘉：《清末制宪》，陕西人民出版社2011年版。

侯宜杰：《二十世纪中国政治改革风潮——清末立宪运动史》，中国人民大学出版社2009年版。

黄福庆：《清末留日学生》，《中央研究院近代史研究所专刊》（34），"中央研究院"近代史研究所1975年版。

黄遵宪：《日本国志》（上），天津人民出版社2005年版。

江照信：《中国法律"看不见中国"——居正司法时期（1932—1948）研究》，清华大学出版社2010年版。

荆知仁：《中国立宪史》，台湾联经出版事业公司1984年版。

李炳南：《辛亥革命起因之分析》，正中书局1987年版。

李剑农：《中国近百年政治史》，商务印书馆1947年版。

李剑农：《最近三十年中国政治史》，太平洋书店1930年版。

李景龢、曾彝进录：《官制篇》，沈云龙主编《近代中国史料丛刊》第六十五辑，文海出版社1971年版。

李细珠：《张之洞与清末新政研究》，上海书店出版社2003年版。

李晓东：《东亚的民本思想与近代化——以梁启超的国会观为中心》，"中央研究院"东北亚区域研究2001年版。

林庆彰：《近代中国知识分子在日本》，万卷楼图书公司2003年版。

刘禾：《跨语际实践：文学，民族文化与被译介的现代性（中国，1900—1937）》，宋伟杰等译，生活·读书·新知三联书店2008年版。

刘俊文、池田温主编：《中日文化交流史大系·法制卷》，浙江人民出版社1996年版。

刘守刚：《西方立宪主义的历史基础》，山东人民出版社2006年版。

刘伟：《晚清督抚政治——中央与地方关系研究》，湖北教育出版社2003年版。

刘小妹：《中国近代宪政理论的特质研究》，知识产权出版社2009年版。

刘岳兵主编：《明治儒学与近代日本》，上海古籍出版社2005年版。

罗荣渠：《现代化新论——世界与中国的现代化进程》，北京大学出版社1993年版。

罗志渊：《中国宪法史》，台湾商务印书馆1967年版。

马作武：《清末法制变革思潮》，兰州大学出版社1997年版。

裴艳：《留学生与中国法学》，南开大学出版社2009年版。

彭剑：《清季宪政编查馆研究》，北京大学出版社2011年版。

亓冰峰：《清末革命与君宪的论争》，《中央研究院近代史研究所专刊》（42），"中央研究院"近代史研究所1990年版。

钱实甫编：《清代职官年表》第一册，中华书局1980年版。

沙培德：《"利于君、利于民"：晚清官员对立宪之议论》，《中央研究院近代史研究所专刊》（42），"中央研究院"近代史研究所2003年版。

尚小明：《留日学生与清末新政》，江西教育出版社2003年版。

沈国威：《近代中日词汇交流研究：汉字新词的创制、容受与共享》，中华书局2010年版。

汪辉煌：《中国宪法史》，上海世界书局1931年版。

汪荣祖：《晚清变法思想论丛》，台湾联经出版社1983年版。

汪荣祖：《走向世界的挫折——郭嵩焘与道咸同光时代》，中华书局2006年版。

汪向荣：《中国的近代化与日本》，湖南人民出版社1987年版。

王德志：《宪法概念在中国的起源》，山东人民出版社2005年版。

王尔敏：《晚清政治思想史论》，广西师范大学出版社2005年版。

王尔敏：《中国近代思想史论》，社会科学文献出版社2003年版。

王健：《中国近代的法律教育》，中国政法大学出版社2001年版。

王开玺：《晚清政治新论》，商务印书馆2006年版。

王力：《汉语词汇史》，《王力文集》第11卷，山东教育出版社1990年版。

王人博：《宪政的中国之道》，山东人民出版社2003年版。

王人博：《宪政文化与近代中国》，法律出版社1997年版。

王人博：《中国近代的宪政思潮》（修订本），法律出版社出版2003年版。

王世杰、钱端升：《比较宪法》，商务印书馆2010年版。

王韬：《增订法国志略》，北京大学藏，光绪乙丑年石印本。

王晓秋、陈应年主编：《黄遵宪与近代中日文化交流》，辽宁师范大学出版社2007年版。

王晓秋：《东亚历史比较研究》，北京大学出版社2012年版。

王晓秋：《近代中国与世界——互动与比较》，紫禁城出版社2003年版。

王晓秋：《近代中日文化交流史》，中华书局1992年版。

王晓秋、尚小明主编：《戊戌维新与清末新政——晚清改革史研究》，北京大学出版社1998年版。

王永祥：《戊戌以来的中国政治制度》，南开大学出版社1991年版。

韦庆远、高放、刘文源：《清末宪政史》，中国人民大学出版社1993

年版。

吴春梅：《一次失控的近代化改革：关于清末新政的理性思考》，安徽大学出版社1998年版。

吴海鹰主编：《回族典藏全书·政史类》，甘肃文化出版社、宁夏人民出版社2008年版。

吴经熊、黄公觉：《中国制宪史》，商务印书馆1937年版。

夏新华等：《近代中国宪法与宪政研究》，中国法制出版社2007年版。

衔石生（汤寿潜）：《宪法古义》，日本东洋文库藏，点石斋合记印书局，光绪三十一年八月初版。

萧功秦：《危机中的变革——清末政治中的激进与保守》，上海三联书店1999年版。

谢俊美：《政治制度与近代中国》，上海人民出版社1995年版。

熊月之：《西学东渐与晚清社会》，上海人民出版社1994年版。

熊月之：《中国近代民主思想史》（修订版），上海社会科学院出版社2002年版。

熊月之主编：《晚清新学书目提要》，上海世纪出版股份有限公司2007年版。

徐建平：《清末直隶宪政改革研究》，中国社会科学出版社2008年版。

徐友春主编：《民国人物大辞典》，河北人民出版社1991年版。

严泉：《失败的遗产——中华首届国会制宪1913—1923》，广西师范大学出版社2007年版。

杨际开：《清末变法与日本——以宋恕政治思想为中心》，上海古籍出版社2010年版。

杨心宇等：《变动社会中的法与宪法》，上海三联书店2006年版。

杨幼炯：《近代中国立法史》，载《民国丛书》第一编，上海书店1935年版。

殷啸虎：《近代中国宪政史》，上海人民出版社1997年版。

俞江：《近代中国的法律与学术》，北京大学出版社2008年版。

张伯烈：《假定中国宪法草案》，（东京）并木活版所印刷，独丛别墅发行，宣统元年版。

张德美：《探索与抉择——晚清法律移植研究》，清华大学出版社2003年版。

张海林：《端方与清末新政》，南京大学出版社2007年版。

张晋藩、曾宪义：《中国宪法史略》，北京出版社1979年版。

张晋藩：《中国法律的传统与近代转型》（第三版），法律出版社2009年版。

张晋藩：《中国宪法史》，吉林人民出版社2011年版。

张镜影：《比较宪法》（上、下册），（台湾）黎明文化事业股份有限公司1983年版。

张朋园：《立宪派的阶级背景》，《中央研究院近代史研究所专刊》（22），"中央研究院"近代史研究所1993年版。

张朋园：《立宪派与辛亥革命》，吉林出版集团有限责任公司2007年版。

张玉法：《清季的立宪团体》，《中央研究院近代史研究所专刊》（28），"中央研究院"近代史研究所1975年版。

张注洪、王晓秋主编：《国外中国近现代史研究述评》，中国文史出版社1999年版。

赵军：《折断了的杠杆——清末新政与明治维新比较研究》，湖南人民出版社1992年版。

赵林凤：《汪荣宝评传》，南京大学出版社2012年版。

郑彭年：《日本西方文化摄取史》，杭州大学出版社1996年版。

中华文化复兴运动推行委员会编：《清季立宪与改制》，台湾商务印书馆1986年版。

钟叔河：《走向世界：近代中国知识分子考察西方的历史》，中华书局2000年版。

周异斌、罗志渊：《中国宪政发展史》，大东书局1947年版。

［德］迪特尔·格林：《现代宪法的诞生、运作和前景》，法律出版社2010年版。

［德］施丢克尔：《十九世纪的德国与中国》，乔松译，生活·读书·

新知三联书店1963年版。

［法］犹里：《法兰西志》，高桥二郎译述，冈千仞删定、出版，明治十年（1877）版。

［加］诺曼：《日本维新史》，姚曾廙译，商务印书馆1962年版。

［美］埃尔金等编：《新宪政论——为美好的社会设计政治制度》，周叶谦译，生活·读书·新知三联书店1997年版。

［美］布莱克等：《日本和俄国的现代化》，商务印书馆1984年版。

［美］费正清、赖肖尔主编：《中国：传统与变迁》，张沛等译，世界知识出版社2002年版。

［美］费正清、刘广京编：《剑桥中国晚清史（1800—1911）》，中国社会科学院历史研究所编译室译，中国社会科学出版社1993年版。

［美］亨廷顿：《变动社会中的政治秩序》，李盛平等译，华夏出版社1988年版。

［美］路康乐：《满与汉：清末民初的族群关系与政治权力（1861—1928）》，王琴、刘润堂译，中国人民大学出版社2010年版。

［美］罗兹曼：《中国的现代化》，江苏人民出版社1995年版。

［美］马克斯·法仑德：《美国宪法的制订》，董成美译，中国人民大学出版社1987年版。

［美］却伯、多尔夫：《解读宪法》，陈琳琳、储智勇译，上海三联书店2007年版。

［美］任达：《新政革命与日本——中国，1898—1912》，李仲贤译，江苏人民出版社1998年版。

［美］司徒琳主编：《世界时间与东亚时间中的明清变迁》，赵世玲译，生活·读书·新知三联书店2009年版。

［美］希诺考尔等：《日本文明史》（第二版），袁德良译，群言出版社2008年版。

［日］大隈重信：《日本开国五十年史》，上海社会科学院出版社2007年版。

［日］芦部信喜：《宪法》（第三版），林来梵等译，北京大学出版社2006年版。

［日］三石善吉：《传统中国的内发性发展》，余项科译，中央编译出版社1999年版。

［日］伊藤博文：《日本帝国宪法义解》，牛仲君译，中国法制出版社2011年版。

［日］依田憙家：《中日近代化比较研究》，孙志民、翟新编译，上海三联书店1988年版。

［意］马西尼：《现代汉语词汇的形成——十九世纪汉语外来词研究》，黄河清译，汉语大辞典出版社1997年版。

［英］戴雪：《英宪精义》，雷宾南译，中国法制出版社2009年版。

［英］李提摩太：《亲历晚清四十五年》，李宪堂、侯林莉译，天津人民出版社2005年版。

［英］梅兰特：《英格兰宪政史》，李红梅译，中国政法大学出版社2010年版。

［英］庄士敦：《儒学与近代中国》，潘崇、崔萌译，天津人民出版社2010年版。

**英文：**

Cameron, Meribeth E., *The Reform Movement in China, 1898 – 1912*, Stanford University Press, 1931.

Fincher, John H., *Chinese Democracy, The Self-Government Movement in Local, Provincial and National Politics, 1905 – 1914*, London, Croom Helm, 1981.

Kuhn Philip, *A Rebellion and It's Ennimies in Late Imperial China*, Havard University Press, 1970.

Meienberger Norbert, *The Emergence of Constitution Government in China (1905 – 1909): The Concepet Sanctioned by the Empress Dowager Tz'u-His*, Peter Lang Bern, Frankfurt am Main, 1980.

**日文：**

阿部洋：《中国の近代教育と明治日本》，福村出版株式会社1990

年版。

北鬼三郎：《大清憲法案》，経世書院昭和四十二年版。

北鬼三郎：《大清憲法案理由書》，北京大学图书馆古籍室藏，1908年版。

大藪龍介：《明治国家論》，社会評論社 2010 年版。

服部之総：《明治維新の革命及び反革命》，岩波書店 1933 年版。

李暁東：《近代中国の立憲構想——厳復・楊度・梁啓超と明治啓蒙思想》，法政大学出版局 2005 年版。

吕万和：《明治維新と中国》，六興出版 1988 年版。

清水伸：《明治憲法制定史》（上），原書房 1971 年版。

杉原泰雄：《憲法の歴史》，岩波書店 1996 年版。

田中彰編：《世界の中の明治維新》，吉川弘文館 2001 年版。

土肥羊次郎編：《大家論叢　清国立憲問題》，有斐閣書房明治四十一年版。

小林昭三：《明治憲法史論・序説——明治憲法への模索と決着》，成文堂 1979 年版。

熊達雲：《近代中国官民の日本視察》，成文堂 1998 年版。

伊藤博文：《帝国憲法皇室典範義解》国会学会蔵，昭和十年版。

羽仁五郎、伊豆公人：《明治維新における制度上の変革》，岩波書店 1932 年版。

曽田三郎：《立憲国家への始動——明治憲政と近代中国》，思文閣 2009 年版。

重野安繹：《大日本維新史》，善隣譯書館 1899 年版。

# 五　论文

**中文：**

卞修全：《清末国会请愿运动平息以后立宪思潮的继续高涨》，《天津社会科学》2001 年第 6 期。

卞修全：《资政院与清末制宪活动》，《南开学报》2000 年第 4 期。

陈丰祥：《日本对清廷钦定宪法之影响》，载中华文化复兴运动推行委员会主编《中国近代现代史论集》第 16 编，《清季立宪与改制》，台湾商务印书馆 1986 年版。

陈俊华：《从新政改革看清廷挽救其政权之努力与成效》，博士学位论文，台湾师范大学，2000 年。

陈志伟：《清季立宪运动之研究》，博士学位论文，香港珠海大学中国历史研究所，1996 年。

迟云飞：《清季主张立宪的官员对宪政的体认》，《清史研究》2000 年第 1 期。

崔志海：《国外清末新政研究专著简述》，《中国社会科学院近代史研究所青年学术论坛》（2002 年卷）。

董丛林：《"滦州兵谏"与"十九信条"出台》，《河北师范大学学报》（哲学社会科学版）2013 年第 1 期。

董以山：《载泽密折刍议》，《山东大学学报》（哲学社会科学版）2000 年第 6 期。

杜映臻：《他山之石：清末政治考察与宪政考察》，硕士学位论文，台湾师范大学，2009 年。

韩策：《宣统二年汪荣宝与亲贵大臣的立宪筹谋及运作》，《广东社会科学》2016 年第 5 期。

韩大元：《论日本明治宪法对〈钦定宪法大纲〉的影响》，《政法论坛》2009 年第 3 期。

侯宜杰：《评清末官制改革中赵炳麟与袁世凯的争论》，《天津社会科学》1993 年第 6 期。

黄毅：《晚清立宪思想研究》，博士学位论文，北京大学，1997 年。

雷俊：《官僚立宪派与清末新政》，《华中师范大学学报》1992 年第 4 期。

李细珠：《清末两次日本宪政考察与预备立宪的师日取向》，《中国社会科学院近代史研究所青年学术论坛》（2007 年卷）。

李细珠：《试论新政、立宪与革命的互动关系》，《社会科学战线》2003 年第 3 期。

李月美：《清季之资政院》，硕士学位论文，台湾中国文化大学，1971年。

刘静：《清末留日学生的法政学习及法政宣传》，《日本问题研究》2013年第2期。

刘汝锡：《宪政编查馆研究》，硕士学位论文，台湾师范大学，1977年。

刘玉菁：《清末立宪运动与中国政治思想》，《台北师大史学会刊》1997年第6期。

吕美颐：《论清末官制改革与国家体制近代化》，《河南大学学报》1986年第4期。

罗华庆：《略论清末资政院议员》，《历史研究》1992年第6期。

罗华庆：《清末第二次出洋考政与"预备立宪"对日本的模仿》，《江汉论坛》1992年第1期。

罗华庆：《清末"预备立宪"模仿日本明治宪政论》，走向近代世界的中国——中国社会科学院近代史研究所建所40周年学术讨论会论文，北京，1990年。

罗华庆：《清末"预备立宪"为何模仿日本明治宪政》，《北方论丛》1991年第3期。

莫纪宏：《论日本明治宪法对近代中国立宪影响的有限性》，《江汉大学学报》2011年第3期。

潘崇雄：《清廷预备立宪的运作》，硕士学位论文，台湾师范大学，1987年。

潘崇：《载泽出洋考察团编译书籍与清末宪政——兼论清末宪政思想的日本来源》，载朱英主编《近代史学刊》第12辑，社会科学文献出版社2014年版。

彭剑：《清季预备立宪九年清单并未宣布开国会年限》，《近代史研究》2008年第3期。

彭剑：《为清国制宪：北鬼三郎的"四权分立"方案》，"知识迁移与近代东亚的政治转型"国际学术研讨会论文，广州，2018年11月。

彭剑:《也谈"两种清末宪法草案稿本"中的"甲残本"》,《历史档案》2011年第3期。

尚小明:《"两种清末宪法草案稿本"质疑》,《历史研究》2007年第2期。

孙宏云:《清末预备立宪中的外方因素:有贺长雄一脉》,《历史研究》2013年第5期。

涂鸣皋:《清末洋务运动、维新运动及辛亥革命之比较》,《中国近代史》1996年第9期。

王开玺:《论资政院中的立宪派议员》,《史学集刊》2003年第3期。

王开玺:《清统治集团君主立宪论析评》,《清史研究》1995年第4期。

王晓秋:《清末政坛变化的写照——宣统年间〈汪荣宝日记〉剖析》,《历史研究》1989年第1期。

王晓秋:《试论清末京城立宪派》,《北京社会科学》2009年第3期。

魏彬:《资政院第二次年会研究》,硕士学位论文,湘潭大学,2007年。

夏晓虹:《梁启超代拟宪政折稿考》,载《现代中国》第11辑,北京大学出版社2008年版。

许惠文:《报刊舆论与清末预备立宪(1905—1911)》,硕士学位论文,台湾政治大学,1999年。

杨国扬:《清末政治权威危机与立宪运动之研究》,硕士学位论文,台湾中国文化大学,1984年。

伊杰:《〈出使各国大臣奏请宣布立宪折〉非载泽等所上》,《社会科学研究》1989年第2期。

俞江:《两种清末宪法草案稿本的发现及初步研究》,《历史研究》1999年第6期。

翟海涛:《法政人与清末法制变革研究——以日本法政速成科为中心》,博士学位论文,华东师范大学,2012年。

詹士模:《宣统时期的政治领导阶层(1909—1912)》,硕士学位论文,台湾大学,1986年。

张学继:《论留日学生在立宪运动中的作用》,《近代史研究》1993年第2期。

赵林凤:《汪荣宝与清末民初的政治变迁》,博士学位论文,南京大学,2006年。

郑大华:《关于清末预备立宪几个问题的商榷》,《史学月刊》1988年第1期。

郑大华:《论清末统治集团内部的立宪派》,《江汉论坛》1987年第9期。

朱中和:《清末民初宪政思想之演进》,硕士学位论文,(台湾)政治大学政治研究所,1988年。

庄吉发:《于式枚与德国宪政考察》,载《清史论集》,台湾文史哲出版社2000年版。

邹振环:《张謇与清末宪政史知识的译介与传播》,《史林》2012年第3期。

祖金玉:《清末驻外使节的宪政主张》,《南京社会科学》2005年第4期。

[韩] 韩延龙主编:《法律史论集》第4卷,法律出版社2002年版。

[日] 川北善太郎:《日本学习德国法》,李毅多译,《中外法学》1992年第4期。

[日] 狭间直树:《梁启超研究与"日本"》,张玉林译,《近代中国史研究通讯》1997年第24期。

**英文:**

Sheng-hsiung Liao, *The Quest for Constitutionalism in Late Ch'ing China: The Pineering Phase*, The Florida State University, PH. D., 1978.

**日文:**

川島真:『光緒新政下の出使大臣と立憲運動』,『東洋学報』1994年第75卷第3、4号。

孫安石:『光緒新政期政治考察五大臣の日本訪問』,『歴史学研究』

1996 年第 685 号。

小西豊治:『創憲の時代——明治 10 年代憲法構想をめぐって』,『法学新報』2002 年第 109 巻第 1、2 号。

熊達雲:『清末における中国統治者内部の日本憲政模倣について』(上、下),『早稲田政治公法研究』1993 年第 43、44 号。

熊達雲:『清末における中国憲政導入への試みに対する有賀長雄の影響と役割について』,『早稲田政治公法研究』1994 年第 46 号。

# 后　记

攻读博士学位、在高校中任教，是我读大学期间的两大梦想。大学毕业，家境贫困的我原本应该早日参加工作，朴实无华的父母却"纵容"我继续求学。2000年硕士毕业后负笈东瀛，福冈教育大学和九州大学的留学生涯令人感受到东方第一个成功近代化国家对教育的重视和从事学术研究的方便。2005年，虽然未能获得博士学位，带着些许感伤"博士课程修了"回国，在母校辽宁师范大学执教却让我实现了一个梦想。2011年投入王晓秋教授门下，攻读历史学博士学位，第二个梦想的实现更值得期待。不惑之年，终于完成论文的撰写和答辩，二十载夙愿达成，获得了梦寐以求的博士学位。而且，博士毕业后又投到中国政法大学王人博教授门下，从事博士后研究工作，夯实了学术研究的基础，拓展了学术研究视野。

回首人生路，没有恩师的教诲和关怀，我的人生路应是另一番光景。我要向硕士导师朱诚如教授、丛日云教授致以崇高的敬意和谢意，是你们耳提面命，引导我走向学术之路。博士导师王晓秋教授又为我开拓学术研究的另一片蓝天。博士后合作导师王人博在法学方面的教诲，令我受益良多。四位恩师德高望重，学问精深，是我的学术之师，人生之师。四位师母慈祥可亲，嘘寒问暖，至诚的关爱每每令我感动。

我将同样的敬意和感谢献给北京大学房德邻教授、徐勇教授、王新生教授、郭卫东教授、欧阳哲生教授、臧运祜教授、尚小明教授，感谢一丝不苟的授课和论文指导。感谢清华大学蔡乐苏教授担任博士学位论文答辩委员会主席，感谢首都师范大学梁景和教授参加博士学位论文答辩。

感谢日本东京大学村田雄二郎教授、创价大学高桥强教授、汪鸿祥教授在我赴日收集资料期间提供的诸多指导和帮助。感谢创价大学提供难得的访学机会。感谢中山大学孙宏云教授、辽宁师范大学杨晓教授、时春荣教授、史艺军教授、杨秀香教授、刘晨晔教授、刘贵福教授、喻大华教授、大连大学王禹浪教授、大连工业大学刘爱君教授和大连中日教育文化交流协会赵亚平前任会长、贾聚林前任副会长对我学业的指导和关怀。

感谢学界前辈的学恩,感谢学界诤友的直言批评。华中师范大学历史系彭剑副教授、中国社科院法学所孙家红副研究员和北京大学历史系韩策助理研究员等学友不仅多次为笔者提供研究资料,还多次指出拙文的不足,提出可行性建议。

感谢大学时代同学、日本明星大学的赵海城副教授多次提供日本史料,硕士时代的师兄暴景升副教授和师弟洪刚副教授有如亲兄弟般的关怀。感谢博士同门戴东阳研究员、窦坤副研究员和谭皓、大城洋介以及室友杨博、赖志伟的关怀和帮助。

本书写作和修改过程中,我的几名学生也出了不少力。日本庆应大学法学部博士生吴迪不但通读了全文,帮助调整了部分格式,还提供了核对本书引文的多份资料。东京大学硕士研究生李文杰同学也为本书提供了不少资料。大连外国语大学日本语学院学生丁泓云昊也认真通读了全文,指出文中的几处错误。

在感谢中国社会科学出版社赵丽编辑认真负责的同时,也要表达一份歉意,书稿拖延了半年多时间才完成,严重影响了编辑的进程。

在外求学,最亏欠的莫过于家人。2010年母亲过早离世,让我体验到"子欲养而亲不在"的痛苦。10年之后,书稿即将付梓之际,父亲又离我而去,痛莫大焉。岳父岳母善解人意,对我给予了默默的支持。聪明能干、善解人意的妻子为我顺利完成学业做出了巨大牺牲,不但承担了大部分家务和教育孩子的任务,还成为我的论文的第一个读者和批评者。我也应该多陪伴活泼可爱的儿子,关注他的成长。

我要向池田大作先生和创价学会的友人致敬。池田大作先生是我的精神导师，古贺克己先生、田中哲治先生、高桥美子女士等创价学会会员的无私奉献精神让我感受到信仰的伟大力量和"自他共渡"之路并不孤单。

2017年，我来到大连外国语大学工作，前任校长孙玉华教授和现任校长刘宏教授给予我诸多关照，以科研处、教务处和学科发展规划处为首的学校职能部门提供了理想的科研环境，保证了充分的科研时间和经费，让我得以安心于学术。本书也是学校专项科研经费资助才得以出版的。我所供职的日本语学院也给我提供了诸多的便利条件。值本书出版之际，谨表谢意。

本书是在北京大学历史系博士学位论文基础上添削而成的，搁置了三四年的学位论文，觉得需要完善之处不在少数。尽管近一年来尽力做了修改，但仍不尽如人意，唯请读者诸君多加批评指正！

作　者<br>
2020年4月15日<br>
于大连自宅拾月书斋